本丛书为云南大学
"双一流"建设民族学一流学科建设项目成果

编委会

主　任：林文勋
副主任：何　明　关　凯　赵春盛　李志农　李晓斌
委　员（按姓氏笔画为序）：
　　　　马居里　马翀炜　马雪峰　马腾岳　王文光
　　　　王越平　牛　阁　龙晓燕　朱　敏　朱凌飞
　　　　庄孔韶　李永祥　李伟华　李丽双　何　俊
　　　　张　亮　张　赟　张海超　张锦鹏　陈庆德
　　　　陈学礼　周建新　郑　宇　赵海娟　高志英
　　　　谢夏珩

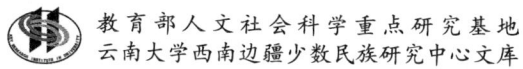

教育部人文社会科学重点研究基地
云南大学西南边疆少数民族研究中心文库

新民族志实验丛书·第二辑
主编 何明

内部他者

芒市西山乡营盘村景颇族村民日志
(2015—2018 年)

李伟华 编

跑阳干翁 记录

罗金刚 苏香月 高松 夏玲
黄月娟 戴雨佼 何静　整理

学苑出版社

图书在版编目（CIP）数据

内部他者：芒市西山乡营盘村景颇族村民日志 / 李伟华，跑阳干翁编 . — 北京：学苑出版社，2019.12

ISBN 978-7-5077-5880-1

Ⅰ.①内… Ⅱ.①李… ②跑… Ⅲ.①景颇族—村落—调查研究—芒市 Ⅳ.① K928.5

中国版本图书馆 CIP 数据核字 (2019) 第 282239 号

责任编辑：战葆红
出版发行：学苑出版社
社　　址：北京市丰台区南方庄 2 号院 1 号楼
邮政编码：100079
网　　址：www.book001.com
电子信箱：xueyuanpress@163.com
联系电话：010-67601101（营销部）　010-67603091（总编室）
印　刷　厂：河北赛文印刷有限公司
开本尺寸：710×1000　1/16
字　　数：500 千字
印　　张：31.25
版　　次：2019 年 12 月第 1 版
印　　次：2019 年 12 月第 1 次印刷
定　　价：98.00 元

总序

"他者的倾诉"：还话语权予文化持有者
——"村民日志"的民族志实验意义解读

何 明

5年前，我们在云南大学"211工程""十五"民族学重点学科建设方案中提出了设置"云南少数民族村寨跟踪调查与小康社会建设示范基地"项目。这是一项综合性的项目，既涉及民族学／文化人类学的理论研究，也涉及运用应用人类学"互动作业"方法及其他学科的方法以促进少数民族农村的社会主义小康社会建设和新农村建设等应用性研究，以及引进智力、项目、资金等发展实践运作问题；此外，还涉及人才培养、教学改革、民族学／文化人类学基础设施建设等内容。其中，在民族学／文化人类学理论研究中的一项具有探索性意义的工作便是：10个调查基地在当地各聘请若干名"村民日志"记录员，对本村每天发生的事情进行观察与记录，从中国少数民族农村的社会文化实际出发，把国际文化人类学界近20年来争论不休、模式各异的民族志书写问题在中国少数民族农村进行实验，让研究对象即文化持有者成为民族志的作者，运用"主位"(emic)方法，从"本文化"内部视角对自己民族和村寨的社会文化进行叙述与评论，以求在当代国际文化人类学的学术平台上进行中国民族志和文化人类学的"本土化"创新，促进具有时代特征和中国特色的文化人类学建设。

一、民族志：文化人类学知识生产的结晶和学术创新的核心

民族志（ethnography）和田野工作（fieldwork），是现代文化人类学具有区别性意义的重要特征。在文化人类学领域，这两项工作一般被视为古典人类学与现代人类学的分野。前者被称为"摇椅上的人类学"或"书斋里的人类学"——学者们不从事系统的田野工作，其学术成果也不是通过民族志的方式表达，学术研究和理论建构的资料来源大都是旅行家、传教士、殖民者、船员等曾目睹过异文化的人士所撰写的文字资料和历史档案文献，人类学家们不进行系统的田野调查，不撰写系统的民族志。从19世纪末起，文化人类学开始从古典向现代转型，其标志便是英国动物学家兼人类学家哈登（Alfred Cort Haddon）在1898—1899年两次率领剑桥大学的考察队赴托雷斯海峡进行田野调查并完成了6卷本的调查报告。其后在功能主义人类学的代表性人物马林诺夫斯基（B. K. Malinowski）和拉德克利夫-布朗（Alfred Reginald Radcliffe-Brown）的倡导与实践下，田野工作和民族志成为现代人类学所必不可少的两项核心性工作，并成为现代人类学的基本学术范式。其主要创新之处在于，"它将先前主要由业余学者或其他人员在非西方社会中进行的资料搜集活动以及由从事学术理论研究的专业人类学者在摇椅上进行的理论建构和分析活动结合成一个整体化的学术与职业实践"[①]。在现代学科体系中，田野调查和民族志通常被视为文化人类学区别于其他学科的学术方法特质，尽管社会学、考古学等学科也进行田野调查，但终究没有像文化人类学那样把田野调查和民族志当作不可或缺

---

① [美]乔治·E.马尔库斯、米开尔·M.J.费彻尔：《作为文化批评的人类学》，王铭铭、蓝达居译，北京：生活·读书·新知三联书店1998年版，第39页。

的学术实践，也未能像文化人类学那样建构如此系统的田野调查范式和完成如此之多的民族志经典文本。

田野工作与民族志之间具有非常紧密的信赖关系和错综复杂的内在联系。从工作程序的表层上看，田野工作在前、民族志在后，民族志是对田野工作的调查过程和内容的记述，由此便形成了田野工作和民族志之间是因果关系，没有田野工作也就没有民族志的普遍认识。但事情远不是如此简单。若从认识论层面探究民族志作者的学术行动逻辑，那么就会发现，人类学家的意识绝不是一块由调查对象的文化任意书写的"白板"，民族志与其所书写的文化之间更不是简单的反映与被反映之类的线性关系。事实上，人类学家在进入田野之前早已形成了特定的学术范式或称"理论预设"。已故著名人类学家费孝通先生在总结自己对花蓝瑶和江村的两次调查时深刻地指出："在实地调查时没有理论作导线，所得的材料是零星的，没有意义的。我虽然在这一堆材料中，片断地缀成一书，但全书并没有一贯的理论，不能把所有的事实全部组成在一个主题之下，这是件无可讳言的缺点。"① 事实上，人类学家选择何处作调查点、调查什么、怎么调查、如何解释等，均受其学术目标和理论范式的限定与影响。他或她是带着业已形成的术语、概念、范式进入田野，并按这些因素所框定的思维和视角进行体验、观察研究对象，或有意识地或无意识地对研究对象进行有选择性地关注与调查。也就是说，人类学家开始田野工作之前已经有了一个民族志写作的基本性的框架，这一框架或多或少、或强或弱地影响与左右着田野工作及其重点和方法。田野工作与民族志的关系是相互渗透、互为因果的。

民族志是文化人类学学术实践的核心产品。作为学者，人类学家的社会角色是知识生产者，其基本职责是对鲜为人知的异文化体系和人们所熟知的本文化体系进行描述、阐释与反思并将其公诸于学界和社会，

---

① 费孝通、张之毅：《云南三村》，天津：天津人民出版社1990年版，第12页。

也就是说，民族志是文化人类学知识生产的产品和结晶。田野工作因具有明显的私人性而无法直接诉诸公众，也无法让社会所共享，因而，从这一意义上看，田野工作是手段，民族志才是目的。纯思性的分析作品或称为"写文化之后"的工作，尽管也是文化人类学的重要组成部分，但其所分析的对象大都离不开民族志，或进一步分析民族志所叙述的文化，或以民族志为对象评论田野工作的方法，或探讨民族志撰写问题，从而使民族志成为文化人类学的理论研究的基础文本和主要对象。

民族志的创新是文化人类学学术创新的基础和关键。学术创新的一般进程大体是：发端于理论和方法的反思，运用于学术的研究过程，体现于学术研究的成果。文化人类学的理论方法反思的结果最终要通过田野工作的试验并体现于民族志的撰写，即"文化书写"的学术实践之中，而且不断创新的理论和方法只有转化为民族志撰写的实践，文化人类学才完成了学术范式的转换与创新，也才在实质意义上实现了学科的进步与发展。

费孝通先生的《江村经济》和林耀华先生的《金翼》是中国人类学在 20 世纪 40 年代学术创新最具标志性的成果，并有力地促进了中国人类学的进步与发展。这两部民族志受到当时国际人类学界最权威的人类学家的高度重视与全力推荐，被国内外许多高校列为人类学专业的必读书，至今仍然被人类学界公认为民族志的经典著作。之所以如此，主要在于它们具有前沿性和创新性等特征，是在国际人类学界较早进行"本文化"研究时的代表性成果。当时在国际人类学界盛行以"异文化"为研究对象的条件下，费先生和林先生大胆地把"本文化"作为研究对象，并分别将自己的家乡作为田野调查点，而且在一定程度上探索并实践了近30年之后由美国人类学家哈里斯（Marvin Harris）概括出的"主位"的研究方法。可以说，这两本民族志为国际人类学界关于研究对象由"异文化"向"本文化"回归，关于民族志书写的"主位"（emic）和"客位"（etic）区分的理论方法创新做出了有益的探索和重要的贡献。

《江村经济》和《金翼》两部经典民族志的成功案例，充分说明：民族志是文化人类学学术研究最核心的成果，民族志的创新在文化人类学学科创新中具有决定性的意义。

二、"更彻底地让研究对象发出自己的声音"：以当代国际人类学界"文化书写"问题为平台的实验

不同的时代有不同的学术创新平台。我们与西方人类学家同处于21世纪，共同享有人类智慧所创造的物质和精神产品，共同分享着当代思潮和知识体系等学术资源所搭建的学术交流、对话与创新平台。作为中国当代人类学工作者，我们只有关注与融入当代学术思潮，掌握与运用当前国际学术界的话语模式解读与回答中国社会文化问题，才能够登上当代学术舞台进行中国学术的"展演"，才能建构具有时代特征、中国特色的学术体系，也才能为当代社会文化背景下的知识生产贡献中国文化的智慧。

20世纪后半叶以来，当代思潮对被现代科学和学术奉为"圭臬"的"真实""客观""实证"等原则提出质疑与挑战，"主体""意义""语言"等问题受到各学科的普遍关注并成为讨论的焦点，出现了人文和社会科学各个学科的语言学转向态势。胡塞尔（Edmend Husserl）现象学哲学将人们的注意力从独立于人的意志之外的"客体"世界引向"意义"世界，结构主义理论认为这一"意义"世界与语言体系具有同构性而不是独立于语言体系之外，福柯（Michel Foucault）和德里达（Jacques Derrida）的解构主义则提出语言体系本身是不稳定的，语言在表意状物时具有"局限性"并形成意义的"延宕"，由此便引发了"叙述危机"或"表征危机"等的认识论危机和人文社会科学学科的"语言学的转向"。[①]

---

① 盛宁：《人文困惑与反思——西方后现代主义思潮批判》，北京：生活·读书·新知三联书店1997年版，第39—57页。

其将语言学理论模式作为认知范式,对已有理论和认识重新进行审视,颠覆总体性和同一性,强调多元化、相对主义和差异性,"它是怀疑论的、开放的、相对主义的和多元论的,赞美分裂而不是协调,破碎而不是整体,异质而不是单一。它把自我看作是多面的、流动的、临时的和没有任何实质性整一的"①。

在当代哲学思想、社会思潮和学术背景的影响下,文化人类学开始对20世纪初以来形成的学科范式和知识体系进行反思,具有浓厚的科学主义、实证主义倾向的功能主义等学术思想和以田野工作、民族志撰写为核心的学术范式被放到了"学术反思天平"上重新估量,形成了一股强劲的反思与解构的学术思潮。反思人类学对以功能主义为理论基础的传统民族志提出批评和挑战,认为其具有明显的局限性和不可靠性。其中最核心的问题是"在实证主义社会科学的霸权支配下,民族志的核心实践曾被掩饰和伪装"②,文化书写者遮蔽了所书写的文化和文化持有者的声音。传统民族志并非如其书写者所标榜的那样,是"异文化"的"客观""真实"的叙述,而是西方人类学家从自己的意识形态和学术目的出发重新建构出来的文化,是"被某些支配性的框架所控制和表述"③的文本。自20世纪初以来,西方人类学的田野工作大都在西方的殖民地进行,人类学家的西方文化与非西方文化在殖民主义的时代背景下碰撞,殖民主义等西方意识形态不可避免地影响甚至控制着田野调查和民族志的撰写,有人直接指责马林诺夫斯基的人生和学术与西方向非西方的文化渗透有着非常密切的关联性。④同时,民族志往往为人类学家的学术目的服务,如从功能主义理论出发的田野调查和形成的民族志,"习

---

① [英]伊格尔顿:《后现代主义的幻象》,华明译,北京:商务印书馆2000年版,第2页。
② [美]乔治·E.马尔库斯、米开尔·M.J.费彻尔:《作为文化批评的人类学》,王铭铭、蓝达居译,北京:生活·读书·新知三联书店1998年版,第49页。
③ [美]爱德华·W.萨义德:《东方学》,王宇根译,北京:生活·读书·新知三联书店1999年版,第50页。
④ [美] Asad, Talal. *Anthropology and the Colonial Encounter*. London: Ithaca Press,1973.

是拜物教化了的功利"①。与此相对应的是，这些民族志为了突出所谓的"客观性"和"真实性"，大都采取了似乎是"价值无涉"的第三人称的书写方式，但从更深层次上看，则是剥夺了文化持有者的话语权以及自我、情感、世界观等的表达，实际上是人类学家借其研究对象的"自白"而阐述其思想观点的"任意裁剪"。除此之外，民族志在书写上也存在着日益僵化和程式化的问题，"它们的描述形成固定的连续性程序（生态学、经济、亲属制度、政治组织和宗教信仰），对调查者角色不再重视，死板地将制度的概念切割为泛文化比较的类型学窠臼"②。

为了克服传统民族志的缺陷，摆脱人类学的困境，当代国际人类学进入了"一个人文学科的实验时代"。西方人类学家们进行了多种形式的探索与各种实验，冠以各种名称、形式各异的民族志纷纷涌现出来，诸如"心理动力学民族志"（psychodynamic ethnographies）、新现实主义民族志（realistic ethnographies）、现代主义民族志（modernist ethnographies）等等，有的倡导采用"主位"（emic）的方法，有的运用人类学家与研究对象之间对话"并置"（juxtaposition）的方式，有的干脆邀请研究对象参与民族志的写作。尽管名目繁多、意见不一，但"这一实验趋势的任务就在于：跨越现存民族志文体的局限，描绘出更全面、更丰富的异文化经验图景"③，"更注重对他们赋予研究对象以意义的过程的反思，并更彻底地让研究对象能发出自己的声音"④。

我们如何进行属于中国文化的新民族志实验？我们的民族志如何"跨越现存民族志文体的局限"？怎样才能"更彻底地让研究对象能发出

---

① M·萨林斯：《文化与实践理性》，赵丙祥译，上海：上海人民出版社2002年版，第4页。
② ［美］乔治·E.马尔库斯、米开尔·M.J.费彻尔：《作为文化批评的人类学》，王铭铭、蓝达居译，北京：生活·读书·新知三联书店1998年版，第50页。
③ ［美］乔治·E.马尔库斯、米开尔·M.J.费彻尔：《作为文化批评的人类学》，王铭铭、蓝达居译，北京：生活·读书·新知三联书店1998年版，第69页。
④ ［美］约翰·R.霍克、玛丽·乔·尼兹：《文化：社会学的视野》，周晓虹、徐彬译，北京：商务印书馆2002年版，第402—403页。

自己的声音"？经过反复思考与学术实践，我们选择了"村民日志"这一书写路径，目的是探讨一种让文化持有者的主体性从主流文化的"话语霸权"束缚下突围出来而从其文化内部的"主位"视角自主地叙述自己的社会文化与表达"自我"的模式，以求"描绘出更全面、更丰富的异文化经验图景"。

首先，文化持有者真正成为文化书写的主人，他们所做的日志是严格意义上的"主位"观察与描述的结果。自马林诺夫斯基提出"钻进土著人的心里"的田野准则之后，人类学家们在"钻进"的问题上进行了不懈的努力。至20世纪60年代，康克林（H. C. Conklin）、弗莱特（Charles O. Frake）等人在其"新民族志"（new ethnography）中极力倡导"主位"观察与描述的方法。其后，格尔兹（Clifford Geetz）及其弟子克利福德（James Clifford）等人发起的实验民族志（experimental ethnography）则提出了把原本被排除在外的合作研究者、田野居民等与民族志相关的人物也纳入民族志作者并让其语言直接进入文本的书写方法，即所谓"多音位"（polyphonic）模式。目前，上述学术实践的真实度、有效性、干扰性等问题仍然未能得到令人信服的解决，其深层根源则是研究者的主体性与研究对象的主体性之间的矛盾无论如何都难以弥合。两千多年前中国思想家庄子提出的"濠上之辨"难题始终无法破解，才出"浅描"的泥潭又入"过度阐释"的沼泽，才让文化持有者发出了自己的"声音"，而学者所属的社会无法理解的"嘘声"即起，按照马林诺夫斯基的金科玉律"钻进土著人的心里"后便发现，原来"钻进土著人的心里"的是带着坚固的西方社会文化结构"前置"的人类学家。而"村民日志"的作者是生长于斯的"土著"，是村寨社会文化的参与者和行动者，以他们的眼睛和头脑观察本村每天的日常生活，以他们的思维和语言表达对本村发生的大大小小事件的评价与感受，这才是严格意义上的"主位"方法，才能真正"从内部提供有关异文化的解说"，因而对记录者来说，"村民日志"是对"本文化"的记录与反思。

其次，"村民日志"的记录者连续性地归属于他／她所叙述的社会，因而他／她的视域与其叙述对象所包括的视域是高度重叠与融合的。在"本文化"研究中，人类学家尽管属于"本文化"，但因其境遇使他／她与"本文化"之间产生了或深或浅的"历史时间间距"，从而降低了研究者视域与研究对象所包含的视阈之间的重叠度或融合度。费孝通先生对自己在家乡的田野调查体验的反思充分地证明了这一点，他说："我是这个县里长大的人，说着当地口音，我的姐姐又多年在村子里教老家育蚕制丝，我和当地居民的关系应当说是不该有什么隔阂的了。但是实际上却并不是这样简单。当时中国社会里存在着利益矛盾的阶级，而那一段时期也正是阶段矛盾激烈的时期。我自己是这个社会结构里的一个成员，在我自己的观点上以及在和当地居民的社会关系上，也就产生事实上的局限性。这种局限性表现在我对于所要观察的事实和我所接触的人物的优先选择上。尽管事先曾注意要避免主观的偏执，事后检查这种局限性还是存在的。"[①]"村民日志"的记录者不仅在文化认同上归属于本村的社会文化，而且境遇使他／她在实践和时间上连续性地归属于本村的社会文化，不存在"历史时间间距"所形成的视阈间隔，其视阈与所叙述的社会文化包含视阈是天然契合的与高度重叠的，因而"视阈融合"度不仅要高于"外来者"，而且高于属于本文化的学者。

再次，"村民日志"的叙述场域是自然而常态的，记录者的心态与通常田野工作的"报道人"大相径庭。"报道人"是人类学田野调查时不可或缺的角色，他们的"报道"场域与其日常生活具有明显的差异，属于非常态性的——面对陌生的"外来者"，围绕着研究者的询问话题进行"搜肠刮肚"的作答甚至"编造故事"。为了解决这一问题，实验民族志的一种做法是将人类学家与报道人之间的谈话过程呈现出来。然而，所呈现的仍然是非常态场域下的谈话——人类学家因拥有民族志的最终书

---

① 费孝通：《迈向人民的人类学》，《费孝通选集》，北京：海峡文艺出版社1996年版，第312—313页。

写权而不可回避地产生一定程度的"话语霸权",从而对文化持有者的话语表达产生干扰或渗入。"村民日志"则规避了这一问题,记录者的叙说话题是自主性的,叙说场域是常态的——在自己家中并无"他者",做到了"想说就说""想说什么就说什么""想怎么说就怎么说"。

由此,文化持有者的关注视角、价值观念、情感模式等主体性在"村民日志"中得到了逼真而完整的表达。如果从汉语表达和学术话语的角度看,10个村寨的日志则给人以非常明显的"参差不齐"之感。但这种"参差不齐"却含有一般语用所没有的含义,不仅呈现出10个村寨文化的差异性,而且"彰显"出许多实验民族志所追求而难以企及的不同民族、不同村寨文化的"认知图式"的差异。日志所记述的内容大多是饮食、生产等琐碎而重复的生计活动,似乎是"无关宏旨""不得要领"的唠叨,但这却是记录者基于他／她的立场对村中所发生的事件按照他／她所认定的重要性进行过筛选排序而记录下来的,是记录者及其所属文化对社会活动的选择,这恰恰体现出其关注视角、价值取向的特殊性。日志的语言表达既无文学作品的生动形象,也无学术论著的严谨高深,大多"平淡无奇""枯燥乏味",且各本日志在描述的详略、反思的深浅甚至语言的顺滑等方面均有较大差异,但却体现出各民族、各村寨文化的感知能力、表达能力、反思能力的差异,即其"镜像"识别的独特性和差异性。因而,尽管"村民日志"有悖于一般正式出版的文本,甚至与已有的民族志文本也大相径庭,但其内含的"张力"和所表达的意义的"深刻性",远非一般民族志所能企及,也正是许多实验民族志所追求的目标。

当然,来自"异文化"的学者的影响并不是说排除无遗,但我们所做的仅仅是:第一,选择"他"或"她"记录,提出了举例式的记录内容引导;第二,根据"于研究对象无害"的社会研究伦理原则,对于日志中可能会危及所描述的对象和记录人的正常生活的少量内容做了删节。

三、用汉语叙述：基于中国少数民族与汉族的文化关系的本土化实验

近年来，中国文化人类学的"本土化"的呼声渐强，且有对汉人社会研究的一些探索，但对于少数民族社会的研究，大都止于"需要本土化"之类的"舆论动员"，少有"如何本土化"方面的"指点迷津"，更缺乏"以身试法"的"躬身实践"。尽管这是一个相当复杂的问题，在此不做专门的探讨，但可以从中国文化人类学 20 世纪 30～40 年代的学科发展史中获得如下初步的启示，这就是：中国文化人类学"本土化"学术实践的核心是民族志的"本土化"，而民族志实现"本土化"的基本前提是，选择适合中国社会文化实际的途径，将国际文化人类学前沿性理论方法用于中国社会文化的田野调查与民族志书写的实验，以参与到当前国际文化人类学前沿性问题的探讨，并在当前国际学术前沿的平台上进行理论和方法的创新。

前文述及的费孝通先生的《江村经济》和林耀华先生的《金翼》两本经典民族志，不仅是学术创新的典型案例，同时也是中国文化人类学"本土化"的成功典范。两位人类学家以当时被国际人类学界所公认的理论和方法为学科平台，以具有悠久历史文化传统的中国社会文化为研究对象，并从中国社会文化的实际出发，分别选择了在西方工业文化影响之下的农村生活变迁和家族制度这两个最具中国社会文化特色并在中国社会文化中占据重要地位的问题进行调查研究，从本土文化的眼光和中国文化的表达方式进行民族志书写。诚如马林诺夫斯基所说："我敢预言费孝通博士的《中国农民的生活》（即《江村经济》）一书将被认为是人类学实地调查研究和理论工作发展中的一个里程碑。此书有一些杰出的优点，每一点都标志着一个新的发展。此书让我们注意的并不是一个小小的微不足道的部落，而是世界上一个最伟大的国家。作者并不是一

个外来人,在异国的土地上猎奇而写作的;此书的内容包含着一个公民对自己的人民进行观察的结果。这是一个土生土长的人在本乡人民中间进行工作的成果。如果说人贵有自知之明的话,那么,一个民族研究自己民族的人类学当然是最艰巨的,同样,这也是一个实地调查工作者的最珍贵的成就。"[①]弗思对《金翼》也做出了类似的评论,他说:"作者(指林耀华——引者注)似乎是身临其境,不论是在药铺、在闺中、还是在土匪山老巢,他都能真实地告诉我们每个人物的言行举止,甚至能探寻他们的心灵深处,解释他们当时的动机和昔日的感情。……他写的是他的故乡,他从童年开始直至成年相识的人们。倘若他并不是一直与他们朝夕相处,至少他也是经常处于相同的环境。"[②]因而,尽管这两部民族志都先以英文版在国外出版,但无论是研究的对象和主题还是文化书写的视角和表达方式都是"本土化"的。

自《江村经济》和《金翼》问世以来,国际人类学发生了巨大的变化,当年被视为最先进、最科学的理论方法受到了反复的证实与证伪、肯定与否定的挑战,并从中发展、变异、衍生、创造出流派众多且取向相异的当代文化人类学理论和方法。中国人类学自20世纪80年代恢复发展以后,一批年轻人类学家尤其是曾留学欧美的人类学家进行了当代国际人类学的大量译介工作,这对于中国人类学的理论方法创新是非常必要的和不可或缺的。但这还是远远不够的,理论译介仅仅只是手段,目的是进行"本土化"创新,是将其作为背景、视野或工具对中国社会文化的事实和经验进行调查研究,撰写出具有时代特征、中国特色的民族志,解释与回答现代化进程中和全球化背景下的中国社会文化的理论和现实问题。因此,沿着费、林二位先生开辟的道路,站在当下国际人类学的

---

① [英]马林诺夫斯基:《江村经济·序》,费孝通:《江村经济》,北京:商务印书馆2001年版,第13页。

② [英]弗思:《金翼·英文版导言》,林耀华:《金翼》,北京:生活·读书·新知三联书店1989年版,第1—5页。

平台上，进行现时代的中国文化人类学理论方法创新，撰写出"本土化"的当代中国新民族志，这是时代赋予我们的职责和任务，也是当代学术背景下中国人类学学术创新的关键环节之一。

在当前国际人类学界关于民族志书写问题的研讨中，研究者与研究对象的关系是一个关键性的问题。因而，研究中国少数民族社会的民族志，要解决的一个首要问题是中国的人类学工作者即以汉文化为主导文化的研究者与研究对象即少数民族之间的关系有什么特征？以汉文化为前置文化结构的学者视角下的少数民族文化和西方人类学家视角下的非洲文化、印第安文化等，都可以称为"异文化"，但其"异"的程度和本质却是截然不同的。前者之"异"，是同一种文化之内的不同文化类型的差异或同一种文化类型之中不同文化分支的差异，即中华民族"一体格局"文化中的"多元"的差异；后者之"异"，是基本上没有实质性关联的两种文化之间的差异。费孝通先生提出的"中华民族的多元一体格局"命题，是理解与把握中华民族中各民族文化之间关系的关键词。一方面，中华民族的起源是多元的，各文化区、各民族以及各民族内部各支系之间的文化也是多元的，正是这种多样性、多元化的文化构成了色彩斑斓、博大精深的中华民族文化。另一方面，从新石器时期起，中华大地上的各文化区、各族群文化之间传播、接触、交流与融合的文化互动便开始了。从春秋战国时期起，各族之间的交流与融合进入频繁而密切的阶段。在汉族形成以后的两千年漫长历史中，其他族群融入汉族的所谓"汉化"和汉族融入少数民族的所谓"夷化"的"民族流动"从未停止过。在这种民族流动过程中，逐渐形成了一个凝聚多元文化的核心——汉族及其文化通过"一个点线结合，东密西疏的网络"[①]传播与融入各少数民族及其文化之中，从而构建起由区域性到全国性、由弱到强的多元一体格局。由此可见，在中国，以汉文化为基础的学者和作为研

---

① 费孝通：《中华民族的多元一体格局》，《费孝通选集》，北京：海峡文艺出版社1996年版，第350页。

究对象的少数民族之间的关系，是"一体"之内的"多元"的差异，两种文化之间存在着悠久、密切、深刻的内在联系，而且研究对象即少数民族文化中吸纳了汉文化的诸多因素，从而使中国人类学者与其研究对象之间保持着远非西方学者所能具备的亲密关系和沟通条件。

　　作为中国文化重要组成部分和中华民族交流沟通的最重要的工具，以汉文化为基础的汉语及其书写符号系统汉字早已为多数少数民族所接纳，除了大多数回族把汉语作为母语之外，许多少数民族还把汉字作为重要的甚至是唯一的书面记录与表达符号。随着近代以来民族—国家的形成、文化教育和现代传媒的推广，汉语在少数民族中程度不同地得到普及，绝大部分少数民族农村都有人能够使用汉语交流、运用汉字进行书面叙述表达。中国少数民族语言文化的这一特征，为村民们运用汉语记录成为可能，也使运用"村民日志"的模式描述中国少数民族社会文化的民族志实验具有了中国特色；同时，为了使之能够为更为广泛的群体所阅读，运用汉语记录也是一种别无他途的选择。

　　不可也不必隐讳的是，10 本日志之间存在着文化书写和言语表达的明显差异。从表层上看，这一差异所呈现的是不同民族、不同村民运用汉语进行言说与表达的能力的差异，从而显示出不同民族、不同村民受汉文化影响程度的差异；从深层上看，在少数民族村民运用汉语记录的过程中，作为叙述的符号和传播中介，汉语及其特有的无意识结构和术语等被法国精神分析学家拉康（Jacques Lacan）称为交流对话的"第三参与者"因素，无疑参与到日志的文化叙述的建构之中了。但无论前者还是后者，其本身就具有学术研究的价值。美国语言学家、人类学家萨丕尔认为："言语这一人类活动，从一个社会集体到另一个社会集体，它的差别是无限度可说的，因为它纯然是一个集体的历史遗产，是长期相沿的社会习惯的产物。言语之有差别正如一切有创造性的事业都有差别，也许不是那么有意识的，但是正像不同民族之间，宗教、信仰、习俗、艺术都有差别一样。走路是一种机体的、本能性的功能（当然它不是一种本能);言语是一种非本能性的、获得的、'文化的'功能。"①因此,"村民日志"除了其所叙述的内容可以作为研究对象之外,文本本身亦可置于当代实验民族志研讨的学术背景下作为一种"社会事实"进行解读。

四、对话:多维交复话语张力的实验

"对话"是现代主义民族志的重要文本策略,"学者们认识到,在民族志里所要表述的经验,必须是发生于民族志作者与报道人之间的对话"②。为此,我们在"充分给予被研究者表达自己意见的空间"的同时,还采用了"充分对话"的文本策略。

《新民族志实验丛书》和《少数民族村落社会文化研究丛书》两套丛书的安排,是根据"充分对话"原则设计的。其中,既有同一文本内的"局内人"(insiders)与"局外人"(outsiders)之间的对话,又有不同文本的"局内人"与"局外人"的对话,而且在有的"村民日志"中还有"局内人"中不同性别、角色之间的对话。首先是"村民日志"同一文本中的"局内人"与"局外人"之间的对话,日志的主体部分是村民即"局内人"表达自己意见的空间,而"前言"及"村寨概况"则是研究者即"局外人"对研究对象基本概貌的解读。其次是两套丛书之间构成的对话,《新民族志实验丛书》的作者主要为村寨文化"局内人",而《少数民族村落社会文化研究丛书》的作者则是作为"局外人"的研究者,两者在同一时空内对同一对象做出的不同解读本身就是一种对话,这一对话事实上还具有留给读者进行分析的"张力"。最后是不同社会角色的"局内人"的对话,即在本课题设计时要求各个调查点选择2—3名性别、身份不同的记录者进行"村民日志"的记录工作,使同一本"村

---

① [美] 爱德华·萨丕尔:《语言论》,陆卓元译,北京:商务印书馆2005年版,第4页。
② [美] 乔治·E.马尔库斯、米开尔·M.J.费彻尔:《作为文化批评的人类学》,王铭铭、蓝达居译,北京:生活·读书·新知三联书店1998年版,第101页。

民日志"中出现同一村寨中不同社会角色之间的对话，但因有的记录者因患病、外出等各种复杂的原因未能坚持记录，从而使这一设计意图未能在全部"村民日志"中得到落实，出现有的日志由两位或两位以上记录者完成，有的日志则完全由一位记录者完成的情况。

正如美国人类学家马尔库斯和费彻尔所言："在这样一个时代，我们承担着一种风险，即，我们既可能拥有巨大的潜能，也可能因走进死胡同而无能为力。"①我们"新民族志实验"的命运究竟是前者还是后者，只有让时间告知。

2020 年 5 月 6 日午夜
草于白沙河畔寓所

---

① ［美］乔治·E.马尔库斯、米开尔·M.J.费彻尔：《作为文化批评的人类学》，王铭铭、蓝达居译，北京：生活·读书·新知三联书店1998年版，第11页。

目 录

绪言 /1

2015 年村民日志
2015 年 3 月 1 日—2015 年 12 月 31 日 /1

2016 年村民日志
2016 年 1 月 1 日—2016 年 12 月 31 日 /205

2017 年村民日志
2017 年 1 月 1 日—2017 年 12 月 31 日 /329

2018 年村民日志
2018 年 1 月 1 日—2018 年 10 月 26 日 /413

绪言

西南边疆少数民族研究中心
德宏西山乡营盘村景颇族调查研究基地

李伟华

一、基地概况

云南大学景颇族调查研究基地始建于 2015 年，位于云南省德宏傣族景颇族自治州芒市西山乡营盘村，负责人为云南大学民族研究院教师李伟华博士。有志于将基地打造为具有国际影响力的景颇族研究国际合作与交流平台。目前初步制定了一个十年研究规划，以三年为一周期，整合各界学术资源，对景颇族文化传承、政治制度、经济形态与社会发展等方面进行全面调查与研究，争取产出一系列有影响力的论文、论著、影视纪录片、咨询报告等研究成果，并将研究成果反哺景颇人民。基地将逐步形成一个景颇研究的学术梯队，也将创造条件培养景颇族自己的学者。从 2015 年 3 月起，景颇研究基地以合作民族志为旨趣，以培养景颇族本土学者为目标的西山景颇族村寨日志计划正式启动。该计划每三年为一周期，前两年以村民的视角来记录村寨事项，第三年村民与基地负责人合作对日志进行整理。村民日志由榕树根工作人员——景颇族青年跑阳干翁进行记录，基地负责人李伟华博士担任学术指导，最终由基地负责出版事宜。

基地的主体建筑为一栋融汇景颇族传统民居与北欧建筑样式的小洋房，具有浓郁的小清新风格，系由基地与榕树根景颇儿童教育机构合作。大约可容纳 20 人入住，并从事调查研究。

二、基地主要负责人简介

李伟华，男，北京大学人类学博士，云南大学民族学与社会学学院讲师，中国社会科学院民族学与人类学研究所博士后。

三、基地具备的实习（或实训）教学资源条件（含对教学内容的支撑）

目前由云南大学提供了一台台式电脑与一台摄像机。

四、基地实习（或实训）与教学管理

基地与教育机构榕树根合作，榕树根负责在本地的日常运行，基地负责人对学生实习进行指导，基地日志记录员负责日志记录，影像记录员负责影像部分。

五、基地实习（或实训）教学的效果（含成果表达方式）

基地运行以来，分别接收了一次寒假民族学研究生调查实习和一次暑期学校学生实习，以及数次个体或小团队的田野考察。不仅培养了学生的田野调查能力，也极大地增强了云南大学民族学学科乃至云南大学的美誉度，为国内外景颇研究搭建了学习交流的良好平台。

六、基地实习（或实训）教学的创新与特色

创新：景颇基地与榕树根儿童教育机构强强合作，确保基地能够迅速扎根于当地社区，为调查研究打下可靠的物质基础和坚实的群众基础。

特色：基地使用榕树根的青年旅社风格建筑作为办公与食宿场所，环境舒适有格调，能让调查人员安心写作，工作有效率；同时让调查人员之间以及调查人员与研究对象之间有非常充分的交流空间，提升调查研究水平。

2020 年 3 月

绪 言

歪打正着：我是如何成为日志记录员的

跑阳干翁

> 注：原本应该由我来写我与景颇族调查研究基地日志记录员跑阳干翁的交往过程，后来我想，我让他自己来写，会不会能够挖掘出更有意思的内容。果不其然，他的这篇自述基本呈现了他记录日志的思路、重点、倾向乃至方法论。能够请到他来承担基地的日志记录工作，对我来说是极其幸运的，他从来没有局限于一个景颇村寨的仪式与日常，而是把全世界景颇族发生的事都与他所在的村寨进行对接，心里怀抱着整个景颇族的命运。与此同时，他也密切关注当地政府的一些政策可能会给景颇村寨带来什么样的影响。
>
> 李伟华

我和创立景颇族调查基地的李伟华老师是在微博上认识的。当年我刚注册完微博，就开始疯狂地在上面搜寻关于景颇族的内容，但遗憾的是，微博上关于景颇族的内容很少，而其中靠谱的内容就更少了。李老师的微博内容是我当时能搜到的，算是很靠谱的东西了。当时他还在北大读博士，正在德宏做他博士论文的田野调查，他那段时间的微博内容，有不少是倾注了真情实感在记录和感慨自己的田野所得的，我在手机上边看这些东西边觉得这人好像还可以，就没做什么考虑自顾自地去他微博底下评论、转发，就这么交流多了，我们好像就算认识了。

有一次李老师突然给我留言说他在瑞丽，看看能不能见一面，于是他来我家住了一晚上。我问他还在读博吗，他说是来云南大学工作了，下一站要去榕树根公益机构所在的营盘村看看，问我要不要一起去逛两天，我说我要砍地里的草，不去。过了一个多月，李老师又打来电话，说他带了学生在营盘村做田野调查，而且他在营盘村弄了个景颇族调查研究基地，问我要不要去玩两天。当时榕树根公益机构正在招人，他建议我可以考虑一边在榕树根工作，一边帮忙看守他的基地……我一听到"调查基地"，心就有点痒，在脑海里想"调查基地"会不会像雷达站和情报站一样，一天24小时不停转地发现和过滤关于景颇族的信息……我觉得这个有点意思，值得去看一看。在一个冬日的早晨，骑上我的破摩托出发了。当时并没有考虑太多关于榕树根的工作和看守基地的事。

我那天跨上摩托的时候，从来没想过在营盘村一待便是四年多。我当时的计划是去看看人类学的师生怎么做田野调查，看看"调查基地"是个什么样的存在，先看个三五天，继续回家砍地里的草。

2015年初，教育部人文社科重点研究基地，云南大学西南边疆少数民族研究中心，德宏州西山乡营盘村调查研究基地刚正式成立，和李老师一起来到营盘村的第一批学生是读博一的杨芍、研一的顾飞和李荟，以及大一的罗金刚。写这篇东西时，当年读大一的罗金刚都已经在读研一了。那次田野，我计划是待个三五天，但最后待了十几天直到田野调查结束。那些日子有趣而快乐，我能学到东西，很享受那段时光。

但我当时并不太喜欢榕树根的工作，觉得自己并不适合，胡乱接手保准把事情给搞砸。因为参加田野调查感觉不错，就想着先做两个月试用期，到时觉得干不了再立马闪人。基地刚成立时的日志记录员是当时的营盘小学校长石勒干，但过了几天，石校长就拿着日志记录本找上门来说本职工作太忙，推辞了记录日志的工作。数了一圈，似乎记录日志的工作还是得我来。我当时想，我一个榕树根的项目专员，怎么就要记录村民日志了呢？还是另请高明吧。后来李老师告诉我，基地已经决定了由我来做日志记录员。

我当时还有一个担忧，我原本只打算在榕树根待两个月，怕两个月后日志的事不好交代。两个月后，我在榕树根融入得比想象的要好，这个想法也就烂在肚子里了。

我一开始记日志的时候，由于对环境很陌生，不熟悉村寨里的人，没有了解的渠道，完全就不知道村寨里发生了什么事情。每天从山坡上望着营盘村的几个寨子，心里想着村寨里一定在发生着很多有意思有意义的事情，但我就是看不到，找不到。这种状态下，一个挖掘机来帮村民平整田地这种事会连续几天被我写进日记里。

要想改善这种局面，只能多逛村寨，多露脸，多参加村寨活动，多认识人，多加微信，多进各种群。认识的人多了，沟通交流的渠道多了，信息来源肯定会越来越多。我把走村串寨的见闻、与人聊天的内容、微信群和朋友圈里的聊天记录与视频等内容综合起来，对整个环境产出信息的了解和掌握就越来越多、越来越全。就像老蜘蛛织网，在半山腰的榕树根也能通过织就的网得到源源不断的日志信息资源。

景颇研究基地所在的营盘村，附近的几个村寨之间相隔不远，联系紧密。各个村寨间因为互动紧密而产生出许多有趣的人与事；同时营盘村还处于西山乡和遮放镇的交界地带，两个乡镇间民风民俗、乡镇基层政府行政风格的小差异，都在这个边界上显现得十分明显。营盘村和附近村寨都有外来移民居住，同时又是多民族、多宗教信仰之地，营盘村和相邻的遮放镇遮冒村委会的几个傣族寨子之间阡陌相连。山里不但有在怒江一带打工，而迁徙游走的傈僳族临时村寨，营盘村内还安置有原本从曲靖迁入龙江河谷，却又因龙江电站建设而二次搬迁的汉族。遮冒的傣族信奉南传上座部佛教，营盘村的景颇族多数祭祀、信奉万物有灵的景颇族原始宗教，有一部分则是基督徒，住在山里的怒江傈僳族则信奉天主教，营盘村有两个基督教堂。在这样一个环境格局下，只要你用心，就能发现无数值得记录的素材。当我开始适应这里的环境以后，就没再为日志该记录什么而发愁了，你只需要接住从天而降的故事，把它往笔记本上原样安排好就可以了。

有些时候，住在乡村，真应该感谢国家大力推进乡村网络化建设，感谢农村智能手机和微信的普及。我以前认为微博是全世界最好用的网络社交平台，但自从开始记录村民日志以后，觉得微信才是万能神器。村里的婚丧嫁娶消息以前是靠广播通知的，现在直接在朋友圈微信群里发布。以前哪个村寨有人打架了、谁和谁偷情被抓只是妇女们田间劳作、逛寨串门时的谈资，我们男人一般接触不到。但现在有了微信群，一个小视频一下就传开了，而且还会有人在视频下面把前因后果来龙去脉都给你解说得清楚明白。当然微信里也还有村干部开展工作，有人做小生意寻找门路，有人向群友汇报自家田地里的作物长势，有人在谴责自己认为有伤风化的视频，有人在讨论有几个老缅（缅甸人）互相仇杀后逃逸，民兵在配合公安抓捕……由文化差异引起的争吵也会在微信上展开，整个激烈的争吵过程都能被网络记录下来，你要做的不过是顺手摘取网络记录。

对于记录村民日志来说，微信平台是一个不可缺少的有效工具，你几乎能在那儿找到你所记录地域发生的生活万象。在日志记录者眼中，你所记录的乡村由现实社群和微信网络世界共同组成，没有有效运用微信信息而只记录了从村寨传统渠道所获信息的村民日志是不完整的，也是乏味的。当然，这两年，快手和抖音也正在成为微信平台的有效补充。

村民日志这个东西，一开始你记录的时候总觉得过于简单，乡村生活乏善可陈，天天就那么点事实在没什么可记的，但记着记着便发现要记的东西越来越多，越来越远，越来越广。只记村子里的事已经不行了，直到有一天你发现它已经连通了世界！某天，一个印度景颇小伙子在几乎有全世界各地景颇同胞聚集的微信群里发布了几个景颇歌的音频视频，过了几天，国内景颇族的微信平台上就在播放这些印度景颇歌曲；某天你看到新闻里说境外发生了武装冲突，过几个月，村里砍甘蔗的工人中就比往年多了些境外来的青年，一打听，发现这些青年是从报道里发生武装冲突的地区来的；某天你看到新闻里说政府要开展"扫黑除恶"，过一段时间听说村里谁家的小子好长时间没露面了，再过几天，有关部门发布"扫黑除恶"行动通告，你就发现谁家的那小子的照片怎么被打马赛克放在通告里了。

村民日志的内容越记越多，越记越广，有时候我也会迷茫，记这些到底是为了什么？有什么意义？后来告诉自己的话只有一句，"总是会有意义的吧"。日志里的这些内容，对于浩浩荡荡前行的世界洪流来说，也许仅仅是翻涌的浪花中的一抹半抹，但这一抹半抹，也是这个世界中真实存在过、发生过的一瞬，能把这个记录下来，供愿一览的人们翻阅，也是很有意义的吧。

在榕树根工作了四年，村民日志记录了四年，常常有来访的访客和做田野调查的学生问我，你是怎么会想到要来这里的？怎么找到这里的？遇到我想把关系隔得稍远一点的访客，我就简单回一句："有些事摆在那里，总是需要人去做的嘛。"碰到关系亲密一些的，或者好交流、人看着好一些的，我就笑着回他们："知道李伟华老师吧，就是在云南大学教人类学的那个李老师，哎，我当年就是被他'忽悠'过来的呀。"

2019 年 3 月

2015年村民日志
2015年3月1日—2015年12月31日

2015年3月1日　晴

这是这一辑村民日志的第一篇。

3月1日，西山乡营盘村委会拱引村民小组，由荷兰语言学家、载瓦语专家乐安东与妻子李旸共同创办的"榕树根"公益项目活动中心迎来了一位重要的客人——云南省委常委、省委统战部部长黄毅。

黄部长是景颇族，他特别热爱自己的民族和本民族的传统文化。这次来"榕树根"，一方面是因为统战部的工作确实要管到这一方面，另一方面也是因为听说乐安东博士扎根景颇山寨二十多年，努力地学习景颇文字与历史文化，并与妻子李旸共同创办了"榕树根"，给景颇族孩子的成长带来巨大的帮助，黄部长作为景颇族长者，心里很是感动。这两方面的因素加在一起，促成了黄部长对"榕树根"的这次视察。

黄部长这次视察轻车简从，总共来了三辆车。大家的会面从乐安东博士一口地道的载瓦语欢迎词开始，这完全是纯粹的景颇亲戚间的会面方式。

黄部长一行先在乐安东博士夫妇的陪同下参观了"榕树根"活动中心，在李旸老师告诉黄部长"榕树根"曾带领孩子们把传统的景颇故事"老虎与兔子"排演成木偶戏时，黄部长连连点头，并提议景颇族类似的好故事还有很多，以后有条件的话应该做一些这方面的活动，多在活动中增加一些景颇传统文化元素。

接下来大家在活动中心的"万朵（载瓦语客厅、堂居之意）"里闲拉家常。当乐安东博士用载瓦语介绍到自己的埋脐处在荷兰时，满堂的客人都称赞乐安东博士确实深谙景颇文化的精髓，一致认同乐安东博士说自己是"出生在荷兰的景颇族"这一说法。拱引村民小组的乡亲们按照景颇人招待客人的礼仪，献上一个装着香甜水酒与美食的礼篮，黄部长亲手接过礼篮，并赋祝词。接着黄部长将象征景颇人认可对方为自己人时送的礼物——长刀、包头和筒帕分别赠予乐安东李旸夫妇，感谢他们这么多年为景颇山区所做的一切。并希望他们能继续努力下去，共同为景颇山区的发展贡献自己的力量。

在活动中心合影留念时，黄部长和随行的孔副州长对墙上挂着的两块牌子产生了兴趣，一块牌子写着"榕树根之家"，另一块写着"教育部人文社科百所重点研究基地：云南大学边疆少数民族研究中心德宏州西山乡营盘村调查研究基地"，第二块牌子是北大人类学博士、云南大学优秀青年教师李伟华带领他的团队挂的。

李伟华老师在北京大学念博士时，将田野调查点选在了中缅边境的德宏州和克钦邦一带，他在因克缅战争而形成的克钦难民营里花了近一整年的时间做人类学调查，并教难民营的孩子学中文，最后拍出了一部在国内影响较大的难民营纪录片。在这个过程中，李伟华博士渐渐了解这个从中国北方历尽艰辛跋涉南迁而来的民族，并与他们产生了深厚的友谊和感情。因此，当他有机会设立前面所提到的调查基地时，他毫不犹豫地将其设在了这里。

大家在"万朵"拉家常时，村里的妇女主任雷木色突然说好像地震了，可许多人没感觉到，于是也就没放在心上。黄部长一行离开后，吃饭前我刷微博看到一则消息：2015年3月1日18时6分，云南省临沧市沧源佤族自治县发生5.5级地震，震源10千米。

2015年3月2日　晴

今天回瑞丽交摩托车保险，回拱引时带了几包用树叶包的景颇传统豆豉。

回拱引先经过营盘小学，因此我决定先将豆豉送去给营盘小学校长夺石干。夺石干与我母亲一个姓，按景颇习俗，他是我母亲的兄弟家人，因此我喊他舅父。路上我遇到了拱引村民小组的党支部书记雷勒卷，他身挎带绣球的景颇长刀，骑着摩托车经过我身边，我叫住他，想拿两包豆豉给他，但他说他还要出门，没法回家。我问他有什么事，他说是担任"勒jio（媒人）"，晚上要帮寨里的一个小伙子去求亲（景颇人求亲一般都在晚上）。他递给我一支烟之后就急忙走了。

我向学生问了路，然后将豆豉送到了夺石干家里。并与他就共同的爱好——景颇历史文化，共同研究了一番。

从夺石干家出来后我又到了雷勒卷家里，他母亲与另一个来找她的小伙子在晾香料烟叶，我说明来意后将两包豆豉放在了书记家的厨房。出来时雷勒卷的小侄女木织冲我喊："阿基（爷爷），我也想要豆豉。"她奶奶（雷勒卷的母亲）冲孙女说叫什么爷爷，叫舅舅。雷家是我们跑阳家的姑爷种，雷勒卷的母亲又恰好是我们跑阳家的，因此，我喊他母亲姑妈，与他老表相称，他的子侄辈也应称呼我为舅舅。

回到"榕树根"活动中心时，乐安东老师去欣欢寨参加婚礼还没回来，李旸姐则在准备做晚饭，新来了一个叫"Lucy"的志愿者，武汉人，在美国念高中。

2015年3月3日　晴

昨天雷勒卷帮着去求亲的本寨小伙子叫藏保刀况，典型的浪速支（景颇族的支系）名字。

这段时间这片地区一直在搞平田改造，但个人感觉今天机器的轰鸣声格外大。

这几天村寨里放牛的人出去得越来越早，因为景颇人认为冬天露水重，牛吃了带露水的草容易生病，因此冬天放牧要等到露水干得差不多了才会出去；而现在开春后露水越来越少，太阳也出得早，所以放牧得早，归圈的时间也会相应地提早。拱引村里牛比较多的有两家，平时他们不会一起放牧，但今天是一起从山上赶牛回来的。

我在路边挖洞时，遇到山上以包地种玉米为生的傈僳族开着拖拉机下山。其中一个叫李开发的后生主动和我们打了招呼。

下午4点左右，雷勒卷的大儿子雷干先突然骑着摩托车出现在"榕树根"。我问他是不是逃课了，他回答说放假了，我又问他读了两天的书怎么又放假了,他说是放目瑙纵歌节的假,从周二放到周日。我说那其他人怎么没放假,就你放假了呢?他说寨里只有他一个人在江东上学,他们学校提前放一天假。

傍晚的时候孙靖霖出现了,我让他帮忙给菜地浇水。

临沧再次发生4.6级地震,本地有震感。

2015年3月4日　晴转阴

早上与拱引家的乡亲们一起去户拉赶集,乡亲们围着一个卖麂子肉的摊位议论了半天,但没人买。

从集市回来的路上,经过八家寨上的田间小坡时,一辆对面驶来的摩托车摔倒在坡头,人和车都没什么损伤。我与一个站在田里的姑妈善意地笑了笑,大家又接着做各自的事情去了。我又往前行驶了50米左右,路右侧的沟渠有一个老妈妈在捡塑料回收品,我注意到她身穿汉族老式蓝褂,包黑头巾,缠黑腰带,穿着布鞋,与景颇妇人打扮差异较大。

路过村头的牛圈时,女主人正在处理牛粪,她将新鲜牛粪打扫出来,将它们一篓篓背到牛圈周围的地里铺开晾晒。

背牛粪的妇女是之前在"榕树根"工作的木图木便的婆婆,木图木便过年时与婆家吵了一架,至今没有出现,乐安东老师只得找了在营盘小学食堂工作的李阿姨临时来"榕树根"帮忙几天。

李阿姨来了之后,我才发现她正是2月7日基地挂牌时,我去买献鬼用鸡那家的女主人。李阿姨是由她丈夫送到"榕树根"来的。她丈夫叫保勒卷(藏保晃刀),我与他盘了一下家史,他家是在曾祖父那辈从瑞丽南京里迁来的。保勒卷的曾祖父是孤儿,与姐姐相依为命,姐姐嫁到广远跑阳家时,他也作为嫁妆的一部分跟了过来。并由姐夫家给他成了家,立了门户。李旸姐对保勒卷的评价不太高,说这个人嗜赌,从乐安东老师手上借了钱未还。

晚上在"榕树根"留宿的孩子比较多,除了拱引本寨的,还有跌撒的三个男孩和一个女孩。

今天清晨，另一个在"榕树根"工作的女员工李木介的父亲突然出现。我问他有什么事，他说是前几天李木介回家比较晚，从"榕树根"拿了一个手电筒回去，他今天来还手电筒。我又问了他木介出嫁的日子定在什么时候，他说大概在3月25、26日。李木介是个经历坎坷的姑娘，愿她往后的日子能越来越好。

2015年3月5日　天气极好

今天早上，路边牛圈的女主人继续处理牛粪。

李阿姨继续来"榕树根"做饭，依旧是她丈夫保勒卷送她过来。李旸姐和乐安东老师对保勒卷评价不高，不只是因为他欠钱不还，还因为他以前当李木介的班主任时经常体罚李木介。

从瑞丽骑上来的摩托离合器拨片出了问题，于是我约昨晚睡在"榕树根"的本寨少年何胜磊一起去找修理铺修摩托，找了三家才最终把摩托送到修理铺。顺便交了话费。

交话费时遇到一个问题：密码卡不能交费，须实名登记才行。我在瑞丽从没有遇到过这个问题，后来想了想，现在实名登记符合大趋势，于是做了登记。

何胜磊之后与来找他的朋友骑同一辆摩托车去芒市参加目瑙纵歌节。我独自返回拱引，路过香料烟田时遇到两个老人在采摘烟叶，我停下来聊了几句。老汉姓雷，我得喊他姑父，老妇是我们跑阳本家的，喊姑母。我问他们烟叶还能采多久，他们说烟秆该砍了，砍完再收一茬新出的烟叶就该等着种水稻了。

聊天时，路边有一辆罐车正往已经收过甘蔗的田里浇有机肥液，有机肥液来自甘蔗残渣。

吃中午饭时，雷勒卷的弟弟来"榕树根"复印身份证、户口本。雷、跑阳、藏保是拱引寨大姓，所以经常会出现在日志里。

住在"榕树根"的孩子里有一个叫排爱坎的,今年上初一。开学时我送他去学校,当时给他买了两包糕点,让他一包留着自己吃,一包送给拱引的孙勒炮,结果这孩子没动糕点,放假时把两包都背回了"榕树根"。他今晚写了一首诗:

期懊离

日吾立于滨思心,

泪于落,

满痕入川,鼓水。

昏日未入,煌月已出。

自励归家其,

日此会离去,

后日自喜行。

2015年3月6日 晴

今天处理牛粪的妇女没有出现,平日的土木工程仍在继续,罐车仍在往甘蔗地里浇有机肥液。在这里,甘蔗种植仍是主业,而一山之隔的瑞丽糖厂于今年正式倒闭了,瑞丽的甘蔗大部分都是运到拱引附近的一家糖厂来榨的。

我在路边遇到了傈僳寨的母女俩,她们是从麻栗坎探亲回来的。

虽然还是旱季,拱引村的村民已经开始上山清理玉米地,为下一次种植做准备了。

2015年3月7日 大风 晴转阴

崩洞的老董萨(景颇语:祭司)跑阳勒准的妻子病重,请别寨的董萨来家里献鬼,因为董萨有规矩,不为自己及家人念鬼,须请其他董萨代劳。

下午我到拱引寨头的小溪边为孩子们挖蚯蚓,见到寨子里几个放牛的老头。其中一个老头在编长刀刀柄上的篾套，一个老头在拿"康瓦"木做刀壳。"康瓦"木是做锄头把的常用材料，因为木质轻且绵柔不扎手。这个刀是营盘小学校长夺石干托他们做的。夺石干任营盘小学校长多年，与营盘村的人都很熟，村民开玩笑说他不是校长，他也笑称整个村里每家每户有几只鸡他都一清二楚。

"榕树根"前几天来了一个鸟类摄影师毛虫，今晚拱引寨的景颇孩子与毛虫一道去山林田间探鸟，因为去的人太多，没找到什么鸟，只在路边的甘蔗地里发现了几只小鸟，不过小孩们相当兴奋。孩子们走在这两天才推好的田坝里讨论着要是在田间来一场跑酷会如何。

回"榕树根"的路上，摄影师毛虫灵感一现，给孩子们在乱石堆拍了一组照片，那画面美到无法形容。

2015年3月8日 晴 大风

寨里的85岁老人阳坤病重，他们的二女婿携家人从畹町赶来看她。老人的二女婿是西山畹町一带有名的大董萨，姓梅普，年轻时当过大队干部，也随从做木材生意的队伍闯过缅甸，接触过现KIA副总司令雷衮莫。中午的饭桌上，这位梅普姑爷讲起老人的身后事，说老人走后他作为姑爷种，至少应该承担整个葬礼过程中一天的开销。老人的小儿子吸鸦片烟，是个瘾君子，一直在和二姐夫抬杠。两人论了半天，老人孙子辈中的顶梁柱雷勒卷说出了老人小儿子之所以和姐夫抬杠的原因：姑父做出这种承诺是应当的，也确实在理。不过我们兄弟众多，还是能为老人办好后事的。想在人走时为她杀"头顶牛"的有好几个，但现在都已经先她而去了。现在老人家还在世上，大家就暂时把这个话题搁下吧。

杀"头顶牛"是景颇族的一种葬俗，景颇老人去世时，他/她的姑爷家就要出一头牛在他/她头顶的方位宰杀，这是姑爷所应承担的义务。因为在尸体头顶方位宰杀，因此又称为"头顶牛"。

晚上拱引寨的喇叭响了起来，想到今天是妇女节，我以为广播的内容和妇女节有关。结果讲的是另外的事情，问了李旸姐，她说寨里从来没有为妇女们举办过活动。

这与一山之隔的瑞丽形成了鲜明对比。在我们寨里，妇女节是一整年里村寨活动最隆重、最盛大的。而且，平时的活动也更倾向于照顾妇女一些。像去年我们芒滇德昂社组织去腾冲旅游，就限定每家每户去一名女性，男人们则守在寨里看家。

之前讲到喇叭响了，讲的是 2015 年的西山乡目瑙纵歌节，虽然这个节日 3 月 27 日才开始，但从今天开始，就要在整个西山的村寨里预热起来了。

2015 年 3 月 9 日　晴

去了一趟村委会，见到了负责平田改土施工的段师傅。他说平田改土工程会进行到 4 月中旬，挖掘机按小时收费，一个小时 300 多块人民币。

路边的香料烟田里已经开始砍烟杆了。

下午，山腰傈僳寨的傈僳族拉了一车（大概五六立方米）的玉米去古拉卖，车里坐的是邓赛元和他父亲。李开发兄弟俩在后面骑摩托车跟着去卸玉米。

在"榕树根"做饭的木图木便依旧没有出现。因为明天有水源基金会和英国使馆的客人来"榕树根"，因此我们决定临时找人做饭，原本是想请寨里的缅甸媳妇鲁扎做饭，但是鲁扎明天要回缅甸娘家，因此最后定下的人选是木图木便的小姑子排扎南。

2015 年 3 月 10 日　多云

营盘小学的饮水出了问题，夺石干校长领着学校的几个男老师、村医务室的医生，还雇了两个村里人一起去找水。最后他们将帮本村旧池的水引入了学校的水管里。

之后帮本人找到学校去交涉，大意是想要一点钱。夺石干校长这样回应他们：招呼已经和村委会打过了，这事帮本人应该是去找村委会，而且，这次用水也不是用于私人项目，而是在学校公用。

月亮湾移民村寨门旁有一家景颇传统服饰铺子，这几天铺子的生意开始红火起来了，其中的原因除了3月27日开始的西山乡目瑙纵歌之外，也与3月13日就开始的五岔路乡目瑙纵歌有关。

田坝里砍香料烟杆的劳作还在继续，这边崩洞村烟田里的农民们已经开始采草烟叶了。

2015年3月11日　多云

早上保勒半的父亲来"榕树根"要走了和他订竹子的订金50块钱。我们寒暄了一整天，他说他打工去过不少地方，整个山东都快走遍了。我问他上山的路是哪一年修通的，他说是1995年时全寨人出了近乎一整年的义务工修出来的。路修好时大家像过年一样舂粑粑、杀猪，打了无数铜炮枪热闹了一番。

雷家是拱引的大家族，这几天他们开始筹划着为雷勒东的新房举行"乌麻"（老幺，也就是献家鬼、守老家之人）住新房典礼。雷勒东家就是之前我们云大团队去拍摄献鬼仪式的那家。

早上我去寄身份证时在户拉路口遇到村里的妇女主任雷木色带着她的小儿子，她说是儿子鼻炎发作，向学校请了假回家去。

回到拱引寨脚时石老师从对面驾驶摩托车下来，说去关心了一下他的刀壳制作进度。

傍晚李木介带着一脸阳光出现在"榕树根"。

2015年3月12日　晴

早上一起床，就看到山脚的坝子里一片火光，仔细一看，是买直寨的人在烧蔗田。

前几天一直在田里浇有机肥液的罐车消失了几天后又出现在甘蔗田里。平田改土的工作仍在继续，拱引寨里的跑阳腿莫与挖机师傅交流，想让师傅把他家的田平整平整。

保乐半的父亲叫（藏）保龙况，我之前曾向他买过 10 棵龙竹，说好今天交货。龙竹每棵 10 元，10 棵总共 100 元，运费另算 20 元。但因为他昨天已收走订金 50 元，所以今天收货时我再付 70 元就行。下午 5 点，我去了保乐半家，她刚刚放学回来，带着个弟弟在一边玩，我问了一下砍竹子的地方便去查看。我在路上的一个夹沟里遇到雷勒卷的父亲在放牛。我递了一支烟过去与他闲聊几句，从他那得知拱引的地虽然少，但崩洞背后的山地却大部分都是拱引寨的。而崩洞的山地则一直往上延伸到香料厂附近。

傍晚运龙竹时保龙况一个人无法装车，便让我过去帮忙。运完竹子后，趁着我给他取竹钱的间隙，他在"榕树根"的厨房聊起了在山东打工的经历。他说当时的工厂总共有 3000 多人，而德宏去的景颇族就有 40 多人。今年元旦时大家还组织参加了厂里的文艺汇演，得了个二等奖，奖金 3000 元。

今天村里的广播内容主要有两个，一个是芒良一户人家结婚，请拱引人去赴宴，另一件事是雷勒东的进新房仪式进入准备阶段，雷勒卷书记开始在广播提前安排做各项准备工作的人选。

傍晚，山下的甘蔗田又亮了起来。

哦，忘了一个小事，早上孙珈乐找我去检查水池，回来的路上他眼一扫，就发现牛圈下边的椿树上停了一只叼小鸡的老鹰。于是一群人找出鸟类摄影师毛虫大哥留下的观鸟望远镜，好好欣赏了一番。平时沉默腼腆的珈乐这时活跃了很多，开始滔滔不绝地讲起他在山里打鸟的各种经历。"榕树根"的所有人都认为他有当鸟导的潜质，觉得他会成为优秀的鸟导，但他自己想成为一名做景颇菜很厉害的厨师。我告诉他，做鸟导和做厨师其实可以兼行，不冲突。

天擦黑的时候，山下甘蔗田的火光又亮了起来。

2015 年 3 月 13 日　晴

早上去赶集的时候遇到了雷勒东的儿媳妇来买菜，邀请我们明天去家里进新房。

保乐半没有去上课，好像身体不舒服。

路边牛棚的主人麻东很晚才出去放牛，我还特地看了一下手表，是 14 点 08 分。

今天是周五，"榕树根"又聚满了孩子。孙珈乐打了一只鸟来炫耀，我帮他给鸟拔了毛。买直的几个孩子一起上街舞课，但少了一个目干卷，原因是他去野炊实在太累没法上课了。跌撒来了四个小朋友，全是男孩。

雷勒卷的幺弟追一只景颇小耳朵猪从家里追到寨头，又追到"榕树根"，我们俩最后在荒草丛里扯住了它的腿，把猪拖回了家。

2015 年 3 月 14 日　晴

今天拱引雷勒东家进新房。

早上我去买直接几个小孩子来练街舞，在李弄央家看到了他哥哥，一个戴着棒球帽的年轻人。慢条斯理地在水池边洗衣物，见我们来了很客气地给我们端板凳。后来在回来的路上李弄边问李弄央他哥哥什么时候出来的，李弄央说就在前几天。我一开始暗想是不是因为吸毒进去的，结果后面了解到是因为砍人，而且之前有前科，刚出来三个月就因为再次砍人进去了。他还有两个朋友在里面，一个判了 14 年，一个判了 12 年。

中午去了一趟帮本，给保自龙送去 2000 块钱，其中 1000 块是好心人资助他用于学业的，另 1000 块是李旸姐个人资助的。保自龙是个好孩子，很懂事。之前他父亲出车祸，欠下十几万的外债，保自龙就经常趁着课余时间去打零工补贴家用。这次是因为他母亲出了事，放牛时被牛拖坠近百米，全身的软组织受伤，一处骨折，一处大面积外伤。

下午抽时间去山上挖了几棵高冠樱花树，请了拱引寨里的唐腿莫帮忙用拖拉机运下来，付了他50元运费。我们下到傈僳寨下边的时候，问腿莫对面的山属于哪个寨子。腿莫特意停下车，告诉我都是广远寨的，结果他告诉我广远已经分散并入其他寨子了。

晚上因为忙到9点（主要是在种树）而没去成进新房现场，只是听到雷书记在广播里问谁捡到了一个钱包，请今天还回来。

2015年3月15日　晴转阴

买直还剩的最后两块甘蔗地中的一块，今天也开始砍了。

放牛的雷家老头进"榕树根"来找水喝。

下午"榕树根"来了许多山上的傈僳孩子，这种情况很少见。随他们来的还有一位大叔，可与他打招呼时却只是笑，不回话，原因是不懂汉语。

今天得到的另一个信息是我们一个学生的母亲是艾滋病患者，丈夫吸毒死后改嫁到山东，查出HIV阳性后又回到了寨子。

2015年3月16日　晴

早上Lucy去户拉坐客车去瑞丽，在加油站遇到石校长，他帮我付了油费。我问他准备去哪，他说村委会没人，准备去西山乡政府盖章，并约我一同逛逛。

下午回拱引时遇到孙珈枫的外婆在背烟叶，我帮她运了一部分回来。

晚上村里的广播说：政府派人来发母猪补助，一头母猪补助15元钱。

2015年3月17日　晴

拱引的平田改土接近尾声，大部分机械已经转至帮本的田地。

2月7日基地挂牌时种下的榕树，今天中午发出了新芽。因种下时间太早担心没法成活而提心吊胆的一个多月终于熬过去了。

晚上木织的母亲来"榕树根"接来问作业的木织回家。

Lucy 今天从瑞丽回来,说过江桥检查站时武警查得很严。回来翻了一下微信,中新社的新闻说瑞丽查捕了 3800 多名吸毒人员,不知这股风会不会吹到芒市。

上营盘的村民拉了一拖拉机树藤到城里去卖,树藤是制作中药的原料。

田里的甘蔗都光了,因此有人在大白天有风时烧甘蔗叶,不用担心引燃周围的甘蔗林。

广播里依旧在通知母猪补助的事。

2015 年 3 月 18 日　晴

中午,寨里放牛的雷勒卷家老人递给我一支缅甸象牌香烟,说是侄子送的。

上营盘的村民拉了两车柴去城里出售。

石校长路过"榕树根"问乐安东老师回来了没有,并闲聊了一些他最初与乐安东老师交往的事。

下午木介出现在"榕树根",说是希望婚礼的时候我们能去给她摄影,并且希望街舞队的孩子们过去表演。

早上去赶农场集时,见到几个买直的小伙子在砍路边的铁道木。

移民村民族服饰店的生意越来越好了。

2015 年 3 月 19 日　阴转晴

下午,营盘小学的石校长出现在"榕树根",找乐安东老师帮他准备教孩子们景颇歌,顺便到我房间坐了一下。我们先讨论了之前刻好的碑上的景颇式样纹路,一致认为碑上"格顺木纪"纹路应该用红色和黄色的颜料,这是"格顺木纪"纹路的传统颜色。

这个石碑上刻的文字如下"榕树根儿童教育机构／清华国际学校:

共建友谊路"。去年五一，"榕树根"清华国际学校为城市和乡村孩子共办了一个夏令营。当时的一项活动就是大家为拱引寨修了一条石阶小路，这块碑用来立在路旁。

晚上，雷勒卷书记带着五岔路乡的祁副乡长（景颇族）和周副乡长来参观"榕树根"。祁副乡长是西山人，之前在西山工作，后来调去五岔路乡。他和雷书记都是我的丈人种，后来我们提到西山乡的祁书记是他的堂兄弟，西山乡的祁副乡长是他亲兄弟。我插了一句："看来西山乡和五岔路乡都被我的丈人种包围了嘛！"大家哄然大笑。

我和雷书记还聊到了民族文化和宗教信仰的问题，他说整个营盘村村委会自然村没有基督教徒的只有拱引和上营盘。这两个寨子实在是没有基督教生存发展的土壤，很多信仰基督教的缅甸妇女嫁到了这两个寨子，没几年把信仰都给淡忘了。

雷书记后来还特意提到之前我送他两包豆豉，至今没有吃完，在省着吃。豆豉是景颇族间最能体现"礼轻情意重"的礼物，它深深地根植在景颇民族的文化当中。

祁副乡长和周副乡长这次来访是赶去参加陇川的阿昌族阿露窝罗节庆典时顺道进来的。

2015年3月20日　晴转阴

"榕树根"来了一个从陇川章凤来的志愿者，是傣族，叫多荣。我一听来了精神，盘问她是不是陇川的本家嫡系。我又问她与来代土司什么关系，她说是她九舅。我就产生了疑问，她说她的九舅四年前才死，就肯定不是了。

然后我再问她舅父姓多，为什么她也姓多。多荣说她跟着外婆姓，她们家就是这样的。生女儿后，女儿的后代至少有一人得把多家的姓氏承袭下去，一直这样继承。

木介的大姐木看回家跟着父母筹备木介的婚礼，并且约好每周来"榕树根"做饭。

村里一户人家杀猪,结果猪跳圈跑了。

户拉中学召集初一学生家长开家长会,给家长介绍孩子进入青春期后该注意的事项。

2015年3月21日　晴

唐腿莫用拖拉机给"榕树根"拉桶装饮用水,收了40元运费。他上一次运水时只收了20元,问他是不是收多了,他说之前帮人拉也是这个价格。

今天又和多荣聊了一下,把情况盘清楚了,那个人不是她九舅而是她九舅公,是外婆的弟弟,叫多永林。我再追问,她并不确定多永林就是陇川末代土司,而我所知的是陇川末代土司是多永安。多永林若是多永安九弟也能对上。

木介的大姐木看来"榕树根"做了一顿午饭,我将酬劳给她时她死活不收,说李旸姐为她们家做的太多太多,她来帮点忙是很正常的事,怎么能收钱?木看今年32岁,孩子已经12岁了,读小学六年级。她与丈夫在外打工,她在工地上给人做饭。这次是从湖南的工地上赶回来的,还给李旸姐带了一点湖南的毛竹笋和红薯面。

唐勒迈家的香料烟收完了,开始砍烟杆。

附近的大多数人开始忙着下地弄甘蔗,翻根的翻根,松土的松土。

拱引的孙珈枫和崩洞的唐木壮去跌撒参加同学的生日宴会,之后去了户拉的KTV唱歌,两个小姑娘还喝了酒,接近凌晨才回到家。

2015年3月22日　阴

早上拱引的社长排干与李旸姐一起考察儿童娱乐设施场所建设的场地。该娱乐设施由"老房子"集团捐建,由"榕树根"负责该项目的实施。

最后大家决定将该设施建在拱引村民小组篮球场的西北侧空地上,

排干社长提出娱乐设施建成后应该用竹制的围栏将其保护起来。因为村里瘾君子多，很多人爱搞破坏，喜欢躲在各种角落里吸食毒品。

下午何胜磊的父亲带着一个朋友来"榕树根"洽谈为"榕树根"修建挡墙和库房的事。

今天是星期天，学生返校的日子。我受托送帮本的女孩保自诺去学校。我们先一起去帮本家里取衣物。到保自诺家后，她先去整理东西，我站在场院里，看到厨房的门是打开的，就打算进入与里面的人打个招呼。走到门口正好看到保自诺的爷爷在里面吸食鸦片，就自觉没进屋，退了出来。她爷爷吸食鸦片后和我们聊了几句，说只有他一个老头在家，老伴与小儿媳（保自诺的婶婶）去缅甸贵概接小儿媳的妹妹来帮本。

把保自诺送到学校后，我去跌撒接了排爱坎和弄坎两兄弟去学校。排爱坎的父母早已离异，大多数的时间跟着外公外婆生活。回来的路上走正在修建的大瑞高速，筑路工人正在紧张地给路面铺沥青。

2015 年 3 月 23 日　晴

今天寨里放牛的人都出去得挺晚，大概2点多才赶牛出栏。

已经转去帮本几天的挖机突然回到了拱引，因为拱引有几片田之前是种香料烟的，得等到香料烟收完后才能平田改土。

空气里有了一点水汽，但离开始下雨的日子还有一段时间，山上的傈僳族已经开始铲坡上的草准备种玉米了。

木介家开始打扫房子，为木介出嫁做准备，并在正对着堂屋的院落搭了举行出嫁仪式的彩棚。

2015 年 3 月 24 日　阴

阴了一整天，可没下一滴雨，下午瑞丽的朋友在微博上说下了一点雨，雷声大雨点小。到了晚上，再刷微博，看到另一则消息，南散一带连降暴雨，简陋的果敢难民营损失惨重。

田里多了一台小型挖掘机，是帮农民挖甘蔗沟的，由糖厂出面找来。挖掘机一亩收费380元，蔗农自己出了330元，糖厂补助50元，若有其他私活，则按一小时250元收费。

今天一大清早，拱引寨的雷勒卷书记就在广播里安排人们为木介出嫁仪式工作做准备，包括做饭的，接待的，管理酒水的……都一一安排妥当，这是景颇村寨的传统，一家有事，全寨出力。

下午从遮放回来，路过木介家时又进去了一趟，门口停靠着两辆车，问，是芒市赶回来的亲戚。院子角落里有几个汉子正在杀猪，到厨房一看，已经杀好的一头猪已经切分好码齐了。再回到院子里，几个汉子正在用茅草燎猪毛，茅草有点不够用，一个汉子随手从墙角抱了一堆豆蔓盖在猪身上，顿时一股火苗蹿天而起。旁边几个已经忙完的汉子开着玩笑，年纪较长的保刀龙说我像你们这个年纪的时候，这么大的猪我一个人一会儿就搞定了，哪像你们需要这么多人。一个汉子回答，姑父，我像你这个年纪的时候也是一个人放翻一头猪的呀……几个更年轻的汉子则互相放狠话呛对方，狠话放得越重，气氛越融洽欢乐。

木介的大姐木看约我去买酒，路上我问她，木介呢？她说还在男方家里，明天一早她和新郎一同打扮后再回家，再从家里嫁过去。这不符合景颇族的传统婚俗，但时代变了，很多人都是怎么方便怎么来。到八寨拱引社长排干母亲开的小卖铺时，我问木看，是在这里买吗？木看说大家对这里的酒评价不高，就又去了另一家，可另一家小卖铺没开门，我们就直接去了户拉。

回来的路上，正是太阳西斜的时候，夕阳靠在龙江对岸的石头上缓缓下沉，因为阴天的缘故，那残阳如血。

2015年3月26日　阴

这几天村寨里开始盼着两件大事，一件是27、28日的西山目瑙；另一件是CCTV-9来拍摄的纪录片《景颇夏天》也即将在28日晚上播出。村寨里的人们都在谈论这件事，各村寨的社长也开始广播《景颇夏天》即将播出的消息。

营盘小学的石校长则提前一天给孩子们放了假，让孩子们都参加目瑙，去感受自己的民族文化，而在其他学校读书的孩子们则纷纷找出各种理由请假逃课。

拱引的雷勒卷书记和崩洞的社长则忙着烤烟，说去参加目瑙纵歌的可能性不太大。

2015年3月27日　晴

今天是西山目瑙正式开跳的第一天。我和乐安东老师各骑一辆摩托车，早早地带人往西山乡弄丙目瑙场赶，可能是我们落后了一些，一路上并没有看到多少去赶目瑙的人员车辆。

到弄丙目瑙场之后，发现开幕式被延迟了，原本准备9点多开跳，但快10点了开幕式还没开始。趁着这段时间，在目瑙场周围绕了几圈，发现生意最红火的是卖狗肉的铺子，不论是卖熟狗肉的固定铺子还是三轮车流动生肉摊，生意都特别火。闲逛的途中遇到了石校长夫妇和上次田野调查时在上营盘认识的帕加腊老人，我告诉老人原本准备送他的光碟还在李伟华老师手上，估计下次田野调查时才能交到他手上，老人神情有些失望，但还是大度地表示这事不急。老人说他腿脚不方便，原本不想来凑目瑙的热闹，但儿女坚持，他就跟来了。遗憾的是目瑙的献祭场所离目瑙场比较远，他没法参观。

开幕式过程比较短，因为日光已经高了，大家都急着早点开跳。目瑙开跳后，我最先看到的是担任瑙巴的拱引社长排干，后来又在队伍里看到了曾经来协助完成《瑞丽景颇族》一书的夺石拥汤。不知为什么，我虽人在目瑙场，却一直没能融入目瑙的整体氛围中去。西山的目瑙和户育相比，风格没那么严谨整齐，瑙双瑙巴的动作都大开大阖没那么整齐统一，在我身后的几个老奶奶一直在抱怨Lucy动作太僵……

弄丙的目瑙示栋立于1982年，有些年头。因此西山乡政府翻新目瑙场地时特意将它保存下来。30多年前的新颖东西，和现在各地新塑的雄壮目瑙示栋比起来，显得很单薄，但自有一股历史韵味在里面。目瑙场里的增疆很大，看着很有气势，但其实只是样子货，没法真正使用。

跳了半个多小时后，几声炮响，我以为跳到中场了，可突然整个目瑙场的队伍都一下散开了，音乐骤停。我心里大惊，以为发生了什么意外，握刀在手以防万一。广播里突然说这场目瑙纵歌就到这了，大家都跳得很好，请大家下午继续来跳，我整个人都懵了。

后来，我就问身边的朋友，他们说芒良也是这么停下来的，下午又接着跳。

我将目瑙前后得到的信息汇总了一下。之前与当过瑙双的石校长交流时，他曾提到过，西山跳的是山官目瑙，而瑞丽跳的是鸟类目瑙，因此跳法不同。常年在瑞丽跳瑙双后面舞扇角色的董春花说，某一次在章凤跳目瑙时也是这么突然停了。常年担任瑞丽目瑙瑙双，担任过密支那、片马、昆明目瑙瑙双的夺石（勒云）都某次从昆明回来后告诉我们，他们在昆明时，某市代表队背着礼篮来瑞丽代表团的下榻处，表示瑞丽景颇人是老家先知先会处来的人，希望目瑙时由瑞丽代表团领跳。

因为工作日程比较紧，我只匆匆跳了半场目瑙就返程了。

对了，弄丙目瑙纵歌的停车场是不收费的，这在我的目瑙经历里是唯一一次免费停车。

2015年3月28日　阴／阵雨

今天早上，何胜磊跟我一同去弄场街，与他聊天时，得知他有一个哥哥在西藏当兵，刚服役一年多。何胜磊之前骑摩托车出去时与傣族混混打过几架，所以他每次骑摩托车出去，他母亲都担心得要死。

帮本的一个村民在拱引买了几亩田，他找了一辆挖机来帮他开甘蔗沟，挖掘机每小时收费250元。

崩洞的几个汉子喝醉了在小卖铺上撒酒疯，互诉对家庭的不满。

平田改土的机器已经从帮本的田地转到了买直的田地上。

跌撒排爱坎的父亲难得找人过来，从"榕树根"接了排爱坎回家到周末。

2015年3月29日　阴转晴

何胜磊的父亲带领一个小工队到"榕树根"干活，之前一天他到嘎中去扫祖坟，与兄弟相聚喝多了点，所以推迟到今天早上才赶回来。

八家寨的王改芝家里来了几个客人，王改芝的父亲是上营盘王湘宝的弟弟，前几年半瘫之后腿脚不便，也无法说话。

排丽娟也是八家寨的小孩，之前经常来"榕树根"参加活动，但这几天被她奶奶摁在小卖铺里守铺子哪儿也去不了。他们家里有一辆后传动的拖拉机，挂在排丽娟大伯名下，全家共用。她爸爸前一天晚上开拖拉机上山拉柴，但被一场暴风雨困在山上，整夜未归。

"榕树根"今天的工程是请挖掘机从房子的左侧大门缓坡上取土填到房子右前方的凹坑里。之前我们定好的用来倒土的拖拉机就是排丽娟大伯的那一辆车，但因为那车困在山上，所以我一早从崩洞找可替代的车辆，问了一圈后终于在芒良路边的空心砖厂问到一辆。可车主人正在切割另一辆车上的圆木，并表示会去赶户拉集，要到下午2点左右才有时间……逛了几圈后终于在月亮湾移民村找到一个年轻的师傅，我不了解这边的行情，就按瑞丽行情给他一趟15元人民币。开挖掘机的师傅叫杨大庆，之前来"榕树根"做过两程，但人品不太好，会多收一些工程费用，他每小时收费250元。何胜磊父亲的小工队负责把填土的坑用编织袋装土围起来，并负责后续的扒土工作。在"榕树根"练习街舞的少年们也参与了劳动，干得热火朝天。

因为少年们的加入，铁锹数量不足，我去寨里又借了几把。借到保晃家里时，他正在看电视，二话不说就将铁锹找出来交给了我。我又去木介家里借，木介的父亲说咱们景颇族有互用互借传统，需要的话尽管拿去用。我之后又去雷勒卷家里，家里没有人，我自己找了铁锹带上就走了。

今天是周日，原本打算去跌撒把排爱坎送到户拉中学，但因为工程弄到了天黑，我把他接回"榕树根"等着明天一早再送他去学校。在回"榕树根"的路上，他告诉我同学发短信告诉他，学校里的同学都在谈论他在《景颇夏天》里的表现。

拱引的孙珈乐带着几个伙伴从家里抓了一只鸡来"榕树根"，我带领他们把鸡杀了做黄焖鸡。这几个孩子都没去学校，请了假，准备第二天到西山派出所办理身份证。

2015年3月30日　晴

广播里在说明天杏欢有人结婚，请听到广播的各家各户去参加婚礼。第二条内容是关于耕牛管理的，现在正是甘蔗出苗的时间，因此要求各家各户管理好自家的牛，避免因为牛吃蔗苗而出现纠纷。最后一条消息是这么说的：嗯，那些吸食毒品的人听说了啊，最近上面的政策预计会有大行动，你们吸毒品的要么自行戒了，要么躲得远远的，逮到你你就完了。

2015年3月31日　阴／阵雨

去西山办身份证的几个少年到今天都还没有返回学校，家长们都挺着急，纷纷跑到"榕树根"来了解情况。

到了晚上拱引的雷勒卷书记在广播里说了两件事。

第一件事是帕软寨子打来电话说，寨里棍弄的妻子孙木旺去世了，明天上山挖墓穴，希望拱引寨子有心的亲戚们都能过去帮忙。在景颇社会里葬礼比婚礼更重要，景颇族有一句谚语"婚礼不请不要去，葬礼不请也要去"。

第二件事情就比较严重了，拱引寨子的"农尚"边上出现了一头死猪，雷书记在广播里说："现在死猪出现了，不管是不是主人有意无意为之，都希望你明早之前把那死猪处理了，你现在主动站出来，啥事没有，但若我们真查到你头上，你就摊上大事了。"

2015年4月1日　晴／阵雨

买直今天早上才广播了帕软棍弄妻子孙木旺去世的消息。社长广播的原话是："帕软棍弄的妻子昨天老掉了。"景颇族似乎都不太怕死亡，但很多时候都习惯用其他如"老""走""回老家""背盐"这样的词来代替"死"字，想说得隐晦一些、委婉一些。

晚上拱引的广播说的是平田改土的事，平田改土已近尾声，家里还需平田的，请尽快过来登记，过时不候。至于不愿平田的都到公房来签个字，说明是自己要求不搞平田改土的，不要这时不搞平田，过后又说自己的田没平到。

还有一件事就是前几天结婚的木介，今天回门，给李旸姐打电话请我们过去吃饭，但因为日程较紧，我们都没有来得及过去。木介当天又回了三台山。

老师的摩托车坏了，修摩托认识了一个开修理铺的景颇族，叫董勒约，在杏欢寨开了一家修理摩托和油锯的铺子。

2015年4月2日　阵雨／阴／阵雨

今天早上下了一场阵雨，送Lucy去户拉，坐车返回的途中遇到营盘小学的石校长，他刚从村委会出来，我们互相递烟，聊了一下清明放假的事，问他是否有时间与我们一道去瑞丽，他说得守校。

之后为了李伟华老师及其团队的报销证明专门跑了一趟村委会。村委里停满了平田改土用机械，机手们都在忙着检修机械。张福楼副主任在门边等着我过去，我把报销用的收据递给他后顺便与他盘了下亲戚。

张主任虽然是汉族，但与和我一个姓的景颇女孩结婚，是我的姑爷种。然后我们又讨论了辈分，他问我喊麻瑞什么，我说喊二伯，他说他妻子与麻瑞同辈，因此我应该喊他姑父。

从村委会出来在半路又遇到了我的姑奶奶扎班途，她要去和排社长谈平田改土的事，于是我又送了她一程。

下午校长又出现在"榕树根"，他来找乐安东老师，老师已经去了芒市。校长说给保则换水龙头时中了暑，让我帮他按太阳穴，刚揉到一半又被一个电话叫走了，因为早上村委会与工程队商量学校推操场的事。

傍晚时刻开始广播明天崩洞李干杰家进新房的消息，他们家昨天也给"榕树根"送了请柬。

这会儿崩洞寨的上空还在回荡着悠扬动听的象脚鼓声，而"榕树根"WiFi被雷劈失灵了，我一边用电脑放碟听文蚌音乐一边写村民日志。

2015年4月3日　阴／阵雨

早上吃早餐时与"榕树根"的新同事李慧平聊天，慧平是广东姑娘，没与父母商量就来了"榕树根"。她说她喜欢待在这，城里的生活虽然看着什么都能看到，什么都能知道，什么都能得到，但城市的生活其实是被身份所严重束缚的，远远没有这边的生活鲜活，没有在这边所能接触的这么多。

崩洞"进新房"典礼从早上开始就热闹了起来，吹吹打打持续了一整天。"榕树根"的街舞少年里有一个少年叫李干内，是"进新房"的李干杰的侄子，他提前请假一天回家帮大伯家"进新房"了。所以回"榕树根"来得晚了一点，而买直的目干卷则是因为帮妈妈扛甘蔗而缺席了今天的街舞课。

从今天开始，平田改土的机械就陆续被运走了。排社长的后传动拖拉机从山上运了一车药藤下来，开车的是社长的三弟。这种药藤一车大概卖1000多块钱，已经越来越少了。

"榕树根"WiFi失灵的原因找到了,不是我们这边的问题,而是中转站的机器损坏了。

崩洞的音乐还在继续,估计能持续一晚上。下午来做饭的李阿姨是保老师送来的,保老师临走前问我有没有零钱,我想起之前他借乐安东老师钱不还的事,就告诉他没有。

2015年4月4日 晴

昨晚街舞少年们又去月亮湾偷西瓜,早上有几个少年被父母叫去参加扫墓活动。

村委会里还剩着最后一辆装载机。在排社长家的小卖部看到来送货的货品配送卡车,上营盘的雷家小伙子驾驶后传动拖拉机路过,来买了一包烟。他的后传动车上放着一辆摩托车。午后周围的鞭炮声激烈地响起来。送爱坎兄弟去跌撒的时候,看到在田里种甘蔗的妇女围在一起吃午饭。龙瑞高速这一段的基础沥青铺设工作已经全部完成。

下午街舞少年们一起去龙江边野炊,结果迟迟没有回家,天黑后木旺友的母亲打了好几个电话,问孩子的下落。

2015年4月5日—8日

4月5日至8日,我与乐安东老师、李惠萍一起回户育过清明,这几天的日志只好挪到8日晚上补记。我上个月交话费时遇到一件事,全市都在搞电话卡实名制,我为了交话费方便也跟着搞了实名制。但这次回瑞丽,发现瑞丽至今不搞实名制,我今天在瑞丽环岛附近买了一张电话卡,付钱后在网上开通一下就可以用了。

回"榕树根"经过户拉农场时发现有人在用鲜花和松枝扎彩门,为即将到来的泼水节做准备。

之前与石校长在加油站偶遇时,他曾表示对《瑞丽景颇族》的兴趣,因此今天特意从瑞丽带了一本给他。见到校长时,他正在客厅看电视,今天是周三,每周三晚上他会给孩子们放一部电影陶冶情操,他的说法是"不想让孩子读书读傻了"。

我从石校长处了解到,营盘小学的泼水假从本周五至下周二。从校长家出来后,我又和何胜磊的父亲谈了一下他们在榕树做工的事,他表示这两天正帮人载甘蔗,时间很紧,得往后挪几天。我到他们家时大概已经8点半了,他与妻子还没吃晚饭。

李木介家新围了一圈篱笆,看工艺是出自父亲之手。村里的广播今晚主要说三件事:要贷款的拿户口本去公房登记;计生办来收每人30块的意外保险;新换了一个工作队今晚与大家见面,全寨每户出一个人到公房与工作队座谈。原本时间定的是晚上9点半,但9点半时没有多少人出现,广播里又催了一次。

2015年4月9日　阴

西山乡的一些地方出现了风疹,所以营盘小学也在忙着给学生接种疫苗。中午"榕树根"来了一个研究景颇丧葬文化的学生,在云南民族大学读硕士,是芒市人,叫蒋潞杨。她平时住在乡政府,田野调查点在弄丙一带,今年1月份就开始了田野调查,但她的工作似乎不够深入,连吃绿叶宴时,人吃和鬼吃用不同的叶面都不了解。所以今天我们与她,及同她一道来的亲戚们吃饭时闹了个笑话。

下午营盘小学的校长来找我借书,带走了王连芳的《云南民族工作回忆》,让我们帮他扫描《初近西山》和《一个爱国教头的坎坷遭遇》。

吃晚饭前乐安东老师外出闲逛,砍了几根甘蔗回来,稍后,送给乐安东老师甘蔗的前拱引妇女主任上门,问我们有没有见到她的衣服。她刚从甘蔗地回来,手上握着削甘蔗皮的刀具,背上背着一个竹篓。后来我们在招领箱里找到了她的衣服,这衣服是上一次黄毅部长来访"榕树根"时,她作为拱引村民代表与部长见面时留在这的。

晚上的广播继续在播,让有贷款意向的村民来公房报名的事。雷木织领着一个小女孩来拿之前留在"榕树根"的校服，并莫名其妙地问了我一句，"你有自信吗？"

2015 年 4 月 10 日　晴

今天的广播与往日不同，大清早就响了起来，主要是让有种植橡胶和咖啡意愿的村民赶紧去报名，统计清楚后好安排下一步工作。

中午李木介的父亲拿了身份证过来复印，我问拿复印件去干吗？他的回答是农村也得办房产证了，上面要拿去登记。我们几个闲人从农村房产证又聊到了之前的电话卡实名制，都觉得政府对公民的管理一步步加强。到下午时，手机又收到一条短信：2015 年 1 月至 12 月，我省开展云南省电话卡黑卡治理专项活动，打击不法分子利用非实名制电话卡进行违法犯罪活动。

李木介的父亲离开前，顺便拿走了木介结婚时存放在"榕树根"冰箱里的猪肉。

之前我们都回我家过清明去了，有两天的时间，"榕树根"是无人值守的。但乐安东老师和慧平回来后，发现有两处纱窗是被破坏过的，后来判定是"榕树根"的孩子们闯进来在这里过夜。我们几个"榕树根"的成员都觉得这种行为不太好，于是决定把"榕树根"活动中心关闭几天，让孩子们好好思考一下，等大家都想得差不多了再重新开放。

八家寨上面有一块甘蔗田，今天傍晚烧甘蔗叶，大火映红了天际。大概 23 点半时孙靖霖出现在榕树门口，我问他来干什么，他咧嘴一笑："蹭 WiFi（无线网络）。"

2015 年 4 月 11 日　晴

寨子里有人结婚，但景颇人有句话——婚礼不请不要去，葬礼不请也要去。因为我们没有收到请柬，所以就没去参加婚礼。

嫁人的是把地租给"榕树根"的唐勒东的侄女，晚上 12 点多，寨里人还在公房唱卡拉 OK。这是本地人的一大特色，一遇办席就会请乐队唱卡拉 OK，大家共同娱乐。歌曲五花八门，有《军中绿花》《月亮代表我的心》《巴比伦河》《算你狠》《水手》……

木介家的院子里突然多了一个牛棚，棚里有一头白色的半大牛犊，下次遇到木介父亲时我得询问一下是不是木介的彩礼牛。

我第一次来拱引时平田改土还未开始，但更道改建已经在实行了，现在平田改土已经完成了，改建还未完成。它是这一片地区最后一批改建部分，这两天开始铺石子了。

"榕树根"儿童活动中心继续关闭，连孙靖霖来访也被劝回去了。广播在半夜里突然响了起来，号召拱引的年轻人们到公房里帮忙。

2015 年 4 月 12 日　晴

"榕树根"下面的路上停了一辆拉柴的后传动拖拉机，开车的是上营盘姓雷的小伙子。在拱引村停靠是因为他与卖柴的伙伴到伙伴的家里吃晚饭。

今天是周日，上面的傈僳寨要做礼拜，中午有三个傈僳小男孩出现在"榕树根"。因为"榕树根"活动中心还在关闭当中，所以我拿了几个苹果在屋外招待他们。我问他们为什么不参加礼拜出来了，他们说他们跑到江边泼水去了。这三个男孩两个五年级，一个一年级，其中两个人头上都戴着硕大的墨镜。

2015 年 4 月 13 日　阴

雷勒卷书记打电话来问他大儿子雷干先有没有来"榕树根"，语气有些不自然。后来我与乐安东老师聊天得知，雷干先的母亲离家出走了，雷书记又当爹又当妈很辛苦。我们商量是不是让雷书记的小儿子棍坎每天到"榕树根"吃午饭，能减轻一点雷书记的负担。这么做的另一个原因是，之前闯入"榕树根"的孩子有棍坎和唐城邦，这两个孩子还抽烟，我们想这两个孩子都来"榕树根"多待一点时间，可以照看他们一点。

拱引寨子的水管有两处裂了，一处在唐城邦家门口，另一处在管理水源水管的雷勒东家附近。好在这几天流水量增大了一些，没有对村民用水造成太大影响。

上营盘的村民用三轮摩托往山上运建材，运到拱引寨头时摩托抬了头，车上的两个汉子赶紧跳下车，整理建材。乐安东老师正在逛寨子，与唐城邦的姐姐唐木兰聊天，木兰是个极具艺术天赋而敏感的孩子，且多愁善感。乐安东老师找她聊天，就是想让她多释放一些积压在心中的情感。整个拱引寨子，目前只有唐木兰家的香料烟还没有收完，她父亲整天游手好闲，所有重活累活都压在了她母亲身上。

今天寨里的人们开始收拾篮球场边的香料烟晾晒棚，因为那里是未来的儿童娱乐设施安放场所。明天就将开始有建材不断运送到那，开始建设儿童娱乐设施。

2015年4月14日　阴

上午拱引寨子管理水源水管的雷勒东打电话给乐安东老师，找乐安东老师要一节黑塑饮水管，准备去修补两处漏水点，顺带还借走了两个水管钳。

我前几天去户拉时订了三吨水泥，讲好今天早上运过来。运水泥的是江东汉族小伙子，之前"榕树根"活动中心就是在他家订水泥，因此很熟门熟路，不需要啰唆什么。他们家的水泥价格是这样算的：自己去他们家买290元一吨，送货上门的话要按路程远近加收运费，送到拱引，他们收了我310元一吨，运费每吨20元。

我们在路口卸水泥时，恰好遇见保刀龙与另一个老汉背着刀篓往山上走，我打招呼，问他们是不是去地里干活？他们告诉我是去献坟。我又问保刀龙去给你老父亲吗？他摇摇头，回答我说是去献你们勒（跑）阳家的坟。

今天除了收到三吨水泥，预订的第一车砖也到了。我之前定了2万块砖，可砖厂老板的后传动一趟只能拉2000块砖，因此我们商定收十车砖后再结账。定砖与水泥一样，两个价，自己去砖厂拉三毛六或三毛七一块砖，拉到户拉毛八一块，拉到拱引就涨到了四毛一块。今天这第一车砖是要用来给儿童娱乐设施打护墙的，因此倒在了篮球场边。给拉砖师傅指路时，我发现村道与篮球场之间挖了不少坑，便向一位老大爷问了下，他告诉我说是准备种花用的。

从篮球场回来时，路过排麻东家的牛棚，他媳妇正在用麻袋装牛粪，我问他一麻袋牛粪多少钱？他说之前卖的时候都是按一拖拉机160元卖的，不论买卖，她装袋只是为了运到自己地里时施肥方便。

下午我去跌撒接排爱坎去户拉中学，路上见傣族大妈都在沿公路设摊卖西瓜，这些西瓜是收购商挑剩的二级瓜，丢了喂猪太可惜，所以摆在路边便宜卖了，多少能增加点收入。

到跌撒时爱坎的父亲也在那里，想先带爱坎去理个发，但我老觉得爱坎的父亲整个人都有点飘忽，虽然没什么证据，但我凭直觉认为他可能又复吸毒品了。我请他们吃了顿饭，给爱坎理了发，把他送进学校。爱坎父亲提出要跟我坐摩托车到月亮湾去帮他二叔干几天活，几天后可能去陇川、瑞丽。

回到拱引寨时正好遇到木介的父亲牵了那牛去饮水，我赶紧停下摩托车问他，这牛是不是木介的彩礼牛？他说是木介的彩礼牛，那头白牛是彩礼。

坝子里的一部分傣族农民已经开始撒秧苗了。

2015年4月15日　晴

去考察儿童娱乐设施回来的路上，我转进保刀则家逛了一圈。保刀则正在拌猪食，将青饲与玉米面搅拌混合在一起喂猪。他身体偏瘫，干不了重活，所以养了几头猪补贴家用。我问他前几天怎么不见他在家，他说是唐勒东佴女出嫁时把他留在新娘家守火塘。今天轮到他家媳妇守家，他媳妇的弟弟进新房，媳妇早早赶过去帮忙了。

4月是传统景颇寨子献祭水鬼的月份，水鬼是寨子里鬼类谱系的"二把手"，"一把手"是镇守整个寨子的"农尚"里的山官家族家堂神。旧社会"农尚"一般由山官家主祭，而水鬼则由寨头人家主祭，属于权力地位的分配与象征。

拱引在今年修理田埂道时把水井填成了耕道，快祭水鬼了才开始急急忙忙地挖水井，这两天都一直在弄这个事，看这一时半会儿绝对不会完工。

下午我又去了一趟篮球场，遇到了雷勒东，我问他骑摩托去哪？他说是去上车，我说拱引甘蔗都砍完了，还需要去上车吗？他说水田下面还有挺多的一片。晚上打电话给在龙江糖厂工作的同学，问他们还有几天停榨，他说还有15至20天。

等了一整天运砖的杨老板，可他的手机却一直关机，直到天都快黑了，他才打电话过来说今天砖厂生意太好，一天内工人上了30多车砖，没顾上送砖。

在篮球场这边，我还遇到了木便的女儿——南扎，我问她妈妈回家没有，她说没回家。南扎最近成长了不少，以前我逗她时，她从不回我话，一两个月过去，这个四岁的孩子知道主动问我该怎么称呼我了。

2015年4月16日　极晴高温

早上还在睡梦中就听到了直升机轰鸣声，这声音可有些日子没听到了，这可能与果敢战事越发激烈有关。闹钟还没响，我就接到了杨老板的电话，他已经拉着砖到篮球场了，虽然这车砖送得早，可他这一整天也就这么一趟。

从球场往回走时，帮本的广播响了。帮本今天献祭水鬼，全村每户纳10块钱做祭祀费用，当然祭品和牲畜也会全寨均分共享。不说别的，单就鬼文化而言，西山乡比我的家乡户育保持得要好很多。我们那边"鬼"已经是一种可有可无的东西，想起利用一下，不想就置诸脑后了。

晚上徒步去八家寨买了两包"新势力"，夜色中突然看到从崩洞延伸来的那条路已经铺上了，一直到脚八家寨的路段还没铺上。到之后发现守铺子的是排丽娟，小女孩身着校服，却套了一双不合脚的高跟鞋。

2015年4月17日　晴　高温　夜里下了几滴毛毛雨

昨天帮本献祭"农尚"，祭完后封寨一天（瑞丽惯例是封三天），寨中全员休息歇工一天。外来人员车辆皆不能从寨子经过，因为这个原因运输材料的工程停了一天（运输路线经过帮本）。

早上买菜回来时，我在拱引遇到了正在拔香料烟杆子的雷勒定，他说要准备开始撒秧了。"榕树根"5月初会在村里举办景颇族传统的宽仙节，到时候会邀请雷勒定老人给孩子讲讲道理，盘盘古。

下午我去看宽仙节的场地，在路边的橡胶地里看到了排麻东媳妇装牛粪。再往上，走在山间梯田间遇到了两个放牛的老汉，在吃野菜配鱼虾。我递过去两支烟和他们聊了一会儿，得知他们是帮本寨的，牛也得吃饭，所以虽然帮本寨休息了，可他们仍得出来放牛。

回来时发现有一台挖掘机在山涧东岸——帮本寨顶的石头山上工作，但没有见有汽车来拉，估计是挖掘机师傅趁着休息多囤点料。

晚上下起了淅淅沥沥的小雨，一个街舞少年的裤子破了，我载他回家换裤子。

我说你以后可不能吸毒啊，得做你们家最有出息的，撑起你们家的人。他沉默良久，轻声回答了一声"好"。

2015年4月18日　晴转阴

今天早上崩洞的广播早早地响了起来，通知全村人去祭水鬼。他们村里祭水鬼是这样的：全村每家出5块钱，然后一半的人家每户出一只鸡（没有的出25元钱），到下一年的时候，另一半上一年没出鸡的人家又要出鸡。按理说，祭"农尚"和水鬼应该是全寨每户出一样祭品，估计是因为一半人出祭品就足够支撑正常祭祀用度，所以就这么做了。

这附近的几个寨子，帮本昨天祭了水鬼，崩洞今天祭。我早上问了一个买直的男孩，他们寨子什么时候祭水鬼？他回答说他们寨子早就祭过了。现在只有把水井挖了填路的拱引还尴尬地剩着。

2015年4月19日　阴／阵雨

今天早上去赶集，回来时恰好遇到村道在铺水管，把路挖断了。我原本想原路返回，从月亮湾绕崩洞花十几分钟过去。可忽然又想起崩洞昨天祭水井今天没法过，只得另找新路。前面的摩托都从一片烟田绕了过去，轮到我时烟田主人挥刀向我呵斥，我就准备放弃了。但他走近我时，我发现烟田主人是雷勒东，他和乐安东老师关系很好，便主动邀约我穿过烟田，还帮我背起了背篓。我敬了他一支烟，寒暄了几句，他忙着去看种甘蔗，我谢过他就走了。

雷家宝又不想去学校，想赖在"榕树根"，结果被他小叔给接走了。

傍晚我和董木桑（何胜磊的母亲）聊了一下请她先宽仙节与我们一道出游的事情，她爽快地同意了，并拿了不少红薯让我带走。晚上李木介的父亲突然急匆匆地出现了，说木介不见了，差点报警。李旸姐突然记起木介给她发过一条短信说要去看朋友，便宽慰了一下李木介的父亲。

2015年4月20日　晴

中午去学校接唐成邦、棍坎勒恩来"榕树根"吃饭。这几个小孩都因为各自的家庭原因，没有人尽心尽力去管教，因此乐安东老师提出让这几个孩子每天来吃午饭，多照看他们一下。"榕树根"的网络因为打雷已经断网好几天了，明天再不恢复，就只能去开个房间上网工作了。

2015年4月21日　阴／阵雨

木介仍没有出现，音讯全无，家人已经决定报警了。

周五时木介来找李旸姐聊天，并借走了100块钱，说需要去买衣服。周六早上她又发短信说那些钱不是用来买衣服的，而是去看朋友的费用，此后再无音讯。之后我们翻看了她的手机和她最后用过的她弟弟李莫匹的手机，发现她把18日的通讯记录全都删了。

因为之前她已经有过一次那样的遭遇，因此大家都很担心她。一方面想办法报警，一方面去移动营业厅查手机通信记录，又派亲戚去车站查当天的监控录像。

木介的父亲病急乱投医，还去找董萨卜了一卦，结果卦象显示有一个女伴和木介在一起，过三四天后她们自然而然就会出现。

傣族大妈们卖西瓜的范围已经扩大到了营盘小学。

2015年4月22日　阴转晴

今天早上网络还是没通，于是李旸姐、安乐老师、慧平就带着积压的大量工作到户拉开房借网去了。留下我一个人守家，中午木介的父亲来找我，递给我两个号码：一个是西山的号码，这是他家的一个亲戚；另一个号码是他们之前提到过的保山女人贩子的号码。我立马打了过去，结果那女的回答说木介现在不在她那里，木介说过要去找她玩，但说要先去腾冲再去找她。

木介的爸爸最近已经有些六神无主了，我们聊了几句，我安慰了他一下就先让他回去了。

到中午2点左右，我无意间打开电脑，发现网络已经正常了。下午何胜磊父亲打来电话，原本是我先准备和他讲施工的事，结果他一来就大吐苦水说何胜磊如何如何不争气，如何如何不懂事丢了他的脸，让他操碎了心。一聊就是40多分钟，施工的事情几句话就带过去了。

拱引的唐腿莫明天嫁女儿，今天开始杀猪，傍晚我和乐安东老师决定到他家蹭饭。我们到唐腿莫家门口时，恰好见到帕软寨的新郎家人送了一头白色的水牛犊过来，这是彩礼。送到腿莫家的水牛是白色的，送到木介家的彩礼也是白色的，看来这边下聘以白牛为贵，而我们瑞丽则没有这一说。

在腿莫家里我们还遇到了东山的广荣，邀请我们去过清明。张勒鹏的母亲跑阳老太是唐腿莫的姑妈，而张勒鹏的妻子则是唐腿莫的二妹，这恰好应了"舅舅的女儿不让人"的姑舅表亲关系。

吃饭时，送牛来的帕软寨人提出明天让新郎早一点来，其他迎亲人员则可能会稍晚一些，女方这边立马拒绝。人员必须整齐，大家都必须早点来，时间就定在下午2点，语气强硬。我早料到了，丈人就得硬气。可时间方面我就有点弄糊涂了，我们那边不讲究这个的，就是男方当天早早地去迎亲，当天返回，回家再行娶亲礼，女方男方的喜宴一天之内都办了。讲究的人家，当夜色降临后挑时辰进女方家门，第二天回男方家，至于为什么要天黑了才进门，有人说是要有道德懂廉耻。结婚这样的大事不要老是炫耀显摆，至少形式上得低调……

李旸姐家访时，在一个街舞少年家里听到另一个街舞少年发生了很不好的事情，以后有必要会细讲，所以今晚特意去找他做家访。

2015年4月23日　晴／阴

今天是腿莫的女儿出嫁的日子，全家人一早都在公房里忙碌着。吃完午饭，活都准备得差不多了，大家开始试音响，各种歌曲的曲调一股脑地飘荡在拱营寨上空，给我留下印象最深刻的是缅语版的《北国之春》。

中午木介的父亲打电话来说木介找到了，就是在那个保山景颇女人的家里，下午就坐车回来。

下午去吃酒席时木介果然出现了，我们一边忙着去取消之前投放的寻人启事，一边想着怎么向她打听这些天的经历。而这边李旸姐则与盘营村委会的唐书记商量，在村里的各个小卖部粘贴禁毒和反家暴公益广告的事。

当夜，全村人又聚在唐腿莫的家里娱乐、唱歌、聊天，而我们则在木介家里与前来接她回家的婆家人聊天交流。她婆家来了公公、婆婆、姑奶、丈夫。

天尚未全黑时，我就去了木介家，两家长辈都在堂屋里，木介的老公躺在车里玩手机，而木介则一脸淡然地给大家做饭。木介的公公在堂屋里冲我喊："年轻人，来来来，上次盘古没盘够，今天咱们接着来。"

后来乐安东老师和李旸姐又赶过来给婆家人说木介的好话。在木介家聊天时，我听到一件事：上次唐勒东侄女出嫁时，有外村的年轻人在拱引公房前打群架。

2015 年 4 月 24 日　晴／阵雨

中午，因为儿童娱乐设施工地要用水，我拉水管去公房接水。腿莫的妻子在里面忙碌，我问她："嫂子还没忙完呐？"她回答说还得盘点碗筷，其他人都去参加她女儿的婚礼了，只剩下她在这儿。

出了公房门见我姑奶奶扎班途在搬昨天烧剩的柴，便帮她搬了个干净。扎班途大名叫跑阳途，小名叫"扎班途"，是因为她出生那年扎班（日本人）入侵，因此给她取了个小名扎班途，这属于景颇族取名法当中的"看出生印迹法"。

下午听到一个很不好的消息，我们一个女学生的父亲被确诊为艾滋病。

2015 年 4 月 25 日　阵雨

盼了近一个月的儿童娱乐设施终于运抵拱引。

雨季开头了，但村间耕道仍在施工。这几天有一辆挖掘机、一辆压路机和若干缅籍工人在耕道上忙碌。挖掘机负责抓平面，小处则由工人动手平整，压路机负责压紧压实路面。

村里的 6 岁男孩勒恩几乎天天来"榕树根"吃饭，这孩子又皮又可怜。父亲贩毒很早就被抓了，母亲毒瘾发作用刀砍伤外婆，也被关进去了。勒恩小小年纪就成了野孩子，虽然和外公外婆住在一起，可外公外婆也管不了。他每天晃荡在村寨里，见我们对他好就开始讨好我们，看着实在让人心酸。

拱引的社长排干开了一个小型养殖场，这几天忙着与一群同样搞养殖的农民在芒市成立新型农民养殖协会，很少回村里。原本儿童娱乐设施接收时应该由他对接，安置在公房，但他不在社里，只好去前妇女主任家里拿了钥匙找人卸车。

街舞少年们练完舞后也不回家，在"榕树根"又待了一夜。这周，之前我们和李旸姐去家访的街舞少年也重新出现在"榕树根"，而且练得很刻苦。至于他所经历的事情，我还有些拿不准要不要公开，我倒是想着永远不公开得好。若某一天这一件事情有了新的后续，我一定将这件事原原本本地写出来。这周"榕树根"多了几个芒良和帮本的女孩子，都在 15 岁左右。

2015 年 4 月 26 日　阴

"榕树根"的志愿者 Nora 去赶糖厂街时丢了苹果 6 手机，找了好几圈也没有找到。想开启定位功能却发现"榕树根"网络太差，于是只好写了寻物启事贴在糖厂街。今晚 Nora 回到了深圳，请了一个国安的朋友帮她做手机定位，并且请遮放派出所帮忙拿到手机。

今天清了两个工程的账：一个是 3 月 29 日拖到现在的"榕树根"挡墙填土工程，今天工人们来扒平了最后一包土，结了 500 元钱工程款；另一个则是儿童娱乐设施的护墙，是同一拨工人，干了三天，砌出一道高 1 米、长 20 米的矮墙来，付给了 750 元施工费。

原本下午想早点送排爱坎去学校，但孙弄央将乐安东老师的摩托车骑出去了，将近 7 点才骑回来。我问他怎么回来那么晚，不是说过要早点回来吗？结果这个六年级的男生回答："没办法，寨子里一帮朋友去喝酒，把我拉过去坐了一会儿。"

山上傈僳寨的青年李开发和邓赛元难得地带了3个伙伴出现在"榕树根"，我问他们礼拜日不做礼拜怎么跑下山来了，他说是送弟妹们上学，所以顺便和新来的伙伴来逛逛"榕树根"。

那位新来的伙伴刚从怒江来傈僳寨帮叔叔家干活。

2015年4月27日　晴

今天"榕树根"路口下面的坡地里有一辆挖掘机在工作。我过去看了看是在挖橡胶坑，乐安东老师曾设想过要从这里挖一条路上来，于是我们晚上去了地的主人唐勒瑞家里。我们去时他们正在吃饭，两个开挖掘机的小伙子也在桌上。其中一个人跟我们打招呼，我仔细一看正是之前我们想挖车库时帮寨里挖甘蔗沟的伙子。

唐乐瑞的妻子回绝了我们买地修路的要求。这时唐成邦刚好端个碗进来，我问他妈妈孩子怎么看着有点蔫？他妈妈（唐勒瑞的妻子）回答说昨晚发高烧，今天一天都没去学校。

傍晚我正在听帮本和崩洞的广播，是让村民交农作物保险的事，山路上突然跑下来一群黄牛，我问雷勒定老人是他的牛吗？他说他的牛要归圈了，估计是从上营盘跑下来的。

天黑前乐安东老师他们去寨里逛了一圈，回来时用枇杷叶捧了一堆"帕哈"（野菜），我问他们哪弄的？他们说是之前常来"榕树根"要10块20块毒资那个老奶奶给的，我和乐安东老师4月18日去找工人那天遇到正在买鸦片的就是她。

今天只有勒恩照常来"榕树根"吃午饭。唐成邦因为发烧没来，棍坎没了小伙伴所以也就不来了。

2015 年 4 月 28 日　晴

早上去赶户拉街，见到排丽娟的奶奶坐在小卖部前等待着去户拉街的拖拉机。何胜磊的母亲董木兰在卖包子，木兰开了个小卖铺，专门面向营盘小学的学生。

挖掘机很早就动工了，等我从家回来时已经快收工了。

买直的妇女们一大早就聚在雷家宅母亲的小卖铺里打麻将。八家寨的人们则忙着种植甘蔗。"榕树根"的宽仙节活动从今天开始正式进入开启倒计时。"榕树根"成员一行四人去考察并确定了宽仙节当天的活动场地。

下午石校长又忙里偷闲光临"榕树根"，我们一起聊了聊儿童教育问题和毒品问题。他又带来一个令人痛心的消息，我们一个学生的母亲在卖毒品。

其间我离开了一阵，去还了卸儿童娱乐设施时拿的公房钥匙。钥匙还到了唐勒殷家。拱引有个让我搞不清的地方在于，有好几个妇女主任，至于哪一个才是正牌主任我到现在也没弄明白。有些人说雷目色是，有些人说唐勒殷的妻子是，还有人说另有其人。

我回到"榕树根"时石校长已经准备走了，他叫住我，让我赶紧把《初近西山》影印给他。

2015 年 4 月 29 日　阴

前几天放儿童娱乐设施时看到公房里放了许多化肥，这两天这些化肥已经运到了各家各户。我问这些化肥是怎么个分法？宝刀则说是化肥市场提供的，现在各家各户需要多少领多少，等结算款时再从甘蔗款里扣除化肥钱。

从中午开始我和乐安东老师就开始为了宽仙节活动进行家访。我们第一个去的就是孙勒炮家，孙勒炮的母亲前两年经历过一次"鬼上身"，现在身体不太好，但他的父母还是想着再生个儿子。我们到唐勒迈家时，唐勒迈母亲反映唐勒迈最近学会出去打架了,让我们帮着管管。到孙珈乐、孙珈枫家时,他们母亲说还要去怒江拿身份证,估计参加不了宽仙节活动了。

下午我在儿童娱乐设施工地监工,看到了逃课在沙堆里玩的勒恩。后来又遇到出来散心的石校长,校长说他跟华谊兄弟基金会要了笔钱做校服。那个校服的 logo 是华谊兄弟基金会的手掌图案与景颇传统图腾的结合,我问校长营盘小学有多少学生,他说有 28 人。

下午吃完晚饭后我和乐安东老师继续家访,第一站去的帮本,先去了保自龙家。保自龙的母亲刚种完甘蔗回来,八亩多的地全是她一个人种的。保自龙的母亲说想去德宏师专的民族文大专,就是我堂弟去年读的那个,在盈江。接下来去了李干翁家,他 15 岁辍学了待在家里。我们约他一起去找同学通知活动的事,他很爽快地答应了。他很乐意做这事,也帮了我们大忙。我们在帮本总共走了 11 个学生家庭,学生家长们听说宽仙节活动与人生选择有关,都很支持这次活动。在排早荣家里问到一个事,她家当年"文革"时出走缅甸,落户在贵概贡萨一带,回来的时间还不太长。母亲是缅甸景颇族,父母都不太会用汉语进行交流,手机里存的也是景颇文。在雷约翰家里看到一本卷了皮的圣经,父母之间也用景颇语交流。帮本寨是有一个教堂的,基督徒也比较多,我个人觉得基督教能在帮本站住脚,就是与这个寨子有很多从缅甸归化的景颇族有关。

回来时在一个下坡的弯道遇到几个对向而来的年轻人,提醒我们路上有块大石头,我们到那堆落石塘后,下车把石块都滚到路边去了,几个人滚完石头都觉得干好事的感觉挺好。

后来又去了崩洞,但因为夜已经有点深了,而且崩洞在开村民大会讲交各类保险的事,我就没做停留,直接返回了"榕树根"。孙珈枫的母亲雷木色来找李旸姐聊天,咨询给孙珈枫、孙珈勒落户到拱引的事,拱引的社长排干欺负他们不懂法,提出落户必须交 2000 块钱。

枯了一季的龙江和芒市河开始涨水，下游的瑞丽江水位也跟着涨了起来。

2015 年 4 月 30 日　晴

附近的孩子们今天下午开始放五一假。

拱引寨因填耕道被毁的水井已经开始重修了。我问工人师傅们几天的工夫能修好？他们回答天一直晴的话很快就能修好，天气不好的话就不一定了。

拱引寨的饮水工程一直有问题，除了雨天泥沙会严重堵塞水管外，水管也并没有铺到每家每户，所以很多人还得到公房门口的水管接水吃。

之前在公房门口挖好准备种树的坑，已经填好肥料就等着把树苗种下去了。下午给社长排干打电话时，他说在芒市买树苗，我本以为他们又准备将树种在公房周围，可下午家访时路过"农尚"、八家寨，发现这两个地点的路已经挖了不少坑。

这几天附近的村民主要忙两个活：种甘蔗，收草烟。甘蔗大都得抢在这两天种下去，但草烟估计得到 6 月初左右。说出这个日期的是拱引书记雷勒卷，他和崩洞的社长在管着一个烟草公司援建的烤烟房。

今天在崩洞接触到一个从缅甸回迁的家庭，这家里有个女孩叫谭木锐，因为回来得晚，上学迟了一些，15 岁了还在读小学。

拱引寨里 17 岁的排扎南准备结婚了，结婚的对象是村卫生所的赤脚医生。算上排扎南，年后整个拱引寨已经有四个姑娘出嫁了。

2015 年 5 月 1 日　晴

今天早上 6 点拱引的广播就响了起来，讲的是劳动节义务劳动的事。今年的劳动节拱引搞植树活动，每家认种几棵树，一棵保底，上不设限，并且每家出 15 块。但最后一天内没种完所有的树，因为坑挖得太多了点，而且很多人忙着种甘蔗，顾不上参加义务劳动。

今天"榕树根"也有活动，借着景颇族宽仙节的名义给大一些的学生们办了一场青春期教育课，顺便加入了关于酗酒吸烟危害的知识普及，以及关于交通安全、预防毒品方面的教育。美中不足的是，因为以上内容对于孩子们来说特别重要，因此一天中的大部分时间都分给了上述那些活动内容，传统文化的内容被严重挤压。连花柱都是极其简陋的一棵竹蓬、一棵芭蕉、几束花、几条松柏柳枝就搞定了，宽仙节不够传统的另一个原因是本地没有宽仙节的传统。

拱引的副社长叫赵安林，来"榕树根"找排昆先，一副很焦急的样子。晚上排昆先出现在"榕树根"，我问他去哪了？他说是去大社找朋友玩去了。

之前在"榕树根"下面挖橡胶坑的挖掘机今天往山上移了三四百米，给盘营村委会的张福楼副主任的地挖了排水沟。张主任说这块地靠着山路，所以山洪老是顺着山路涌进地里，给地里种植的橡胶和玉米造成了极大的损害。我邀请张主任与我们一道参加宽仙节踏春活动，但张主任说他得去芒市参加公会组织的劳动节活动。

这几天这片活动的挖掘机除了张主任地里的这一台，还有山谷对岸帮本的那一台，因为田间耕道还有一些收尾工作没有完成，还得从帮本的山里挖取一些风化料。之前我路过村委会大院时顺路数了一下里面停歇的风化料卡车，有五台。

晚上送几个学生回家，最后一趟送去崩洞，因为是几个人一起去送的，我就在崩洞寨种的路口等伙伴一起回去。这时坡下走来两个人，一个人问另一个人："阿靠，看看那（指我）是谁？"另一个人边走边回答："别问了，快去睡吧。"先问的那个人极其无聊，还是一身酒气地走上来问我哪的？我语句客气但语气强硬地回答了他，然后一通互相客气，那个人发了一支烟给我就走了。

当晚有二十几个孩子参加完宽仙节活动留在"榕树根"过夜。

2015年5月2日　晴

早上我去户拉农场买菜，路过买直，见到一群人在路边的地里种植甘蔗。因为地块太狭小，没法进行机械化作业，他们只好采取人工作业的方式，几人在前面开沟，几人摆放甘蔗，几人施肥，几人掩土。

行驶到高速路工地附近时，我发现收费站的主体工程已经完成，进入了装修阶段。路铺上了柏油，高速路全程封闭。铺沥青的通知在微信微博上已经出现十来天了，但这一段的高速路还在向社会车辆开放，极大地方便了附近人们的出行。再往前还能看到有工人在检查验收高速公路上的桥梁和路基。

最近月亮湾移民新村的景颇服装店生意进入了淡季，我买菜回来时正看见店主百无聊赖地靠在店前的长椅上，一边与人聊天一边拍苍蝇。

今天我还约了拱引的排社长一起安装儿童娱乐设施，我和社长左等右等不见约好的村民来。排社长就操起话筒一阵狂喊，没过多久陆续出现了六七个村民。我们一起吃了个菠萝，聊了一会儿天后，就把物件放到了篮球场边的娱乐设施安装场地。村民们都急匆匆地走了，很多人都急着去种甘蔗。搬物件时我们曾聊起在场地上方有人倒垃圾的事，大家都说垃圾是唐勒殷家倒的，但说到要想办法制止他们家倒垃圾时，每个人都认真地摇了摇头。

下午我在安装物件时，雷书记停下摩托车来找我聊了几句。他说刚从砍甘蔗种的现场回来，准备换身衣服去烤烟房值夜班。雷书记告诉我他在月亮湾遇到一个自称认识我，并称呼我为叔叔的年轻媳妇。

我问雷书记村里的水井修好后还祭水鬼吗？雷书记说会祭，大概会在5月下旬左右再祭。

2015年5月3日　晴

今天早上去公房取儿童娱乐设施物件，在墙上发现了一张表格——"芒市红色信贷申请受理登记表"（2015年度）。

拱引小组党支部本年度申请"红色信贷"的只有一个。下面就请将表格中的内容摘抄如下：

经办党组织名称：芒市西山乡营盘村拱引小学党支部。

姓名：雷勒南

性别：男

民族：景颇

出生年月：1970.4

政治面貌：群众

文化程度：初中

身份证号：533121970042××××

住址：营盘村拱引小组

申请人员类别：脱贫致富

党员受理时间：2015.3.11

贷款申请额度：年限10万

一年生产经营项目：烟叶烘烤

联系电话1375920××××

办理情况：已办结。

表格下面还有说明此表由村居民小组党支部填写并存档，贷款人员类别分为三类：

一、脱贫致富党员群众是指立足于自身脱贫致富（群众）党员每户最高申请10万元贷款；

二、创业致富党员只能联系帮扶1至2名困难群众的农村致富党员，每户申请不超过20万元贷款；致富党员是指能联系帮扶两名以上收入偏低党员；

三、三名以上困难党员带头的农村，每员户可申请不超过30万元贷款。

寨里的水管断了水，管水的雷勒东骑上摩托去修了半天终于弄好了。

"榕树根"水管需要重新压水压才能过水，因此我和乐安东老师抽出时间专门去大水池引了一次水。遇到有人来看雷勒当的地，想下来种玉米。

江东中学比其他学校晚放假一天也晚收假，因此其他学生都去学校了，雷干先却还在家里。儿童娱乐设施安装了滑梯，周围许多孩子都迫不及待地涌进来，玩得不亦乐乎。我让雷干先帮我维持秩序，自己则忙着安装护栏。雷木苗的叔叔想杀鸡吃，追着一群鸡围着院子绕了好几圈，也没打着一根鸡毛。

晚8点多，天还没黑透，月亮已经升了起来，我在孩子们的追逐嬉闹中收工了。

2015年5月4日　晴　气温很高

今天送一个北京志愿者回来的路上遇到了一个小交通管制，省道320320和高速路交汇的高架桥上在喷字，因此那一小段省道320只能开放单行车道。我经过时字已经快喷完了，内容是：云南云桥建设股份有限公司承建。高架桥往东20米还挂了一条红色的横幅：省道320芒拉线（芒市—拉影）K67＋234 勐景河桥 2015年5月5日至8月5日封闭施工，过往车辆请绕行——陇川公路管理段宣。

买直寨尾停着一辆卡车，有许多人在往车上装竹子，还陆续有人用拖拉机运竹子过来。那是一辆货厢长12米的大卡车，目测一次能运上千根竹子。

下午我继续组装儿童娱乐设施，虽然有许多构建还没装好，但来玩的小孩越来越多，所以只好尽量先装围栏之类的安全保护装置。下午书记来工地找儿子回家吃饭时，顺便与我闲聊两句，说他晚上还得赶去烟房控制烤烟火候，后陆续会有人开始给五一种的树苗浇水。

晚上唐勒盖的儿子（就是之前提到的学生）在"榕树根"聊了几句话后，这孩子终于绷不住了，越哭越伤心，我们则心情复杂而矛盾。一方面觉得进去一个毒贩对大环境是有好处的，另一方面想到这是我们学生的家长，一想到孩子所承受的一切，心里就特别难过。

唐勒盖之前是拱引的社长，后来因为超生丢了社长的职位，他有三个女儿一个儿子。

我之前大略看过两本书，都是已成熟的村民日志，那两本村民日志里描写的村庄宁静祥和且美好，而我目前记录的这个地方却充斥着种种问题。我作为一个景颇人，看着自己记录的景颇村寨有种种负面的事情，心情沉重而难过。

唐勒盖的儿子说这段时间二姐会回家陪伴母亲，他还说今天来的那群人当中有一个人曾经来找他父亲买过毒品。我猜想，如果他说的属实的话，那个人要么是警方的线人，要么那人是唐勒盖的上线，他被抓就是涉入了上线的案子。

2015年5月5日　晴

崩洞的广播号召大家一起去帮五保户砍甘蔗，没时间去的人家可以出10块钱代替。

在山沟里作业了许多天的挖掘机终于停止了，挖掘机往回走下山的过程中顺便在山路边挖排水沟。挖沟的过程中一不小心把寨里的水管挖断了，管水的雷勒东忙着修水管去了。雷勒东修水管前到"榕树根"借水管钳，并带来了一个消息：昨天早迪从娱乐设施上跌下来右手骨折了。今天中午，"榕树根"的李慧平去儿童娱乐设施挂了"施工尚未完成，请勿玩耍"的牌子。

2015年5月6日　晴

在拱引住的时间一长，有些事情也就慢慢了解了。这个村寨存在着这样那样的问题，我接触到的第一个事情就是木介被拐卖事件。

咱们今天先不说，目前这条线是一个悲伤且让人气愤的故事，今天先来谈谈那个拐卖木介的同村妇女。

1月份田野调查第一天，我们与杨芍姐、罗金刚分在一组，我们家访的第二家是姓藏保的浪速家庭。一开始我们聊得挺好，男女主人给我们介绍他们的家庭情况和所献祭的家堂鬼。聊着聊着女人开始质疑我们究竟有什么目的？是政府工作人员？还是从哪来的坏人？我们耐心地解释了各自的身份。女人继续神神道道地装疯卖傻："你们这么一说不能证明自己的身份，你该不会是外国邪恶部门派来的坏人吧！我知道的，前几年下面的芒良寨子就发生过这样的事。大人们去干活了家里只剩下老人孩子，这时来了一对坏人，哦，对啊，年纪装扮就和你们差不多的，那坏人们很厉害啊，他们也不怎么动作，随随便便用手指了一下就将那家的老人小孩都杀死了，你们不老实地证明自己的身份，我们就有点怀疑你们是个坏人了。当然，大侄子会说话，我还是相信你的。"我们当时的第一反应是想我们是不是遇到了个疯子？可想想又觉得奇怪，之前她表现得挺正常的啊，怎么一下疯病就开始发作了？后来她还试图进一步打探我们是否还有背后隐藏的另一重身份，当然期间还伴随着各种装疯卖傻。

　　我们也单纯，当时没多想，就想着这是个村寨泼妇，心烦我们做田野调查问这问那，想轰我们走。于是我们也就真走了，没往其他方面多想。直到最近我听到一些消息后我才恍然大悟，我们忽略了她所做的事情！那个装疯卖傻的妇女就是拐卖木介的人贩子。我们的行为给她造成了极大的恐慌，她以为我们有另一重身份，是冲着她来的，所以她才极力地表演，努力把我们都给忽悠过去。

2015年5月7日　晴

　　今天州人大常委会主任余麻约到西山乡视察调研民族文化工作。

　　手机上刷到一条微博：

　　@掌上德宏：龙瑞高速公路建设全线冲刺——力保5月30日前芒市到畹町79.7公里通车。龙陵到瑞丽高速公路建设目前已经进入冲刺阶段。省公路投资公司力保 5 月 30 日前，芒市到畹町 79.7 公里通车。畹町到瑞丽 9.16 公里和弄岛连接线 29.239 公里 9 月 30 日通车。

2015 年 5 月 8 日　晴

我从瑞丽往芒市赶，一路遇到三起车祸。

经过营盘村委会时我见大门内外都停满了车，有不少人在村委会院子里吃饭。云南民族大学一个在西山乡研究景颇葬俗的研究生在微信朋友圈发了一条关于营盘村委会吃饭的图片，图片里横幅上写着"2014 年度营盘党建暨（新农村建设／禁毒防艾）工作总结表彰会"，侧墙上还挂着之前用过的横幅：共青团西山乡"面对面倾听日活动、学习中国梦、社会主义价值观"。

参加今天大会的党员及群众目测有 50 人左右，大会开完之后就是全体参会人员聚餐。

之前早迪从建设当中的儿童娱乐设施上摔下来右手骨折，虽然当时他父亲在场，受伤也不是因为儿童娱乐设施的问题，"榕树根"还是给她送去了 200 元和一些慰问品。

晚上雷勒定来"榕树根"接孙子棍卡，惠平送了他两罐亲人从广州寄来的豆豉。我问了雷勒定家撒秧了没？他说两天前撒下去了。晚上 11 点左右，狂风大作，风旋转盘旋徘徊反复，一遍又一遍地刷着地面上的东西。我冒着被雷劈死的危险打开手机刷微博和朋友圈，看到瑞丽的朋友们一个小时前在发下雨刮风的消息。

下雨之后停电了。

2015 年 5 月 9 日　阴／晴

今天送几个跌撒的小孩回家，发现沿路的甘蔗地里都是给蔗苗喷洒农药的农民。帕软寨在搞村道硬化工程，工程队就住在公房里，搅拌厂就在篮球场上。把孩子送到跌撒后我往户拉赶，出寨门时遇到棍坎的爸爸，他在帮人除草，手上拿着一把大砍刀。问他高速路还能不能走，边上另一个的回答是能进不能出，于是我放心大胆地上了高速。上高速前见到一个蓝牌上写：施工重地，外来车辆与行人禁止入内。施字上有个核桃大的洞，高速路上的配套设施已基本完成。一些施工机械正在装车转场当中，在建设中的收费站边上设了一个摇杆，有人把守，高速公路的车出去没人管，但进高速则会筛选，把外来车辆劝返。

户拉路口也设置了路障，告示牌上写着：省道320户拉线K67-234施工路段车辆请绕行。

返程时天已擦黑，不少傣族村寨里都在赶摆，烧烤摊、赌桌、露天KTV交杂在一起。傣族习俗里，进洼后暂停一切娱乐活动，因此大家都赶着在进洼前先尽兴耍够。

现在我写日志的同时，我的同事李慧平正在抄海子的诗。

2015年5月10日　阴转晴

高速依然是准出不准进，收费站边上摆放着四个还是六个刚安装上好的收费亭。高速经过的杏欢（傣）寨和弄弄寨之间，有一条土路正在进行路面硬化工程，因为连着几天没下雨，一辆洒水车在给施工路面洒水。高速路要建成了，沿线很多土地被有心之人买了下来，开始做各种投资建设。

户拉路口提示司机绕道的告示牌和路障还在，但今天路过月亮湾移民新村发现站门外也立了一块与户拉路口一样的牌子。

吃西瓜的季节已经过去，在路边卖西瓜的傣族大妈们已经回家忙别的事了。

晚上拱引广播了两件事，一件是母亲节给所有60岁以上的妇女准备了一份礼品，保乐伴80多岁的奶奶名列其中。第二件事是拱引终于要祭水鬼了，广播邀请寨里的老人们到背寨的排麻东家议事，商量祭水鬼的过程。

这两件事是拱引的雷书记播的，过了一会儿社长又播了一件事。就是五一时没去种树的家庭赶紧去补种至少一棵树，种过树的记着给树浇水，保证树苗能成活。

晚上帮本方向大火冲天，估计是村民们在集中烧甘蔗田。

2015年5月11日　晴

早上太阳刚升起来，雷木色家的猪就跑了出来，几个妇女大呼小叫地围着猪跑来跑去。妇女们追逐的声音刚去不久，营盘小学就响起了国歌，今天是周一，营盘小学升旗仪式。

雷勒当在拱引寨头有一片地，有人想包去种玉米，这两天正在忙着除草。"榕树根"的水断了，我去引水的时候恰好看到了被雷勒当砍完的草，这些砍断的草有不少就堆在我们去修水的路上。走到水池发现有人掏过水池淤泥，然后顺手把我们的水管掰断了。估计他们觉得我们把水管直接插到水池子里搞特权，心里不太爽吧。但他们却不知道我们的私人水池有个阀门，水满了就会关了阀门，不会像寨子里一样任水流淌；估计他们也不知道我们接水的管子比水池水位高，要插到来水管里用水压压一下才能正常运行，把水压到"榕树根"来。

2015年5月12日　晴

中午我在睡午觉，一个老奶奶背了一小包帕哈来找乐安东老师，想换一点点钱。这个老奶奶背上有个瘤，没钱医治，只好靠吸鸦片顶着，她拿帕哈来换的是她的毒资。她以前跟寨西角的傈僳奶奶家的儿子腊苗买鸦片，但这两天得到消息，腊苗在抓唐勒三兄弟那天也被抓走了，所以奶奶的上家可能已经换了。

今天刷到 @美丽德宏 的一条微博：

［我州启动2015年烟叶收购工作］

州委州政府5月7日开启2015年烟叶收购工作会议，分析当前烟叶生产形势，部署下步收购工作，及早谋划明年烟叶生产……

整个营盘村都是烟叶产区，烤烟、香料烟都有大量种植。每家每户都存着大量的干烟叶等着厂家上门收购。

晚上村里广播了一件事：明天买直的董跑龙（老四）进新房。

今天雷勒定路过"榕树根"时看到了唐木兰寄在"榕树根"的小猫，一眼认出它是从他家出走的那一只。

我去唐木兰家问事情，发现厨房里堆了许多香料烟，问什么时候能卖出去，唐木兰的妈妈回答大概要到 24 日以后才行。

2015 年 5 月 13 日　晴　温热

今天一早广播就响了，说崩洞今天有人结婚，邀请大家去参加婚礼。早上我去户拉街买菜，看到省道 320 这一段路汽车很少，去陇川的车都从瑞丽绕行了，路边卖西瓜的傣族大妈也撤走了。高速路上的收费站开始了顶棚上漆工程，这一段的收费站采用的是傣族风格的设计，大红顶棚配正中间的金黄孔雀图案。一大群傣族农民工集聚在一个正在开挖的田间水渠旁边，不知在观看什么，倒不像是水渠占地之类的纠纷，因为大家的情绪动作表情都很平和。芒市河大桥边有一户性急的农户已经把秧插好了。

儿童娱乐设施建设已经趋近尾声，今天在户拉买了一根 3 米长的钢管支撑柱，我能做的部分已经彻底完工了。在户拉街上遇到排干社长，与他交流儿童娱乐设施的交接情况时，他说希望把公房里剩余的各种构件都收拾整齐一下，过两天有领导来视察。

从户拉街回来时发现买直进新房的董跑龙家已经聚了不少人。行至何胜磊家的小卖铺时，我停下车与他父母聊天，讲带他们去上海游学的事。我见他父亲穿戴整齐，便问打扮得么么帅气准备干什么去？何胜磊父亲回答要帮董跑龙家签挂礼簿。

村委会附近有人在竖电杆，一打听，才知道是在拉网线。不知这边山区的网线是哪家的,我们那边是电信在搞,去年10月份交钱时承诺年底通网,后来拖到3月底,现在5月中旬了,电杆还没竖好,网速也很慢,8兆,每年资费680元。

我在处理公房的构件遗留物时,崩洞要亲处的迎宾音乐就响了起来,这边的婚礼比进新房在仪式上的重视程度要高出许多。

勒恩仍照常来等我,等着一起去"榕树根"吃午饭。我干活时他在儿童娱乐设施上玩滑梯。他外公从雷木苗家拿了根木条轰他赶紧回家去吃饭,结果这小子还是跑去了"榕树根"。他已经连续几天逃课了,我们曾规定他不去上学就不准来"榕树根"吃饭,但他有两次都说去上学了。今天李旸姐就他逃课说谎的行为教育了他。

下午去董跑龙家吃饭,见到我们的街舞学生目干卷。他是买直的青年,在忙着搬桌布碗筷,但仍抽空倒了几碗水酒给我们。

在酒席上遇到一个帮本的本家,勒(跑)阳勒恩,我们互留了电话,说好有时间去帮本串亲戚。这个勒恩与前面提到的小勒恩,都是我的本家。他的名字——勒恩,是我们跑阳家的专用名,我们的专用名常用的还有勒邦、勒盖、勒退、勒颇。这种专用名涉及景颇族的一种取名方式——"纪念先人法",某个家族里出现一个能人,他的后人为了能够像他一样杰出,就用他的名字给后辈命名,久而久之,这个名字就成了这个家族这个姓氏的专用名了。

酒席上还了解到,董跑腊家两年前曾遭遇了火灾。他用了两年多的时间,奋发图强,终于建起了比之前更漂亮更牢固的房子。

从酒席上起身,我们相约着逛营盘小学。一进营盘小学乐安东老师和李旸姐的身旁就围满了学生,学生们亲热地围在他们身边问长问短。临回去前遇到石校长,与他聊了会儿天,他给我们讲了一件事:前天早上月亮湾移民村的孩子们早上上学时遭到蒙面青年的抢劫,孩子们每天的零用钱就一块钱,当时有个小孩一共被抢了7块钱。后来把事情报告给了老师和家长,各方面都觉得这件事情太恶劣了,当晚就行动起来把这个抢劫的买直青年给逮了。

得到一个消息，德宏师专的学生们下周开始来营盘小学实习。

傍晚，遮放中学的李副校长来商量下学期在遮放中学开禁毒防艾专题课的事情，其间他接了一个电话，是其他老师向他请示，怎么处理一个问题学生？学生吸毒，但又得不到收容，最后只能让父母领回去管教了。

现在是23点13分，结婚那家热闹依旧。请了个乐队，每个人都能上去一展歌喉，而且通常是唱一整晚，刚才一个沙哑的女声正在唱一曲哀怨的景颇情歌。现在唱到了讲罂粟花的景颇语歌《BALEN MAHTAI（刺青）》。

准备收尾时才发现差点忽略了一条消息，中午我在工房干活时乐安东老师下来帮忙，告诉我一个事，说家里来公安局的人了，来了三个人，买直那个趾高气昂地问了能问的所有东西，看了所有证件。这个公安局的人并不是执行公务而来，而是来买直进新房做客。听说有一个老外住在这里就临时起意跑过来，至于他们为什么会来，就得从董跑龙的大哥说起了，他的大哥在公安局，因此他也认识了一些公安局的人，邀请了公安局的人来贺新房。

2015年5月14日　闷热

拉网线的工程仍在继续，八家寨的电杆已全部竖好，明天开始竖八家寨和拱引之间的杆子。竖电杆的工人们收工很晚，8点半才开始将工具往工程车上搬。

这几天拱引和崩洞的孩子们每天放学后都聚在儿童娱乐设施疯玩，一拨走了又来一拨，直至天黑。

州教育局的张局长来营盘小学视察后顺道访问了"榕树根"，黄部长和孔副州长访问"榕树根"后，给州里各有关部门下达了一些任务，张局长一行就是领命而来，看看能给予"榕树根"什么帮助。

晚上乐安东老师、李旸姐和我给街舞男孩们的家长开会，商讨带孩子们去上海参与录制节目的事情。对于这件事，家长们都支持，觉得这确实是有益于他们的孩子的事。今晚，我们第一次将"榕树根"一个贷款项目——助学贷款项目，给家长们吹了吹风，待时机成熟、项目准备完善后正式推出。

2015年5月15日　晴／阵雨

早上7点广播里说帕软有人去世，今天上山挖墓穴。比较有意思的是，人们说死者身份时说的是"××"的兄弟"××"，有点搞不懂是什么意思，我猜测要么是死者的兄长是个名人，要么死者没有建立完整的家庭，平时依附于兄长。

去买菜时我遇到雷勒定在路边的蔗田里干活，他忙着给蔗田除草已经好几天了。雷勒定是个很勤快的老人，我遇到过他早上挑粪、摘香料烟、砍甘蔗、耙秧田，下午还得去放牛。在拱引像他这个年纪的老人，正常出工的，就他一个。

省道320上车辆仍然很少，但在路上走的田里工作的耙机多了起来。今天周五，家长们纷纷骑摩托来接营盘小学住校的学生，还没放学，家长们就聚在校门外东一群西一群地聊天，交流信息。

惠平今天去唐木兰家走了一趟，回来说木兰妈妈的烟草过敏挺严重，手上、脚上都有了红疹，皮肤红肿，发炎，一直靠打针和吃中药扛着。

各家各户都在打理自家的干烟草，雷勒东家算是拱引的种烟大户，连续几天全家人都忙着整理烟草。

下午"榕树根"来了一群访客，州文化馆的工作人员。上次黄部长和孔副州长来时我们提出"榕树根"的孩子们需要民族舞蹈老师。孔副州长回去后就将这个任务分给了州文化馆，他们今天就是带着这个任务来的。州文化馆的朋友们很热情，对这个任务也很用心，将"榕树根"作为州文化馆的一个讲课点，不要课时费、交通费，义务为山区的孩子们传道授业。

当然，本周老师们主要只是来与孩子们接触，互相了解，正式的授课将从下周开始。到寒暑假时，老师们整个假期吃住在"榕树根"，教授整个假期。

2015年5月16日　阴

早上，广播里突然宣布要祭水鬼了。然后就是一系列出义务工的名单，有清扫组、做饭组、竹编组、统计组、老年顾问组……时间定的是9点开始，我和乐安东老师很有经验地带了20元钱、一袋米、两个鸡蛋。我们到达井边时，工人还在安装水井的顶棚，几个傣族工人在顶棚上忙碌，不时有切废的铁皮掉落，整个顶棚大约30平方米。一切都才刚刚开始，祭柱未竖，鬼架未立，整个场地只有十几个男人在忙碌。乐安东老师找老人聊天，我则帮着抬灶抬锅，找柴，砍竹子。

这次祭水鬼找的董萨是月亮湾移民村的，就是云大的景颇文化调查研究基地挂牌时找来献"目（如昂）"的那位——"目（如昂）"即口舌，嫉妒鬼。

因为是周末，"榕树根"里孩子多，所以我和乐安东老师没待太长时间就回去忙工作上的事了。等我送完跌撒的小孩再去水井时，大伙正在编竹制的井盖，董萨在念"宁苏（破坏鬼）"。献水鬼并不只是献祭，拱引寨祭水鬼仪式祭三个鬼：水鬼、宁苏、"目（如昂）"。

刚准备拍摄董萨念祭词的场景和杀猪献祭的过程时，惠平打来一个电话，说是之前约好谈建盖工具房的工程队来了，就又急忙回去谈这事。结果由于他们要价太贵（30平方米的小房光工费就要一万多），没能谈拢。

我再下去水井边，祭祀仪式已经结束了，大家正围坐着准备开饭。人群里添了营盘村委会的董主任和拱引的雷书记。大家吃饭前先把均分到各家各户的"门朱"摆好分配完毕。这是祭水鬼仪式里的大事，景颇寨里每年传统献祭有两项：祭农尚、祭水鬼。祭农尚在稻谷丰收后，由山官家主祭，祭水鬼在雨季将来开始下田劳作前，由寨头（或立寨人家主祭）。分"门朱"是两项祭祀里都有的重要环节。祭祀品由全寨各户均分祭品，且得绝对平均。哈尼族的"昂玛突"有类似的习俗。

我和乐安东老师只纳了一份祭品，但分祭品时却得到了每人一份。水井边的祭祀完成后还得去祭房里常年供奉的祭祀上续祭完仪式。大部分寨众则留在井边草地吃鸡肉稀饭。

祭农尚祭水鬼的另一项仪程是封寨歇息，不准下地劳动、舂米、喧哗、唱歌、串姑娘、出寨子……封寨，怎么封呢？除了寨里人如上做法以外，寨里人还会派出各支人马守在村寨各路口，寨里提供酒肉，守至封寨结束。我今年被排入守寨头路口的小组里，说好从今晚24时守至明晚24时，但现在都快凌晨1点了，也没人来代我去守路口。

今天"榕树根"有一对北京客人要来，其中一个人明天走，还有两个街舞老师也是明天走。但这与封寨原则相悖，李旸姐去找社长交涉想让他通融一下，明天破例让客人出去，结果被社长一口回绝。

早上去办事时遇到木介的妈妈和另一位妇女在挑贩猪卡车上的小猪，我问他们小猪论只卖还是论斤卖。他们说是论只，一只在200～300元之间。

2015年5月17日　晴／微雨

守路口的人们一整夜都没来叫我，但我作为守路小组的一员，还是早早起床去查看路口，想着设置一下路障。当我扛了一根挺粗挺长的杉木到路口时，发现路口已经用带枝的竹梢做了个简易的路障，我用杉木加固了路障，并挂上一幅写着"本寨献祭水井，封寨一天，禁止通行"的大纸牌。我弄了把凳子，守了一段时间，也没见有人路过，也没有见到别的守路人，作为一个外寨人也不好说什么，就回去做早餐了。就在这个期间，有一辆摩托车钻过路障，冲进了寨子，被另一组的唐腿莫拦住，我们组的唐勒殷、雷勒东也跟了过去。闯入者来自上营盘，后来似乎被罚了100块就放走了。这个金额与昨天李旸姐告诉我上面傈僳寨人某年闯入村寨被罚 6000 块的差距太大！

中午我去接了从北京来"榕树根"给孩子们拍宣传照的摄影师刘敏。送刘敏来的胡师傅将车停在崩洞与拱引的交界处，我们将刘敏以及她带来的物资接回"榕树根"，胡师傅则按原路返回。

守寨头路口的村民接近中午时陆陆续续地出现了。原本该有十多人，但我只看到了雷勒东、唐勒殷、排勒瑞、孙勒炮父亲、雷木织父亲，下午增加了一个赵安林，整天再无任何人闯入。守路组并没有守在路口，而是守在"榕树根"的凉亭里，远眺路口，边喝酒吃肉边打牌聊天。其间赵安林讲起了年前的事——他们去 KTV 玩，约了在"榕树根"工作的目木便去玩，结果目木便与老公排早翁大吵一架，排早翁动了手。目木便之后离家出走，丢下女儿和家庭，以及"榕树根"的工作，消失了。

下午我开始给有机会去上海学习、录节目的学生家长打电话，进展挺顺利。其间雷加宝的妈妈打电话来问送孩子去上学的事，我回他寨子封路，出不去。她表示不太理解，她们买直之前献水井都只是封到中午 12 点……

下午 6 点多守路的人走了，说是晚上还会来守，但到了 12 点也没一个人出现！

晚上刷微信，看到了景颇学会的公众号发了一则新闻，说是瑞丽市户育乡尹山寨举行祭水鬼仪式，州景颇协会副会长李向前参与，与景颇民众共同探讨各地祭祀文化中的差异。到晚上 12 点时，我去拆除了路障。

2015 年 5 月 18 日　阴／阵雨

雨断断续续地从早上下到了晚上。之前常来"榕树根"向李旸要 10 块 20 块钱用作毒资的老奶奶出现在"榕树根"，用一小包帕哈换走了 10 元钱……

晚上寨里广播了三件事：跌撒的帕加果去世了，明天去挖墓穴，请大家伙相约去吊丧、帮忙；让村民去交养老保险；收电费的在公房现场，让大家都去交电费。

与去上海的女学生们的家长约好，晚上8点半开家长会，但家长们10点才到。会开得很成功，我们还向他们讲述了以后会找一笔无息的助学贷款供孩子们学习的事，受到家长们的强烈赞同与欢迎。我的村民日志里关于"榕树根"的内容占的篇幅一直都很多，我也担心它占的比例太大会不会影响不太好，但后来发现"榕树根"的出现和存在对于附近是一个影响深远的存在，"榕树根"与村寨间息息相关，在许多事上互相影响。记村民日志，"榕树根"永远是一个绕不过的存在。

晚上，雨仍然在下，但雨量减小了许多，发现朋友圈在刷瑞丽下大雨。

2015年5月19日　晴

今天天气极好，很晴朗。

户拉路口往陇川方向封闭了十来天，路障前新增加了一个标语简洁的路牌：前方17公里处，桥梁中断，禁止通行，请绕行。

下午营盘小学的石校长领着来小学见习的10个德宏师专学生来参观"榕树根"，五男五女。一问，发现大部分人都是盈江人，有几个来自盈江盏西。乐安东老师与李旸姐和学长们分享了"榕树根"的创办历程。早上天刚亮时，昨天出现的奶奶又用一包笋子来向李旸姐换取毒资。

2015年5月20日　晴

早上认识了芒良学生丁彩芳的家长，因为他们错过了前天晚上的家长会，今天特地赶来了解孩子们去上海的情况。

早上给排干打电话问他家什么时间接收儿童娱乐设施，因为接收儿童娱乐设施需要寨里出义务工铺设一层防跌沙。这几天正是雨后农民们追肥的最佳时间，因此将接收的日子定在了25日左右。

到下午时，排干又打了一个电话过来，我以为她要接着谈儿童娱乐设施的事，结果她是找我绘制木图腾图案的。之前祭水井时竖了一个小型的象征意义的木桩，但没有画图案上去，因此想设计好图形后喷绘一下。

买直的街舞男孩李弄便周一刚去学校就扭伤了脚，回家休息已经两天多了。今天我在买直路口遇到他和另外两个街舞男孩孙弄央、目旺友在一起，便邀约他们一起去"榕树根"玩。路上孙弄央告诉我他父亲肝／腹积水已经两年多了，他说都是喝酒喝的啊！

供应站有几家的香料烟叶侍弄得不太好，好好的烟叶都评了最低等级，只卖到了八元一斤，大家都表示明年不会再种香料烟了。

去接李弄便的路上遇到石校长在散步，与他闲聊时孔木扎从"榕树根"往家走，与她打招呼时，李阿姨手提泔水桶和另一个妇女从学校出来。我将她上上周五做饭的钱给了她，并问她女婿什么时候能来帮我们焊东西？她说回去会打电话问一下，并问我孔木扎是不是我们新近找的厨师。

2015年5月21日　晴　温度很高

早上领着孔木扎（孙木色的婶婶，我们的新厨师）拔菜地里的草，有两只小猪跑来拱土、吃草，孔木扎抱怨说谁家猪这么放肆地放出来了。

孔木扎出生在瑞丽班岭，长在八莫地区，后来嫁到月亮湾移民新村。移民村是为了龙江水利枢纽移民搬迁而新建的寨子，规模大、人口多、土地利用率高，房屋建盖地比较密集，一家发生什么事儿，很容易影响到周围人家。加之因为是政府主导规划建的寨子，所以村寨设施、村民素质教育、村寨里的文明氛围、村寨的繁荣程度都高于周围的其他村寨。猪出来放养这事很少发生在月亮湾村，其他村寨则较为普遍。

拱引寨的用水一直是个问题，旱季缺水，夏季不缺水，但水浑，且很多人家没有安装饮水管，因此用水时要么到公房门口的水龙头接水，要么去寨子的水井里背水。今天下午散步时，我就遇到木介的爸爸扛着扁担去公房，到水井时见到一个汉子背着一筐装满水的水瓶往家走，我们学生雷木苗则在水井边往水瓶里灌水。上次部长来"榕树根",问有什么迫切需要解决的问题,社长提的问题就是解决用水问题,但不知落实得怎么样了。至于"榕树根"这边,提的要求都在落实过程当中。我们散步到水井李旸姐说起个事儿,大概2012年的时候,崩洞出了个大事,就是在他们的水源地发现了一堆人的骨架,也不知在水里泡了多久,有多少人喝了带有人肉"作料"的水。

晚上与乐安东老师到崩洞木壮家家访,与木壮爸爸聊去上海游学的事情,以及"榕树根"准备推出无息助学贷款的事情,顺便讲了一下木壮的美术专项助学金被挪作他用的事情。后来他接了一个让他送东西的电话,我们看事情谈得差不多了也顺势告辞出门了。

今天中午鸦片奶奶又来了,身体不停地抖,也没法坐到地上、椅子上,一坐就疼得受不了,只好用手撑着蹲在地上,被病痛和烟瘾发作折磨得极其难受。她前几天拿野菜土豆什么的换10块钱,我们也知道她拿钱去干什么了。今天她拿来的是一个用塑料袋包着的景颇筒帕,说是病得实在受不了,自己有好几个这样的筒帕,想把这个作价20或30元便宜卖给我们……我们觉得这样下去实在不行,便由我来翻译给老奶奶说:不是我们不愿意拿钱给她,而是这样下去实在不行,她愿意的话,过几天再来都行,也不用拿筒帕或野菜什么的,空着手也是可以的,今天这个筒帕就先拿回去吧,我们没办法收下它……老奶奶接我的话说:我还有好几个这样的筒帕的……家里的菜园也有不少帕哈之类的蔬菜,只是我身子疼得厉害,采摘不了——老奶奶以为我们嫌筒帕不好,想起前几天我们接受菜的事情了……

晚上慧平发了条朋友圈,小姑娘心思灵敏,感情细腻,没法把堵在心里的话一口气倒出来,只好先发了一张凉亭的阴暗照片,假装若无其事地说说凉亭里的蚂蚁什么的,接下来事情倾倒出来……

她写道:"……今天在屋里一矮墙之隔,我能清楚听到她走完楼梯后深重的喘息声,而且已经疼痛得坐不下来,看得出来她日子不多了,心里还是蛮堵的，真想拿30块钱和她换，让她抽到最后吧，起码没那么疼。大家又说，生死流转，自然的事，管不了，算了吧。"

我当时的心情不说也罢，我来"榕树根"后参加了三场婚礼，已预知不久之后会有第四场，但丧礼一场都还没参加过。我知道我早晚会参加丧礼的，它会来，就像婚礼会来一样，只是我希望它来得越迟越好。

2015年5月22日　阵雨

早上买菜回来，我在八家寨遇到乐安东老师，他们去月亮湾买"榕树根"的饮用水的时候得知傈僳奶奶的另一个儿子被抓走了。

下午我的老姑姑雷勒定妻子来送她前几天拿去帮我们换背带的竹背篓，背篓里还装了几个木瓜，我要付他背带和木瓜的钱，她死活不肯要，说是我们都对他家人好，孩子们还在这白吃白玩，够可以的了，送点东西应该的，怎么能收钱呢，给她钱是侮辱她。

2015年5月23日　晴

今天早上是户拉街，在户拉路口已经没有修桥封路的告示了，而且告示牌两边都已经畅通无阻了。

今天找四个学生家长签了去上海游学的字，签到最后的唐木壮家时，没在他们家里找到木壮的父亲小皮，后来打了电话才知道他在寨顶那户人家，找到他以后，他热情地要我们留下来吃饭，工作计划安排得太紧，没法留下来了。

州文化馆本周末正式来"榕树根"教孩子们民族音乐，本周来的是陈志老师和一个年轻女老师，大家热情鼓掌，练了一整下午，还不够好，晚上还加练到了11点，今天营盘村停电，从下午停到近9点。

2015年5月24日　晴

早上下雨，许多原本在农场街摆摊的摊主们都没出摊。来吃饵丝，也没吃上，在卖猪肉的汉子闲置的摊位上吃肉喝酒。

高速进口正在做最后的修整，出口两边间距 500 米，各树三块牌子：省道 320 上面写着高速的尽头，从这个路口向东到昆明，南到瑞丽还有 G56 高速的字样，但就不知道什么意思了

高速公路的芒市至畹町段运行的最后期限是 5 月 30 日。从户拉回来时遇到背着背箩的乐恩。我和社长排干去户拉买喷漆涂料，他说昨晚近 2 点才回家里。靠公房那家的姑娘，之前嫁去山东一次，后来悔婚回家，昨晚有人来她家求亲，排干作为社长在她家里坐到了 2 点。

北京来的摄影师刘敏帮崩洞的李干内和买直的何胜磊拍摄照片。需要拍照的人很多，列了一个长长的名单，先拍这两个人，是因为他们读初三，本周末中考结束前他们无法再回家过周末了。

傍晚送银卡和何胜磊去户拉中学，赶到排干里，喷绘之前没画完的目瑙图腾图案直到 9 点 20 分，其间社里的副社长质保组长来了，然后他们三个人一起出门去了。

晚上得到一个消息，营盘小学"六一"在 6 月 4 日过，半夜送李干内回崩洞，在拱引寨脚看到一辆摩托停在三叉路口，有两个男人靠在家门口，一群人在她家厨房里喧哗。

干内与他父亲在玉米地里拍照时发现一个基督徒的墓碑。

2015 年 5 月 25 日　晴

早上突然接到一个广州号码打来的电话，他说是李伟华介绍他们来"榕树根"参观的。我打电话给李伟华确认情况，李老师说确有其事，除了这个小姑娘，还会来两个清华大学的学生，都是景颇族。

中午送唐勒迈去户拉中学，顺便捎带上她二姨。唐勒迈家最近出了些事，所以无心上学，他二姨是他家出事以后来帮忙的。刚骑着摩托到营盘小学门口，就遇上了一路摸索过来的清华大学的两个男生，扎然因为是下午 2 点的飞机，提前赶飞机去了。送唐勒迈到学校后，办了一些事，

各种不顺利，心里急着回去见景颇亲戚。心情稍有狂躁，风驰电掣地赶回"榕树根"，终于与景颇亲戚见了面。来的两个人，虽然都是景颇族，国籍却不相同，一个来自盈江，一个来自克钦邦。盈江的是黄安平，景颇姓使用的名字是 Zinghkang，微信用名是 Brang ja，在清华大学物理系攻读博士学位；另一位是来自克钦邦的 John，我与他聊得不太多，他在清华大学国际关系专业学习。我讲载瓦语（载瓦是景颇族的支系），景颇语不太好，John 讲景颇语，黄安平的载瓦、景颇语都还可以。最后三个景颇族人间交流起来，用得最多的语言是汉语……

临走前，大家在门口合影留念，又在一起讲了半天。John 说他回克钦邦得走正规渠道，从仰光转机回去。他之前在克钦独立军副总司令（兼管外交）春雷衮莫的麾下做过十几年的事，我们若想去克钦邦的话他能帮上忙，尤其往拉帕方向走更是方便。

最后我们三个景颇族在"榕树根"门口合影，互盘亲戚，心里都有点小激动。

下午，摄影师刘敏去了买直，继续给将去上海、北京游学的孩子们拍照。今天拍已经不上学的目干卷和五年级的目旺友，还有六年级的孙弄央。

傍晚排干打电话来商量寨里接收儿童娱乐设施的事。定在明天，全寨早上先出义务工整理路边水沟，下午再出义务工把儿童娱乐设施的地面铺上细沙。晚上排干向全寨广播了明天的义务工安排。

2015 年 5 月 26 日　阴/小雨/晴

早上出义务工，整理机耕道边的输水渠，每户出一人，我是"榕树根"的代表。这次义务工出得比较整齐，拱引寨人马从渠道往下走，八家寨（也属拱引）人马从尾往上来。

干活时有人负责递烟倒酒，大家都干得挺积极，想早点干完走人，但天上的雨点总是停一阵下一阵，特烦人。寨里爱喝酒的老大爷干活积极，不小心被酒瓶碎片伤到了脚。

早迪的一个大妈半开玩笑地骂了半天，边挖淤泥边表达对早迪在儿童娱乐滑梯把手弄骨折的不满。

出完早上的义务工后，大家聚在排干母亲的小卖铺里歇息。寨里不出义务工的家庭是要出点血的，大伙就预先用那部分"血"在小卖铺里买东西吃，结果一下子就超出了预算，于是大家争吵着、笑闹着一起对账。

下午的义务工是给儿童娱乐设施铺沙子，我运了一桶水和几瓶饮料摆在现场。大家干活挺积极，早上被酒瓶玻璃扎到脚的大爷也来了。有人在跟被抓走的吸毒人员唐某的妻子开玩笑说她是想老公了。

州文体广电旅游局的方桄明局长携众来参观视察"榕树根"。乐安东老师和李旸姐在现场待了一会儿，与排干社长做了一下儿童娱乐设施的交接工作，就匆忙赶回"榕树根"与方局长一行谈工作了。随行访问的有西山乡书记和副乡长。

我们在儿童娱乐设施挂了一块安全告示牌。

2015年5月27日　晴

勒恩今天来"榕树根"吃了午饭和晚饭。

虽然说高速公路5月31日才通车，但现在已经有不少车辆在上面正常行驶了。龙瑞高速全长128.4公里，建设标准为双向四车道，路基宽度为24.5米，设计时速80公里/小时。设计建设大桥9座，隧道15座。本次通车路段为芒市—畹町路段，芒市—龙陵、畹町—瑞丽路段在年底通车。

下午刘敏继续给孩子们拍照，今天的拍摄对象是雷木苗和唐果布。因为是农忙季节，两个孩子的家长都是从田地里赶回家拍的照。其中唐果布的父亲从山上的玉米地里赶回来后先去接在高速路建设工地当临时工的妻子后，才回去一起照的全家福。

2015年5月28日　晴

今天上午，拱引的雷书记领着一个中年汉子来"榕树根"，想让我们帮着打印一份合同，当时大家都腾不开时间，就由摄影师刘敏代为打印了一下，现将合同内容记录如下：

水田转证合同书

甲方：保代作　男　住西山乡营盘村拱引村民小组

身份证：53310219700803××××

乙方：雷标　女　住西山乡营盘村拱引村民小组

身份证：53310319881205××××

经甲乙双方共同协商后决定：

1. 甲方水田三亩四分长期永久性转让给乙方使用。
2. 四至界线：东至唐勒旺水田为界。南至仪其因为界，西至田中道织为界，北至保道则水田为界。
3. 面积2.4亩，每亩单价18000元（大写：人民币壹万捌仟元），共计43200元（大写：人民币肆万叁仟贰佰元整），签合同时付款30200元（大写：人民币叁万零贰佰元整）。余额：13000元，（大写：人民币壹万仟元整），待保代孔结婚时全部付清。
4. 本合同书甲乙双方共同遵守，不得单方更改。违约金订为转让金的10倍。

甲方签名：

乙方签名：

证明人：

时间：2015/5/28

地点：云南省德宏州芒市西山乡营村拱引村民小组

2015年5月29日　晴

前几天下雨时风吹倒了不少路边的竹子，倒在路上的竹子今天中午被清理干净了。

月亮湾移民村景颇服装店似乎倒闭了，已经有很长时间没有正常开门了，门上还贴着一张纸，估计是店铺告示。

移民村门口竖着一块第省道320勐景河桥封路施工的告示牌，早上被车撞翻了，一直没人扶起来，直到下午6点才被竖了起来。

傍晚崩洞和拱引都广播了明天帮本的勒光给儿子娶媳妇，邀请大家赴婚宴。

晚上跟着刘敏去拍田间的白石路，遇到木介的父亲，问他去哪儿，他说是实直的杨腊约他一起去出窝棚里饮酒欢聚，不一会儿，杨腊骑着摩托，往团间白石路去了，本介父亲等我们给他拍好几张延时曝光的照片也赶了过去。

今天刘敏拍的学生是木壮和珈枫、珈乐姐弟俩，拍完后我们去何胜磊家的小卖铺买东西吃。董木兰（何胜磊的母亲）突然问我们，是不是李旸经常把去"榕树根"的孩子都称为老师，老师们纷纷表示压力很大，孩子家长也有一些不高兴……

转到营盘小学，发现石校长正带人改造"六一"儿童节要用的舞台。

2015年5月30日　阴

之前几次得到消息，都说5月31日举行龙瑞高速芒市至畹町的通车典礼，但今天微信上就都突然在刷屏说搞通车典礼了。从图片中能看到通车仪式搞得不隆重、不铺张，简单的蓝板上写着"云南龙瑞高速公芒市至畹町段通车仪式"。典礼在风平收费站举行，州里领导出席了通车典礼。这是德宏第一条高速公路。早上我在清理屋外的阶梯，雷勒东和孔勒炮的父亲各拖了一条长约3米、直径约10厘米的木材路过，我问他们这是要干吗，他们说是要为保则孔举行搭桥祈福仪式。

给石老师送推车回来的路上，我顺便进保则龙家看了看，发现有不少我的亲朋好友聚在他家里。一些人在编祭筐，一些人在砍"蓬邦"（祭祀用草），一些人则在厨房做饭，我坐了一会儿，给他们买了一箱酒后就先撤了。买啤酒时发现守铺子的不是丽娟也不是她奶奶，而是一个面相稍显老的年轻妇女。

中午1点半，我又跟着架桥的队伍出发了。桥址选在从拱引与帮本水田地界的一条小沟上，请的董萨是月亮湾的，就是之前景颇调查研究基地揭牌时请的那位。因为只找了两根木材，所以桥是在之前别人架过的桥边铺上两根新木，两端各竖两排祭筐祭架。

栽上"蓬邦"，系上五彩绳，董萨就念开了祭词。

这时我才知道保则孔架桥是为姻缘。他之前交过一个女友，但没能成为夫妻就散了，因此就修桥祈福送走这未尽的缘，迎接新的情缘。

因为工作，我提前离开了搭桥现场。新西兰来的"榕树根"访客大卫参与了后面的仪式过程。

回到"榕树根"时，石校长打电话过来说砌舞台的水泥不够用了，我和乐安东老师用摩托送了四袋水泥过去。

送水泥的路上遇到雷书记，他身背长刀和筒帕，我问他去哪，他说是去帮保代况说亲，我问他3月份不是去过了吗？他说这次是正式下聘给彩礼钱。送水泥后顺便去加了油，回来时目干卷的母亲和孙弄央的母亲拦下我的车，让我载目干卷的母亲去一下帮本参加婚礼。

从帮本回来的路上，遇到下聘的一行人。说是一行，其实只有三个人，雷书记、保代况和唐腿莫。

回到"榕树根"后目干卷跟我要摩托钥匙，问他干吗，他说妈妈不在家，要回去喂猪。我把钥匙甩给他，说："我知道你妈不在，我送的她。"干卷问我是送到遮放吗？他爸妈吵架，他妈说要回娘家。我宽慰他："不，你放心吧，我送到帮本去了，你妈拿了一把刀去吃酒席去了（种亲戚挂礼时会加以一把刀礼）。"

晚上在山上闲逛，一个女人打电话过来，我问她是谁？她说是丽娟妈妈，问我丽娟今晚回不回家？我告诉她我在山上，回去让丽娟打电话给她。

2015年5月31日　阴／阵雨

昨晚给我打电话找丽娟的是她亲妈妈，丽娟的妈妈因为她爸爸吸毒已经与她爸爸离婚了。这次是专门回来住几天看丽娟的，估计是因为时间短暂，想与女儿多相处一段时间，所以她今天又打了几次电话催促丽娟回家。

目干卷中午又回家喂猪了，因为家里没人。

雷木色是孙珈枫、孙珈乐的母亲，她今天打电话给我，说邻居一个小名叫"比洛"的孩子发高烧，她急着陪孩子母亲送孩子去打针，没法送孩子去学校，让我转告孙珈枫、珈乐，生活费放在客厅的麻将桌上。最后在"榕树根"剩下的这拨孩子是我们叫了辆面包车送走的，其中包括与同学打闹哭红了眼的丁彩芳。

因为天气不太好，排麻东今天早早地就将牛赶回了圈里。

2015年6月1日　阴

"六一"儿童节，营盘小学的舞台主体终于完工了。舞台两个前柱是圆钢架围裹竹笆的式样，很古朴；柱顶各饰一个木质牛头，舞台后端放着将要写上标语的九个簸箕。这个"六一"，石校长以前的学生们合资送了一套文蚌鼓给营盘小学，今天刚从芒市拉回来。石校长的爱人月目老师今天下午就带领一帮女生操练了起来，准备6月4日过"六一"的时候出来迎宾。

李阿姨的女婿石载况今天来"榕树根"做焊工，他先是焊了之前被小孩弄破的纱窗外面的角铁，又与我一同去买材料，焊了今后孩子们练舞的无腿杆。我们原本是想把滑梯的接缝处一并焊了，但最后发现从公房拉线到滑梯太远，产生的电阻太大，焊条在滑梯上连火花都产生不了，只好先作罢。恰好此时石校长来寻载况说新电机买来了，想让载况装上，我们就又去了学校。我问石校长为什么买新电机，石校长说昨晚学校里锯木机上的电机不知被谁给偷走了，今天只好新买一个。

待在学校时，不少教职人员来与我聊天，主题只有一个：这次"六一"你们"榕树根"得挂点礼啊，不要像之前一样来白吃白喝了。

今天的广播响了两次，中午是催想申请甘蔗贷款的村民赶紧来报名，傍晚是通知明天帮本有人结婚，邀请全寨人去赴喜宴。

晚上到雷木色家去取女生们"六一"表演时要用的服装。雷木色说虽然大家关系好，但既然借出去的是公家的东西，大家还衣服时还是要酌情给一点小钱做使用费吧。这样的话，中午排社长也说了，但妇女组可能会要求点磨损费。

到9点近10点，我正准备去洗澡，保勒半的父亲保龙况带着保则孔和排扎南出现在"榕树根"。扎南一直忙着在外面打电话，而龙况和则孔在我的房间里聊天，二人都有些酒意。盘来盘去，他们问我前天参加则孔搭桥仪式的刘佳妹（李旸姐的大学同学）还在不在？我说前天下午就飞回北京了，二人深感遗憾。聊着聊着，况龙突然说他准备在八家寨开个"国珍"专营店，还问我有没有兴趣跟着做点事。

我心里暗感不妙，赶紧回绝。龙况来"榕树根"还有一个事，就是为他女儿保勒半争取去北京的机会，且表示若女儿能成行，他愿在全寨里全力积极配合"榕树根"的工作。我说保勒半有极大的机会去北京，但目前的人选还无法最终确定，而且去北京的费用还在筹款当中，因此暂时不能给他一个明确的答复。

我们还聊到了他的家史，从藏保家来上营盘立寨聊起。他给我列出了九代人的名单，这在我目前的西山乡田野调查中是辈数最多的。后来又聊了藏保家祭献的老鬼"瀑炯"的来历：据他家祖上的说法，他们家来自印度，三兄弟东进寻找新家园时一路去了缅甸，一路留在腾冲，一路来到德宏。

2015年6月2日　晴

早上与刘敏去赶集，在集市买了几条筒裙，因为需要收边，就在新民村的景颇服装店停了下来。收了两条裙的边，老板娘说收我 6 元，我一掏零钱，只有 5 元，老板娘说 5 元就 5 元吧。她告诉我说她和木扎是朋友，想来"榕树根"玩却一直没时间。她有一个孩子在营盘小学读一年级，她是从缅甸嫁到中国的，名字叫夺石介。我说我母亲叫夺石果，她却坚持让我们叫她姐姐。当时店里还坐了一个一眼就能看出生长于缅甸的傣族妇女。这段时间一直在忙学生去上海、北京游学的事。昨晚得知一个消息，我们的一个学生是跟着母亲从缅甸改嫁过来的，一直没落户口，这很可能导致她将缺席北京游学。

我路过她们家时特意进去了一下，她父母都在家里。我说起这事，她父亲说能不能这样，把他和妻子的身份证，他家的户口本，加上村里的证明，全都带上，能不能去北京啊？我只好回答他，过飞机安检不靠这些啊！聊着聊着，发现他妻子的身份证办理下来的过程也有一些问题，他冒了一番险，在办证部门的疏忽下才走空子办了下来。他说起这番话时还有一些洋洋自得。他妻子在旁边候着，很关心女儿去北京的事，但只能干着急，不知道该说点什么。

晚上挨家去收上海游学学生的户口本（与身份证），今晚收了四个学生的：保自洁、李弄便、目旺友、雷家宝，原本想收回目干卷和孙弄央的，可目干卷家里没有一个人，电话也打不通，孙弄央的在学校老师手里，只好改期去拿了。

2015 年 6 月 3 日　晴

早迪的骨折好得差不多了，手已经能随意运动，但仍包了一层纸板。

营盘小学的校园内彩旗迎风招展，他们将在 6 月 4 日迎来属于他们的"六一"。

刘敏今天的拍摄计划里有李弄便，拍摄中有一个单元是与父母的合照，但我们开始执行拍摄计划时才得到一个消息，弄便吸毒多年的父亲前两天被公安带走了。弄便和往常一样温和忧郁，李旸姐告诉弄便的母亲，她的一个朋友愿从本月起每月捐助弄便300元助学金，只是这助学金要优先用在弄便的学习上，当然也不禁止在万不得已的情况下挪用他处。

李旸姐当时先给了李弄便母亲6月和7月共600元的助学金，但我知道李旸姐还没有找好捐助弄便的好心人，这些钱是她自己拿出来的。

早上在滑梯附近搭由劣质蹦床构成的凉亭，恰好遇到村委会的张副主任来公房门口洗衣服，我向他打听了一下"榕树根"二期工程用地的事情，我们先前看好的一块地是他邻居的，他热情地回应了我们，另一块地则是他的，他没有正面回应。

2015年6月4日　晴

营盘小学今天过"六一"。校长找了拱引村民来做饭，芒良的村民来敲鼓迎宾。这是"榕树根"开展村寨工作的好机会，李旸姐和乐安东老师带了一包材料去了学校。"榕树根"的老演员们为"六一"排了两个节目，都被排在最后，原本准备8点开始典礼拖到了9点，因为领导们姗姗来迟，校长找了几个女生来接他们。校长一直忙，到榕树根的节目时突然发现音乐弄错了，又经过一系列的折腾、等待。最后进行家长捐款的环节，音乐突然就弄好了，于是李旸姐说捐款后继续节目表演。演出结束，午饭开始前，大家聚在"榕树根"下围成圈跳。其间有一个插曲，"榕树根"一个女生被班主任骂，李旸姐护着那个女生，并当面说了女老师。

儿童节，学校还请了几个退休老师过来。有一位老教师着载瓦装而来，头上的白包头特别有感觉，是典型的老派载瓦人形象。

下午鸦片奶奶又拿东西来换钱，她精神不错，与我们打交道时气息也粗了一点。

晚上李旸姐和乐安东老师去了弄便家家访，他现在还不知道父亲被拘押在哪里。

2015年6月5日　阵雨

早上7点去雷家宝家里拍照片，他妈妈解释说昨天没法抽身回家拍照是因为和朋友一起弄了点辣木苗，正忙着往地里栽，实在无法抽身。家宝父母长期分居，父亲在芒市给人开车，母亲在家里守着一个小卖铺。

从家宝家里出来后，在村委会门口见到张副主任正在扫地。过了一会儿主任来何胜磊家小卖铺买包子吃。董木兰（何胜磊的母亲）问他"张哥，平时你守村委会时，盖章的话找你就行了吧"。张主任说是，并问她有什么事需要盖章。董木兰说去年要买一块地，当时没谈下来，今年那家人主动提出把地卖给他家，所以得到村委会盖章走个程序。

下午去学校接爱坎时何胜磊也跟了出来，我问他不是初三的吗，初三学生不是要集中学习两个月准备中考？干吗回家。他说是因为本周全校男生除极少数以外与校外傣族有一次群架未遂，被学校发现制止了，学校担心那些校外人员来学校找学生麻烦，所以干脆回家了。

目十卷每天回家喂猪，原因是父母亲吵架，母亲回娘家了。刘敏今天的计划是去跌撒给爱坎家和李志门家拍全家福，结果在跌撒村遇到一个酒后恶汉。醉汉走后发现志门的父母全在地里，眼看的爷爷奶奶也不在，再后来"a来b不来,b来了ac又走了"——这是刘敏原话。在跌撒忙了一下午，全做的无用功。

早上跑了一趟糖厂街，遇到在龙江糖厂上班的同学老黄，问他干吗去？他说去岳父家看NBA，邀我前去，我说实在没有时间，他诱惑我说总决赛勇士对骑士。我猛然发觉，是啊，六个月了，到NBA总决赛时才突然想起我也曾是球迷。最近太多琐碎繁杂的事，自己是个球迷都忘了，我希望勇士拿冠军。

2015年6月6日　阵雨

今天突然注意到一个问题，从营盘到户拉的省道320线几个岔道内都有不少废沥青块与垃圾一道堆着。一开始我以为是高速公路建设堆积的，后来又想了一下发现不对。是省道 320 搞路面改造时留下的，也没人监督到位，百姓不知道该不该管，该怎么管，于是就这么堆在路边了。

石校长今天来"榕树根"聊到二期土地的事，提了建议说最好不要走政府审批程序，走私底下的商业路线就行了，并告诉我们目前的地价是两万一亩。

2015 年 6 月 7 日　阵雨

目干卷这几天都忙着外出找母亲，但没找到。今天下午去户拉拿包裹时，我在户拉中学门口遇到了他，还有孙弄央、唐勒迈等几个认识的小孩，连不认识的加起来大概有 20 个小孩，目测都是景颇族。

户拉农场去得多了，知道了两处景颇族经营的场所，一个是康民药店，一个是大青树快餐店。其中，大青树快餐店类似于来来往往的景颇人的一个落脚点、联络点。今天我就碰到一个妇女在问老板娘几天前落下的衣服还在不在？以及对面的美容美发店为什么关门了？

昨天木扎的老公来接她时，她问孙木色下不下去？孙木色说不下去，要问李旸姐作业，我掏出手机让木色自己给奶奶打一个电话。今天早上来上班时，他说昨天给奶奶打电话说他不愿意回去，结果被奶奶骂了，又说昨晚她还说了不少木扎坏话。

晚上给万老师送 6 月 4 日拍的照片和视频，视频是到学校后直接拷到电脑里的。其间来了一个家长，说是儿子从家里走了，但没到学校来。学生叫唐瑞祥，家长一口湖南口音，穿一身迷彩服。老师问他为什么没来学校帮着杀猪，他说是去缅甸了。老师问他穿着迷彩干什么去了，他回答说到了国门，边检就直接让他把服装换了，我说，那边正在打仗，老缅看你换衣服，还以为你是同盟军，很可能一枪把你干了。

临走前给了史老师 27 块钱，让他明天拿给弄坎做生活费。

爱坎下午拉住乐安东老师，说有一个坏消息。他父亲因为复吸又被抓进去了。李旸姐问弄坎知道了吗？"他估计还不知道呢。"他说。

2015年6月8日　阵雨转晴

昨晚我给石校长送照片时，他儿子也在，问他儿子周日怎么不回学校上学，校长儿子回答，高考把他们的教室给占了，今天高考结束。前几天曾提到过，雷家宝的妈妈与人合伙栽种辣木。今天德宏州委宣传部官方微博@美丽德宏发了一条微博：

云南德宏将建省内最大辣木基地。德宏州科技有限公司与云南农业大学、云南高原特色农业产业研究院、中国古巴科技合作中心等研究机构的深度合作，将在原有2000亩的基础上再增18000亩，从而使得德宏州辣木种植跃居省内最多的种植州市之一。

2015年6月9日　早上暴雨　下午晴

早上我刚准备出门时，天突然就漏了一个洞，雨水劈头盖脸地落了下来。这时西山邮政所打电话来问我去不去取东西，我要去取的东西是一封挂号邮件，之前邮寄给李伟华老师，但因为种种原因没能收到这封邮件，被退回了西山邮政所，得去取了邮件后重新给李伟华老师发过去。

刘敏执意要跟着去西山，我以下雨路难走为由拒绝了三次。但是她执意要跟着去，于是出发了。

去西山有两条路，一条是乡间盘山路，另一条是经遮放直达西山乡政府的公路。因为我不熟悉公路岔入西山的路口，因此选了乡间盘山路。

一路上，雨忽大忽小，但就是没停过。行至崩洞时我已经有点不太确定路线是否正确了。加上起了雾看不清方向，只好到处找人问路，最后一位在路边撑伞的大叔说"就顺着路面放心地走吧，一直走就行，不会出错的"。有了这句话，我也不管路边景色是否与上次云大团队拜访西山乡书记走的路线一致了，一直往前冲。在一个急转弯处有跑西山芒市专线的客车，路边有的农民在冒雨劳作，也有人在窝棚里烧火悠闲地取暖。可这么走了近一个小时，当弄丙出现在我面前时我就傻眼了，上次云人团队从西山返回时经过不经过这里来着。

既然都走了，就只有继续走这条线去乡政府，毕竟只有不到两公里路程了。邮政所在一个不起眼的陡坡上，我们不敢多做停留，稍作交谈，拿了邮件就赶紧往回走。这回走的是西山遮放的公路，陡坡急弯海拔降低，又有浓雾裹山，一路上遇到的车辆都在小心翼翼地行驶。这里的放牛汉都比较勤快，上午10点就把牛赶了出来，而营盘下午2点左右才开始放牛。

返程时在买直遇到一辆载着新家具的轻卡停在路边，司机在打电话问路。刘敏说可能是送到拱引保代况家的，他过几天要结婚了。果然到拱引寨脚时保自孔和保代况就骑着摩托出来给司机指路去了。下午我回瑞丽前，想先将之前跟村委拿的服饰还了，恰好遇到雷木色的母亲，让她将服装和磨损费50元拿给女儿。雷木色母亲与我一个姓氏，是我老奶奶。她问我这是要往哪走，我说回家几天，她让我拿点豆豉回家。我爽快地答应了，豆豉是景颇社会最能表达情意和真挚感情的礼物了。

晚上得到两个消息，勒恩这几天按时上学是因为有雷木苗带着。另外勒恩还有一个姐姐，不太待见他，因此他在家过得不太愉快。乐安东老师打听到的消息是"榕树根"西边的土地被租出去六年，每亩每年租金才25块。但同时安乐老师也不太确定，25块的价钱是否是自己听岔了。

2015年6月10日　早上有雨

昨晚在电话中与户拉卖建材的李老板约好今天早上送改造压腿杆的材料过来，他们大概10点钟运到。

我们北京游学计划里的一个女生，就是之前说到过的与母亲一道从缅甸过来的那个女生，其实是有缅甸户口的，但依现在的政策，她估计一辈子都拿不到中国户口了。我们与她父亲聊起以后孩子的上学和生活问题，他说他听说这里许多没户口的人出去打工时，都是在村委会村民小组开个证明、盖个章就出去了，孩子上学时他也准备这么干。

2015年6月11日　晴转阴　小雨

我在微博上关注了一个网友，今天在他博客转的文章里看到了我们常去吃饭的水酒乡，细看之下，发现一些有趣的东西，该网友是当年支援缅共的中国知青，现居上海。今年到德宏巡访老战友时到水酒乡吃了一顿饭。有一位战友叫排南堆，排南堆的丈夫叫何勒都，是缅共717旅3035营营长，1978年，累漠山战役时牺牲在楠木昔。后来排南堆复员回家，另立家庭，与后夫住在遮放莫木寨，水酒乡是她的二儿子开的。排南堆热情好客，除了请这位网友的客，吃了丰盛的饭菜，还给人送了一袋米。

细看这位网友的博客，还发现一则信息，排南堆的父母都是官家出身，排南堆的父亲叫"排早汤"，是遮放孟育地方的，母亲则是缅甸地方的。

水酒乡是我们这一带有名的景颇饭庄，味道地道价格实惠。排南堆的二女儿是谁倒没太在意，但每次去总能遇到。明显是对面的景颇族服务员都不太活泼，干活都很实在，安静而朴实。

2015年6月12日　晴／阵雨

全州载瓦语教学研究会在芒市举行，今天一大早大会全体人员一起走新修的高速公路到营盘小学参观研讨。我有一个婶婶在这个团队里，她从户育中心小学来，与营盘小学的校长是旧识，两人都姓夺石，于是就以兄妹称呼。原本说好来"榕树根"看看，因行程安排得太紧凑而未能成行。孙珈枫、唐木壮、王尚瑞几个小女生逃课去了芒市，但回来时晕车。她们之前把摩托停在户拉，取摩托往回走时天已经黑了，而且半路上摩托又没有了油，黑灯瞎火的困在半路上，进也不是退也不是。家长们的电话也打不通，急疯了，最后想尽办法给在"榕树根"的同学打了电话，同学们去救急。唐木兰的妈妈打电话来问她儿子唐成邦在不在"榕树根"？儿子跟她说在想在"榕树根"住一宿。他妈妈说恐怕得让木兰来把他接走，成邦这几天发烧，昨天中午烧倒在教室里，是他母亲将他背回来的。

周末"榕树根"来了一大帮十岁以下的男孩,晚上不睡觉,特别吵。晚上在那打快板:"爸爸也吸毒,妈妈也吸毒……"

2015年6月13日　阵雨／阴

今天早上去赶农场街,在寨角遇到李木介的父亲,我有意带他一程。当我还没开口,他就先说让我带他一程。他要到帮本去,他家有摩托,但一般都是子女们骑。他说他年纪大了,学不会开摩托了,他把村委会称为大队,说是让我把他捎到大队。在加油站碰到几个来加油的傣族汉子,他们没说话时,我没认出他们是傣族,我在瑞丽练就的本事失效。整体感觉这里的傣族比瑞丽的稳一点收敛一点,但做事做人更自信、坚决一些。

到户拉岔路时实在饿坏了,便先停下来吃早餐。我往饵丝摊一凑,突然发现烫饵丝的老板娘不在,便问老板娘去哪了?一个叼着烟的傣族大爷出来说:这不有我呢吗,我来给你煮。这铺子里坐着一个傣族大哥和我说话了:"今天应该去农场街啊,我今天倒是起晚了,6点才起,也不杀猪,直接来这了。我看到之前买肉的屠户了,偶尔也要闲几天,不能老是忙着赚钱嘛,我已经在屠宰场了,某人还喊我过去喝两杯,他忘记我早上就不沾酒了,你和大爷慢慢品吧,我今天挺忙的,改日陪你们喝。"到了农场街,下了雨,几个做饭菜的傣族和汉族大妈大姐聚在一起斗地主。

回来时在月亮湾遇到两个傣族大妈在摘铁道的花苞,那东西熬粥煎炒均可。

下午有事去木累,遇到月亮湾的刀昆翁在徒步往家走,我估计他是在学校补完课,从户拉中学往家赶,刀昆翁在户拉中学读初三,过几天就中考了,他的数学成绩很好,其他科目就一般了,曾在"榕树根"的Q群里和我聊天,说是最近在看《绝世唐门》。

保代况大婚临近,商量着找目干卷做伴郎。

2015年6月14日　阵雨

早上7点左右,保勒半的母亲就在"榕树根"下面的路上喊女儿名字,但保勒半还没睡醒,就没回应母亲。7点半,拱引的广播响了,说代况的婚礼明天开始,安排各项工作人员。到8点时,突然发现水管的水是浑的,于是骑摩托去水井打水,恰好遇见一个大妈打水,说新砌的水井里的水没有老井的好喝了,与水管的自来水差不多。我说至少清啊,这时发现我之前画的目瑙示栋已经焊在水井上了。下午5点左右,雨下得挺大。乐安东老师送木兰回来不久,李开发出现在"榕树根"。他去送妹妹上学,雨太大进来躲一下雨。我们闲聊了一些有的没的,他问我是汉族还是景颇族,我说是景颇族,但别人都认为我是缅族。我告诉他他在这里留下许多传奇,我问他今年种了多少玉米?他说因为山上的树长到一定程度影响玉米生长,因此今年没种多少玉米,我们约他和妹妹来吃饭,他说吃过了,妹妹也吃了。我给他解围:"今天是礼拜日,他们没有其他活干,所以估计吃得早一些。"我们送他一些葡萄,并让他送完妹妹回来再拿走。

吃饭时我问木扎月亮湾开服装店的是你朋友吧,她说:"是我朋友,是一个很活跃的女人哦,你要小心她看上你啊。"

我笑着说:"你想多了。"

又问她:"你朋友也是从缅甸过来的吗?"

木扎说是,木介(夺石介)开服装店女人的老家在南帕嘎一带,先嫁去仰光,后来丈夫死了,于是改嫁来这边做了浪速媳妇。

下午送爱坎时,顺带捎上了孙珈乐,珈枫由妈妈雷木色送,她原本要在公房为明天的婚礼准备食材,但因为车辆不够,还是回来送一下孩子。

我载着两个男孩走到高速公路东面的傣寨时,发现上百辆小车停在路上,两侧有不少傣族群众走来走去。我们猜测是做摆还是干什么,我成心说,怕不是死了人吧,男孩说不至于吧,死个人都来那么多人。我说不一定,要是佛爷的出殡,场面比这还大呢,人山人海,大家用两个巨木做辇，上架高台，将佛爷尸体置上高台，然后烧了他。正扯得唾沫横飞，冷不丁看到左手前30米处的地里聚着一群人在围着一股白烟，原来确实是尸体啊。回程时专门停下来观察了一下，想看看是否是佛爷升天，结果没看到一个穿袈裟的人在现场，于是没法确定。路过停车场时发现大家脸上都轻松了许多，村寨妇女穿着统一的节日装束来了。

唐勒迈的母亲打电话问我有机会见唐勒迈吗？我说不知道，后来开会想起他中午曾试图帮排昆先拖摩托回来。我再打电话过去找他母亲时，是他本人接的电话，说已经回来了，于是我让他打电话告诉班主任说有事留在家里，想请下假。

2015年6月15日　阴晴不定／晚大雨

保代况结婚的日子，早上开始就大雨如注。

我从上午开始跑各寨送孩子们去上海的保险单。到帮本时，发现保自诺没去上学，在她家停留了稍长时间。保自诺的爷爷告诉我们在山上还有一片地，连带着老房子留在山上。谁知迁下山后，盖了砖房，却发现住着没有山上的老房子那么舒坦了。送到买直的目旺友家时，恰逢他们家在吃午饭，还挺丰盛，邀我入席，我婉拒了。目旺友的妈妈很关心上海之行，很详细地询问此行的注意事项。目旺友父亲已经去世了，母亲之前离家出走过，后来母亲舍不得孩子，又回到了家里，这令目旺友感到满满的幸福。送到崩洞唐木壮家里时，他父亲正准备出门去修手机，让我看，看不懂，还是让他去找手机卖家检查去了。

最后送到拱引，先去了孙珈枫家，但没人，于是去公房找了一圈，把珈枫、珈乐的保单送到了他们母亲雷木色手里。准备返回时被唐勒殷的妻子叫住，一块儿吃了午饭。席间妇女们谈论农作物的种植情况，说都在抢着时令种玉米，后来又聊到橡胶种植，说是请挖掘机挖坑，挖机师傅是按坑计酬的，为了多拿钱，就拼命挖坑，把坑距弄得很小。我问她们这儿的橡胶苗一株多少钱，她们说一株6块多，比瑞丽便宜不少。

正说着，运乐器的车到了公房门口，我去移摩托，就直接回了"榕树根"。

回"榕树根"时，木扎在跟惠平学习中文，我趁机向她讨教了景颇文的几个语序问题。下午去查看水池，发现我们的水管被抽了出来，于是又忙活了一通塞了回去。

下午去公房吃饭，见到干卷胸前挂着伴郎的挂花忙来忙去。去挂礼时我写了"芒海，跑阳干翁"，人家提醒我补上"瑞丽"，免得友人家误认为我来自芒市芒海镇。我说现在全拱引人都知道跑阳干翁来自瑞丽的芒海。吃饭时一个大妈告诉我，她父亲是八家寨的立寨人，当年营盘村委会刚迁下来时就是在她家里。是她母亲一人舂米，供应大队工作人员食粮（当年把村委会称为大队）。旁边的姑妈（雷勒当的妻子）跟我说孟瓦（丈人种）过几天为我作奥（姑爷种表姐妹）办席，到时我得去。咱们现在先走吧，刚才跟你谈话那位等着把剩菜给她吸青的儿子弄回去呢。

晚上保勒半和雷木苗来"榕树根"洗澡后决定留宿，我让她们给父母打了电话。然后请她们开水果茶话会，保勒半说她家里现在弟弟最得宠，二妹最不受待见。但弟弟的户口迟迟落不下来，因为已经属超生了，得罚款。后来聊着聊着，我和惠平介绍说保勒恩是天然地可以娶舅舅的女儿保勒半为妻的，保勒半说我愿嫁汉族。

2015年6月16日　阵雨

昨天的婚礼上，原本安乐老师想让目干卷给李旸姐打电话，但因为太过忙乱，没有打成。所以我今天早上揣着发剩的最后一份保险单去找他。第一次没找到，以为他在新郎家里，但过去之后发现新郎家也没什么人。新郎保代况蹲在地上，见我走来发了一支烟给我。问他干卷在哪儿，他说估计在大伯家里睡觉。于是我去了保代则家，保代则从楼上招我上去。

我上去后与他寒暄："这几天你也累坏了吧？"

保代则："哪里哪里，我就待在家里。昨天一整天没喝酒，今天没吃饭，但喝酒了，她们（新娘）将饭抬来了但我没吃，啊！这怎么回事？——我们是养鬼的，而且家堂鬼就在勒代（新娘父亲、幺儿）家里，我们昨天找了董萨裁好草蓬，搭好草桥。准备牵新娘过桥的人选，可人家一来就闹开了：'我们家（新娘家）是信主的呀！绝不能过这草桥呀！'还死犟着不过……你说我能吃下饭吗？不吃，谁抬金饭银饭来也不吃！"

干卷就睡在他家楼下，于是我叫醒他，把保险单给了他，并让他回家去准备东西。问他要不要给李旸姐打个电话，他笑着摇了摇头。

下午找排丽娟爸爸问他家的地愿不愿意出售，但他没在家。问他母亲，他母亲说儿子在遮放坝坎尾租了四亩水田，到田里干活去了，每天都很晚才能赶回来。

天擦黑时，唐木兰的妈妈找我帮她去户拉接木兰。木兰也在去上海游学的名单里，所以今天请假回家了。

写至上文时，是23：50，我正准备收工歇息，雷书记一个电话打了过来，说是去他家里杀鸡吃。我权衡了一下，决定去。从箱子里挑了几个苹果拎上，另一手拿伞和电筒，便下去了。到雷书记家时，几个人还在忙着弄鸡，一鸡两吃，弄鸡肉烂饭和鬼鸡。六七个人，清一色的汉子，其中一个汉子在客厅里写东西，我一问，原来是在写入党申请。我和雷书记拉家常，他说烤烟房的活计结束了，没挣多少钱，今年的香料烟价分四等：36元、30元、13元、8元。

开吃后，大家的兴致突然就到了鬼的话题上，一通典故逸事糗事猛料，互相插科打诨。聊着聊着话题又转移到了女人身上，酒也喝得差不多了，于是我起身告辞。

现在02：49分。

2015年6月17日

雷勒当的女儿要结婚了，是招的上门女婿。明天正式办席，但今天整个前期准备已经运转起来了，新郎也在好多天前住过来了。"榕树根"

办活动需要的手帕数量不足，于是找雷木色借，雷木色说她在公房忙着整理食材，无法顾及我们，连地里的活都撂下了。我说去帮忙怎么也得给点误工费吧，她撇撇嘴："给什么呀，都是亲戚，一家人。"

之前扩建压腿杆，乐安东老师找的雷勒都糊弄人，搞了个豆腐渣工程。一个小孩骑上去就落了一半，于是找了藏况拆掉重焊。焊完后我们聊天，聊到水酒乡的母家——老板娘的母亲排南堆的故事。藏况说确实是这样，而且他们那一片参加人民军（缅共）的人很多。我突然想到，这 带景颇人踊跃参加人民军，是否和当时驻遮放部队营区内有一个人民军的后方医院有关。

晚上给参加上海游学的同学开会，成邦妈妈打电话来问成邦在不在"榕树根"，我说不在，他妈妈急匆匆地挂了电话。过了不久，乐安东老师接了个电话，然后给我一个U盘，说是排干的岳母去世了，和我们要景颇丧葬舞的音乐。我不安了，这怎么回事？西山一带已经没有会敲鼓的人了吗？还是只是大家流行这样。

岳母死了，排干作为女婿是要干"姑爷活"的，而且必须要特别卖力。我将U盘送到加油站，排干从遮放接了董萨与我接头。我给他U盘，再临时掏出50块钱让他帮我挂礼，他接过东西就扬长而去了。

2015年6月18日

唐木壮的父亲打电话来说，一个朋友听说木壮要去上海游学，想给木壮一点零花钱。因此我一大早就去他家里帮他拿钱，他父亲拿了100块钱给我，出钱的朋友也站在旁边，是他们的一个缅甸亲戚。

承包雷勒当山地的汉上开始雇人种玉米，雇了拱引的几个妇女，因为早上下雨，妇女们上工上得晚一些。

下午我载着惠平往龙江糖厂方向逛了一圈，从遮冒寨下面的浮桥过了龙江，到了龙江西岸，再向北从龙江桥返回。途中遇到一户傣族家办丧事，门外摆着类似于滑竿的东西。两根青龙竹为架、上缀竹篾编的小顶，中间留出摆放棺材的空间。

这个东西与我们的式样相差挺大，我们一般是直接在棺顶竖放一棵大龙竹缠紧，前后长出棺材约一米，再按汉式八抬十六抬，像轿子和招杆的式样，绑约一米五的抬杠。

回来的路上，我给惠平讲夏天龙江上的浮桥仍能存在的原因，因为龙江水利枢纽存在，调节了洪水的流量，且兜住了大部分上游冲下来的，可能对浮桥形成冲击的漂浮物，因此往年屡屡被洪水冲得无影无踪的浮桥如今才能一直存在。

2015年6月19日

今天种玉米的妇女们正常上工，已经种植大约一半的面积。

排干从丈人家把车开了回来，但没开进家门，停在了大门外的榕树下。

雷勒当的女儿今天结婚，招的上门女婿。鼓乐从中午开始就响彻拱引了，到现在(23：00)仍未停息。来做客的人们吃完饭后纷纷将参观"榕树根"当成饭后消遣，今天招待了不下50个客人。第一拨客人是雷界的妇女团，很多人询问怎么才能将儿女送到"榕树根"来？我答复她们，这里平时很忙，送孩子来也没太大意义，有活动发请柬时会发到雷界去。第二拨是崩洞妇女团，整整20多人，又将前面的问题重复了一遍。其中有个老奶奶一直说，她有个孙子无父无母，一直与她相依为命，她想着一定要把孙子送到"榕树根"来。看来乡亲们对"榕树根"的认识还存在很大的误区，以后的工作任务很艰巨啊。

其间又有零散的客人陆续过来，陆续离开。后来来了一拨来自遮冒的傣族汉子团，他们喝了些酒，理解语句要点的能力变差。沟通得不太顺利，我趁机问了他们那天芒瓦寨聚集群众烧尸体的事，问他们是否是佛爷升天，他们说，那是"进新房"呢。是一个"老街（ga）痞"走了，人们给他进新房。我们这儿没什么佛爷。

他们说起这个事时稍带轻松和轻佻。但说到"老街痞"时又有一些佩服的语气，让我有些猜不透个中原因。

最后一拨客人是天擦黑时来的三个帮本小伙子，想弹吉他。我把吉他给了他们，他们弹了半个小时，稍觉无趣便都走了。

到晚上，石校长也出现了，请惠平整理一下要报给教育局的六一活动材料。还有就是想请惠平帮他审阅一下他申报教育系统先进工作者的材料。

石校长临走时，我和惠平送他出门外，惠平对着满天星斗说，明天不会下雨吧。我接上："咱们这儿的天气，可永远也说不准啊。"石校长则补上一句载瓦语——"官家的工，天上的雨。"

2015 年 6 月 20 日

今天是端午，但我忘了，只好临时在水酒乡点了菜，孩子们在前庭吃了一顿不算太正式的"宴席"。席间李伴双的外婆来找她，可李伴双这周就没来过"榕树根"。老奶奶找了半天没找到人，半信半疑，不甘心地走了。

李志门的母亲打电话来，母子二人在电话里用浪速语讨论明早回家的时间。木织的父亲也打电话来询问她回不回去，但几个女孩玩得正高兴，没人愿意回家，今天女子团体还加了一个小唐木兰。

早上问木兰妈妈，他家橡胶地东侧那块她正在种米的地，承包时花了多少钱？木兰妈妈说不要钱，只是和地主人说好照管他们的地，不至于荒芜了，因此种了些玉米。

2015 年 6 月 21 日

李志门的母亲昨天问志门什么时候回家的一个原因，是今天跌撒有人进新房。石校长也去了跌撒，回来拿着一个他要修改的文件，顺便逛逛"榕树根"。

因为端午节，学校放了一天假，所以孩子们都是周一下午返校。到中午时，我把他们都赶走了。雷干先和唐勒迈夜里10点出现在"榕树根"，我问雷干先江东中学也放假吗？他说是。问他们要不要在"榕树根"留宿？他们说不了。今天雷木色去了瑞丽，他们要去帮着守房子，唐勒迈说雷木色是他骑摩托送到户拉去的。

他还说，昨晚他们没在"榕树根"吃饭，是想出去打一个傣族，武器都准备好了。结果发现别人已经先下手了，那人全身都包满了纱布，他们看了又气又好笑，就拿着武器回来了。

去月亮湾买水，遇到几个参加丧事回来的妇女谈笑着，脸上没有什么哀伤的神情，很轻松的样子。拱引和崩洞间的甘蔗地上，许多人家在给甘蔗施肥。路边几个妇女在疏浚水渠，见我载着水桶路过，纷纷与我打招呼，我却分不清谁是谁。

2015年6月22日　晴

昨晚何胜磊留宿在"榕树根"。

雷书记家正在耙田，准备明天插秧。我想问他是否愿意卖地，另一个人雷勒都也在边上放牛。于是我散了一圈烟，为他特意买了包烟后与他聊了一下他的售地意愿，他大方地说可以谈，没问题。说到现在包给人种玉米的那块地时，他让我们先别声张，因为他和种玉米的汉子只是刚谈了价钱，合同还没定，钱也还没拿，让他把这一季的玉米收了就什么都好说了。

说到勒排腊手上的那块地时，他说不用找勒排腊了，地是卖给雷勒腊，后来家里的雷木鲁又买回来了。

于是我又去了唐勒盖家，因为唐勒盖前段时间进去了，所以现在家里是我大妈（唐勒盖妻子）主事。我说了买地的意愿后，她有些迟疑，说是已经种了橡胶了。我说没事，想买的面积不大，买的话橡胶也会考虑一并买下，而且也不必现在急着做决定。她先与家人商量一下，过几天我再找她了解情况。我们正说着，她儿子载着雷木色从外面进来，我问他今天打没打算去学校，他说去。我告诉他别自己骑摩托去了，待会我一并送他和何胜磊去。

回"榕树根"的路上，我看到鸦片奶奶的老公醉倒在唐勒殷家。

送完那两小子到学校后，爱坎爷爷又打电话过来，说他昨天酒喝多了，身子酸痛，让我送一下爱坎。于是我又去了一趟跌撒，接爱坎和弄坎。送弄坎到营盘小学时，见石校长和几个家长在校门外欣赏低空盘旋而过的直升机。我和他们打招呼，他们告诉我今天出动了六架，估计南边战事又激烈了。

到雷书记家的田边时，田已经耙完了，他和孙勒炮的父亲穿着一身泥衣坐在路边。喝啤酒间隙把我叫住，塞给我一瓶啤酒，于是就聊了几句。我拼命把一瓶酒灌完，说惠平在等我的饵丝，赶紧往"榕树根"跑了。

放下饵丝后我又往买直跑，雷书记和孙勒炮父亲还是在田边坐着，又把我拉住了。于是又聊，聊德昂族开的水田、聊鱼回溯、盗墓、女人和各种乱七八糟的东西，然后各走各的。我到买直后转来转去，最后转进了孙弄央家，她们正在吃饭。在弄央家里我见到了目干卷的母亲，这是那次家庭冲突后我第一次见到她。

晚上排干来还带丧葬音乐U盘，我说那份就你留着吧，他说我那50块他帮我交。我问他头七是哪天？他算了算说是27日，我一愣，明白了，他们是以抬出门那天开始算的。27日恰逢周六，我没法参加了，不然我倒是想去看一下，看看邦盖跑阳家的送魂路线是什么样的。

2015年6月23日　晴

雷书记家今天插秧，但因为不交农业税，种的面积少，兄弟几家人一起一早上就把秧插完了。

营盘小学的学生们每天放学回家都在路上不停地吃小零食，我随机抽查了一些学生的零花钱额度，大约在0.5元至5元间。1元的比例最多，

5元的只有一位，2元、3元已经算大钱了。有些家庭实在困难的，一个星期也就给两三块。

芒良丁彩芳家今天吃鱼，崩洞唐木壮家则是一道野菜和一道蕨菜煮鱼。

逛完几个寨子回来，发现几个小孩在玩带针头的注射器。吓得我赶紧把注射器从他们手中抢过拔了针头，问他们从哪儿拿的注射器，他们说是从排南扎家拿的。李勒南读五年级，是个坏蛋，当他不想玩秋千的时候，他就把秋千卷在横梁上，小孩们怎么努力都没法够着秋千。

惠平和木苗去鸦片奶奶家拿筒帕，但鸦片奶奶今天好像不在。木苗之前在家里做饭，我们到她家里她正在菜地里摘青菜。

天擦黑的时候，雷书记的母亲找家里的几个小孩回去吃饭，她说：啊，你们几个今晚都别回家了，我把饭菜给你们包过来，你们就在这儿过夜吧。

今天又有五六架直升机飞过，许多人候在外面观看。原本直升机飞得多了，没人看才对，但这两天围观直升机的人又多了起来，一个重要的原因就是这两天飞机的巡航高度都很低。

2015年6月24日

今天的武直巡航架次有十次以上。

中午一架大型挖掘机被运到了山上。

有书商来营盘小学售书，但听他们说话怎么像搞传销的在给人洗脑。小孩们聚在游乐场，到天将黑时又被家长们逐个领了回去。

找雷勒都问地的事情，他表达了几个意思：

1. 地他可以卖，但别让今年包地种玉米的汉子知道；

2. 缓几天再谈，想先把村里建公房占地的5000元拿到手，要是现在就传出卖地的消息，那5000元可能就比较难拿了；

3. 在山上修水池的是你们吗？

然后我去了唐勒盖家，唐勒盖妻子的回答是，过两天会去陇川禁毒所看唐勒盖，到时问了他意见再回话——卖的倾向更大一些。

两家都还没给我具体的价格。

我去唐勒盖家时，家里没人。唐妻是我在孙珈枫家见到的，给孙珈枫母亲看了她们在上海的照片，孙母很欣慰，并让我把照片传给在浙江的四妹。

2015 年 6 月 25 日

寨子里停水好多天了，但一直没人去修。有些人家宁愿花费大力气从井里泵水也不愿意去水源地看看，至于我为什么不去看？因为我不知道水源地在哪里。

下午去户拉，发现买直村出了义工把村道两边的树枝杂草清理了一遍。路上有坑的地方也填平了，农尚周围的杂草也清理了。

过加油站 200 米处有一辆拉柴的后传动坏在路上，等我返程时发现那里已如过节般热闹了，维修人员和赶过来了解情况的朋友聚了一大堆。

今天终于问清了鸦片奶奶的名字——来马途。

2015 年 6 月 26 日　阵雨

从户拉回来的路上遇到保自洪的奶奶，问她来做什么。她说是儿媳妇的脚被倒下的米缸砸到，因此来医院包扎。

回到村委会门口时，我下车解手。张副主任从院里跟我打招呼，我说刚从户拉回来，问他正值班呢，他说是。后面还遇到了李阿姨，问她院子里的信号塔弄好了吗？她说弄好了，那是一个网络无线信号塔，接收无线网络信号。李阿姨的女儿购置了一套电脑，他家信号肯定是很强的，因为信号塔就在院子里。

傍晚下雨时，雷木色打电话来，问去上海的孩子们到了没有，我说还没，在忙吃饭。他说打女儿电话也不接，有点着急。我帮着问了一下，是她女儿手机停机了。

勒恩的爷爷来接他，结果他不肯回去，于是爷爷也就由着他了。

晚上广播，种橡木的先自掏腰包买种苗，政府补助120元，上级部门过两天下来检查，然后说水管破裂，水池已经建好了，明后天出义务工把水管接了。

晚上送从上海归来的孩子们回家，目干卷招呼大家明天到他家杀鸡吃。目干卷回家干的第一件事是招呼他的狗，回到家，家人都睡着了，于是他一个人跑到厨房去了。

2015年6月27日　阵雨

早上很突然地下了一场大雨，于是一辆去营盘的皮卡就被困在"榕树根"楼梯脚，到后来实在是上不去了，于是只好原地掉头。掉头的过程中一个不小心，车头往右一划，皮卡冲下坡撞到了麻东的牛圈，幸好皮卡卡住了，没整个摔下山。车里的几个人想找一辆吊车，可吊车司机说路太滑，上不来。众人最后想了个法子，把前两天开上山的挖掘机叫来。挖掘机来了没一会儿，在车屁股后底下挖出一个便道，轻轻松松地就把皮卡给拉了出来。看完挖机拉皮卡，又下了一场雨。雨后"榕树根"来了一群客人，这群客人有大学教授、学生，云南民族大学的老师对孩子的教育问题进行了一系列的探讨。然后再下一场雨来之前，人们坐上来的租车公司的车走了。

这群客人来德宏后，先去了盈江。大盈江周边局势有些紧张，边境管辖比较严，就把他们送到了陇川，又去了瑞丽，最后一站到访"榕树根"。一场雨后，我准备去帮本，在路上遇到喝多了的班途姑奶奶。我问她去哪？她说不去哪，随便逛逛。

把保自诺户口本交给他爷爷后，我顺手挖了两张"帕张"就往回走。到排丽娟家，她奶奶聊卖地的事，希望4亩一并卖了，她们收地时付了35000希望以4万的价格卖出去。我也先不定死，回去问问再说。排奶奶的另一个担心与雷勒都家一样，问是否能收完玉米再动工。

回到拱引时，我顺便去了一趟雷书记家，只有干先和棍坎在家，干先倒水给我和惠平喝以后就给弟弟做饭去了。

晚上勒恩哭着从门外进来，说家里闹鬼。打电话给他家大人一问，家里没人。

有几个女孩在读《目瑙载瓦》。

2015年6月28日　阵雨／晴

去户拉修话筒的路上我遇到孙弄央和目旺友，骑着干卷的电动车晃来晃去，问他们干吗？他们说是菠萝蜜熟了，我正想与他们多聊两句，一辆载着挖掘机的卡车从寨尾上来了，为了让车就先离开了。到寨尾时一群小孩在树底下愉快地玩耍。

回到"榕树根"后，我遇到种玉米的汉子来凉亭摆放农具。我和他拉了一下家常，他说他是从东川来的，刚来时家里的鸡相当于是养给别人的，过了四五年才终于安定下来。他来种玉米是因为只有一点水田都种了水稻，家里养着猪，因此需要玉米，于是就上山包地。

下午雷木色来借推车，说是要清理房屋后的沟渠。我问他什么时候出义务工，他说似乎是昨天晚上的广播里播了义务工的事，上午修水管，下午整理水井周围的闲杂物资。

傍晚保自诺骑摩托车送了一个巨大的菠萝蜜过来，然后就住下来不走了。李旸姐劝了一通也没劝走，然后又来了几个女孩。恰好电闸坏了，在我修电闸的过程中，她们聊开了各种八卦。

这两天没有巡逻的武直了，但微博上传KIA与缅军在畹町一带交上了火，很激烈。

2015年6月29日　阴

今天下午武直恢复巡逻，之前巡逻一般是双机编队，今天变成了四机编队。

早上我把惠平送到户拉，她要休四天假到梁河去拜访一个叫杨跃生的阿昌族老人。

从户拉回来后我去出义务工，早上是集体修理断水管，以男性为主。拱引的饮水管很多处破裂，半天也没修好。这段时间村里新修了一个小水池，就把水池里的水先接引水管凑合着用了。我们修理水管时，来了一个帮本的汉子。一个正在干活的汉子毫不犹豫地顶了回去。一问原委是前几天抓毒时帮本（广达么）的干么被抓走了，但他的摩托留在拱引的田地里。被斥责的汉子受拱引寨委托将摩托开走了，干么家人来取摩托时，拱引寨子提出摩托是在拱引地被收的，应该收一些保管费。妇人的意思是摩托车又不是寨内收存的，是在外滞留的，怎么能这么做呢？这时寨里的人都说这么做是全寨的决定，让汉子强硬顶回去。

他们交流时用了浪速语，我听不懂。

之前开上山去的挖掘机一直在工作，我问家里人挖掘机在干什么？他们的回答是在挖坚果树洞。

水渠清到游泳场时我也歇工了，看保自孔、孙勒炮、唐勒迈、雷干先在球场玩半场，问他们水井的活干完了没？他们说干完了。问雷干先什么时候去学校，他说周三。然后赵安定让村民们挨个出来在工作簿上签名，几名妇女在游乐场的秋千上荡来荡去。有妇女让雷干先翻围墙去院子里摘李子，雷干先回答：我怕李开泰（音）喊我过去呀！

义务工结束后，大家商量不出义务工的人家应该出多少抵工费。扯皮半天定在30块钱半天，于是早上没来的唐腿莫的妻子掏了30块钱。大家又决定继续收取几家未出工人的工费，之后喝酒去也。

2015年6月30日　阴晴不定

今天开始为北京游学家访，我先去排丽娟家。她爸爸恰好在家招待一个面色阴沉的汉子，没费多少口舌就与他商定了丽娟去北京的事。排爸爸细细询问了去北京的注意事项，但看他面色并不是太好。

接下来去了何胜磊家，恰好何胜磊也在，说早上刚中考完回家了。何胜磊母亲早就知道北京游学的事，没有什么意见。一个劲地劝我去她家摘南瓜尖，我说我很喜欢吃南瓜尖，可今天太忙，给我留着，我改天再来弄走。

我们说着，何胜磊在旁边插嘴："妈，你知道今天什么日子吗？"

"什么日子？"

"6月30日啊，我生日啊。"

"不，那是我的母难日！"

从何胜磊家出来后，他告诉我一个事。他弄丢了朋友的苹果5手机，朋友让他赔2000块钱，他头疼得很。

接下来去了保自诺家，有砸到脚的小姨和爷爷在家。保自诺爷爷正在厨房的席子上吸食鸦片，我没进房间与他聊。只是在场院里简单与他聊了一下去北京游学的事，他是没什么意见。他家拿主意的一般是保自诺奶奶，于是他让我折返的时候去玉米地找一下保自诺奶奶。我到他们家玉米地时看到宝奶奶带着保自诺在种玉米。和他们聊了一下，这边没问题。保自诺一直在犹豫，想着自己离家十几天家里怎么办？我让他先好好和父母商量一下，别急着做决定。下去了离家很顺利，奶奶不知道去北京游学的事，奶奶想卖了玉米拿300块让她北京食用，他嫌少，最近脾气有些见长，也不太爱干活，我说我们的指导价是200，其他问题也会与他聊聊。

再接下来我去了刀昆翁家和孙木色家，但家长们都不在，只好晚上再去。

再说到月亮湾路上的一个小插曲，路边一群妇女在聊天，我们过去，问我们路上没遇到警察吧，我们说没有。

晚上的家访都很顺利，刀昆翁家有些担心费用问题。我给他们解释以后，他释然了，愿意全力支持孩子去游学。木色家是奶奶做主，奶奶也爽快地答应了孙木色去北京。

今天仍有武直巡航，只是时间提早了一些。

2015年7月1日　阴

早上在买直看到孙弄央母亲、目干卷和另外几个妇人在雷家宝母亲的小卖铺，聊了一下家宝去北京游学的事，家宝妈妈说她昨天睡在芒市，但是今天七一，要开党员大会，于是大清早从芒市赶去开会。

下午，芒市市委宣传部一行人参观"榕树根"。他们说营盘是宣传部的下乡点，今天营盘开党员大会，于是他们也下来了。

我急着去跌撒，就不管他们先走了。在跌撒，对着满天飞的直升机，得到的另一个信息说是有人在开着玩。突然就想，某天在网上看到一则消息——德宏将成立一个直升机培训基地。

在跌撒李志门的家里，李志门父亲很快地答应了让儿子去北京游学的事，并提出让我们督促他学习，并拿出米酒请我喝。说周六就是志门的12岁生日，要邀请"榕树根"全体人员来志门的生日宴。

我从跌撒回来后，在村委会遇到几位中午到"榕树根"的市宣传部姑娘。

2015年7月2日　阵雨

唐木兰说周三去学校，周五下午就赶回家，不迟到，所以就干脆不去学校，来"榕树根"做志愿者了。张婉颖补课。

傍晚去木苗家里找她妈妈来参加北京游学的准备会，意外发现木苗与母亲交流用的是德昂语，这让我倍感亲切与欣慰。晚上我跟她妈妈说还是得尽快弄户口，中国户口实在弄不到，也得把缅甸户口办妥了。妈妈说等她砍了甘蔗，木苗年满13岁时就给她回去把身份证办下来。

我觉得木苗在中国读完高中后，以留学身份来中国做留学生，做跨界德昂族的研究会很有前途。打电话给家宝妈妈让她来参会时，她刚开始说雷家宝与村寨里的党员聚餐，后来说家宝爸爸身体不舒服就不来了。

中午木介突然出现在"榕树根"，精神状态很好，边给地里的萝卜拔草，边说："这是我以前种下的呀。"

2015年7月3日 晴

昨晚一对少年男女来投宿，说是找何胜磊走散了，但他们的目标就是奔投宿来的，男的叫李文清，女的叫什么我没听清，都是何胜磊的同学，我让女孩睡一号房男孩睡二号房，让他们好好睡一觉。

而何胜磊则到早上突然打电话来，说在户拉农场，希望下午接爱坎时，顺便接他。

下午接爱坎时遇到雷木色，她一个人接孙珈枫、珈乐和唐勒迈，希望我帮忙载一个人。恰好李干内来接何胜磊，我便答应了。后来一看唐勒迈还带了两个男生，得让唐勒迈的朋友和孙珈枫都和唐木壮爸爸的三轮走了。

雷木色与孙珈乐则与我们一道吃了冷饮才走，雷木色告诉我，木苗的父亲与他是堂兄妹的关系，1958年"大跃进"时她堂爷爷出走缅甸，80年代才回国。爷爷落脚缅甸德昂寨，娶了德昂媳妇，而父亲第二任妻子又娶了德昂族。

傍晚去月亮湾找刀昆翁，发现他父亲在路口和一帮汉子宰杀一头很肥的猪。我在买直遇到目干卷和孙弄央的母亲，督促他们让孩子早点去上课，母亲告诉我说要参加毕业考，周末去不了"榕树根"了。

2015年7月4日 阴

今天来马途奶奶又拿了一筐鸡窝菌来"榕树根"，我的意思是给她10块钱，让她把菌子拿回去。后来我说起这件事，惠平说那菌子很好吃，但比10块钱值钱。惠平一听说吃的，两眼放光："那我们多给她钱把菌子买回来吧。"于是拿30块把菌子又追了回来。

乐安东老师载着志门去跌撒过志门的12岁生日，在跌撒，把摩托轮胎弄炸了，于是志门爸爸找了一辆卡车送老师回来。乐安东老师回来后让我给志门父亲打电话，让他明天把摩托放在修理铺就好，我们自己去取。

张主任的两个儿子带同事和朋友回家吃饭，在雷书记带领下，一起来"榕树根"参观。我与雷书记聊了一下竖指路牌的事，雷书记说路口是营盘的地盘，尽管去立，没事。

下午我买水时遇到孙弄央，他领着一个同学回家吃饭。我问他什么时候考完，他说明天就考完了，考语文、数学、科学三科。我调侃："正常发挥保证零分吧。"他说55分还是能保证的。

雷勒都的女儿女婿在坡上种杉木，问我们能不能把地全部买下？我说钱不够，他们说钱不够的话可以分期付款。

2015年7月5日　傍晚暴雨

保刀则家门口停了一辆挖掘机，是之前在山上挖坚果洞的那一辆。保刀则把家门拓宽一下了，唐勒迈家门栽了一蓬"蓬"，从栽法能看出他家祭了"目（日乌翁）"——口舌鬼。

下午我去了一趟跌撒，取乐安东老师昨天因为爆胎留在那的摩托，顺便将唐木兰送到了户拉，她要坐车去芒市上学，拿摩托的人选，我带的是何胜磊，结果我们从户拉去跌撒的路上遇到暴雨，到汽修店躲雨期间一辆奔驰的轿车压死了一只鹅。汽修工开车把鹅捡了送去烹煮了。

赶到跌撒时，志门一家正在吃饭，热情地邀约我们入座。结果何胜磊不知躲到哪去了，志门的爷爷和父亲在席上，还有昨天出力的汉子们，我是以姑爷的身份出现的，因此姿态放得比较低，回来时顺便带了志门、志门妹妹、弄坎三个人一起回学校。到了买直还去找雷家宝母亲和目旺友母亲签了孩子们去北京游学的名。目旺友母亲说是要去看孩子们之前去上海参演的《我是先生》，我说可能不是这一期，但仍然让她去看看。

晚上唐木兰打电话过来问孩子们的节目是在今晚吗？没看到啊？

雷木色打电话过来问唐勒迈在"榕树根"吗？这孩子没进学校。

2015年7月6日　阴

停车在保刀则家的挖掘机，中午开上了车，下午又开了车。

早上去木兰家借喷雾器，灭跳蚤，看到她奶奶在做饭，而她妈妈和姨娘在坡上浇地种玉米。

在木兰家上方的雷木织家，木织的父亲在搅拌水泥盖一个偏厦。为此雷勒南借了水平尺和磨光机。姑奶奶扎班途多喝了一点酒又逛了寨子。

我们喷药后出去逛了一天，傍晚回来到"榕树根"时鸦片奶奶来马途一个人在门口歇着，想把山上的蘑菇卖给我们，后来李旸姐给了她5元钱买了这些东西。

晚上丽娟奶奶打电话来说她女儿回来了，不知道明天能不能谈土地转让的事情。

2015年7月7日

微博被七七事变刷屏。

昨晚刚中考完的何胜磊、李干内以及他们中途辍学的同学目干卷，刚参加完小升初考试的孙弄央、王尚瑞以及几个小伙伴在何胜磊家里杀鸡，喝了六箱啤酒。

我和李干内去他家里取身份证，遇到他爸爸。李爸爸说今天没去干活，在工坊拍党员照，村委会统一拍摄，党员照片说是要送到市里的档案库去。

去石清家时，石清奶奶说石清告诉她，不给1000块钱就不去北京了。我让她告诉石清，不想去就别去了。并告诉她，我们规定孩子们带零钱别超过200元，因为游学大多数费用我们都包了。石清本周也没去学校，跌伤了腿，休养在外婆家里。

拱引的汉子们在工房里扭转了一天的水管，然后扛进山里接到了水池上。困扰拱引一个月的水荒初步解除了。在扭水管的工坊附近，我发现了逃学游荡的勒恩，我想送他去学校但他飞快地逃走了。

签完木色和石清家长的名字，取得他们的同意后，本次去北京游学的学生名单出炉了。女生有石清、雷木苗、孙木色、保自洪、唐木兰、唐木钟、孙珈枫。

男生有：李志门、排爱衍、刀昆翁、李干内、何胜磊、李勒卷、目干卷、雷家宝，共18人。

排丽娟的奶奶带着女婿女儿来"榕树根"商量买卖土地的事情，但我们想租50年，且价格出低一点，而他们以为我们只租十年种树木，所以双方没有谈拢。

晚上我们在一号房谈论北京的事情，说到木苗，谁知木苗和果布在墙外偷听了一会儿。

下午木介来"榕树根"串门，状态挺好的，向李旸姐透露想当妈妈了。

2015年7月8日　晴

我去户拉寄刀，路过买直时在孙弄央家附近，看到一群明显不是本地人的青年，蹲在地上，身形矫健，皮肤较白，较本地人而亮，我心想莫不是武警。再前行十几米，有一辆面包车停在枣树下。有六个同样装扮的年轻人，心里不确定他们的身份，再走几十米，几个妇女在铁皮棚里纳凉问她们那些是什么人？干卷妈妈回答来抓人的。

返程时抓人的已经走了，七八个妇女蹲在弄央家门口，说着什么。八家寨的几个妇女在喷洒农药，丽娟奶奶的小卖铺关了一整天的门。

天快黑时一辆皮卡停在路边，一个三台山汉子陪一个昆明人来参观一下"榕树根"，昆明人是山上傈僳寨寨管理合伙人之一，广播里广播9点开会，村里有工作队来参会，要开展工作。

拱引的水管还没弄好，今天赵安定来家借了水管钳，一帮人又去弄了，一天到晚上也没人来还水管钳，看来又没弄好。

2015年7月9日　上午晴热，下午阵雨

昨晚排奶奶的女儿发了条微信过来，全文如下：

"你好李旸，我是排木鲁，就你家坡头的地基问题，我和我老公是打算要去种树的。你说适合给孩子们造一所教育基地，我同是景颇族，也支持你们为我们的民族做出的教育，所以合计商量。我们俩在芒市也不是做公务员的，有稳定的工作。原本还想着有一天回去养老身边有个地种种，现在这块地居然可以发挥这样的作用，也是属于乡村孩子们的希望。我们决定支持你们，你问了价格，我们合计了一下，甘蔗来说，每年收入16吨，每吨450元，收入7200元一年。玉米地4500元，还可以种一季黄豆或者毛豆，就更多了。这样算下来，我们每亩产量收入1000元来算。60年合着6万元一亩。甘蔗有多少收了3200元，玉米和豆同样也优惠了不少，未了解过这地的出租价，但应当8万至10万元一亩，我们不和这些比。只是做个参考，说实话就那块地最适合了，离水源也近，视野也开阔，四面环山，你也考虑一下，我们也想听听你的想法。"

这个价钱高出本地市价太多，我自己看的话，有两个原因：一是认为乐安东老师和李旸姐人傻钱多，之前奶奶明确说了一亩4万元的，后来改口说以为那只是租十年的价钱。二是他们以为租地的钱是成龙基金会出，所以狮子大开口，不知国家是严控基金会购置土地的。

下午唐勒殷的妻子、儿媳妇和儿媳妇的妹妹，还有孙子、外孙来"榕树根"。他儿媳妇的妹妹13岁，小学刚毕业，问乐安东老师去过五岔路吗？她在家那边见过乐安东老师。我问唐勒殷的妻子怎么带小孩了？前几天不是唐勒殷带孩子吗？唐妻说唐勒殷属于寨里的治安组，这两天协助派出所值夜。昨天有人被抓了，估计还抓得不少。我问我们这抓了几个？她说五个，只记得其中三个人的名字。

丽娟奶奶的小卖部关了一天。

傍晚雨后泥泞，我帮木扎将摩托骑到寨脚时见到唐腿莫在翻修牛棚。我搭讪说："棚子也得改大点才行，不是说要把女儿的白水牛聘礼再养一年卖了，换两头水牛来养吗？所以得改大一点。"

2015年7月10日　阵雨

昨晚下了一夜雨，我早上冒雨去赶农场街，发现木比家下方的水渠堵了，水漫过坡面。

买菜回来后我给帮本保自洪家送户口本过去。她们家里人说是广播通知要搞户口调查，因此收回户口本。到了晚上，孔木扎打电话来要孙木色户口本，也是同样的理由。孙木色让孔木扎问几号能回来？回答说是20日之前肯定能回来的。

从保自诺家回来后，因为路太烂，于是把摩托停在了雷书记家里。我才刚从雷书记家门口走出来，就看到一辆大摩托倒在路边，驾驶员正在拼命往回拖摩托。我上去搭了把手，发现他不会景颇语。他车上绑着十几把镰刀，一桶油以及若干菜、肉。

去接爱坎时，我去雷书记家取摩托车。他在家里，他给我看了不少他获得的荣誉证书，最近他还得到了烤烟资格证，我刚来到拱引时他正好参加烤烟技术培训班。

李旸姐为木苗找了一月200块的奖学金，但那笔钱不经过他家人的手。由"榕树根"直接发放。下午木苗和惠平去逛寨子，说遇到公安在抓吸毒人员，很多吸毒人员四散逃到了甘蔗地里。村里的妇女们和木苗妈妈、惠平观看欣赏了抓捕场面，上了一堂生动形象的教育课。

"榕树根"本周闭馆一周，让孩子们安心去考试，但傍晚保自诺和孙珈枫带几个同学出现在"榕树根"。其中一个同学的亲戚天黑时来找他骑过来的摩托车。

2015年7月11日　晴

早上做道具时我听到下面的路口丽娟奶奶让人送什么东西上来,但一直没有看见人。下午再从她小卖部过时,她问东西交到我手上了吗?我说什么东西没有,于是她和丽娟在那一句一句地解释情况。我把丽娟北京游学意向书留在他们那了,丽娟让父亲签了派人送过来。我明白了怎么回事,告诉他们意向书一直在我这里。那份是供家长参考提供意见的,前几天我已经找丽娟爸爸签好了。

下午找雷勒都聊他的地的事,得知他前几天在崩洞喝完酒回家时被摩托压倒,腿上青了一片。这几天他都在家里用手抠春桶。他答应明早去地上实际查看,但他说上面的石头归属并不明确,他和寨里仍有纷争。

接着我到另一家地主唐勒当家谈地,他妻子极力反对。说唐勒当进去了,只有他老母亲在家,原本他姐夫在家,但姐夫前两天也进去了,她做不了主,劝我们先放弃。

我们之前去唐勒当家里时,他母亲说自己能做主,地卖2万。我说这样可不行,还得实际勘测再定价钱。我找了证人,一切按合同和法律来,约证人明天下午去实地勘测谈判。

我从雷勒当处得知昨天被追捕的吸毒人员投入甘蔗地后逃脱了。

晚上雷木苗来"榕树根"洗澡,无家可归的何胜磊则借宿在"榕树根"。

志愿者张婉颖下楼时从四楼楼梯滚了下来,身上磕到红了一大片。

2015年7月12日　晴

今天早上与何胜磊去他家拿尿素,发现孙勒炮的父亲用拖拉机拉了一车风化料在填前几天被冲走的路面。

下午为了买地的事情问了其他地方的地价。

跌撒李志门的爸爸说山里的林地一年承包价才25块一亩,村后山坡地一年也就50、60元每亩。月亮湾的年租水田400亩合50年200元一亩,约10万块钱,50年大概15000元／亩;上次保勒代家的水田卖了 18000 元每亩，何胜磊母亲买水田和坡地花了 2 万一亩。

今天与唐勒当母亲和姐姐谈了一下他们的情况，让他们自己报个价，然后双方再互相协调。

按唐妈妈的说法，他的孩子一个当兵去了，一个打工去了，一个瘫在床，所以老妈做主决定卖了地。

早上，拱引和买直依次广播了月亮湾瓦腊去世的消息，他家就在路边，今天路过几次他家都聚满了人。

现在，晚上月亮湾跳舞的音乐传到了这里。

2015 年 7 月 13 日　晴

营盘小学的学生开始考试，校门口竖了一个"学生正式考试，请勿打扰"的牌子。食堂杀了两头猪，免费提供住校生和走读生考试期间伙食，学生在学校吃了午饭就不回家了。几个不知道情况的家长有的在门口，有的进学校找校长询问情况。我们问了几个学生，他们回答明天考完试就放假。孙勒炮的父亲继续拉风化料填路面被水冲出的坑。

今天杨瓦腊出殡，拱引雷家与他家是连襟，昨天书记和雷勒东忙着去挖坟，今天又赶着去帮忙出殡。

雷勒当的妻子中午上山给帮雷勒当除草的工人送水送饭，走到半路太阳太晒，没得力气，就邀约我上山采果子，顺便送她去地里。我们上山的路上，她给我讲了个事：勒当以前有个儿子，骑摩托出车祸死了，所以心智不太正常。

到山上我顺便找了点野菜，这个过程中买直孙杨的母亲打电话来要户口本，但她的说法与雷木色家大不同，是因为村里要交医疗保险，需要户口本。

2015 年 7 月 14 日　晴

杨瓦腊家里人聚了一些亲戚，在景颇人看来，一场丧礼结束得等到把死者的魂送到北方老家后。送魂一般都在头七之时，景颇人的头七一般是死者去世后，男性定在第六天，女性定在第七天。可上次排干的母亲去世，我问他头七的日子，他的算法是从死者出门入葬那天开始算。

去户拉寄东西回来，见营盘小学门口聚了许多的家长，比平时多很多。家长们正在往摩托上捆绑被褥行李，从今天开始营盘小学就正式放假了。

走到村委会门口时，何胜磊一家人正在晒东西。我进去一看是在晒玉米，何胜磊母亲说玉米是傈僳寨买来的，最近长了些虫，因此拿出来晒一晒。

我在村委会溜达一圈，拍了几张通告栏的通知。最近大门又多了一块牌子，上书芒市人民政府征兵工作点，另外一块牌子写着温馨提示：营盘村委会驻村工作人员，联系电话（号码）。

下午与雷勒都谈地价，他给的地价太贵，那么贫瘠的破地一亩要价26000。而我们的心理价位在6000至8000之间，很难谈拢。我又接着去找唐勒当母亲，她出两块地总价38000，后来谈到35000，我不太敢往下压了。又谈到"榕树根"宅基地续年限的事情，她表示自己谈了土地，宅地就等孩子们回来再谈吧。

营盘小学生排丽娟、雷木苗、保勒伴留宿"榕树根"，参加了"榕树根"欢送志愿者张婉颖的吃零食喝饮料和歌曲接龙活动。

2015年7月15日　晴／阵雨

买直的目旺友和孙弄央要去放目旺友家的两头水牛，结果遇上大雨全身淋了个透。近5点钟时，雨停了。于是两个人赶紧牵着牛往家走，我在买直寨尾遇到他们时，他们还处于雨后兴奋状态。拦下我的摩托车，争先恐后地跟我讲述大雨中的艰辛。

何胜磊骑着摩托车来还李旸姐帮忙充的话费。而排丽娟、保勒半、雷木苗几个小女孩今晚睡"榕树根"。我们觉得几个女孩老不回家也不是办法，决定明早把她们赶回家去。

2015 年 7 月 16 日　阵雨

雷木色打电话来问我今天去不去接爱坎，我回答他说爱坎读初一，明天才考完试，倒是她的龙凤胎今天考完试，她得去接一下，她说这日子都糊涂了。

下午拱引的广播响了，说是芒良的老师杨都去世了，明天上山挖墓穴。孝子孝孙们广邀各方亲朋好友，明天一起去上山挖墓穴。这样的广播我听到好几次了，每次都强调哪一天邀集亲友上山挖墓。挖墓只是一种说法，并不是所有亲友都得上山去。而是说这一天是正日子，需要悼念的亲友集中在这一天到家里来……瑞丽稍有不同，我们瑞丽比较重视出殡那天，所有人集中起来齐心协力把老人送到山上。

晚上雷界的妇女打电话来问什么时候有活动，想送孩子过来，我婉拒了她们。因为这个暑假忙着北京游学的事情，已经没时间办其他活动了。

2015 年 7 月 17 日　阵雨

早上崩洞的广播也播了杨都去世，今天家人要亲友挖墓穴的消息。

昨晚是个雨夜，没听到芒良的丧葬舞音乐，倒是听到不少鞭炮大炮的响声。我自己心里猜测难道是因为芒良是个有教堂的寨子？

去赶户拉街，在街上遇到雷木连、保勒半、孙果迈、李莫匹等几个已经放了假的孩子跟着母亲赶集卖东西。吃早点时，我坐到一个老妈妈的早点摊上没多久，来了几个穿传统傣装的老大爷坐下来吃饵丝，还出去买了一点米酒，轻声细语地聊着天。

中午去接爱坎前，我在邮局买画框用的信封，遇到帮本一个学生的家长。夫妻俩带着一个十几岁的小女孩，小女孩活泼地用景颇语与母亲交流。我记得这个家长，但一时忘了她孩子的名字。这位家长主动同我打招呼，我记得他家在帮本。是从缅甸回迁的基督教徒，还在他家看到过他的照片，但一时记不起来他家孩子的名字了。他说他孩子今年初一，这不放假吗，来接孩子，顺便交一下电费。

今天是北京游学的孩子们集中的第一天，结果18个孩子只来了5个，其中两个还是我打了无数电话，最后包车去接回来的。

晚上李干内回学校，等待第二天的志愿填报，包了一辆车送他去，因为晚上骑摩托太危险，车价议好了，3250元。

2015年7月18日　阵雨

因为聚人了，所以早上又跑了一趟农场街，想买雨鞋，但在街上一时忘了。于是一路上问着回来，但沿路的小卖部一家都没有卖雨鞋的。

下午我去西山为唐木壮办户籍证明，去北京游学时登记用。去木兰家取摩托时，木兰妈妈说菜地里发了许多南瓜尖，问我们爱不爱吃。我说爱啊，她说等会儿让木兰带上"榕树根"。我当时不清楚她说的很多有多少，等我从外面回来看到惊呆了，确实很多，厨房都堆成了山。

去西山的路上雨时大时小，都2点多了，沿路的农户们才将水牛赶出来放牧。他们放牛就是牛在路边散步，草吃得差不多了就往回赶。因为是夏季，去西山的路沿线生态很好，路边长满了茂盛的野草，牛能吃饱。

西山派出所只有一个民警在值班，因为没有边境线，这里的警察都用正常警衔，不像我们户育边防派出所里面都是挂武警警衔的边防警察。

户籍证明开得很快，我来的路上花了三小时，可证明两分钟就开好了。警察也很客气，知道"榕树根"和乐安东老师。

回来的路上又遇到放牛的人们，几个放假了的孩子跟在大人屁股后面来放牛，路边处处都是新鲜出炉的牛粪。

我回到"榕树根"发现来了两个湖南卫视的编导，一男一女。女的稍微年长一点，男的很年轻，九零后，他们来跟拍这次"榕树根"孩子们的北京游学活动。

而说好今天出现的云大田野调查团目前还没踪影,我看了一下时间:10:29。练完舞的女孩们开始了她们感兴趣的事情。拿手机拍电视剧。我刚发现的时候,她们拍第一集,木兰坐在桌边说:"马上就要高考了真让人心烦。"木苗说:"那你父母不关心你吗?"木兰说:"反正他们也忙,我父亲已经出国了,他也不管我。"保勒半坐在她们的右边不说话,只做表情。自担任摄影,拍完这段,她们又不太满意,于是自创了一句餐桌上商讨更改剧本的事情。

早上雨下得最猛时,我下了一趟山。下山路上遇到两拨村民,第一拨是木兰的母亲和另一位村里的妇女,因为雨下得太大,不想出去放牛,于是两人相约着上山割草,回家喂牛;另一拨也是两个人,排勒瑞和他妻子带着如小山一般的杉木苗上山种树去。

去农场街回来时大概9点,看到跑芒市西山线的车从龙江电站方向来,我3点上西山时也看到了这辆车。

2015年7月19日　阵雨／阴

今天是连续降雨的第四天,到下午雨才稍有停歇。

早上从户拉换煤气回来,我在拱引的篮球场遇到李开发家人。开发、开发哥哥、开发父母亲,当然他们那四五个弟妹不在场。每人背了一大堆东西,开发父母背的是被服之类的东西,开发弟兄俩背的吉他,问他们干什么去?开发说是去章风学吉他,他哥哥也附会他的说法。我当时忘了问他们出于什么原因想到要专门学吉他,但现在想想,父母一起出动去送他,应该是比较正式的事情,而不只是出于兴趣。于是我想这是不是与他们的信仰有关,章风有个很好的教堂,是不是那里有什么培训,所以开发去参加正式的基督教教程。

下午和云大田野调查团队一起去拜访拱引的社长——排干,一群人聚在排干家楼上,仔细认了一下,里面有市委宣传部部长杨顺昌、西山乡的祁叶弄书记及随行人员。他们从楼上下去后径直来了"榕树根"。

田野调查团队在李伟华老师的带领下展开了全方位的交流、探讨，最后社长分享了一个大菠萝蜜。

晚上田野调查团队在开田野调查计划讨论会，白天还嘻嘻哈哈叫着要去偷玉米的团员们认真地讨论了自己的田野调查方向。云南大学、云南师范大学王建林教授研究中缅印象毒品对跨境民族的认同问题；华南师范大学教授研究使用微信的景颇族青少年社会化，尤其是自我认同的影响；南昌工学院周小龙教授关注民间的国家在场——汉人在不同的期间融入景颇族的情况；四川大学王丽娜研究1958年景颇跨中缅边境流动的历史事件；云南大学史婷婷关注营盘村农作物变迁及原因分析；云南大学黄江红研究边境地区跨境民族景颇族国家级非遗目瑙纵歌对非传承地区的影响；云南大学张雪婷研究后喻文化时代下民族地区代沟问题的研究；云南大学李慧关注族群认同，汉族演变成景颇族的历史；暨南大学陈若虹研究景颇族地方权威的更替；福建师范大学徐勇关注毒品造成景颇族属认同影响研究；大理大学宋亚新主要研究农尚仪式。

何胜磊父母亲分别打电话来询问孩子的情况。

因为人数增多，所以从今天开始至21日，请了李家的女儿来帮厨。每日两餐60块钱，原本李阿姨准备亲自来，问了她时间，因为她23日要参加乡里组织的社会团体迪庆旅游，后来决定让女儿来，自己在家给女儿带孩子。

排勒瑞和他妻子今天继续上山种树。

2015年7月20日

今天早上旺友妈妈早早地来叫他一起去赶集，但后来似乎因为孩子们忙着练舞就没带他去。倒是我兴冲冲地去了弄养集，但到了集市上发现没什么菜了。想买猪肉是猪肉味都闻不到了，找骨头的流浪狗们都已经吃完骨头了。

我只好再赴农场街，在农场街与菜贩们说去赶集的事，他们都纷纷表示龙江糖厂一停榨，该厂几乎失去了存在的价值。

我在瑞丽糖厂生活近十年，那里也有一个糖厂街，但瑞丽糖厂街不分榨季淡季，一直都很火。瑞丽糖厂的生活与我们城市内其他小区没什么不同，住户们一年四季都生活在那里。龙江糖厂所在的区域比较偏僻，不太繁荣，加上糖厂被英茂集团并购，所以很多员工都是从其他厂里调过来的老员工，在其他厂里都有住房和家人，所以停榨期间大部分都会离开龙江糖厂。

一个有趣的事情是，没有人气的龙江糖厂因为周围地区的政府有发展蔗糖业政策，因此生产红火。有人气的瑞丽却因为瑞丽产业调整以及一些不太好的原因，已经于2014—2015年间正式停产倒闭了。

从农场街回来的路上，我遇到了保勒半爸爸，问我他在"榕树根"吗？我说是，保勒半并不在去北京的名单里，但他天天刻苦认真地跟着其他小伙伴一起练习舞蹈，其他小伙伴去北京的舞蹈室，他安静地坐在一旁观摩小伙伴们的动作。

再回过来说目旺友，他发烧了，但强忍着没吱声，结果开始练舞后就倒在床上了。他母亲也赶了过来，医生给他测体温——39度。于是又陪他在医院输液到了下午5点，因为下雨，淋雨感冒发烧的人也多了。于是医院很热闹，我询问医药费能否用合作医疗，医生说走合作医疗用药量太少，好得慢。所以这种感冒发烧之类的药，短期的都不走合作医疗。

云大田野调查团今天去了晚上才回来。

2015年7月21日　阵雨

今天偷懒一下，下午准备去取蛋糕，突然听到外边有人叫我出去，一看是几个拱引的年轻人。问他们怎么突然来了，他们说是看我。我说你们扯淡，都老实交代吧。他们又说来请喝酒的，我让他们还是说真实目的吧，他们才支支吾吾地说在这里遇到的云大女生聊得很开心，所以上来看看。我说你们来的不是时候，女大学生去村委会了，你们去村委会找她们去吧。

又去找雷勒当了，他母亲跟我说这两天去找他，他随时都在家里。

今天是云大团队学生们独立外出田野调查的第一天，每个人的研究问题不同，各自在附近村寨里串来串去。晚上开会时都在积极发言，看来收获颇丰，可惜我忙于加班，无法参与其中。

黄江红负责绘制华村寨略图，我去拿珈枫的身份证，顺便将她领到了珈枫家里。雷木色与孙珈乐正在家摘南瓜尖，珈枫在家收拾去北京的物品，我拿身份证让她跟着雷木色混。

李荟则直接在珈枫家里蹭的饭。

一干人从"榕树根"背后的山路下来，问他们干了什么，说是上山种杉木。万明在其中。问他儿子何胜磊在"榕树根"吗？我说是。

2015 年 7 月 22 日　晴

今天是"榕树根"的小孩出发去北京游学的日子。昨晚目旺友母亲将之前发烧的旺友送了过来，今天早上跌撒的李勒腊和保龙诺，以及之前肠胃不舒服的李志门被送了过来。志门父母虽然很支持孩子去北京，但孩子年纪小，还是有许多担心和不安。父亲只是在一旁安静地看着，而母亲则不停地整理这个，整理那个；月亮湾的刀昆翁则直接将景颇长刀弄了过来。我们只得暂时打消了他去北京展示景颇汉子风采的想法，将刀留在"榕树根"。

因为有了之前上海之行的经验，这次出行顺利许多。但还是没逃过一些客观因素——北京下大雨，航班延误。

云大团队这边，杨芍已经返回芒市，独立做自己关于景颇族的部分。其他同学则继续分散在拱引及崩洞两个寨子，从各自课题不同的角度收集材料。一部分学生想去学校拜访一下校长，我给校长打电话，但是他说他在招待朋友，于是我与校长约定明天和几个学生一起过去。

李阿姨的女儿，保刀南 7 月 19—22 日中午来"榕树根"做了 7 顿饭，按每顿30元，总共算210元工钱。

晚上，雷木色打电话过来，问我之前帮孩子们取成绩单的事情。我说当时孩子们的成绩还没出来，老师说学校会将每一位同学的成绩单给家里。她又说如果孙珈乐和勒迈在"榕树根"的话，让他们赶紧回去，明早得起早乘车去城里办事。

今天早上要出义务工在一起工作，但因为早上太忙，我们都将事情抛脑后了。

公房的大门外新贴了一些通知，但我没有时间去了解。

今天从学校的田野调查内容里得知，八家寨保家家其实有不少矛盾与村寨事务，五个人都关系复杂，以后会注意关注这条线。今天学生们家访的向导是保勒办，而且他还参与了晚上的讨论会，很认真地听取了讨论，另外他还借我的手机与会平李阳交流半个小时，下午交流的内容似乎与小女孩的心事有关，好吧，微信有许多语音，但我不会去听那些小秘密的。

2015年8月1日　阵雨／阴

雷勒南修好了他们的偏厦，从今天起开始挖出房背后坡脚的石脚沟，准备再砌上几层石角，把院子里的围墙打完整。雷勒都则在骑摩托沿路放他那几头牛，我问他妻子去哪了（平时牛都是由他妻子来放），他说去女婿家走亲戚去了。

晚上月亮湾还在跳丧葬舞，用音响放的音乐，不是人工演奏。

李伟华的两个朋友要去瑞丽，结果送他们去的司机开价300，从芒市机场到"榕树根"却又只收250。我把杨师傅介绍给了他们，杨师傅开价220。

2015年8月2日　阴晴不定

早上起来后发现珈乐、干先和棍坎坐在活动室背后蹭WiFi，我问他们为什么不来敲门,他们说是怕吵醒我。

高速路开通有一段时间了,在省道 320 和高速的交汇处多了一块牌子:

(云南云桥建设股份有限公司,龙瑞高速公路第十五合同项目经理部)

桥梁工程简介:

安全负责人:余建波

质量负责人:何涛

技术负责人:张永福

试验负责人:杨江华

建设单位:云南龙瑞高速公路建设指挥部

监理单位:云南省公路工程监理咨询公司

施工单位:云南云桥建设股份有限公司

施工时间:2012.12—2014.12

傍晚暴雨来袭,雷勒当、雷勒定两家都抢在雨下来之前焚烧垃圾。几个妇女在游乐场找自己家的孩子,想在雨来之前把孩子弄回家去。

这场雨来得快,去得也快。几个男孩今晚又来"榕树根"睡,我问排昆先怎么缺席了,他们回答排昆先被他奶奶安排去守店铺,出不了远门。

2015 年 8 月 3 日　晴／阵雨

不知不觉间,村民日志已经写了五个月了。

昨晚日志还没写完,迷迷糊糊就睡着了,直到今早 7 点才被电话铃声吵醒。雷木色打电话来说她在怒江还得待几天,家里就珈乐一个人,没米吃了,找我帮忙去买一袋米,说是买一块四一斤的德优八号就行。恰好我也没米了,于是就一并买了回来。雷木色还跟我说别让珈乐他们老往江边跑,劝着一点。我答应下来,结果这帮熊孩子傍晚就又去了江边弄了不少鱼回来。雷干先的父亲雷勒卷还在微信上发了图,我瞄了一下，还真不少。吃晚饭的时间，雷勒卷打电话来叫几个小孩回家吃鱼，但小孩们想留在这儿。于是我给他们各自安排了做饭的任务，我则削菠萝给他们吃。他们边吃菠萝边向我汇报说，前两天木扎从这里拿走了四个菠萝……

下午路过八家寨时，见到排昆先正在打扫小卖部前的落叶，我问他是不是当上老板了，他摆摆手：老板们都逛去了。

雷勒南和妻子运了一拖拉机石头往家走，我给珈乐送米时，看到他的石脚已经打起近一米了。

2015年8月4日　晴／阵雨

李干内被芒市一所高中录取了，他妈妈今天去户拉邮局拿了通知书。

我去西山乡土地所查土地情况，结果大门紧闭，没人上班。问边上的人才得知主任生病了，没人上班。

回程途经崩洞的农尚，农尚的主体已经完工，十几个汉子正在完善细节。大家团结协作、各干各的、配合有序，路边停了他们开来的面包车和三轮摩托，我向他们证实了这一个月以来每天广播义务工就是来干活的事儿，并问他们还差几天能完工？他们说大概还需要两三天。

大家纷纷邀请我祭农尚时加入崩洞"户籍"，但我仍然有些犹豫，担心在崩洞出不了寨，影响工作……

下午李开发来砍三角梅。

晚上几个常来的孩子带着排昆先家鱼塘里弄到的鱼来"榕树根"，并夜宿"榕树根"，他们一起帮雷勒迈清除橡胶林里的杂草去了。

2015年8月5日　晴

今天我去村委会，给云大田野调查暑期班的居住付费证明盖章，值班的是村副主任唐勒邦。我进他办公室时，发现拱引的雷书记也在里面，正在给一对男女开证明。雷书记问我，他儿子雷干先昨晚是否借宿在"榕树根"，我回答他是的，他让我告诉雷干先回家去睡，并说干先的作业还没动过，得赶紧补上。

盖章的过程很顺利，唐主任没问什么就直接给盖上了。

下楼时我在通告栏发现一张新表：

西山乡基层带领群众创业致富贷款发展肉牛养殖登记表
（二零一五年六月二季度）

承办党组织名称：营盘村党总支

姓名	性别	民族	出生年月	政治面貌	文化程度
目孙用	男	景颇	1968.12	党员	初中
李勒男	男	景颇	1973.10	党员	初中
排腊便	男	景颇	1963.04	党员	高中
雷勒弄	男	景颇	1961.01	党员	高中
雷干崩	男	景颇	1978.10	党员	高中

身份证号码	住址
53310319801203××××	西山乡营盘村帮本小组
53312119731001××××	西山乡营盘村帮本小组
53312119630411××××	西山乡营盘村帕软小组
53312119630411××××	西山乡营盘村帕软小组
53312119781005××××	西山乡营盘村芝良小组

申请人员类别	受理时间	贷款申请额度
脱贫致富	2015.6.20	10万元
脱贫致富	2015.6.20	10万元

脱贫致富	2015.6.20	10万元
创业致富	2015.6.20	20万元
创业致富	2015.6.20	20万元

受款期限	联系电话	办结情况
3年	1528722××××	同意推荐
3年	1362889××××	同意推荐
3年	1357826××××	同意推荐
3年	1375921××××	同意推荐
3年	135782××××	同意推荐

2015年8月6日　晴／暴雨

晚上来了一场很突然的暴雨，何胜磊、弄央、干卷几个小孩的妈妈都在问孩子们回来的日期。我说今天下午回去，结果我车都出去了，才知道返程日期改到明天了，于是又分别通知家长们。

唐勒当家提了地价，唐勒当的妹妹怂恿妈妈抬高价，并装糊涂说不知道要卖哪块地。她妈妈去年把地价从35000提到了45000，又从45000提到了50000，她仍然不满意，制止妈妈开价，只是一味地说能不能等到哥哥回来再商量，那块地她哥哥原本还想种杉木的。

2015年8月7日　阵雨

昨天忘了说一件事，我赶户拉街时遇到保自龙妈妈。我们聊了一下保自龙的情况，保自龙还在忙农活，大概8月18日就要出发去读大专了，但经济上可能遇到点麻烦。

买直有一户人家可能要举办婚礼了，因为他们家聚了一班人在竖举行婚礼仪式用的竹棚。

我见村委会开着门，就顺便进去还了之前被田野调查的学生们从农家书屋借走的书。进去后发现是张富楼主任在值班，两天前是唐勒邦值班。值班表上还显示唐勒邦会连续值班好几天，张主任说唐勒邦副主任要去市里开会，于是就由他和董勒腊主任一起来值班了。

我和张主任正聊着，李阿姨进来说之前有辆车走村串寨，搞旧手机换菜刀的活动，问现在车到哪儿去了，张主任告诉她往八家寨方向走了。

晚上9点，北京游学团回到"榕树根"，整好行李后分批次送孩子们回家。最后剩下的保自诺我亲自送回帮本，路上保自诺说雷家宝和唐木兰在北京好了五天，但雷家宝又约他今晚一起去找唐艳约会……到保自诺家时，只有他爷爷在家，说奶奶可能是去探望在寨子里互撞摩托车的伤者了。我问什么时候出的车祸，他说是两天前，而路遇保自诺奶奶时，她则说是去取之前到香格里拉旅游时的照片了。我问他们总共去了几天，她说来回就四天。

今天再去唐勒当家，唐勒当妈妈说唐勒当给出的价格是10万，但她老人想要9万。

2015年8月8日　阵雨

几个小孩一起来拿身份证（因为北京游学而收上来买机票），说是要去实名认证电话卡。下午我带慧平去农场医院看手，回来时看到那几个小孩在喝酒，问他们买直是不是有人要结婚了，他们说是，还邀请了他们去表演街舞。

晚上何胜磊发QQ过来说没收到高中录取通知书，他妈妈想让他自费读高中，可又怕自己不太会说话，于是想让李旸姐帮忙出面说说。

"榕树根"来了几个不太认识的小伙子，我以为其中一个是祁成邦，结果李旸姐说不是。小伙子们没进门，就又一窝蜂地全走了。

2015年8月10日　阴晴不定／阵雨

昨晚有几个孩子睡在"榕树根"，早上我做早餐时唐勒迈急着往外走，我让他吃了早餐再走,他说是家里找他去别处拿篾条,时间紧,不吃了。我去户拉寄东西时,发现石木比家下面的岔道上歇着不少汉子,问他们在商量什么大事,他们说是有个人的摩托坏了,大家在一起想办法。从户拉回来时,遇到排社长的母亲增通鲁正拄着拐杖往山上走,我问她去哪儿,她说是去三儿子的橡胶林干活,她的三儿子前段时间因吸毒被抓了……

2015年8月11日　晴／阵雨

买直准备结婚的那户人家,今天把结婚仪式用的棚子顶塔上了,在芒瑞大道和省道320两边都有大量的傣族妇女在采路边绿化带上的花,这似乎是一种集体行为,没人阻止,不远处修剪枝杈的公路临时工们也不搭理采花的妇女。

慧平去了腾冲三天,今天回来。我手机停机了没收到消息,她在路上恰好遇到了阿明,就搭阿明的车回来了。

崩洞的农尚定在本月20日。

晚上去干内家吃饭,他们寨里人说的——干内明天去芒市一中高中部报到,所以今天行前召集一群亲友吃饭。

我在吃饭时遇到黄盘村的董主任,乐安东老师和我与他聊了一下我们买地的困难。他应和着,但满嘴跑火车。说他之前遇到田野调查调查的大学生,一听说是住在"榕树根",他就大加赞赏,大放绿灯,还把他的号码留给了学生们。他留号码是真,但对"榕树根"的态度可不是如此。常说"榕树根"带孩子们去北京是有极大的安全隐患的,等"榕树根"团队从北京回来,他一定要好好说教一下。

吃饭时我坐的是妇女组,妇女们在聊一个事:月亮湾老寨发生了一件凶杀案,一吸毒人员与一在戒毒人员的妻子搞到了一块,被同寨的一个小伙子发现后,将小伙子杀害,并带着那个女人一道进山躲藏,女人越想越后怕,趁杀人犯熟睡时逃走,报了警……公安将杀人犯躲藏的丛林包围，把他抓走了。

我在干内家还遇到唐勒当的妹妹，我们互相交流各自的底线。我将我的名片给了她，她说唐勒当会跟我亲自谈地的事情。

爱坎和志门今天从跌撒来"榕树根"，乐安东老师去接的他们。我问他们待到几号，他们说是18号。我说：好，从明天起，你们就跟着我干活了。

2015年8月12日　晴

下午唐勒当打电话来，我说我们的底价是6万元／亩，扯来扯去他让我报8万元／亩。我说我可以帮他报上去，但是可能不太大。他说先按8万一亩报上去吧。结果过了没多久，他又打电话来说不对，按这价格钱太少了，让我报10万。我心里骂了一句，然后跟他说还是按正常价格走，结果他又说："你帮我报个8万2过去吧……"我有点无言了，说："好吧，可以这么报，但最大可能还是报6万不变……"

今天来"榕树根"的小孩里多了一个保自诺，来"榕树根"的理由是做作业。

傍晚7点左右，我们团队开会时听到附近村寨响起了长时间的鞭炮声，近半小时后又响了一次。

今天"榕树根"来了一帮芒市的访客，临走前一个老年访客告诉我，他当年当礼教队员时跑遍了这一带。我问老大爷的姓名，他回答说叫陈华。

现在"榕树根"的一帮小女孩正在QQ里逗李开发。

雷木色的老公今天从怒江回来，到芒市时就往家打电话让两个孩子在家等着他们。结果俩孩子都在"榕树根"待到午饭后才回去，下午孙珈枫带着一个新的红米手机来"榕树根"："看我亲妈给买的……"

2015 年 8 月 13 日　晴

　　微博、微信全被天津塘沽石化仓库爆炸的消息刷屏，这中间插着两条信息：芒市街头一变压器烧毁，梁河县因此大片区停电。几个朋友圈里在讨论缅甸政治人物杜雅瑞被软禁的事情。

　　早上鞭炮声又响起，但不知道是在哪一家。下午买直准备结婚的那家人送来了请柬，结婚的新人是排勒刀和雷木锐。

　　孙珈枫与唐木壮征得李旸姐的同意后开始来"榕树根"进行社会实践，唐木壮中途被父亲及李旸姐一起劝回了家。唐木壮与家里产生了一些矛盾，家里每个人都有脾气，有时很难化解相互间的矛盾。而孙珈枫坚持了一天，傍晚得到了 30 元的实习酬劳。

　　晚上朋友圈里转发了一条瑞丽党政领导探望末代山官线诺坎的消息，水酒乡的老板何勒锐评论说他外公也是山官，但已经去世了。我想起之前那个网友的博客里写过他母亲排南堆的故事，其中还提到了他的外公排早汤，于是将几篇博文都转给了他。

2015 年 8 月 14 日　晴

　　李开发和邓赛圆骑摩托来"榕树根"访友，与女孩们聊得很开心。从"榕树根"出来后，他们又去月亮湾看望了小学同学。我再次看到他们时，他们正准备骑摩托往家走，一个女孩在身后挽留他们，估计是留他们俩吃饭的。

　　买直准备结婚的排勒刀和寨里人搭好了庭院里的棚子，又来村委会搭棚子和彩门。这时我才想起他们的请柬上写的是"席设（营盘）村委会"。买直之前从工作队手上拿到了 1000 多万的公房建设费，但现在仍未完工，而老公房又已置换给新公房所在地主孙勒弄家。所以他们在寨里办红白喜事时，要么在自家办，要么先借用一下村委会的场地。

　　村党总支书记是买直人，今天营盘和户拉大面积停电。到了晚上月亮湾在广播"电线所经附近的人家都到球场集合，立刻，马上。"

拱引今晚的广播讲了两件事：开群众大会；帮本有人去世，请大家前去吊丧。

附近村寨一直有人在收购竹子，每家收几根，然后集中装车去销售。雷勒定今早放牛前也扛了根竹子，我问他砍竹子做什么，他说："听说有人在收竹子，我准备拿竹子去换点钱。"

2015年8月15日　阴／阵雨

昨晚我写日志时，看到木介的姐姐——木看——带着她12岁的孩子来找李旸姐，希望李旸姐能帮她孩子在这边找个学校。保勒伴说那个孩子是他们的同学，一起读到小学二年级才转去湖南读书，那孩子现在已经不会听德宏方言了。

晚上我带着何胜磊出去买饵丝，结果月亮湾的铺子早就关了门。何胜磊的解释是附近年轻人老是喝多了酒，在这惹出事端，于是店家也早早地关门了。

最后逛到糖厂附近才买到干饵丝，我们顺便坐下来吃了点烧烤。其间看到糖厂的环岛边一群傣族少男少女骑着摩托聚在一起，大声喧哗、谈笑、鸣喇叭。何胜磊说他认识其中不少人，都是户拉中学的学生，后来行至糖厂岔路口时，何胜磊说那就是他被遮冒傣族拿车撞的地方。

回"榕树根"后又送了孙弄央和目旺友回买直。路上，孙弄央说这几天他父亲的病（似乎是腹积水）更严重了，肚脐像阳物一样胀了出来——弄央原话。他们下车后，我调转车头时，车灯射到弄央家墙上的广告贴纸，上面写着：芒市887电动车摩托车商城******（经营项目）

2015年8月16日　阵雨

今天"榕树根"迎来了一群参加成长营的城市孩子，"榕树根"团队和恰好在"榕树根"的孩子们一起接待了他们。大家一起逛寨子、摘菠萝蜜、游龙江，并在缅共后代开的"水酒乡"饭店吃饭……

排勒刀的婚礼定在今天，但天公不作美，婚礼刚开始就下雨了，他们干脆没往门上装饰彩花彩纸之类的东西。因为忙着接待成长营的孩子，"榕树根"只有乐安东老师作为代表参加了婚礼。

木介今天出现在"榕树根"，并参与了整个下午的活动。其间说是找我聊点事，要找我借50元钱，我搜了一下钱包有40块零钱，于是掏出来给了她。她又说下午或明天能不能送她去户拉？我想起她之前没与家里打招呼就去了保山的事情，就拒绝了她，让她找弟弟送她。

今天我去买饮料路过芒良时，突然听到一阵锣鼓声。本来已经出去一截了，我又返回芒良公房瞄了一下，发现里面一群盛装男女在老师的带领下一起踩着鼓点，翩翩起舞。我当时不知道他们在搞什么活动，等晚上翻微信时，翻出一则景颇网的新闻——"芒市西山乡举办民族民间传统文化体育人才培训活动"。

这次活动从8月16日上午启动，内容包含了景颇族刀术、象脚鼓舞（增歌）、三弦舞（叮歌）、景颇族传统手工织锦技艺，主要以景颇族民风民俗（董萨）交流等传统文化体育人才培养为主。活动吸引了西山乡各村委会，周边各乡镇的景颇族村民群众踊跃参与。

据悉，本次活动将传统民俗文化与传统民族体育相结合，在做好传统文化传承的同时，将社会体育指导员培训一并纳入，景颇族刀舞的培训学员在完成培训课程，考核合格后将获发社会体育指导员证，成为社会体育工作最基层的骨干力量。

成长营的孩子们明天还来一天，因此明天中午的午饭会在"榕树根"吃。我们原本想找雷木色来帮我们做饭，但晚上找到她时，她说明天还得去参加培训活动，没法做饭。我说我看到新闻了，她进一步告诉他们在芒良主要是搞象脚鼓舞、传统织锦的培训，在毛讲搞刀术培训（我看到他们请的刀术老师是盈江的毛麻散），弄丙柄搞董萨培训，得连续参加3天。

没拜托到雷木色，于是只好找木札和李阿姨的女儿来做饭。正和这俩人打着电话时，保勒伴爸爸带着一身酒气来找她，问她明天愿不愿意一起去保山。我问他在哪儿喝的酒，他说是去瑞丽参加经销大会喝的。还告诉我，国珍发展得越来越大，以后人的吃喝拉撒，一生要用的产品，国珍都包了……

2015年8月17日　阵雨

今天早上7点左右，保勒伴的父亲就早早地来找她，用浪速语喊她赶紧起床去保山，保勒伴迅速起床与父亲走了。

我起床后去了一趟户拉街，在村道上遇到载着姑娘的保自孔。他这几天一直在排勒刀家忙前忙后，昨晚上估计是带这个姑娘回家过夜了，他们后来进了排勒刀家。

成长营的孩子们回芒市过了一夜后，又来与"榕树根"的孩子们联谊。大家先是在细雨中打了一场篮球，下午又去芒良民间传统文化培训现场学习，观摩景颇传统文化。培训开始的时间比较晚，于是李旸姐找渠道与培训负责人商量活动能否早点开始，然后对方传回来的好消息是可以迁就孩子们一下。

2015年8月19日　晴

拱引书记雷勒卷的微信不小心弄掉了，打电话问我在不在"榕树根"？我说不在，但他可以来找惠平帮他弄。他说不了，还是等我回来。后来他还是来了"榕树根"，李旸姐帮他重新下了微信。其间他们一起聊了下唐勒当的地，雷书记反映唐勒当的地可能没有他宣称的那么大。

2015年8月20日　晴／晚上有阵雨

一大早在西山乡做田野调查的云南民族大学学生蒋璐杨就开始在朋友圈发崩洞祭农尚的图片和小视频。她先发了杀猪的小视频，后来又发了杀牛的，表示很残忍，听不懂载瓦语……

我大概5点半时才赶到崩洞，许多献祭仪式已经结束，就等着开饭了。我在农尚外直接被拦下来后直接被带到农尚里去了，我婉拒了各拨喝酒的邀请，然后直接找到挂礼处先挂了100块后开始参观农尚。大门上的"崩洞农尚"几个字今天被漆成了血红色。亭柱上已经挂上了犁耙等各种耕作用具，在亭子的东侧尽头处是临时厨房。十几个厨师在忙着准备吃食，临时厨房的顶棚上挂着属于董萨的牛腿和坎北的脖领肉，从临时厨房向前（南面）走，竖了一系列祭桩：

1. 天鬼：两个祭桩，第一个是"木仙"（雄鬼），第二个是"崩佩"（雌鬼）。

2. 水鬼：水源，掌管水源的鬼。

3. "宁苏"：这个鬼／祭桩是周围各处聚来的秽物的聚餐处，为了防止他们搞破坏，给他们单开一桌。

4. "直通"：这是土地／山神的综合体，说山神更贴切一些，是凶猛的掌管土地的鬼。

5. "布囊弄"：寨子里山官家的家堂鬼，祭农尚是山官带领全寨共祭的行为，山官家的家堂鬼除了护佑山官家，也有护佑全寨的义务，因此，农尚时主祭它。

今天西山乡的祁副乡长带着乡政府一干人来参加祭祀仪式，营盘村则计有雷勒邦书记。崩洞本寨的勤勒腊主任，唐勒邦副主任出席，有一个最早到的老板来捐了500元钱后却最先醉倒了，没赶上吃饭。

崩洞的男丁们吃完饭回家各自准备，准备从今晚12点至明晚12点封路，禁止外人进出村寨，村里其他人则好好休整24小时。

农尚西北角有一个碑，碑文如下：

崩洞龙尚简介：龙尚是承载景颇民族文化文明的庙房，二零一一年九月份恢复了历史的龙尚建筑，二零一五年八月份盖了一间三栋的钢架砖泥结构房。在领导和党员及老年组的大力支持下，发动了广大的人民群众思想，保护了历史传下来的龙尚。首先党员带头每人集资50元，每家每户集资 100 元现金。

以外的功德捐助：

勤勒当　550 元

董勒弄　550 元

董勒都　550 元

何勒干　500 元

董勒炮　400 元

石勒用　300 元

办事处主任董爱卓腊　468 元

花生树老板杨荣平　400 元

李勒助捐助水泥一吨

石勒龙　100 元

唐拽旺　300 元

索果双　300 元

雷滚腊作　200 元

保勒孟　200 元

石勒吨　200 元

董木伴　200 元

石楠　200 元

何江山　200 元

张拽砍　200 元

张木样　200 元

唐腊苗　200 元

董广弄　200 元

董老大　100 元

董木兰　100 元

董弄定　100 元

石琴　　100 元

李木成　　60 元

周勒弄　水泥半吨，青树一棵

总共集资金额 12160 元

崩洞村民小组二零一五年八月十九日

他们说挂礼人的名单随后会刻在碑的两边，我今天暂时先领到万村寨凑份子的人都会集体平均分到的"门朱"牛肉一块。

2015 年 8 月 21 日　晴／阵雨

昨晚李旸姐拿给我一盒杜蕾斯和一盒冈本，"榕树根"的孩子们已经十六七岁了，有一些男孩和我聊起过他们的第一次……李旸姐也意识到了这一点，我们一合计，觉得堵不如疏，于是决定买一些安全套备着，女孩跟她拿，男孩跟我拿。

早上在种从瑞丽拿上来的缅甸大叶茶，雷勒定拖着一棵竹子从山上下来。他说前几次砍的竹子还堆着，准备今天一并卖了，并询问我在种什么？我回答了他，他让我下次带一些茶给他。

中午去买醋时遇到木介，顺便载了她回家。回到"榕树根"聊起木介时，李旸姐说木介想离婚，但又怕家里还不出彩礼钱。

她和木介聊着聊着得到一个信息——木介和她老公没有办结婚证的。而木介想离婚的最直接原因，是木介老公与有夫之妇鬼搅在一起，被人家老公发现给揍到医院里去了。

晚上去帕软寨子看场地，明天将在帕软搞"榕树根"北京游学汇报演出。途中去了杏欢的社长和副社长家里，当时社长不在家里，他老婆很热情地背着小孩带我们去了副社长家里。去副社长家的路上遇到一个乐安东老师的热情粉丝从家里冲出来与乐安东老师攀谈。

我们找社长，主要是想让他为我们明晚的演出广播一下，号召村民去帕软看演出。

在帕软调音箱、挂幕布，诸事顺利。后来涌进几个妇女说是要练习象脚鼓舞，我问在芒良的培训搞了几天，她们一致回答说是三天。

回来的路上，杏欢寨人在跳象脚鼓舞，拱引也在跳象脚鼓舞，说是去参加培训的人员，在将学到的技艺传授给寨众。拱引的雷书记发了几张跳舞的图到微信朋友圈，附言"从今晚开始"。

崩洞今天全寨歇工，休息一天。一些男丁负责去封路，防止外人进出寨子。现在看了一下时间，00：57，看来他们封寨已经在近一个小时前结束了。因为封寨，拱引的汉了们去拿鱼时没走惯走的崩洞村道，而是从田间的耕道拐去了龙江。

网购安全套是因为之前我去盈江时，从客运站大厅顺了两盒免费的安全套回来，但一个孩子拿去后表示不好用，所以才有了网购这回事。

2015 年 8 月 22 日　晴

中午联系去帕软开汇报演出要用的车子，结果平时单程 40 元的价格，他们来回一趟要 150 元，我们只好选拖拉机去帕软。我一开始找了两辆拖拉机，一辆唐腿莫的，一辆孙勒拽的，但后来又从买直借到一辆大三轮，由目干卷负责驾驶。因为孙勒拽的拖拉机没有头灯，于是让他先回去了，孙勒拽为了送我们去帕软，还特意先洗了个澡，回来时我给了唐腿莫 80 元钱。

去联系拖拉机时，我在路上看到了孙珈乐、排昆先、唐勒迈、雷干先在清理排水沟的淤泥。他们这个四人小组几乎整个假期都待在一起，杀珈乐家的鸡，喝勒迈家的酒，吃干先家的饭，睡昆先家的床，孩子们生活着、成长着……

孩子们身边的路上，一群黄牛在悠闲地吃砍削下来的竹叶。牛是雷勒定的，竹叶也是雷勒定的，他砍了几天的竹子终于卖出去了，于是把牛放出来清理一下叶子。让孩子们清理淤泥的是雷勒定的儿子，雷干先的父亲、拱引的雷勒卷书记，他在清理房前屋后的杂草，我与他聊了一会儿，他说昨天去江里拿鱼时划伤了脚。

晚上去帕软，村民们很热情，村干们也很支持认同汇演，尤其是乐安东老师收获了一大群女粉丝。我和帕软副社长聊天时得到一个信息，他们寨子里最懂景颇文化传统的一个牧师，这个牧师的父亲以前是一个很有威望的大董萨，我留了名片给副社长，说有时间会去拜访。

2015年8月23日　晴

早上睡得迷迷糊糊的，就听到有人叫我，然后就见木介在我床前闪了一下，说"依姑，那桌上的洋丝瓜是我带来的呀"后就又走了。唐木壮的父亲莫匹打电话来让木壮回家去干活，但木壮待到了吃饭时间仍没有回去，后来又说了他一遍，他才回去。

中午鸦片奶奶来麻途来到"榕树根"，我以为她是来找我们的，但她说来找木札。后来得知木札让她帮找草药，她找到后立马送来了。我打电话给木札，木札说让在鸦片奶奶家里等她，于是鸦片奶奶就背起草药，急急忙忙往家里走了。

今天有姓孙和姓唐的男生来找我要安全套，晚上另一个姓何的男生又来找我拿走两个。

下午去崩洞布置晚上演出的场地，干内的父母、董勒弄社长及几个年轻人都很热情地帮忙布置场地，很尽心尽力。快布置完时，我骑摩托去买点零食想答谢一下他们，但崩洞的两个小卖铺都没有开门，于是又跑到龙江边的小卖铺里去买。拿了东西以后才发现没带钱，又回去找惠平拿钱，把啤酒、瓜子、果脯肉干什么的拿来与帮忙的人一起享用，顺带聊聊天。聊到了崩洞、上营盘等寨子的历史、布囊弄的来历、崩洞寨子自古以来的凝聚力……与景颇人聊天，这些是很能拉近大家距离的方式。

晚上节目快开演时突然下起雨，又去室内布置场地，布置好时雨又停了，于是又决定在室外演。节目基本上是在北京游学的那几个，中间穿插了一些对游学和"榕树根"的讲解。

演节目的过程中，与昨晚在帕软一样，演出时观众都聚拢过来，一开始讲话时，大家就都散开了。演出结束后大家又跳了一会儿鼓舞，就散了。拱引的妇女们帮忙抬了垫子回来，并与我开玩笑讨酒喝。

今晚终于再次打通唐勒当的电话，他还是坚持上面的"板理广"坡地作价66000不变。

现在1点半，孩子们演出结束后去买了四箱啤酒和饮料，就着北京带回来的零食一起品尝、唱歌。离开学不远了，这估计是本假期他们最后一次聚得这么齐了。

2015年8月24日　晴

孙弄央今天要去户拉中学面试求学，小伙伴们对他各种支招……中午去户拉取包裹时，在户拉中学门口看到一辆排量挺大的黑色日产，弄央坐在后排。一个一看就很有江湖地位的汉子从驾驶座下来让门卫开门，弄央的哥哥从副驾下来说今天带弄央来学校见见老师。

雷书记打电话来让我叫雷干先回家帮爷爷放牛，因为雷勒定的脚有些不舒服。但我下午看到放牛的人仍是雷勒定，因为有人在寨子里砍竹子，雷勒定就将牛赶到那里吃竹叶了。

从户拉回来时，遇到木看带儿子来"榕树根"找李旸姐。这孩子之前被户拉中学给拒了，所以木看想让李旸姐帮帮忙。交流中发现这小孩有些过于活泼，过于自我感觉良好，乐安东老师这么说他："大家不要凭一面之缘就下结论啊，不要认为他脑子有问题什么的……"慧平说乐安东老师那是高级黑。

下午孩子们从"榕树根"离开，买直的孩子们回去开了一辆拖拉机过来，大家一起去龙江边野炊去了。

与木札整理被褥时，她问了两件事。是不是我们在给小孩发安全套？我说不知道，问她怎么这么问？她说是见小孩在那玩。以及是不是李旸姐和乐安东老师供着什么鬼啊？我问她何出此言，她说是见李旸姐对着墙上摆的木雕件，双手合十，拜了几拜，我说那是从非洲带回来的工艺品。

2015年8月25日　晴

昨天下午去户拉时看到路边有人在整修收割机，惊觉稻谷收割季已经快要来临……今天到遮放时，发现农民已经开始在路边晒谷子了！

下午孙珈枫去村寨里拍了不少照片，记录村里人的生活瞬间。

2015年8月26日　晴

今天乡土地所的工作人员来量我们准备买下的，唐勒当家的土地，因为现在土地管理政策很严格，所以我们买地之前先去土地所咨询了一趟。土地所用GPS定位系统来定位土地，确定土地不属于保护耕地以后我们才有可能将其买下。

土地所的工作人员来到拱引时，我们不在"榕树根"，只好找孙珈枫带着他们去找唐勒当的母亲一起去丈量定位土地。

2015年8月27日　阴雨／晴

木介打电话来告诉李旸姐，她又回到三台山夫家去了。

2015年8月28日　晴／阵雨

下午6点多，保勒伴和木苗来到"榕树根"洗澡，结果却在房间里躲着玩了半天手机。

孙珈乐失踪了半天，大家都以为他去龙江捕鱼去了。后来孙珈枫一番调查才发现珈乐是到排昆先那儿蹭WiFi和女朋友聊天去了。

晚上，孙珈枫、保勒伴、孙珈乐、雷家宝、唐勒迈、李弄便、排昆先、何胜磊留宿"榕树根"。

2015 年 8 月 29 日　阴／阵雨／暴雨

"榕树根"存在了五年，今天有一个学生（也是第一个）年满 18 岁了，"榕树根"决定给他举办一个生日派对兼成人礼，这个孩子叫目干卷。

早上大家正为了这个活动做准备，唐勒迈和雷家宝突然说要去陇川一趟。问他们去干吗，他们回答我一个女学生的父亲从戒毒所出来了，他们要去接他回来。那个学生的父亲叫唐勒桑，几个月前因吸毒被警察从兄长家，连同他兄长一道被带走强制戒毒了。

唐勒迈和雷家宝接人回来后，我问他们唐勒桑为什么出来得这么快？唐勒迈回答是因为他在里面表现好，被树为模范，因此提前出来了。

大概 7 点左右，唐勒桑的妻子打电话给我，让我赶紧让他的一双儿女从"榕树根"回家去。后来得知他们家晚饭时要为唐勒桑举行叫魂驱邪仪式。

今晚过生日的学生叫目干卷，在"榕树根"的活动结束后学生们想去户拉的 KTV 包房里再庆祝一下，被我坚决制止了，并把一些女孩送回了家。

早上鸦片奶奶来马途拿了一包"帕哈"（野菜）过来，我包里只有四块零钱，她说四块太少，不够买"东西"。于是等到乐安东老师下来，换走了 10 块钱。

2015 年 8 月 30 日　阵雨

早上，鸦片奶奶来马途又来了，这次拿的是香菜，也是乐安东老师出面接待，换走了 10 块钱。

孩子们今天开学，于是极不情愿地早早爬起来互相招呼着一起去学校报到。弄便见男孩都趴着起不来，就耐心地一个一个的去摇醒他们。何胜磊则一早就跟我拿了摩托去买汽油，他昨天骑乐安东老师的摩托出去把油弄干了，把摩托停在寨脚的雷木比家。所以他今天一大早就去弄这个事了，他和雷家宝把油买来以后发现其实问题在于机油烧干了。于是这事就只好由我接手了（他们没钱买机油了），去买机油时路过买直。发现一群村民肩挎长刀，身背竹篮从家里往路上走，我心想莫不是有人娶亲，这是去迎亲的队伍。到买直寨脚的时候答案出来了——一群人聚在农尚杀猪、编祭架、打扫卫生，摆放桌椅。买直今天祭农尚。

可是天公不作美，下了一天的大雨。

"榕树根"有一个奖学金制度，今天有好多学生来领走了他们的奖学金。奖学金有好几个类型，有按学期、按月、每周发放的，有"榕树根"自己出资的，也有对接好心人捐助的……弄便的是一个好心的漂亮姐姐按月给他300块钱，木苗还小，于是按月给她100块学习、零花的费用。

木色的奖学金是按学期发放的，每学期1000块钱。开学了，但她的奖学金仍没有到来。于是李旸姐决定从我手上的公款里先提出400块钱给她，等她的奖学金下来后再拿400块填回公款里。因为木色已经提前去了学校，学校又呼吁大家尽快交清学费，于是我赶到户拉中学将钱交到她手上。

从户拉回来时大雨如注，路过买直农尚时见只有二三十人聚在临时搭的雨布棚里吃饭喝酒聊天，大部分村民已回家避雨去了。

晚上在"榕树根"看到了雷干先，问他怎么还没去江东中学报到，他说下午和他父亲一起去过了，可学校里没什么人，于是将行李放到了老师家里，决定明天再坐客车过去。

2015年8月31日　阵雨

营盘小学是一所寄宿制小学，家远的同学大都寄宿在学校里，而附近几个离学校近的村寨里的小孩，大都走读。到了六年级的时候，想好好学习的附近几个村寨的小孩也会住到学校里去。今年升六年级的木苗就准备去住校了，同为六年级的保勒伴也想住校，但父母不同意，不给她420元的住校费。保勒伴很伤心，住校的欲望也很强烈，于是开始想办法在QQ上向假期田野调查认识的大学生姐姐求助，并和惠平姐姐商量借钱，也试探着问"榕树根"能不能帮她解决住校的费用……到今晚为止，保勒伴的住校梦仍未达成。

昨天雨后路太滑，摩托车上不了傈僳寨，于是两个傈僳汉子将摩托停在了"榕树根"。今天李开发带他们下来取摩托，但摩托发动不了。于是他们找了块雨布将发动机包好，将摩托停放在"榕树根"后就回傈僳寨去了。

晚上干卷和何胜磊来"榕树根"串门，我和他们约定了竖指路牌的时间，问他们晚上住不住在"榕树根"？他们说住，接下来就开始各自忙着与姑娘聊天。

买直封寨子到今天中午12点，一般寨子祭农尚都封寨一整天，午夜12点至下个午夜12点（24小时）。但买直地处交通要道，变通之下只封12小时（午夜12时至次日中午12时）。

2015年9月1日　阵雨

拱引的雷书记去帮父亲放牛了，他父亲雷勒定身体不太舒服，儿子雷干先又去江东中学读书去了，因此放牛的"重任"就落在了他的肩上。快到下午5点时，他在微信上传了几张牛群的照片。

晚上何胜磊和干卷留宿在"榕树根"，吃晚饭时他们在聊何胜磊的哥哥何胜超准备留在部队转士官的事情。后来干卷说到他有一个叫勒点的堂哥，去年转的士官，这两天在回家探亲的路上了。

这段时间连续阴雨，拱引有几片甘蔗倒伏严重，而且有越倒越多的趋势。

虽然雨一直在下，但砍竹子的人们一直没有歇息，路边堆放的竹子越来越多。

2015年9月2日　阵雨

拱引的雷木伴去营盘小学上学前班了，这是一个早慧的小姑娘，说得一口播音腔的标准普通话。她盼着去上学已经好几年了，本学期终于如愿。这几天她妈妈每天接送她上学放学，小姑娘总是兴奋地把母亲远远地甩在后面。

保自孔家这段时间在房子与大门之间搭钢架铁皮棚，主体已经搭好了，这几天正忙着铺设水泥地板。几个堂兄弟天天过来帮忙，保自孔腿脚不便的父亲保刀则也每天在地里做一些力所能及的活计。

今天下午，各个学校开始放抗日胜利假，有放到5号的，也有放到6号的。去户拉中学接爱坎的时候，在加油站遇到木札接了孙木色回来，在她的请求下帮她付了16块的油钱，这几天汽油售价6.29元／升。

"榕树根"来了不少营盘小学的学生，大孩子们明天会多起来。

目干卷的母亲打电话给我，让我叫目干卷去户拉接他姐姐，干卷从户拉回来后找我拿了两个安全套。

今天整个拱引的竹子终于凑够了一卡车，于是竹子收购商开着东风卡车来运竹子，几个人负责装车，收购商站在一个视野开阔的地方拿着本子统计竹子的数量。

晚上雷木志带领着姐姐来"榕树根"洗澡。

2015年9月3日　晴／阴

北京在阅兵，西南山村里却一丝影响都没有，大家还是如常过日子，连收看阅兵的人都没有。

早上去月亮湾买水和食用油，在早点铺遇到孙木色，问她下午来练舞吗，她说来不了，要跟着二叔去点玉米。木札做完中午饭也回去跟着点了一下玉米，3点多才回来。虽然木色没来，但今天芒良有六个女孩来学习跳舞。她们算是新学员，我问了一下她们的名字：唐昆散、唐先南、排木载、张况诰、排半色、排先宽。

下午乐安东老师去跌撒送小孩带回来一个消息：跌撒有一个李姓中年人得艾滋病已经快死了。

隔壁五岔路乡的政府办主任赵弄刀今天发了一条朋友圈："在北京坦克轰鸣举国欢庆；在云南，弯丹拱母小组装载机轰鸣；新的弯丹牛养殖合作社牛场破土动工，到 2016 年春节，这里的景颇人民养殖弯丹牛 100 头以上，全组将实现'牛比人多，牛儿满山坡'的目标"，并附上四幅施工现场图片。

晚上，一向木讷寡言的孙珈乐身边也围了好几个芒良女孩，他正眉飞色舞，神采飞扬地与女孩们聊天，展现自己的男性魅力。

虽然天有些阴，但开始有农户在公路两侧晒刚收割的谷子了。

2015 年 9 月 4 日　晴

昨晚送芒良寨来练舞的女孩回家，在村道与省道 320320 交叉口见到两辆停在路边的摩托，两对少年男女在约会，仔细一看，其中一个女孩是孙木色，但我和乐安东老师都没有上前招呼她，她似乎也发现了我们，有点想要躲闪，往路的另一个方向避走了。

我送女孩送了两趟，第一趟走的时候木色和男孩还在路边，第二趟的时候已经看不到他们了。

早上木苗妈妈打电话过来，我以为她找木苗，但她提出让木壮听电话，隐约听到她说木壮妈妈在芒市，问木壮能不能拿上户口簿去芒市找妈妈，木壮表示拿不到。

我和李旸姐说了这个事，李旸姐说她知道这个事了，也与木壮聊过一些。这个上午，李旸姐和木壮又聊了一上午。

中午时木壮约着保自诺去了芒市，下午回来时带了水果、零食，及其他一些东西回到了"榕树根"，看得出木壮虽然表面平静，但内心有喜悦和激动。

木介又回家了，昨晚送芒良女孩回家时，在寨脚路口看见她与木苗在欣赏夜景。

2015年9月5日　阴转晴

木色给李旸姐打电话，但没打通，我再打过去得到一个消息：木色和奶奶吵架了，木色说是她给李旸姐打电话时，奶奶骂她是不是给野男人打电话，然后就吵起来了。

保乐伴在最后关头还是征得父母同意去住校了，但现在开始有点对住校生活感到乏味了。之前她和木苗都得到了手机，两人在假期里玩手机玩得挺入迷，但今天去学校前，两人都把手机交给了惠平，然后惠平把手机交给我保管。

弄坎和腊先两个小孩因为无人接送，是直接从跌撒走来学校的，两人边走边玩，走了好几个小时，走得大汗淋漓，6点多才到学校。

雷书记则继续帮父亲放牛，傍晚在"榕树根"遇到他儿子雷干先，问他父亲干什么去了，回答说是放牛去了，问为什么还不去学校，干先回答说江东中学6日才收假。

2015年9月6日　晴／阵雨

昨晚11点多雷书记说要来"榕树根"，我以为有什么大事，结果他说他是来蹭WiFi的。后来我们还聊了一些民族文化历史方面的事情，我问他拱引的农尚祭祀是什么时候，他说之前寨老们已经开过会了，定在本月的8日或9日。

雷勒定老人今天自己去放牛，雷书记也就解放了，把雷干先送去了江东中学。

邮局给我打电话说有人寄了东西给乐伴，需要我转交。之前暑假田野调查团队的小娟跟我聊过给保勒伴寄礼物的事情。

中午睡午觉时木介出现在"榕树根"，她跟我说能不能给她50块钱并送她去户拉，谁敢答应她啊！赶紧回绝了她。她说她已经一点也不想去三台山了，上次去就是父母家人劝她过去的。但她的心已经不在那儿了，因此才几天又折返回来了。她说与老公聊过离婚的事情，她老公让她还彩礼钱，她问我真离婚的话能不能帮她承担一部分……后来她就走了。

今晚雷书记又来"榕树根"蹭 WiFi 了，他晚上主要聊两个微信群，一个是家族群，一个是拱引群。

2015 年 9 月 7 日　阴／阵雨

今天我的同事李慧平去新疆旅游了，到 22 日才回来。

送惠平回来的路上看到几辆路政的车停在路边，一些工作人员下车与在路上晒谷子的傣族农民们交涉，但农民们不搭理工作人员，再往前走，发现有更多农户在源源不断地运来粮食，往公路上倾倒，铺开晾晒。

把慧平送上车后我去了一趟邮局，取了一些东西。在邮局顺便帮帮本的唐艳取了一个包裹，包裹里是一些书。唐艳是一个秀气安稳的女孩子，是很多小男生的暗恋对象，今年初中毕业，差几分没考上高中，于是读德宏师专学景颇文去了。我把包裹交给她妈妈的时候，她妈妈告诉我应该是学习韩语的书籍，唐艳一直在自学韩语，所以有一些外地的朋友寄了韩语学习书籍给她。

今天拉竹子的车在买直装竹子。

2015 年 9 月 8 日　晴

早上预约干卷去挖竖指路牌的洞，但下午去他家找他时，他说在月亮湾，准备去龙江水库游个泳。所以我就一个人去挖洞，在省道 320320 岔入拱引的田间道口挖第一个坑时，遇到上夜班的李干内母亲丁桂英，丁桂英在龙江糖厂保卫科上班，其他部门的人非榨季都放假了，但保卫科的人仍在正常上班。

挖拱引寨脚的洞时看到孙勒炮的父亲孙勒拽从崩洞方向骑摩托回家，我问他去哪儿了，他说去山上查野蜂巢，但没收获，蜂巢越来越少了。我说让他叫孙勒炮周末来榕树根玩，他说劝不动那小子，加上现在上初三了，更不爱动了。后来他让我帮他调一下微信，我查了一下，他手机网络接收不好，账号老显示异常。

拱引今年有两人验兵合格，一个是排干社长的儿子排昆翁，另一个是单亲家庭孩子，与母亲相依为命，叫刀况。排社长家今天宴客，为儿子当兵钱行。

木看骑三轮摩托从户拉方向回来，问他干什么去了？他说是送木介回三台山。

今天确认了一下，拱引祭农尚是本月18日。

2015年9月9日　阴／阵雨

今天是毛泽东的忌日，微博上微信上一大片纪念他老人家的帖子。

早上去户拉寄东西，顺便取了几个孙珈枫的包裹回来，发现路边仍有不少人在晒谷子，而且有些人变本加厉，占据了整整半个路面，即使是没晒着谷子的路段，也被人用石头、树枝和麻袋占上了。

在买直遇到一辆面包车，车上贴着许多放大的伟人、名人照片，播音喇叭里播着"拍照下乡……"的广告。在营盘小学周边陆陆续续看到小学生们扛着锄头，握着镰刀往学校走，问他们干吗？说是下午学校集体劳动。

晚上去崩洞唐腊苗家吃饭，唐腊苗的儿子干崩也是验兵合格，不日就要去服兵役。全家人一起做饭招待亲戚宾客，庆祝他即将加入光荣的中国人民解放军，席上有个营盘小学的排老师，说明天（9月10日，周四）就开始放假了。我问全芒市如此吗。她说是的。

唐腊苗家今天来了大约200人，都是他的亲戚，寨里的乡亲。干崩的同学和老师，村委会的人自发坐着一桌。唐果布原本去住校了，但听说今天宴客，便回家来帮忙，她的堂姐唐木兰则似乎没有去住校。运竹子的车今天在月亮湾装车。

2015年9月10日　晴／阵雨

营盘小学今天中午就放假了，下午老师们就一起去乡中心小学欢度教师节。

唐勒殷家的电路出了问题，于是他去村里的变压器断电修复家里的电路，断电时间从下午3点多到6点。6点左右下了一场突如其来的暴雨，将一帮在游乐场玩的女孩淋个透湿，唐勒殷断电的消息就是这帮女孩带给我的，我让她们赶紧都去洗个澡，换身干净衣服。

晚上雷书记又来"榕树根"借WiFi上网。雷书记走后我弟弟突然打电话来说明天能不能去帮本一趟，我说可以啊，并问他怎么突然来了帮本，他说明天帮本祭农尚，因此跟着朋友一起过来看看。

2015年9月11日　晴／阴

早上到户拉买菜，一个卖豆腐的傣族大妈叫住我，让我帮她捎一下豆腐；龙江桥边景颇饭馆的小姑娘去她的摊子上买豆腐，但豆腐给忘在她那儿了，知道我顺路，所以让我帮忙送一下。我到那个饭店的时候刚好10点，饭店还没有什么生意，只有三个年纪不一的女性守在饭店里。

在公路晒谷子的现象仍很严重，谷芒飘扬在半空中，扎得人皮肤生疼、过敏、双眼发涩、流泪，除了公路，各个村寨附近的所有硬化路面全都被占领了。

路被占了，于是各种机动车辆只好从谷子上轧过去，这几天傣族农民这么赶着收谷子是因为遮放贡米公司的收购季开始了。这一片的收购点在弄丙村外的高速公路桥下，那里是杏欢到弄丙的村道，桥下凉快，万一来场阵雨也不需要另外找地避雨，于是大家就占了村道，将其改成临时稻谷收集市场。晒好的谷子用手扶拖拉机拉过来，验谷，定品级，过磅，再装上贡米公司雇来的大车，双方结账……整个过程没有一丝拖泥带水。

来了一个货郎，走村串寨地推销他用摩托运过来的铁锅、铁盆，我见到他的时候，一伙月亮湾的妇女正围在他身边挑拣着铁盆。

我弟弟来帮本的最主要目的其实是他的同学给儿子办满岁宴，他因为和那同学处得好，因此来帮忙一下。那个同学叫勒拽，是个黑瘦的汉子，在芒市的私人乐队里演奏乐器。这两个家伙年轻时没有一起少干坏事，所以关系牢靠得很。

帮本的广播10点多响了一次，说祭农尚从下午开始，天气不太好，大家要速战速决，果然我1点钟路过帮本农尚的时候仍没一点动静，只有一辆拖拉机载着新立寨门需要的木桩停在路边。他们寨的"诺母"封寨时间也是从晚上12点到次日中午12点。

晚上崩洞广播全寨人到公房去看预防交通事故的宣传电影，小孩们则去给王尚瑞过生日，一开始说是在王尚瑞家里过，后来不知怎么的，王尚瑞全家人及小孩们一起去KTV庆祝。

2015年9月12日　晴

下午干卷说遇到一个事，回家里喂猪又上来时绕了一趟月亮湾，结果遇到他之前的老大在揍人。他的前老大与别人合伙在芒市罩场子，控制了一些性工作者，但与一帮嫖客起了冲突，双方打斗起来，互有损伤，约了明天讲事，于是回山上各个寨子招人去镇场子。干卷是个讲义气的人，顾念兄弟情义，想去捧这个场，但大家都劝他，王尚瑞也缠着他不让走……最后还是劝住了。

拱引晚上广播了出义务工的事，明天上午挖水渠的淤泥，填修祭农尚时董萨临时住的棚子，填雷木比家下面的坡。

2015年9月13日　阵雨

今天早上开始出义务工，但9点多下了一场雨，于是被堵在"榕树根"出不了门，这时雷木色打电话来说让我带着孙珈乐一起去出义务工。到10点多的时候，雨停了，我参加的是填路组，跟着拖拉机去装风化料，再由拖拉机运到需要填土的路面，其他人再卸土填路。雷勒当喝了一些酒，在干活现场很活跃，唱歌、聊天，妇女们担心他喝太多出事，他也干不了活，便劝他早点回家歇息，可他愣是留到了最后。

准备收工时，发现淤泥组还在干活，于是张富楼主任就让我们又去拉来一车风化料，配合淤泥组的下工时间。

早上出完义工了，结果下午又出现另一项义务工：清理水源地水池的淤泥。这项义务工的人数不多，只有五六个较精干的男性。活不太重，因此干活之余我们还有闲情聊天，孙勒拽和雷书记聊起了山歌，他们说山歌里这样唱……

晚上雷书记来"榕树根"蹭 WiFi 到 10 点多的时候，保自孔他们微信约我们去吃竹鼠肉。席间遇到几个西山地区在芒市"混"的汉子，都挺沉稳孔武，但没过多久都离席了，原因是其中地位最高的一个人要送跟着来赴席的小情人回家。

2015 年 9 月 14 日　阵雨

下午去竖"榕树根"的指路牌，忙得没时间看手机，收工后发现蒋璐杨（云南民族大学研究生，来西山研究景颇族葬俗）发微信说帕软有个老人去世了，问我要不要赶过去，我说这两天工作有些紧张，让她发图给我。

晚上邻近各寨开始广播帕软的棍么老人去世的消息，让大家明天去吊丧。拱引的广播还多说了一项：明天工作队进村开展工作。

2015 年 9 月 15 日　晴

今天继续竖指路牌，竖拱引寨脚的时候遇到保乐半的爸爸从甘蔗地跑上来，问他干吗跑，他说是把小孩一个人留在雷木比家了，问他干吗去甘蔗地，他说是拉屎去了。我倒是有些怀疑他去拉屎这个说法，往不太好的方面猜了一下。竖雷书记田边的一棵时，雷麻南和孙勒拽骑摩托过来转了无数圈，走走停停，问他们干吗呢，他们说在追踪蜂巢。

今天是户拉街，去买菜时照例拍了一些景颇族老奶奶的照片，晚上发到景颇火塘微信群，景成的歌手杨锐说其中有一个老人是她三姨的婆婆。

晚上还是抽空去了一下帕软，与上次汇演时认识的副社长相谈甚欢，他邀约我过几天参加他们寨子的农尚祭祀。

蒋璐杨也还在帕软，她还要等到明天丧葬舞仪式结束后才会离开。

2015年9月16日　晴

早上木札给我打了一个电话，说是要去瑞丽买翡翠毛料，跟我借四五百块钱。我追问她是买毛料吗，她又说毛料已经运到瑞丽了，路费不够，我拒绝了她，中午做饭时，木办和喊迪出现在"榕树根"，他们是来做作业的，我让他们在"榕树根"吃了午饭，正准备午休时雷木色打电话来问木办和勒恩在"榕树根"吗？我说木办和喊迪在这儿，雷木色说木办妈妈找不到孩子已经急疯了。刚挂了电话，正准备劝孩子们回家时，木办妈妈来了，呵斥了木办几句，喊迪则趁机背上书包溜走了。鸦片奶奶来马途来得比木办妈妈早一点，带了一些南瓜尖和小南瓜，我让木办拿了10块钱给她。

午后，村里的一个妇女来要水，她前几天已经来过一次了，但当时水池没有水，没有给她，这次正好蓄了一池水，就答应给她半池。结果她问我能不能以位置最低的水管接水，那样会放走一池水，我断然拒绝了她。

崩洞的唐勒干和保道诺给女儿过周岁生日，给乐安东老师送了请柬。

2015年9月17日　晴转阴

今天一早拱引就开始广播明天祭祀农尚的事情，广播里逐一列数注意事项、准备事项及各人各户所分担的义务。

下午李旸姐从北京回来，带了一些稻香村的点心，我和乐安东老师拿了一盒送到村委会主任董勒腊在崩洞的家里，不过董主任不在家，只有他妻子带孩子在做作业，于是我们将点心交给董主任妻子就回来了。

晚上去小卖铺还昨天赊上来的饮用水水桶时，遇到一个拱引的小伙子，拉我去赵安定家喝酒，说是营盘小学的实习老师联欢，有许多女实习老师。我没拒绝他，让他先走，然后办其他事情去了。

今天芒市农业局通过"三农通"短信平台，发送了一篇短信，全文如下：

"当前是收割稻谷的高峰期，部分农户由于受晾晒场地的限制，到公路边，占用路边通道晾晒稻谷，请农民朋友们要多加注意；一是要注意人身安全问题；二是晒谷子时要多靠边，避免车辆碾压稻谷，预防造成污染和米粒断裂，影响产品质量和价值。"

这个短信没什么用，交通局和交警实地劝说，那些晒谷子的人都不肯挪一步的，这两天还焚烧稻草，形成了雾霾。

晚上从孙木色奶奶李木准处得知，孙木色没有将拿到400块助学金的事告诉她。

2015年9月18日 晴

今天是拱引祭农尚的日子。

去祭农尚的路上遇到了李开发带着一个小孩骑摩托车从上面下来，问他干什么去了？他说是小孩被虫子咬了，那小孩的爸爸又不在家，就只好由开发带着来输液。

拱引今年祭农尚杀了两头猪，献鬼的一头白猪，分"门朱"的一头白猪。程序没什么特别的，老人聊天，中年壮年青年男性搬桌椅、烧火、杀猪、做饭、董萨祭，少壮带着一群人摆弄牺牲。拱引的妇女照例不来参加农尚祭祀。但是下午吃饭前来一个驻村工作队，带了一桌妇女来，那些妇女和本寨男子喝酒喧哗，怎么看怎么和农尚祭祀的氛围不协调。

董萨念祭词的时候，雷勒都跟着去听了一段，后来就开始跟董萨说这段那段念得不太好，董萨戴个太阳镜躺在歇息棚静静地听着，雷勒定听了几句，觉得不对味，便开始斥责弟弟，让雷勒都闭嘴。

乐安东老师又成了陪照专业户，几乎每个来参加农尚祭祀的外寨人都在与他合影。

下午，李开发、李学德、邓赛圆来找李旸姐聊人生。

从今晚12点开始，拱引封寨24小时。

2015年9月19日　暴雨

今天是拱引祭农尚后"诺母"封寨休养生息的日子。一早准备把摩托推出寨外去买菜，赶来与我换班守路口的雷勒南劝我还是别动寨里的摩托，去营盘小学找石老师借摩托比较稳妥一些。于是开始打石老师的电话，但没人接，于是改给木札打电话，让木札来村口接我，我再骑她的摩托去买菜。路上木札说她早早的出来，她老公不放心，追问她到哪儿去，她解释了原委，老公才放心下来。今天买菜没买肉，因为昨天祭农尚我和乐安东老师各出30块"门户捐"，所以各分得一块牺牲肉，因此没有买肉。买菜回来后又从买直下车背回"榕树根"。

中午之后陆陆续续的有学生往榕树赶，都是步行进入拱引寨的，来教孩子们跳舞的老师也是在买直寨头下的车，然后我把她接了进来。而一个来自帮本的学生保自诺，听说不能骑摩托进寨子后又返回家里去了。

下午，雷勒南和排干社长分别给我打电话，问有没有两个月亮湾的男孩上来"榕树根"？我回答他们说没有，事件起因是那两个男孩骑三轮摩托进入拱引寨内，被封路人员拦住后，骑摩托驶入寨中停放，然后人弃车逃离了，摩托已被扣留，等待主人来解决事情后开走。

2015年9月20日　阴／阵雨

弃车离开的两个年轻人仍无音讯，拱引封寨没有封足24小时，昨晚23点28分，排社长打电话来说可以解除封寨了，于是我送了唐木兰（小）和唐果布回崩洞，路上唐木兰（小）兴奋地告诉我，她妈妈中秋节会回来，我问是回她们崩洞的家还是回木苗家里？（木兰的妈妈是木苗的姑姑）木兰回答："当然是回木苗家，我爸爸妈妈已经离婚了呀。"

下午送爱坎和珈枫去户拉中学，出发前李旸姐让我拿50块钱给木壮，又盼咐我办一张饭卡，把钱打进饭卡里，听说木壮最近不好好吃饭，把钱拿去买各种各样的玩意儿了。

我把饭卡拿给她时，她还稍有不乐意，想要现钱。在户拉中学顺便找保自诺、孙木色还有木北签了一下助学金收条。

木色本周又和奶奶吵架了，李旸姐让她下周来"榕树根"过中秋节。

2015年9月21日　阴／晴

今天木介又上来了，还是说希望我借钱给她，返还彩礼钱要离婚的事。我没敢答应她，并告诉她两人又没有领结婚证，而且是男方出轨，你要去打工尽管去，只是别太走远，不用管男方家啰唆什么。木介又问我李旸姐在做什么，我说还在休息，她就回家去了。

过了不一会儿，鸦片奶奶来马途，拎着一些香菜和小南瓜来了，我拿了10块钱给她，她马上起身走了。

中午木介又来了，和李旸姐聊了许多事情，然后在"榕树根"午睡，睡到下午5点多。

这个期间唐勒迈出现了，躺我床上玩手机，问他怎么周一就回来了，他说感冒了，反正在学校也不学习，就请假回家养病了。

其间保自孔也来过，之前跟他提过我们有存放的水泥要送人的消息，他今天来是打听这个消息的，给他一个明确的答复后他开来拖拉机拉走了20包水泥。

晚饭时边吃边聊天，聊到献祭家堂鬼的问题，我介绍了我家里献祭的"色摆"的故事和周围几个村寨献祭的"布囊弄"的故事，乐安东老师突然说我们会被献祭吗，我说我来献祭吧。李旸姐在旁边说，人家是非正常死亡的才献祭，祭你怎么祭啊？可乐安东老师还陷在那个情绪当中，我们无儿无女的，也没人限制我们……然后就捂住了脸……

今天德宏州委宣传部德宏网官方微博"掌上德宏"发了这么一篇博文："芒市路政治理路面打场晒粮了，芒市公路段路政管理大队近期积极进行专项整治行动，对辖区路段打场晒粮进行有效整治。"

2015年9月22日　阴／阵雨

寨脚腊布家的甘蔗田倒伏比较严重，于是他们干脆将甘蔗全砍了做蔗种，准备种秋甘蔗，德宏的甘蔗种植是分两季的，一季在秋天种下去，到下一年的秋季再收获，一季是春天种下去，当年秋季收获。秋甘蔗因为生长周期长，产量会相应高一些。

今天保自孔和雷书记来拉走了剩余的水泥，我睡午觉期间，鸦片奶奶来马途来过，在桌上放了一些菌子和缅芫菜，我不知道是谁付的钱，估计是乐安东老师吧。

今天惠平出差回来，乐安东老师说去接惠平，李旸姐要和干卷谈入职的事情，于是我只得去接没有摩托可骑的干卷。在王尚瑞家上方的路面遇到干卷爸爸，他们在推一辆没有油的拖拉机，我也停下摩托帮推了一把。晚上问干卷是怎么回事，他说估计是他爸爸他们一伙吸毒的在用车赚取毒资。

回到"榕树根"时发现勒恩回来了，晚饭后由乐安东老师送勒恩回家，这个过程中勒恩外婆来"榕树根"找过他，乐安东老师说外婆从"榕树根"回去后打了勒恩。

2015年9月23日　晴／阴

月亮湾的营盘村卫生室门口写着"下乡三天，谢谢合作"，大门紧闭。

雷勒东帮哥哥雷勒定家拉了一车水泥，车上坐着雷勒定的小儿媳妇，估计是负责去建材店付水泥钱的。

唐勒迈和珈乐来"榕树根"玩，我问珈乐这次用什么理由请的假，他说脸疼。勒迈去户拉的仁爱医院打针，结果把自己打过敏了，在吃抗过敏的药。

今天仍然有人在320国道上晒谷子。

中午雷勒东往山上下来，我问他做什么去了，他说是去检修冰箱去了。他手上还拿了几节竹子，我又问他那竹子是干什么用的，他说是给鸟做水槽喝水用的，我想起农尚那天我和乐安东老师看到他家楼上有一个像鸡圈一样的棚子。问他鸟是不是关在楼顶上，他说是，在户拉街两块钱一只，买了几十只鹌鹑，想试着养养看。

他还跟我拿走了25块钱——村寨水利设施管理费。

2015年9月24日　阴／晴／晚上有雨

路上仍有人在晒谷子，只是比前段时间少了一些。

户拉中学的初一初二年级今天（周四）就开始放中秋假，然后到27日（周日）中秋节时又正常回学校上课，初三则在补课。营盘小学不放中秋假，过一个正常的周末。爱坎在户拉读初二，我准备去接他，便问在旁边干活的干卷，谁去接弄央啊？结果他说弄央已经回到家了，他把爱坎接回家后，干卷说得回去接弄央和弄便来"榕树根"。过了一会，他打电话说堂哥勒点从部队上回来了，大家为他接风洗尘，聚在一起吃个饭，晚上就不来"榕树根"了——可10点多他们三个人又出现在了"榕树根"。

晚上拱引的广播讲了三件事。

第一件，明天雷界的保坤生保老师的独生女儿出嫁，邀请全寨人都去喝酒。

第二件，腊布家的甘蔗田砍了种蔗后，留着准备发新芽的短茬，但这两天有人在蔗田里放牛，踩坏了不少蔗茬，希望大家不要去蔗田里放牛了。

第三件事讲到了贷款的事，说是户拉农村信用社贷到款的村民都已到还款时间，请尽量把本月的利息都去还上，名单就不念了，因为名单念了也白念，只有不贷款的人听去了，贷着款的一个也听不到。

今天鸦片奶奶来马途，送来几个南瓜几个酸柚子，我照例给她拿了10块钱。

2015年9月25日　雨一直下

上午排麻东的妻子又来借水，我照例让她拿走水池的上半部分，水池的下半部分谁也不能动。

下午送塑料瓶给木介，发现木介又被送回三台山了，好像是她的大姐木看把她送回去的，今天得到的另一个消息是木看的儿子在三台山上学。

傍晚，之前在"榕树根"做了一个月志愿者的张婉颖又再次来到"榕树根"，她这次在"榕树根"能待到10月4日。

木壮和木兰的妈妈今天回拱引，木苗的爸爸是木北、木兰妈妈的哥哥。

晚上送勒恩回家，路上我问他长大了想做什么，他说是想当老板，我问他当什么老板啊，他说："长大了，我要当耙田（拖拉）机老板，叔叔，我要买一张耙田机来开，当耙田机老板啊。"

2015年9月26日　阴／晴

雷书记在增建他院子南侧的石脚，请了雷勒殷和买直的何万明帮工，我看到的时候，他们已经垒起一米多高了。

中午有德宏网的副主编王楠带着一群爱心人士莅临"榕树根"，带了不少东西来，也做了很好的互动。

德宏州文体广电新闻出版局的局长方光明也在其中，之前"榕树根"的民族舞老师就是方局长安排介绍的。"榕树根"这边安排了一顿便饭，主厨是目干卷同学，我们所有人都围着他打下手。

下午送爱坎和弄坎回跌撒，走到帕软遇到李勒南和一班小孩告诉我跌撒在封寨子，到跌撒寨门口一看，是祭农尚封寨，于是我让他们自己从寨门走回去。

晚上李旸姐找一群男学生聊天，聊人生、聊学习、聊未来、聊戒烟。

今天收竹子的车在帮本装竹子，公路上仍有许多人在晒谷子。

2015年9月27日　晴／中秋节

今天是中秋节，但"榕树根"的中秋节已于昨天提前度过。

早上木色和木札来"榕树根"，李旸姐让我给木色200元生活费，说是木色和奶奶吵架，奶奶不给她生活费，我也把木札9月份的工钱结算给了她。因为9月份各种出差，各种忙，我们只请木札做了四天饭，所以她9月的工资只有240元钱。

下午干卷回家过节，分别给李旸姐和我发信息说下午没法来上班了，请个假。因为各个学校都在今天休假，所以学生们都纷纷返校，勒迈和珈乐则因为不想去上学而跑到龙江水库钓鱼去了。李旸姐和乐安东老师到营盘小学找校长拉家常，并留下来吃晚饭。我则急匆匆赶到石校长家里坐了一会儿，又匆匆赶去跌撒接爱坎和弄坎，到跌撒后问这俩孩子吃饭了没有，他们都说还没吃。到了户拉天已擦黑，没卖快餐了。于是让爱坎吃带给他的月饼解决，找个地方让弄坎吃了一碗米线，吃米线时我鼓励弄坎自己去叫一碗米线来吃，但他很羞涩不敢讲出口，最后还是我给他叫了一碗米线。

保自孔的弟弟，下午一个人在"榕树根"外转悠，我从营盘小学回来时遇见他，问他有什么事，他说是来找我玩的，但一个人也没遇到。

运竹子的车今天在买直装车。

2015年9月28日　晴

早上去雷木色家还锅，见房门开着，却没什么人，就将锅放在了厨房。然后抄小路到了雷木色和雷书记父母的家里。雷勒定老人刚从牛圈下来，他说家里的黄牛生了一头小牛，他妻子则用柴灶煮玉米，用柴灶的原因是电饭锅的接口出了问题，雷书记正帮二老维修电饭锅。出门来，见到雷勒南（雷勒定大儿子）和寨里的两个汉子在打新的水池，问原因，他们说是老水池渗水过于严重。

月亮湾的水泥场地上晒谷子的人变成了本村人，村医务室重新开门，来就诊的除了营盘村人还有附近遮放镇村寨的傣族人。

从月亮湾回来时在路上遇到棍坎，就载了他一程，问他回家还是回爷爷家，他说回爷爷家，于是在雷勒定家门口将他放了下来。江东中学连放中秋假和国庆假，所以雷干先被父亲派去姑姑雷木色家帮忙掰玉米，中午他来榕树接水，我拿了一些水果给他，问他有几个人在干活，他说有四个人，不上学的珈乐自然也在这四人之中。

下午几个妇女带着小孩来"榕树根"蹭 WiFi，我刚和惠平、婉颖外出去南莫，沿路经过水酒乡，停车进去了一会儿，但他们回答在放中秋假，从明天开始正常营业，于是放弃了在水酒乡请她们吃饭的想法。

后来带她们从南莫回来，准备走遮冒附近的浮桥回"榕树根"，发现浮桥处于施工状态，牵引钢索的水泥墩重新竖了两个大的，组成桥墩的竹筏也是新编的，桥面还未铺好，只是简单铺了一些棕树板。

晚上珈乐、勒迈和干先来"榕树根"蹭 WiFi 玩游戏，棍坎则先后被乐安东老师、惠平、婉颖和我一起带着，顽强地做完了作业。

今天一早，李旸姐说乡中心小学的王校长打电话来问"榕树根"的基本情况，说是上面让问的。

2015年9月29日　晴

勒迈、珈乐、干献一起来"榕树根"玩，两个妇女也继续来蹭

WiFi。10点多的时候来了三个自称在外事办上班的男人，说是驻遮冒工作队的，久闻"榕树根"大名来探访，但谁都能看出他们是为了工作任务来的，带队的自称是北外87届毕业生，学缅语出身。还有一人是三台山景颇族。最年轻的一个人，身份似乎是司机。他们想了解的主要问题有两条：一是"榕树根"一年那么多的经费，哪里来的，有国外基金会提供的部分吗？第二，传教吗，"榕树根"团队里有人信教吗？

中午何胜磊也出现在"榕树根"，一脸苍白憔悴，问他去哪了？他说睡一觉再回答，后米得知他和干卷昨晚上与一干人去了遮放的夜场玩，一夜没睡。

下午去上营盘探路，惠平和婉颖要去傈僳寨，就顺便载了她们上去。傈僳寨的玉米已经快成熟了，大家正在建盖储藏玉米的仓库，开发的父亲则正在修路。

在上营盘遇到了木图弄和王湘宝老人，他们正在王湘宝的茶叶地里修补被风吹坏的棚布。

傍晚鸦片奶奶来马途，拿来了一竹节的竹虫。

2015年9月30日　晴

一辆大车运了十几棵水泥电线杆，沿着拱引至买直的村道隔一段距离卸一棵，卡车后面跟了一辆工程车，车身似乎写着"中国电信"

早上乐安东老师负责去买菜，因为他的摩托被干卷骑走了好几天，所以是骑我摩托去的。因为不习惯骑我的摩托，运菜不好运，好在路上遇到了一个傈僳族寨子的汉子，用摩托帮他运了一些菜回来。

今天营盘小学开始放国庆假，小孩们中午就开始回家，石校长则等到4点左右才料理好事情，带着妻子目老师骑摩托到户拉，再从户拉乘客车回芒市的家。

因为我一天都在外面跑，所以晚饭就叫了木札来做，她来做饭时还带了她的一个缅甸妇女朋友一起来参观"榕树根"。

中午勒恩又骂了惠平，于是我找时间劝导了他一番，晚上与惠平、婉颖一道去送勒恩，半道他们俩拐去了木苗家，我从勒恩家回来后没听到木苗家有人说话，就径直回了"榕树根"，发现她们还没回来后又下去了一趟，但与她们错过了。在公房遇到了我姑妈（雷勒定老婆），问她守在这儿干吗？她说是听说要开党员会，所以就先来着了，等着人来开门。

2015年10月1日　国庆节　晴

今天是国庆节，早上去买饮用水时遇到雷勒东开着拖拉机往外走，问他忙什么去，他说今天准备割谷子了。

昨天卸下的电线杆，今天已经有人在安装了，好像是准备替换现在使用的电线杆，我经过寨脚时恰好看到昨天卸电线杆的工人正在旧电线旁挖洞。

几个年轻人用拖拉机从山上往寨子里运竹子，一次大概20来棵，按一棵竹子收购价五块来算，一车大概能卖150块钱左右……

中午有人来"榕树根"接丽娟，说是父母签离婚协议，需要她签字认可。

干卷提前下班，带着一帮街舞队的兄弟回家吃饭去了。

崩洞的广播里通知今年想种香料烟的农户到公房集合开会。

2015年10月2日　晴

今天爬上营盘。

丽娟没参加今天的活动。

街舞队的男孩们也没参加今天的活动，但所有孩子加起来还是达到了近30人。其中最积极的是董建依兄弟俩。早上没到6点，他们就从买直赶到"榕树根"，准备工作就绪后，我们于8点左右带孩子们正式向上营盘进发，一路行进顺利，快到上营盘时遇到李开发和邓赛源带着三个姑娘从山上下来,而李学德则是走路往家走,他说是摩托座位不够,于是只好走路了。

在上营盘遇到了王湘宝老人,我邀请老人给孩子们讲述上营盘的历史,但孩子们似乎对故事不太感兴趣,于是带着孩子们去参观老人的茶园,老人说他的茶是昌宁大叶茶,1954年引入德宏,他的这片茶园是80年代中期开辟的,这几年茶叶价格不怎么样,毛茶也就在5到6块一斤左右。原本我们打算下午五六点再下山,但不知为什么2点的时候就开始往下走了,那时正是太阳最毒的时候。到岔小路的时候,大伙都经小路走了,却有一小伙小孩走在大路上,而且走出去了好长一截,我赶过去时发现原来有乐安东老师在带队……多绕了五六公里,回到"榕树根"其实不到十分钟,何胜磊的爸爸何万明就打来电话告知,街舞的孩子们昨晚去了遮放的KTV,与东山景颇族和遮放傣族打了群架,吃了一些亏,现在正聚在干卷家里,准备晚上再去复仇。我一听这事,头就大了,赶紧去报告李旸姐,李旸姐心急如焚,我俩赶紧骑上摩托去家里找孩子们聊天、谈心,好不容易才劝住了他们,然后家人们商量着由村干部出面与对方村干部交涉善后事宜。

这边的事好不容易告一段落,到了晚上惠平和婉颖叫我去一号房,我过去一看,木苗正在那儿哭,他们七嘴八舌地跟我说是木苗家有吸毒人员,老是来骚扰她们,而她父亲又长期不在家,很难办。我答应把这事给雷书记说说看。

晚上,在阳光发现一个小孩睡在那儿,是董健衣的弟弟,白天爬山爬得太困,结果就不知不觉在阳光睡着了,我们也忙其他事情,也没发现他。

2015年10月3日　晴

打架的孩子们今早被集体送去体检,因为一辆车坐不下,"榕树根"自己出钱为孩子们增叫了一辆车。我则去买下午烧烤要用的材料,回来后听说了一件事，何万明来与李旸姐吵了一架，指责李旸姐带坏了孩子们，所以孩子们才会出去打架。

下午就是欢快的烧烤之旅，孩子们玩得很快乐，也吃得很快乐，但"榕树根"团队的每个人都藏着事，街舞队的孩子们心里也藏着事，于是活动一结束就开始把他们往家里送，送一个帮本的女孩回家时，她跟我说：我回去我那吸毒的爸爸又要骂我了……

晚上的"榕树根"和平时比起来很安静，李旸姐带着街舞队的孩子们剖析整个事件的经过，反省、探讨、思考未来该怎么冷静正确处理这样的突发事件，并教育孩子们该怎么与家长增强沟通。

晚上雷木色和勒迈母亲一起来找李旸姐聊勒迈拿来的一个iPad丢失的事情。

今天运竹子的车在帮本装货。

2015年10月4日　晴

中午王富玉、勒恩、棍坎、木织等七八个10岁以下的孩子突然直奔龙江而去，说是要去龙江玩水，我在半路将他们截了回来，木织回寨子后并没有回家，所以她母亲赶来"榕树根"看看，我跟她说了中午的事情。

龙江也有人在割谷子，雷书记和雷勒东都赶过去帮忙。

晚上从水酒乡回来，经过崩洞发现两个小孩在公房舞台上发呆，过去一看发现都是在守谷子，守谷子的除了小孩还有李干内的父亲和另一个汉子，李干内的父亲非要请我喝自酿米酒，我只好逃之夭夭了。

雷书记来"榕树根"看一看，坐一坐，并与李旸姐的大学同学夫妇相谈甚欢，惠平还向他讨要了酿景颇米酒的方子。

婉颖今天早上离开"榕树根"回澳门读书去了。

2015年10月5日　昨晚有雨

排麻东的老婆来和我说明情况就来接走了半水池的水。

美国来的李如侠老师今天带领孩子们座谈，主动告诉他们自己的同性恋身份。

2015年10月6日　晴

营盘村最近进入了割谷子的高峰期，比较平坦的稻田就找了收割机来工作，较窄的田就各家各户互相帮忙，人工收割。山区的稻谷种得比坝区晚，收得也晚。我今年第一次看到坝区收割谷子在8月20日左右，山区比坝区晚了一个多月。这样也恰好把收割机的使用高峰期给错开了，收割机手们可以赚完了坝区的钱再赚山区的。

下午排麻东打电话给乐安东老师，说让我们去拿牛肉，我们在村寨里找了半天，在雷勒定的告知下终于找到了唐勒桑家，唐勒桑家的一头老母牛跌到沟里，跌死了，于是全寨的男性在那吃牛肉，吃不完的部分牛肉也卖，一斤30元，比市场价低了不少。

一听说唐勒桑家的牛死了，小孩们纷纷向我打听。(唐勒桑的二女儿)唐木兰哭了几场，因为木兰是个很性情的孩子，常常伤春悲秋。

晚上李旸姐带街舞队孩子们去吃了一场没有酒的烧烤，这也是一场带领孩子们成长和思考的烧烤。

2015年10月7日　晴

今天各个学校开始陆续收假，孩子们纷纷返回学校，有几个孩子提出来生活费不够，于是我到户拉中学给排爱坎、唐木北、保自诺的饭卡里各充了115块，孙木色因为没找到她就决定明天再去找她一次。

省道320320这几天在维护路基，粉刷路口面隔离线。

晚上鸦片奶奶拿了几个南瓜来"榕树根"，她进了厨房，恰好惠平在厨房收拾东西，但语言不通，于是招呼我过去，我拿了10块钱换下了奶奶手中的南瓜。

今天拱引的广播通知：今年准备再种香料烟的农户明天到腿莫的田里集合，开香料烟种植技术现场会。

排干社长特别强调，时间一到，即开始讲课，过时不候，所以请大家尽可能按时赶到。

2015年10月8日　晴／晚上有雨

早上去户拉，遇到保勒伴从八家寨方向走来，手上拿了一张身份证复印件，晚上她来"榕树根"时我问她拿了什么，她说是爸爸的身份证复印件，原本是她爷爷有补助要领，结果她误拿了爸爸的身份证复印件，结果白跑一趟。

保勒伴还说她与爸爸经过买直时她去解手，结果在偏僻处看到几个吸毒人员在吸毒，保勒伴立马就给吓哭了，赶紧退了出来。

户拉中学昨天开学了，可唐勒迈没去学校，待在家里帮忙晒谷子，我中午抽空去了户拉中学，发现木色从昨天就没来学校，于是赶紧去她家看了一下，发现她有些感冒，只笑不说话。奶奶在织锦，说是俩人从上次木色没将拿到奖学金的事告诉她之后，就开始冷战，其间有男孩老是来找木色出去玩，她又骂了木色和那些男孩，于是双方冷战就又升级了……后来和李旸姐又再次去了木色家，给她们做调解，又顺便送了木色去学校。

2015年10月9日　阴雨

今天是营盘小学休假的日子，也是遮放中学放周末的日子，户拉中学则本周末补放假落下的课。法帕中学则直接放国庆假到11日。读法帕中学的雷家宝和排昆生，还有逃学在家的唐勒迈今天一起相约着出去逮黄鳝，但因为下了一天的雨而收获不大，大家一商量便决定由干卷主厨，在"榕树根"做鳝肉拌饭来吃。

雷木苗昨天来领走了她的 10 月份奖学金 200 元，今天来"榕树根"洗了衣服，准备下午住校去了，这样她家里就只剩下她母亲一个人了。

乐安东老师和李旸姐今天去跌撒，到李志门家里家访，李志门从北京回来后，学习有些下降，学习态度也不太端正，因此李旸姐想与家长一道商量看看怎么帮助志门把学习成绩提上去。

拱引的雷家今天祭家鬼，家鬼是供在"鸟麻"（掌家的幼子）雷勒东家的。我傍晚送勒恩回家时正好看到两个董萨打着雨伞，冒雨念祭词。我路过时正好念到天鬼"木仙"和"崩佩"雷麻南站在董萨们旁，也随时准备听候差遣。

晚上做鳝肉拌饭时干卷说父母又吵架了，妈妈准备明天就离开家，还嘱咐他在"榕树根"好好上班。

2015年10月10日 阴

昨天雷家祭的家堂鬼其实也是如农尚一般，是总结还愿的祭祀，只是农尚是全寨祭祀，家堂鬼是一家一户小祭。

这几天是景颇大地上传统保持得比较好的地方都在祭祀家堂鬼，昨天在景颇网的火塘群我直播芒市西山乡拱引雷家的祭祀，沙明保老师直播陇川早翁家的祭祀仪式。

下午带一帮街舞男孩去水库散步，遇到之前他们在遮放打架的傣族男孩，孩子们克制住了自己，没去揍人家一顿，这是个进步。

大家正在水库玩，干卷听说父母又吵起来了，于是赶紧和王尚瑞一道回家去看，不久王尚瑞打电话过来说干卷出事了，我当时在"榕树根"，离买直最近，于是我最先赶了过去，发现父亲正提着弹弓到处找干卷，准备拿弹弓打干卷，王尚瑞站在路边，干卷则躲开了。后来干卷跟我说他推开父亲后，父亲先是准备拿刀砍他，后来又去拿了弹弓。他父亲气咻咻地返回屋里后，干卷站在弄央家门口等摩托过来，一个老奶奶劝他：别这样对父亲啊，以后你儿子也会这么对你的。

晚上我们几个人在弄央家吃泡面，弄央母亲专门让他去看看干卷母亲在不在家，弄央回来说干卷母亲在家里。

2015年10月11日　阴

木兰家最近支了一个许多年没出现过的天线，就是把铅管曲折绕弯几十个回形的那种，不知他们家拿这个天线是收看什么节目的。

木札带一个收废品的来"榕树根"收东西，那人拒绝收啤酒瓶，收了塑料瓶，木札告诉我塑料瓶卖了三块，还不够油钱。我说你怎么不先找我再卖废品呢？我这还有两个废铁要卖，你倒好，直接把人给放走了。

我前几天丢了一个红米的充电器，就去买了一个华为的凑合用一下，然后今天红米的充电器出现了，华为的消失了。然后我到处找，没找到，有些生气，在"榕树根"的微信圈和QQ群里问谁拿了我的充电器，没人回答，结果晚上打扫厨房的时候充电器在厨房窗子上的一个小篓里出现了。

2015年10月12日　阴

前几天我的一个克钦邦朋友给我打电话说是他三弟被关在芒市的戒毒关爱中心，让我帮忙去探探情况。我去了，发现朋友的弟弟作为三非人员关在那儿，说是一年以后才能放出来，我又问提前释放的话，怎么操作，说是交保释金1000元，这不太可信啊。

我决定下次再去拘留所好好了解了解情况。

回来的路上看到买直和八家寨的路边林木都被修剪过了。

惠平说弄坎的鞋子快烂了，给他买了一双拖鞋，我们一起去营盘小学将拖鞋给了弄坎，惠平还告诉弄坎，她过几天就要离开"榕树根"了，弄坎傻傻地问："那去哪儿呀……"

路过水酒乡，发现那个年轻的男服务员不见了，换了个很漂亮的女服务员。

回到"榕树根"发现桌上有些青柚子，李旸姐说是鸦片奶奶送来的，一天之内来了两趟。

2015年10月13日　阴

木苗妈妈这几天在一个人掰地里的玉米，她掰满一筐一麻袋，就把麻袋往篓篓上一放，背着往家里走，如此反复。

村里的治保主任家也在往家里运玉米，我在路边干活的时间就看到他们往家里运了3拖拉机。

下午我去寨里的两个小岔路口竖指路牌，发现雷勒定在晒谷子，我与雷勒定妻子打招呼，问他家的谷子不是早就收了吗？她说这两天一直下雨没晒好，说完这事，我去木苗家里拿刀砍遮挡指路牌的树枝，发现木苗家的厨房已经堆满了她妈妈掰回来的玉米棒子。

挂完路牌往回走时，雷书记跟我打招呼，我仰头一看，他正给自己家砌围墙呢，我跟他打听了一个事，之前买直的学生们说村委会的人到村里动员他们上职业培训班，学费全免，食宿全包，我问雷书记听说了吗？雷书记说没听说有这回事。

今天保自孔的弟弟来借我的摩托，说是去山里一下，后来从山里出来又说去还工具，结果到天黑才骑回来，我问他怎么回事？他说是朋友的摩托坏了，帮了一下忙。

昨晚干卷父母又吵架了。

2015年10月14日　晴

阴了几天以后，今天终于又出太阳了。

昨晚去了雷书记家，问木兰家的天线是怎么回事？他说是装那个天线的话可以收看德宏本地不上星的电视节目。

雷勒定家今天又诞生了一只小黄牛，但陷在粪池里了，我的姑妈（雷妻）和一位大妈想把它抱出来，清洗干净，我路过就顺便进去帮她们抱了出来。

孙珈乐和唐勒迈，今天又回家来了，孙珈乐请假的理由是被篮球打到脸了，唐勒迈回家的原因是班里同学（包括孙珈乐）都回家了，于是他也回家了。

2015年10月15日　晴

今天带着惠平去木苗家找木苗妈妈，惠平想着从"榕树根"出去后，先去婆河一圈，然后大概12月左右回拱引住一段时间，因此带惠平问一下木苗她家是否适合出租一间房给惠平。

木苗妈妈答应得挺爽快的。

昨晚1点多干卷突然打电话来说父母都不在家，有点害怕，要来"榕树根"睡，结果睡到早上开始感冒，昏睡了一天，唐勒迈和孙珈乐出现了一会儿，然后又走了，他们说是放牛去了。

珈枫、珈乐的哥哥孙靖霖今天从怒江回来了，理了一个光头，说是牙齿有问题，治好牙后会继续去怒江打工。

晚上，前面提到的几个男孩一起用乐安东老师的电脑看了《舞出我人生》。

今天有两件与快递有关的事，一件是遮放圆通打电话来说，我之前寄去北京的包裹，留的电话不对，得重新给个号码。

另一件事是小娟给保勒伴的快递今天终于拿到了，它已经在芒市待了快一个月了。

有一帮青岛客人来访"榕树根"，结果迷路到雷勒定家里去了，于是雷勒定老人背着小孙子将他们领到了"榕树根"。

2015年10月16日　晴

孙珈乐和唐勒迈到陇川瓦慕穆做客去了，珈乐带走了妈妈的手机，而爸爸又去月亮湾打麻将去了，于是雷木色（珈乐妈妈）在路上遇到我时借了我的电话，给珈乐打电话问瓦慕的情况。而珈乐的姐姐珈枫是好学习的，本周留在户拉中学补课，雷勒定家的小牛死了，母牛连着几天不管小牛，也不喂奶，小牛挨不下去，今天下午断气了。雷干先从江东中学回来了，在月亮湾骑坏了摩托，我让弄央骑我的摩托去接他们回来，问他怎么不待到11月再回来，他说待不住啊。

雷木苗、保勒伴、唐果布、唐木兰等几个小女生瞒着家里去龙江玩，玩到天黑才回家，把家里人急得不轻，她们则满不在乎。

中午听到田间有扩音喇叭的声音，想着可能是在做烟苗育种，晚上西山乡的微信公众号推出了这么一篇文章："打响扶贫开发攻坚战，掀起香料烟种植高潮——西山乡召开香料烟育苗现场会"

正文第一段是这样的：

"为抢抓节令，进一步做好香料烟育苗工作，10月16日上午西山乡香烟育苗现场会在营盘村拱引小组举行，乡党政主要领导，芒市香料烟公司技术人员出席培训会，村委会领导，营盘村各小组负责人及香料烟种植农户，共计100余人参加了培训。"

接下来是领导指示，香料烟示范种植细节，本篇文章作者是徐青云，西山乡的官方微信公众号的名称是"文蚌圣亚心西山乡"。

这几年的一个感受，是网上购物和微信对农村传统生活方式影响很大，而且越来越大。

2015年10月17日 晴

芒市和畹町的自行车骑行队给"榕树根"捐了十几辆山地车和鋆车。

有一个种植公司在买直订做了大量的豇豆藤蔓架，附近的农民手头没活的时候都去那干活挣点零钱。

高速出口附近最近又填了两块地。

2015年10月18日　晴

早上醒来就看到一群小孩围在自行车前，昨晚我拿了一条铁链，把自行车都锁起来了，后来自行车就陆续开放给孩子们。孩子们骑得很开心，等晚上自行车收回来时已有不少待维修的地方了。

大概7点多的时候我在厨房做早餐，突然寨里一阵鞭炮声响起来，我往下一看，一阵青烟从木兰家方向飘起。我心里暗道：糟糕！木兰奶奶不行了！可过了不久，传回来的消息更意外，走的不是木兰的奶奶，而是木兰的爸爸。木兰哭着给李旸姐打电话，乐安东老师和李旸姐还有惠平一起匆匆地赶往木兰家，我则留下来冲洗水池，只是让他们帮我问一下挖墓穴的人手够了没有？不够的话我可以凑数。

中午的时候我终于有时间下到木兰家了，惠平刚好从木兰家出来，跟我说了唐勒桑（木兰爸爸）的死因，是昨晚喝酒时误喝了治跌打扭伤的药酒，中毒后救治不过来死的。药酒是他们家的一个汉族亲戚从唐勒盖家里翻出来的。知道死因后，我就知道不用挖墓穴了。这样的一般都得先火化，我一边帮村民的忙，竖祭祀用的草棚，一边问接下来的安排，说是得先等唐勒盖（唐勒桑哥哥）从陇川戒毒所出来以后再火化。这时恰好雷书记要去停尸处，于是我也和他一起出发前往。停尸处在八家寨下边的耕地下沿一个小斜坡上，周围是几个地形恶劣的小河谷。之所以在此处停尸是因为景颇习俗，非正常死亡，尸体不回村，不进寨，沿途的村寨也不能经过，得走寨外。而这片地块正好是这一带从历史上处理此类非正常死亡遗体的区域。

几个老人守着唐勒桑的尸体，雷书记是带父亲回家休息的。

遗体已经被擦洗干净，换上新衣，躺在垫子上，脸被包头盖住，头顶点了一支蜡烛，四角竖了几根小棍，棍顶搭着一片破旧的篷布。

小棍上还挂着他生前用的长刀筒帕。顶距四五米的地方有一堆烧过的纸钱灰，守遗体的人们都在遗体的上侧，忌讳处于遗体下方，大家在讨论遗体火化使用什么火柴才能燃烧得更充分，一个老人说最好是找一些摩托轮胎过来，轮胎经烧，燃烧产生的热量也强。

之后我把摩托开往修理铺停放，途中经过芒良，我不禁想：从公路到停遗体的地方，不经过芒良，似乎就没别的路可走了啊……

把我的烂摩托停在修理铺后，我就从月亮湾步行回拱引，路上遇到几个八九岁的小男孩，他们经常来"榕树根"，认识我，热情地举着手上的零食请我吃，我拿了几颗瓜子。

下午准备做晚饭时李旸姐说不做饭了，大家一起去公房吃（开始办唐勒桑的白事了）。乐安东老师还准备去火化现场，我跟他解释火化现场一般只有专门指派的人员过去，大都是已婚已育的中老年男性做这个事情。

我因为送学生去户拉中学，所以去木兰家去得晚，也没去公房吃饭（在户拉吃了快餐），去木兰家的堂屋坐了一会儿，大家一起互相安慰，说些逝者已逝，生者坚强之类的话，木兰奶奶（论辈分也是我奶奶），白发人送黑发人，伤心欲绝，连人都认不清了。逮到一个至亲就搂住，哭着吟唱一番古老的"怨叹调"，听者伤心，闻者落泪。一群汉子从昨晚参与抢救开始就没合过眼，像雷书记、孙勒拽二人更是全程参与，都疲乏的不行了，实在撑不住，都纷纷找一个清净之地睡去了。

几个丈人种亲戚帮着守住火塘，不时为人添茶倒酒。

木兰与妈妈、姐姐、弟弟四人一起坐在堂屋下角，三个小孩状态稍微好一点点，木兰妈妈整个人已经瘦了几圈，几个妇女端了饭过来，劝母子几人无论如何吃上一点，他们就每个人勉强扒了几口。唐勒盖作为长兄，虽然今天刚从戒毒所出来，但已经开始掌管家务，统筹一切。他摇醒负责去买牛的堂弟唐勒殷，一起去门外前庭祭棚处查看刚从弄孟（傣寨，在户拉边上）买回来的黄牛，我把唐勒盖的小外孙女抱在怀里，解放一下她的奶奶，她奶生奶气地说："我爷爷（唐勒盖）今天从打工处回来了。"

21时许，我看时间差不多了，就开始往屋外走，看到前庭枣树下聚了两桌人,一桌在打扑克,一桌在玩麻将。这些都是准备今夜守夜至天亮的人们。

唐勒盖和唐勒殷还在看牛,牛直接拴在拖拉机车斗里,拖拉机就停在祭棚边,之前听他们说这头牛花了4500元。

我到处找负责写礼单的人都没找到,于是打算明天看看再说,因为唐勒桑年岁不足,也尚未有孙辈后代,且属于非正常死亡,因此没跳丧葬舞,仅在白天在祭棚前董萨念祭词,让他放心离去时,有一个老人在旁边敲了几声铓(铓,景颇族跳丧葬舞时用的乐器)。

因为不跳丧葬舞,所以整个寨子相对显得安静,只是间歇响起的鞭炮声和麻将桌上传来的喧哗声,还提示着人们寨子里正经历着一场丧事,实在没有想到,我在拱引的第一场葬礼是这样的……

2015年10月19日　晴

丧事仍在继续,今天早上几个汉子把牛杀了,在屋后床头的方位杀的牛,此牛称为头顶牛。

几位老人早早就用竹筒和麻袋将唐勒桑的骨骸收了回来。墓穴就挖在屋后的坡上,这个坡是唐勒桑家的地,年初他家打算在地里种橡胶,坑都挖好了,但没想到橡胶还没种,先埋了他。这块地里还有一个老坟是唐勒桑奶奶的,孙子的坟比奶奶的稍微靠下一点。家里人去订了一套石材坟墓给唐勒桑,墓碑也刻好了,上面刻着:唐勒桑,生于1969年,卒于 2015年。

到下午4点多,骨骸已安葬,但是石材墓仍未砌完。因为食材不够,又杀了一头唐勒盖家里的猪。

挖墓穴的主要是来过丈人家的浪速亲戚,石材墓则是由木材老板送到坟地,并负责砌好。

2015年10月20日　晴

在杏欢（傣）寨的小吃摊墙上发现了一块牌子：

遮放镇党员信息公开牌

姓名：何岩晃　　性别：男　　　　民族：傣族

出生年月：1968年3月　　　学历：小学

入党时间：1996年8月　　　所属党组织：遮冒支部

联系电话：空缺

岗位：帮带服务岗

职责：运用党的富民政策帮助农民逐步，现脱贫致富目标

公开承诺：

　　1. 不吸毒，不贩毒，不赌博，不违法，不违反法律和村规民约。

　　2. 管好自己和家庭，支持村组工作。

　　3. 宣传创建无毒村寨，种植好六亩烟。

评星情况：

星别＼季度	一季度	二季度	三季度	四季度
勤劳致富星	☆	☆	☆	☆
帮带服务星	☆	☆	☆	☆
民族团结星	☆	☆	☆	☆
禁毒防艾星	☆	☆	☆	☆

　　往下还有两行，但被一张广告给挡住了，牌的右上角是党员本人的免冠照片。

2015年10月23日 晴

石校长在水酒乡预订了一桌绿叶宴，准备招待来"榕树根"访问的云南教育出版社杨副社长一行人。

2015年10月24日 晴

月亮湾的孙乐勒仍在买直削种干豆用的竹架。拉竹子的车今天在拱引和买直装车。拱引和买直的汉子们将竹子一堆一堆地堆在路边，等车从寨头下来时再一堆一堆地往车上装，等到了寨尾车也就满了。

李学德和李开发两兄弟今天来"榕树根"找他们家的狗，想将其卖给"榕树根"，但平时都待在"榕树根"的他们家的狗，今天却没出现。

保勒伴骑自行车弄伤了脚，但仍然很兴奋，因为他暑假时认识的云大学生张雪婷又来"榕树根"做田野调查了，张雪婷是云南大学民族研究院的研究生，今年研二，暑假的时候已经随李伟华老师的云大（田野调查）暑期班来过一次，这次是因为毕业论文就要开题了，所以想再下来了解一点详细的资料。

2015年10月25日 晴

一大早乐安东老师就带着杨副社长一行人赶户拉集去了，乐安东老师在户拉遇到了爱坎的奶奶，俩人聊了一些爱坎的近况，后来我们几个人，（李旸姐，乐安东老师，我）商定，爱坎每个周末都待在"榕树根"，老不回家也不太好，还是得周五将他送回跌撒，周六再让他来"榕树根"就好。下午爱坎还给李旸姐写了一封信，说了自己的近况，以及想好好学习，把"榕树根"对大家的帮助，实实在在地证明给别人看他的想法。

早上广播里喊了一件事，帕软排勒纳的母亲去世了，邀请各家各户前去吊唁，今天也恰好是唐勒桑"头七"的日子，但景颇族的"头七"并不一定就在第七天，一般都是秉持"男六女七"的规矩，而且计算日子的方式也稍有不同，我们那边是从死者咽气的那天开始算，而这边是从抬出门，入土为安的时间开始算。

两地葬俗的另一差异是："头七"送魂仪式的差别。我们的送魂仪式是在家里送魂完事；而这边则是先去坟前摆放传统织锦等物件，把之前参与葬礼的人们的魂从坟地喊回来，其中有一个环节是坟地上的仪式完成后，快回到家时，再由殿后的几名老年妇女将大家的魂聚拢，喊齐带回家里。

送魂仪式由董萨主持，将死者魂魄送走后，大家分食之前烧好的糯米饭和鸡蛋，一般吃完这些后还会有一顿正式的晚餐，这顿晚餐我是与社长排干在一桌吃的，他说早上广播后，他就去了帕软吊唁死者，但他发现整个拱引只有他一个人。

晚上，大家在唐勒桑家堂屋里聚拢聊天、守夜。

今天整个拱引，不只是拱引，几乎整个营盘村停电一天，到天擦黑时才重新来电。

丽娟和奶奶在小卖铺门口制作一米多高的鸡圈，先用木条拼构出立柱和框架来，再用镂空塑料片围上六面，她们一共做了三个鸡圈。

2015年10月26日　晴

今早上勒排腊的女儿打电话来，说是本周的舞蹈课可能会缺课，原因是她要和奶奶去芒市戒毒所看望父亲。

傍晚木看打电话来说，儿子跟她闹别扭，不想在三台山读书了，想要么转到户拉中学读书，要么辍学，木看都快急哭了，打电话给李旸姐求助，但劝来劝去似乎没有太大的效果。

晚上乐安东老师给木兰家送鸡蛋，说起北京之行的纪录片里，木兰是主角之一，大家一致表示想看看，于是乐安东老师将电脑搬下去木兰家，给大家放纪录片，北京之行纪录片放了两遍，然后又开始看《景颇夏天》……

勒迈和珈乐今天没去学校，几乎整个营盘今天又停电一天。

内部他者　芒市西山乡营盘村景颇族村民日志

2015年10月27日　晴

勒迈和珈乐仍没有去学校，早上我去检修娱乐设施的螺丝，回来路过木兰家，那时大概是10点左右，木兰家的院里有两桌人在吃早饭，我路过，大家热情地让我过去，我过去后发现勒迈也在其中，头发染成了红褐色，我调侃他："挺像鸡冠的嘛，还不去学校？准备逃一周的课了吧"，他妈妈在饭桌那头搭话："啊，干翁，我跟你说，现在已经是他每周从学校回来的日子了。"今天周二，珈乐则和靖霖一起来"榕树根"蹭WiFi。

今天是德昂族傣族"出洼"的节日，今天的"出洼节"是庆贺丰收的日子，同时也预示着传统上的农忙季节结束，从农忙"进洼"时开始的封禁婚嫁节庆自今日结束，各家可以开始操办婚嫁、进新房等各种节庆喜事，一直到下一年的"进洼"。

今天各个德昂族傣族村寨皆会竖立一根"幡杆"，上挂五彩经幡，幡杆上缠绕绑满了各种稻蔬、瓜果、鲜花。日落前大家把幡杆竖好，然后吃饭沐浴，晚上在奘房里祈福完毕后，抬着装有各家供奉而来的食物瓜果的花架，巡游全村，嘎秧跳舞，通宵达旦，现在我正听着周围傣寨的音乐声写村民日志。

今天没有再停电。

2015年10月28日　晴

天快黑时勒恩出现在"榕树根"，于是我让他赶紧在天黑前回家，但他仍三赖两赖，赖到了天黑，我让他快回家，他说："那你先给我一个苹果，我就回家"，我说苹果没有，但你仍要马上回家。他却仍赖在自行车堆边不走，于是我回去揣了一个苹果在兜里，拿上电筒拉上他回家，快到他家时我把苹果拿出来给他，说："你那样提条件是没人会答应你的，没法达到目的，下次想吃苹果时大声说出来，会拿给你吃的。"他点了点头，这时苹果掉在了地上，我说："我把苹果给你放包里吧。"

他说，还是拿在手里吧，待会儿到家就和奶奶一起分享这个苹果。

2015年10月29日　晴

珈乐和勒迈仍没有去学校。

今天周四。

"榕树根"定于本周六晚上在买直举办一场"金盆洗手"仪式，让之前十一时参与打架的孩子们承认错误，改过自新，更好地成长，更好地进步，地址选在弄央家里，今晚去试了一下场地。

之前与买直社长商谈过这个事情，我们正试着投影仪时，一辆长城SUV开进来，拉着音响功放来了弄央家，社长来了没一会，又出现了不少年轻汉子一起帮忙调试音响。

干卷的爸爸妈妈都在弄央家里，妈妈看电视，爸爸破篾子。

社长家的狗叼走了一只弄央家的鸡。

2015年10月30日　阴

董萨卜卦说唐勒桑的送魂仪式做得不好，得重新做一次，时间定在明天晚上。

2015年10月31日　阴／小雨

今天是木兰家重新送魂的日子，但今天住在她家的人已经没有第一次那么多了，只是临近几户亲戚赶过来聚在一起。

雷木色也在木兰家里，晚上她原本是要送孙珈枫，到买直"金盆洗手"活动现场的，当半路上遇到正在步行的我们后，雷木色就让珈枫和我们一起步行，她自己回木兰家去了。

因为到冬天了，所以天黑的较早，没到8点弄央家的院子里已经聚了不少人了，投影仪、音响、幕布、灯都已经早早布置好了，但条凳却迟迟没摆上，派干卷去拿钥匙开公房门，拿条凳，他回来说管钥匙那人把钥匙给弄丢了，于是赶紧又去乡亲们家里借小板凳，凳子摆好后，放一挂鞭炮，然后社长宣布活动正式开始。先跳了一个暖场舞，然后就开始"金盆洗手"仪式，参与国庆假期打架事件的孩子们依次上台说自己的梦想，为了实现梦想要怎样努力，远离毒品，远离烟酒和打架，然后在乐安东老师准备好的"金盆"里洗手，向大家致意下台。末了，再放一挂鞭炮，然后是歌舞表演，孩子们表演街舞时越跳越兴奋，把全场的气氛推向了大高潮。

何胜磊的母亲作为家长代表给孩子们讲话，勉励他们好好做人，取得更大的进步。活动结束后，大部队先走，我与几个洗手的男孩步行走在最后。他们先是讨论何胜磊的妈妈是个什么样的人，然后话题就突然转到了他们泡过的女人上，气氛热烈地开始列数自己上手过的姑娘。

2015年11月1日　小雨

张雪婷今天早上离开"榕树根"返回昆明。

我送张雪婷回来时在八家寨被丽娟奶奶拦下来，让我赶紧送丽娟下来，她要带丽娟去芒市看望丽娟的爸爸。

下午跌撒排社长家进新房，我们去做客时顺路捎爱坎和木色去学校，给了爱坎200元生活费，给了木色100元。

2015年11月2日　阴

今天去换煤气罐顺路去拿快递，发现快递全是孩子们订的衣服，于是又把包裹送到户拉中学去，接收衣服的是李弄便、孙弄央和珈枫、珈乐，过几天户拉中学就要开冬季运动会了，整个学校几乎一半以上班级的节目都是"榕树根"的孩子们编排，孩子们的衣服就是运动会跳舞用的。

晚上勒恩、雷木织和雷木鲁一起来"榕树根"玩。

给干卷找了一个驾校教练，姓梅合，景颇族，这样干卷和他交流起来方便一点。

2015年11月3日　阴

下午寄快递回来，在八家寨附近遇到勒恩，他央我带他到"榕树根"，我让他上了我的摩托，然后直接把他送回了家，并告诉他，非周末想来"榕树根"还是中午来比较合适，这样时间恰好，他的家里人也不会到处找他。

从董木兰那儿听到一个消息，去上营盘的半山腰临时住了不少来做工的缅甸傈僳族。

户拉经营圆通快递的大姐给"榕树根"捎了两包她女儿的衣服，现在户拉有两家快递公司，圆通快递和中通快递。圆通开得比较早，是一家开金店的夫妇在经营，中通快递设点设得晚，是一个年轻汉子在经营。

2015年11月4日　阴

今天一早李开发和邓赛圆便从傈僳寨骑摩托下来，等着与李旸姐、乐安东老师一起去芒市，李旸姐上次与他们聊过后，准备安排他俩去王自江王总的修车厂当学徒。

排勒瑞拉了一车砖到排麻马东家里，这砖是用来修理水池的，因为水池又小又渗水，所以排麻东的妻子从几个月前就筹划着要修水池，这几天手中的活计闲下来，终于可以忙这个事了。

2015年11月5日　晴

今天中午突然来了一帮小孩，他们在放学路上看到干卷骑了一辆自行车回家，以为"榕树根"又开放骑自行车了，所以一股脑地奔了过来，我当然没开锁让他们骑自行车，因为上周末一群低年级的小孩骑自行车沿公路跑到户拉去了，所以大家决定后面的一周内都不开放自行车。

排麻东家在继续修水池，今天已经开始打砖了。

董木桑告诉我山上的傈僳族想买他的猪杀着吃，但又只愿意出价1200元，所以她没舍得卖。

王尚瑞一整周都没有去学校，今天带着弟弟偷偷跑来了"榕树根"，今天是周四。

村委会的人给我打电话说有个寄给我的包裹放在村委会，让我有时间过去拿一下。

2015年11月6日　晴

早上赶农场街回来，顺便拐进村委会，拿一下之前打电话过来让我去拿的信，进去后发现这几天是村支书董勒楠在值班，不过他没坐在办公室里，而是坐在场院里边晒太阳边破砍甘蔗时用来捆甘蔗的篾子。我说明来意后，董书记说电话是他打的，发到村委会的信一般都是摆在窗台上的。我翻了一圈，没有我的信，这时张富楼主任从阅览室拿出一个小纸箱给我，我拿过来一看，是之前北京游学，京东公益众筹发出的一件礼物，被退了回来，它是一件T恤，发给北京的爱心人士赵剑，但因为地址不够详细被退了回来，礼物在西山邮政所待了一段时间才最终辗转来到了村委会。

中午木札打电话过来问需不需要来"榕树根"做饭，我说今天下午先不用来了，也没什么活动，可以带小孩们自己做，明天开始来做午饭，然后做到周日上午就可以了。之前一直都是我主动打电话给木札，让她来做饭，这段时间我们找她做饭的次数少了，而她又想着筹钱做一些小生意，所以主动了不少。

这段时间木介都待在家里，隔一两天便拿一些新鲜菜蔬来"榕树根"串门。

户拉中学马上就要开冬季运动会了，"榕树根"的小孩们是各班表演节目的主力，刚一来到"榕树根"就忙着排练校运动会时要表演的节目，像1年级18班的孙珈枫就担当了六个节目的主力。

晚饭后我让勒恩给爷爷打电话说今晚留宿在"榕树根"，他爷爷同意了，但后来李旸姐决定让小孩们都尽可能回家去睡，勒恩也得送回家去，勒恩显得很不情愿，赖在活动室的地毯上不愿意走，还抽抽啼啼的哭了起来，我说哭也没有用，就是得送回家去，他才老大不情愿地站了起来，走到第一级台阶时他又趴在台阶上哭给我看，我又耐心地等他，过一会儿，他问："你不骑摩托送我，我就不想回家。"我问他："干吗要骑摩托送你呢？"

下完台阶后，他又假哭起来，我已经没什么耐心哄他了，便径直往前走，他哭了一会儿，见我不理他，就收声了，到他家后我进去给他家大人打招呼，他则在屋外墙角靠墙跷着二郎腿坐好，等着人来领，他见没人注意他，他又开始哭吸引大家的注意……回来的路上顺便拐进木苗家看了一下，小木兰、木苗、保勒办几个女孩聚在木苗家里，还有一个妇女，一询问才知道她是木壮和小木兰的母亲，也是木苗的姑姑，打过招呼后，她去里间拿了一包紫云，递一支给我，我说我戒烟，她就自己抽出一支，点火吸上了。

从木苗家出来，走到"榕树根"的楼梯脚时，发现有一个人从山路走下来，我打招呼："怎么做活做得这么晚？"他回答说不是做活，是从山上下来，擦肩而过时，我瞥见他背了一杆铜炮枪。

回到"榕树根"，发现雷干先坐了五个小时的车，从江东中学回家来了。

2015年11月7日　晴

今天一大早木札打电话来，我以为她要问做饭的事，结果她问我昨晚木色有没有来过"榕树根"？有没有留宿"榕树根"？我告诉她，没有。上午她赶来做饭后，我问她早上的电话是怎么回事？她掩饰说她婆婆想带木色去办身份证，但到处找都没找到木色，所以故此一问。

下午跑了雷界一趟，一个雷界小孩周五来了"榕树根"，周六想回家，却没人接了，于是只好让我送回家去，这孩子叫董海斌，景颇族，取了个道地的汉名，单看名字还真不知道他是个景颇族。去雷界的路有一段与G56昆瑞高速交叉。原来老路上坡的坡度挺缓的，但高速建设过来后，就把老路挖深了一截，高速顺利通过，去雷界的路则从高速路底下穿过，形成了一个40多度的陡坡。

村委会门口挂了一幅宣传画，上面写着："践行三严三实和忠诚干净担当主题教育"，下面是详细内容和准则，右下角是醒目的习近平主席照片，左上角留了一个长方形的空白，标注为"工作剪影"，以备活动告一段落后贴上活动剪影。

2015年11月8日　晴

今天是周日，勒迈和珈乐又没有去学校，勒迈的理由是要在家把舞练好，然后直接去学校运动会上露一手，珈乐的理由是要陪勒迈。

今天把借的演出服还给了雷木色，并付了村里50元的租借费，晚上勒迈和珈乐说要来榕树练舞，但珈乐来了，勒迈没来。

村里人这几天在忙着犁田、耙田、种香料烟的事情，田里整天都是拖拉机的轰鸣声，一部分男人则忙着破捆甘蔗用的篾子。木介的父亲，李勒乔就每天坐院门外，与过路人边聊天边破篾子。买直的汉子们则三户两户聚在一起破篾子，他们的解释是大家在一起干活不觉得累。

今天，缅甸大选，缅甸八成人民踊跃投票去了，我的微信圈里也有不少人在热烈讨论此事。

2015年11月9日　晴

寨边的稻田最近被改造成了甘蔗田，一辆挖掘机这两天一直在蔗田里挖甘蔗沟。

上午整理储物间时，我的左眼至耳间划了一道口子，于是准备去营盘村医务室打一针破伤风，但到了营盘村医务室，医生告诉我说没有破伤风针了，于是只得去户拉农场医院，在营盘村医务室遇到两个拱引人。排麻东和保龙况都在那儿打吊针，排麻东没人陪，保龙况有老婆陪着。

在户拉打完破伤风后，回到蔗相桥附近时有一辆拖挂式卡车从摩托边呼啸而过，当时是乐安东老师开的摩托，所以我们行车较慢，等两三分钟后，我们行驶到（傣族）杏欢寨和加油站之间的香蕉地附近路段时，发现一辆拖挂式货车斜停在路上，车头在对面车道边上，车厢斜横于对向车道上。我们心说：要遭殃。驶过卡车时发现车的右侧车厢旁边，有一辆三轮车翻覆在地上，卡车配了两个司机，一个司机正从三轮车上下来将驾驶三轮的汉子拖出来平放在公路上，受伤的汉子年约50多岁，挺面生，有点谢顶，不是附近见过的人，我和乐安东老师停下摩托，问卡车司机打过急救电话了吗？是下车救人的司机回答"我们打过的，就在刚刚……"他已经有些语无伦次了。

听说打过了电话，我们也就没再过多停留，回家去了，当时拍照了。

车行至买直时，遇到排社长和一个小伙子骑摩托准备往外走，排社长和在路边跟小伙伴玩的儿子交代了几句就走了。

户拉中学的校运动会在周三（明天）彩排，所以没去学校的勒迈和珈乐一直在努力地练，好赶上明天下午的彩排。

今天从早上9点多开始停电，晚上6点半左右来电。

2015年11月10日　晴

今天户拉中学彩排运动会要表演的节目，勒迈和珈乐终于到学校去彩排节目去了。

清早去了趟户拉，回来时在八家寨附近见道木介的父亲吃着碗里的早餐往家的方向走。下午先是木途（木介四姐）来"榕树根"唱了一个多小时的歌，然后走了。然后木介又来了，问李旸姐在不在？我说去户拉了，问她什么时候去打工，她说过几天，等今天把她的叫魂仪式弄完再说。我说："你的叫魂仪式你怎么跑出来了？"她说："应该没关系吧，前段时间也叫过一次，但听说我的魂还在很远的地方待着呢。"

今天上午停电，晚上7点多近8点时才恢复供电。

2015 年 11 月 11 日　小雨／阴

今天下了一整天的雨。

微信里不管大人小孩都在讲两件事：天猫双十一和光棍节。"榕树根"微信群里都是要光棍节红包的。

今天户拉中学运动会开幕，大家一大早都去参加开幕式去了，我一个人留下来守家。排社长在广播里通知各家各户准备好缴合作医疗的费用，乡政府过会儿就派人来取。帕软的排副社长在微信里晒营盘村委会开会的照片。

中午大家回来后说，在寨脚遇到了来"榕树根"参观的乡政府一行人，说是在木介的带领下参观一圈，要知道，当时我在楼上储物间整理东西，几扇门都是关着的，看来他们只在屋外转了一圈。

今天跟着去户拉中学的，还有干卷，但他中途拿了摩托钥匙后不知去向，到现在（22：26）人仍没出现，临走时留下的话是回家搬弄便取零用钱。

木兰家今夜又有祭祀仪式，寨里的老幼汉子们聚在一起参加仪式，22 时许传出了念祭词的声音。

排勒当和保代龙、保自龙等几人在往后传动拖拉机上装柴，问他们是不是准备拉去卖？他们回答是拉回家自己烧的。

下午鸦片奶奶她老公拿了一个大南瓜来到"榕树根"，李旸姐让我拿了 5 块钱给她，她让老公来的原因是她疼痛难忍，已经抬不动那个南瓜了。

2015 年 11 月 12 日　晴

今天帮本的广播响了，说了一件事：明天帕软的干约嫁女儿，请各村各寨所有人参加婚礼。

中午和郝哥去家访，走到月亮湾时发现小卖部门口设了个临时的展位，一个卖手机兼移动话费业务的分包商正在那儿卖手机，他们提出的口号是"买手机送话费"。这个小姑娘正卖力地推销，围观的人也不少，但没有人真买，几个小伙子逗那推销手机的姑娘"先赊着可以吗？能赊的话我多赊几个。"小卖铺的老板是月亮湾的社长，他有一个缴移动话费的机器，与那个推销手机的认识，于是帮他们宣传一下，用月亮湾的广播喊了几嗓子。

下午崩洞的广播也响了，讲两件事。一件是讲农技员今天来教种烟户怎么移植烟苗；另一件事是帕软干约嫁女儿的事情。下午拱引雷书记的微信发了几张他在烟苗移栽技术培训场地拍的照片。

许久不见踪影的直升机，今天飞了好几个架次。

2015 年 11 月 13 日　晴

今天一大早，李勒拽和排勒东就来"榕树根"约我一起出义务工，我说没听说要出义务工啊，干什么去？他们说是昨晚广播的，有领导会下来检查，所以要清除村道两边的树枝杂草，一直要从买直路口清到傈僳寨路口。我们三人先开始干的活，几十分钟后又陆陆续续赶来了几个村里的汉子，大家边干活，边聊天。先说贷款的事，贷款有扶贫款和红色款两种选择，但是监管太严，每笔款项都有专人来监督使用，很不自在。后来又聊到糖厂的事情，雷勒南和保代龙商量着去报名当临时工的事，他们讨论今年糖厂 12 月 1 日正式开榨。

收工后在"榕树根"待了没多久，唐勒邦（村委副主任）和排干（拱引社长）就领着一群扶贫办的人来参观"榕树根"。

晚上"榕树根"里来了五个中国美术学院的学生，说是来采风的，四女一男，租了一辆云 A 牌照的标致。

保自诺来"榕树根"时背了一些米过来。

2015 年 11 月 14 日　晴

早上带昨天来的几个中国美院学生逛村寨。逛到崩洞寨脚时发现有一户人家在做法事，但他们并没有用景颇族传统方式做法事，而是请了一个傣族大妈。在前庭支出一个小草蓬，草蓬上插满各色纸旗，草蓬脚捆卧着两只鸡。傣族大妈坐在草蓬后面的高凳上，高一声低一声长一声短一声地念着经文，后面的屋角坐着不少女眷。过崩洞农尚后就到了崩洞寨的坟地，坟地上聚了不少人，皆是崩洞寨的汉子；他们主动和我打招呼："这又是带什么人逛寨子呀？"我说是学画画的，问他们在做什么呢？这两天也没听到广播啊（有什么婚丧嫁娶都会在广播里播报）？他们说不是那么回事，这是给老人（死者）盖新房（新坟），以前老人走时比较困难，草草地埋了他，现在好过一点了，得给他盖个好房子——景颇话里许多代喻。

过了崩洞寨后就到了芒良寨，我们参观了芒良寨的目瑙示栋，在目瑙示栋边的舞台上聚了七八位妇女，我们走近一看，她们是在织锦，大部分人在织筒裙，有两位大姐在织筒帕。舞台上还空着六七个织布脚桩。妇女们集体织锦是从8月份西山乡搞传统民俗文化培训后开始的。

再后来我们就转到了营盘小学，学校正在修建新的厕所，石脚已经下得差不多了，我之前预先打过电话，石老师在芒市，我向他提出想参观一下他的景颇文化展示，他说可以找他的爱人目老师，我们到学校并没有遇到目老师，但展室的门是开着的。

下午这些大学生们给孩子们上了一堂版画课，用胶板刻出图案，然后涂上油墨，印在纸上。

保自诺身体不舒服，带她去营盘村医务室，医生问过病情后给她开了一包板蓝根颗粒冲剂和一管药膏。在医务室遇到了芒良的丁彩芳，她说自己已经病了三个星期了，一直不见好。

下午和木札说看来周日不用来做饭了，她说行，正好月亮湾有家人结婚，她得参与迎宾。

李旸姐带着孩子们去芒市参加一个小型的街舞比赛，主要目的是让孩子们多体验、多看。12点多，他们才从芒市回到家里，然后一部分孩子回自己家去睡了,凌晨3点干卷给我打电话说与父母亲拌了嘴,想来"榕树根"睡,我开了门给他。

2015年11月15日　晴

今天去户拉买菜,经过雷书记家时,看到一个不认识的女人在家门口除草,我想这不会是雷书记的媳妇吧,再走几米,看到雷勒定老人和雷勒定媳妇从雷勒东家,出来往雷书记家走,雷勒定手上还拿着景颇族传统驱邪避秽用的几种树枝。下午找机会问了雷木织,在雷书记家里的女人是谁?木织回答:"当然是棍坎(雷书记家的老二)的母亲啊!"

石老师带了个工头来观摩榕树的竹墙编织方式,估计会用在营盘小学厕所的设计上。

下午送爱坎去学校,路过买直时遇到董社长在散步,说明前几天孩子说荷枪武警来抓董社长的话是谣言。

2015年11月16日　晴

唐勒迈和珈乐又没有去学校,本周逃课的还多了营盘小学六年级的李勒南。

保龙况和家人拉了一拖拉机木柴去户拉出售。

营盘村委会门口贴出了2015年度各村小组党委党务工作报告,帕软小组得到了优秀,买直小组得了后进,其他小组皆为一般。

其他村寨砍伐出售竹子的活计都已暂告一段落了,但买直寨子的路边仍堆有大量砍好的竹子,而且数量还在增加。前几天听拱引的一个老汉说他今年卖竹子卖了2000多块钱。

2015年11月17日　晴

勒迈今天去学校了,珈乐没有去,早上我正帮乐安东老师绷画布,雷书记突然来了,问他有什么事情,他说来找珈乐和勒迈,让他们跟着去挖一下洞。见人不在这儿，雷书记就回去了。

过了俩小时，珈乐出现了，问他挖洞了没有，他说挖不动，问他挖的什么洞，他说是雷书记想帮父亲重新盖一下牛圈，所以需要挖一下埋柱子的洞。

今天收到南方电网的消息，明天停电一天。

2015年11月18日　阴

早上去买直找干卷，路过雷书记家，发现一大早就晒了不少衣服，之前挺少见的。

走到雷勒比家附近时，发现他家院子外的路堆旁堆了不少空心砖，堆了三堆，大概1000块左右，有心想问一下砖的用途，没遇到任何一个他们家人。八家寨的青树下停了一辆挖掘机，且停了一整天没动过，早上在那儿，傍晚路过时仍停在那儿。

珈乐今天仍没去学校，一上午就和郝哥逛山去了。中午给珈乐妈妈打电话，雷木色说她在西山弄丙，一个奶奶病得挺严重，所以来探视一下。

早上在干卷家没见到干卷，于是去弄央家问了问，发现弄央家停了一辆车，车上盖着黑色棚布，仔细看，发现那是之前别人当给买直董社长的黑色日产轿车。

中午到下午一直有直升机在头顶飞过，中午勒恩出现在"榕树根"，李旸姐和勒恩之间有一段对话，李旸姐问勒恩怎么来得这么晚，勒恩说："李旸老师，你看直升机。"李旸姐说看到了，勒恩又问："你知道那些直升机是来做什么的？"李旸姐回答不知道，勒恩说是来抓爸爸的……

之后李旸姐问勒恩想爸爸吗？勒恩说："不想，但我想妈妈。"

勒恩之前基本一周会有三四个中午来"榕树根"吃饭，但最近来得比较少，而且就算来，也会来得很迟，大概1点半左右才会到达"榕树根"，所以晚上我和郝哥去他家家访了一圈。和他外公外婆聊了一下让他中午来"榕树根"的问题。

中午休息时，李旸姐帮我收了一张请柬，之前乐安东老师也收到了一张，今天这张是专门补发给我的，是一个婚礼请柬，崩洞的唐勒拽和董木兰定于2015年11月20日星期五为儿子举行婚礼，入席时间定在下午4点，这份请柬有一个有意思的地方，给我的署名是"跑阳干翁"，因为我在这待了半年多，自我介绍，在任何地方签名都会强调"跑阳干翁"这个名字，而发请柬的男主人唐勒拽跟我一个姓，但他使用自己的名字时，将景颇姓"跑（勒）阳"改成了汉姓"唐"。

今天停电一整天。

2015年11月19日　晴

勒恩今天中午没来"榕树根"，上午去月亮湾时在村委会附近遇到石老师，问他去哪儿？他说昨晚有几个帮本小孩来学校喧哗，扰乱了学校的秩序，所以去村委会反映一下情况，让村里寨里出面，教育一下那几个小孩。

石老师还和我说了一个事，晚上欢送德宏师专来营盘小学实习的学生们，让我晚上过去联欢。

今天崩洞的广播播了两次，第一次讲的是明天婚礼上各司其职的人员名单。第二次讲了两个事，一个事是帕软的棍腊、棍当的父亲去世了，邀约大家明天一起上山挖墓穴，另一件事是让大家赶紧交齐合作医疗应缴纳的款项。

拱引的广播讲了帕软的棍腊、棍当的父亲去世的事情。

帮本的广播讲了两件事。一件事是明天的活动（没听清楚是什么活动，好像也是办宴席）各司其职人员安排。第二件事讲明天唐勒拽的儿子结婚，约全寨人明天下午4点到他家吃席。

22点左右雷书记的朋友圈发了在帕软跳丧葬舞的小视频。

2015年11月20日　晴

西山乡今天在乡文化站举行新米节，西山的微信公众号还未公布盛况，但我互加微信的不少西乡人已经在朋友圈发了许多图。

下午从户拉回来，遇到了勒恩，问他中午为什么没来"榕树根"吃饭，他说忘记了。

今天崩洞唐勒拽的儿子唐勒跑结婚，我因为工作需要，天黑了才赶过去，幸运的与唐莫一道吃上了最后一桌饭，在公房吃完饭到了新郎家里，刚好遇上新郎家给送亲队伍送礼篮的"牛"正在横冲直撞，景颇婚礼上，娘家人一直是高高在上的，只有送礼的时候，新郎家才能借着给娘家送亲队伍送礼篮的机会稍稍扳回一成，在娘家人面前作威作福一番，然后马上又把娘家人高高供起。

今天是棍坎的八岁生日，他在家庆祝完生日后，拿了一盘蛋糕到"榕树根"送给大家吃。这几天棍坎和城邦形影不离，上学放学玩耍，都在一起。

丽娟告诉我一个消息，明天帮本举行新公房启用仪式，要进新房，他们今晚努力练习新舞就是为了明天在帮本的新公房表演。

2015年11月21日　晴

昨天从户拉回来时在买直寨头遇到木壮和木色，于是顺便将他们带到了木色家，到今天早上得知木壮昨晚没回家，于是趁着早上有事去买直到月亮湾木色家看了一下。到木色家没见着木壮，说是昨晚就没再见过木壮了，木色和奶奶都在家，我约木色来"榕树根"玩，她说下午要和奶奶去做客。

今早我是和郝哥一起去的木色家，去木色家之前我们先去买直董跑腊社长家走了一趟，向社长汇报，明天让孩子们帮买直水井铺路的事。问问他的意见，社长十分支持这件事，很是击节叫好。

从木色家回来，我们又去了干卷家、弄央家，都是为了借明天铺路用的工具，下午"榕树根"一行人浩浩荡荡地奔赴帮本公房参加新公房进新房仪式。

到了帮本寨中心，距公房还有 200 米，我们就被民兵拦了下来，告知机动车不能再往里走了，公房里人流繁杂，熙熙攘攘，我们到公序的第一件事就是张罗招呼孩子们一起吃饭。时间给老奶奶们拍了一些照片，也看到了各村寨祝贺团饭前已经换好演出服装，穿着盛装在饭桌上吃饭。帮本的人则各司其职，添菜的、收桌布桌的、迎宾的、洗碗的、写礼单的、负责安保的……井然有序，吃完饭我和乐安东老师去老人房坐了一下。老人房做得简约，也不大，铁皮顶，竹编墙，是传统式的房屋。进门一个小客厅，右边是一个小侧门和小阳台，里进分两间，左边女间，右边男间，中间一道矮矮的"木定"墙。鬼门开在右边的男人间，两间房各有一个火塘。我们进了男间，与几个老大爷聊天，遇到了 5 月份找宽仙节场地时在野外碰面聊过天的一位大爷，我与他聊天时他跟我讲他家是梅普，从瑞丽迁来，从龙江电站上游的"瓦将 run"渡到了龙江东岸。"瓦将"是载瓦语"竹梢"的意思，"run"则是景颇语河谷之意。估计是因为当年那段河谷附近长满竹子而得了此名。

晚上 8 点左右，晚会正式开始，没有领导讲话，直接就是开始表演节目。"榕树根"有三个节目，女子爵士舞女子街舞，男子街舞《竹林深处》。男孩们的节目直接排在 16 位，男孩们开始跳舞前，社长上来宣布今天外出工作、嫁出去外寨的老帮本人们为村寨捐款共计 1 万余元（具体金额没记住）。

男孩们的街舞表演胜过所有节目。

2015 年 11 月 22 日　晴

今天早上"榕树根"组织以上次"金盆洗手"的少年们为主力的团队到买直做义务劳动——给买直寨通往水井的路铺上红砖，因为这条路雨天又湿又滑，给去水井打水的人造成了极大的恶劣影响。

早上先找保况龙宝（保勒伴爷爷）把拖拉机开出来，到球场帮我们运沙到买直去，事后我付了他50元运费，他对收取运费这件事挺难为情的。

干活的孩子们表现得都很积极，活干得更努力，铺完红砖，乐安东老师还带一帮小孩去清扫了农尚榕树下的落叶。

下午我送爱坎和木色去学校，给了他们每人20块的零花钱，乐安东老师去参加帕软的进新房仪式，与老人们聊得很好。

水洒老板发微信朋友圈说今天停业一天，因为他们寨子（南么村）今天进行公房的进新房仪式，要回寨子准备宴客的120多桌绿夜宴。

2015年11月23日　晴

晚上送来"榕树根"补课的董建医和李志门回去，在拱引寨脚遇到两个人，喝醉了坐在地上的是鸦片奶奶的老公，在后面照顾鸦片奶奶老公的是李桥宝（木介爸爸）。

今天早上郝哥和我带着珈乐和勒南去爬了崩洞寨背后柱子形的帕龙崩（山），想为后面的野外生存训练探出一条路来。一整个过程勒南都很兴奋、紧张、活泼，我来"榕树根"这么长时间，第一次见到这样的勒南。探路从早上9点开始，下午3点回到"榕树根"，路上先找李勒腊（李干内的父亲）问了上山的路，后来又找木途腊问了路，他们的回答都是有上山的路，但以前常烧山火，去山上放牛找柴的也很多，所以有现成的路直通山顶，近几年草长长了，路也就消失了。我们也只爬到距山顶20米的山崖脚下，没在往上前进。

下山时遇到与李勒腊一起破篾子的汉子，他问了我们登山的过程，相约下次有机会一起登顶。

2015年11月24日　晴

早上"榕树根"团队一起去了芒市，李旸姐和乐安东老师看望"榕树根"在芒市读书的学生们，郝哥负责去车行取黄毅部长帮忙联系的基金会捐赠的皮卡，我去驾校报名。

我在芒市接到了有意愿来"榕树根"工作的黄玉佩黄姑娘，回程遇到了两起车祸，一起在三台山至遮放的下坡途中，一起在芒瓦桥东侧，都是摩托与小车相撞的事故。

朋友圈和微信群里许多人在转发遮放镇弄坎村委会南么村民小组公房进新房仪式的视频。

早上去芒市时包了杨师傅的车，前晚与他预约了早上8点出发，启程时，杨师傅说昨晚有人包他的车去南么进新房，结果大家被同来进新房的陇川妇女们缠住，到早上5点才回到家里。于是郝哥帮杨师傅开了一程车，直到芒市。

2015年11月25日　晴

八家寨排昆先家附近的竹子这两天被砍了不少，竹梢、竹枝散乱地丢弃在道路的两边，这片竹林属于排社长的家族。

22日的村寨义务劳动时，"榕树根"运了一辆推车去买直，返程时大家都认为推车被旺友和唐勒迈（大）推回"榕树根"了，但今天遇见旺友，得到的回答是他们将推车放在劳动的地方就离开了……今天在买直寨找了一圈都没发现那辆推车，于是拜托干卷妈妈和弄央妈妈帮忙打听寻找。

雷勒东家正在修建牛圈，牛圈修在大门外的左侧，先用铜构架出架来，再覆盖铁皮，最后用。

下午鸦片奶奶拿了一大碗福寿螺过来说要换10元钱，我正在做饭，于是乐安东老师拿了钱给她。

最近附近几个寨子的许多人家门口都栽了一盆蓬，那是念口舌鬼驱邪栽下的。

2015年11月26日　晴

今天早上一个NGO的人员拜访了"榕树根",这是一个专做艾滋病项目的机构,来"榕树根"商谈看看大家能不能在艾滋孤儿项目上有一些合作。带队的是之前来"榕树根"寄住过一段时间的邢梦瑶的父亲,跟随他来的是他们组织昆明有关部门的人员。

晚上韵达快递的老板帮我们送快递上门,乐安东老师去取快递的时候,他主动提出要当我们的志愿者,不但他家的快递,连其他家的快递他也都取了帮忙送到"榕树根"来。

今天隔壁的五岔路乡与芒市禁毒委员会办公室,芒市自行车行业协会联合举办以"远离毒品,健康骑行"为主题的禁毒防艾宣传活动。

今天早上,拱引的广播播了一件事,雷界的梅普干卷明天进新房。然后接着播广播的是崩洞,播了两件事,一件事是明天开香料烟种植技术现场会,另一件事是梅普干卷明天进新房,下午帮本也广播了梅普干卷进新房的事。

早上还去赶了一趟糖厂街,回来时遇到了去糖厂上班的干内母亲丁桂英,向她打听糖厂开榨时间,她说若有其他榨区的甘蔗进来的话,就从12月10日开始开榨,若其他区的甘蔗不进来就推迟至12月20日开榨。

2015年11月27日　晴

今天早上营盘村在拱引的烟田里召开香料烟种植技术现场培训会,拱引的雷书记第一时间在朋友圈发布了培训现场的图片。

户拉中学的初二、初三年级今天召开家长会,我帮忙通知了孙木色的家长和唐木壮的家长。木壮家是父亲去开的家长会,木色家去的是奶奶。家长会后郝哥顺路将木色和奶奶载了回家,木色奶奶送了一袋米给郝哥,让他带回"榕树根"。我则送爱坎回跌撒,快到跌撒时接到邮局大哥打来的电话,让我去拿邮件。邮件里有一封给乐安东老师的挂号信,落款是"德宏州景颇族发展进步研究会",旁边还盖了三个"2016中国德宏景颇族国际目瑙综歌节组委会"。里面是两张分别给乐安东老师和李旸姐的函件，写着"景颇文化传承与创新发展暨纪念景颇文创制120周年学术研讨会特别征稿函"。后署"2016中国德宏景颇族国际目瑙纵歌节组委会，2015年11月11日"，他们留了两个联系人姓名，石瑞芳和木闹，其中，木闹是我侄女。

下午去接舞蹈老师，在芒瓦桥附近遇到徒步往家走的雷干先，我说待会儿返回来载他，他说不用了，妈妈已经来接他的路上了。

2015年11月28日　阴

今天早上路过月亮湾，木札在家门口冲我喊：今天没法来做饭了，寨里有人结婚，要去帮忙迎宾。她跟我商量，能不能让之前与她一起来过的缅甸傣族妇女来做一天饭，我说可以。

中午去买直把推车拉了回来，得知那天是大家准备去集体合影的时候旺友的堂哥见空无一人，就将车拉回家里，之后又去跌撒接爱坎和志门，正好家里在吃饭，我被拉去坐了一下。志门的父母与我聊起一个事，他们有志门小学毕业后，让他去腾冲的一个山区中学读初中的打算，问我的意见时我说请他们慎重考虑，先别急着做决定。

跌撒今天也有人结婚。

男孩们今天去库区弄了一条鱼，但返程中八家寨的排昆先的手摔伤了，先是去了户拉医院，又去了遮放医院，在设备更齐全的遮放医院给手拍了片，发现没什么大碍。

晚上雷木色给我打电话，问我珈乐的手是不是跌伤了？我说没有啊……后来才知道是排昆先跌伤手的事，传到她那儿就演变成珈乐跌伤手了。

隔壁五岔路乡的赵书记在微信朋友圈发布了布置"德宏州学习贯彻党的十八届五中全会精神'五用'演讲报告会"现场的图片。

2015年11月29日　晴

中午去了一趟帮本保自诺家,郝哥找保自诺谈心,我和保自诺奶奶聊天,说到户拉中学禁止学生骑摩托去学校的事情,保奶奶说可不敢让保自诺骑摩托去学校了,村寨里已经出了几次车祸了。她说的三起车祸中有一起是之前我和乐安东老师遇到的拖拉货车刮翻三轮车那一起,驾驶三轮车的是帮本寨的梅合腊。

下午送勒恩回去,与保自诺预订了十棵龙竹;到天黑时保龙孔(保孔龙儿子,保勒伴父亲)来预支了100块竹子款,说是要给保勒伴零花钱。

雷书记在微信朋友圈发布了香料烟种植户们集体互帮互助劳作的照片。

五岔路乡在弯丹村举行"德宏州学习贯彻党的十八届五中全会精神'五用'宣讲报告会"来自中央和全省各州市县广播电视台12个少数民族14种语言广播的50名记者现场观摩了此次报告会。

德宏州"五用"宣讲团被中宣部评为基层理论宣讲先进集体,成为全国32个基层理论宣讲先进集体之一,也是云南省唯一获此荣誉的单位。

宣讲会结束后,景颇群众跳起了欢快的目瑙纵歌,从现场照片看此次目瑙很正规,程序齐全。

2015年11月30日　晴

今天上午保龙孔拉了十七棵龙竹过来,按价钱算应该给他195元钱,我凑个整数给了他200元整,因为他昨晚已预支100元,所以今早只给他100元。

下午去龙江玩了一趟,回来的路上旺友和建医说要去旺友家睡,我问他们怎么回事,他们说是因为旺友妈妈不在,所以他们要一起守家,到旺友爷爷奶奶家时,我问问旺友里面现在都住着些什么人?旺友说是她叔叔和奶奶,我问她爷爷奶奶不是都进去了吗?什么时候出来的?旺友说奶奶进去没多久就回来了,但爷爷因为是主要贩毒人员,所以一直在里面吃国家的饭。

雷书记和唐勒盖去弄列串亲戚，在亲戚家里几个汉子共同下厨做撒撒吃，雷书记在朋友圈发布了做撒撒的过程。

2015年12月1日 阴

今天上午承包雷勒都坡地的汉子开着三轮摩托来地里掰玉米，我问他怎么这个时间才来收玉米？他说是长势太差，都不想收了，其间他看到了木兰爸爸的坟，便问寨里最近死人了吗？我把情况介绍给了他，他还确认了死者身份和地址。

今天有两个淘宝卖家给我打电话，一个是广东的电磁炉商家，报了一组我没听说过的快递名字让我选一家，我说我已经注明只能申通、中通、圆通、韵达这四家了，那边的回应是这四家都发不了货，后来听李旸姐的意见，让他们发了汇通。之后又有一个安徽的画架商家打来电话，问能不能走我没听过的几家快递发货，他们与申通、中通、圆通、韵达都没有合作关系，发不了，我说那发邮政吧？对方说画架太长了，邮政不让寄，于是我让他把他发的快递名称发过来。他发了全峰快递、快捷快递、国通快递、汇通快递，于是又选了汇通。到了下午又有个电话进来了，"您好，我是遮放镇汇通快递，您在户拉附近是吧？我把您的货发到户拉中通快递，麻烦您过来取一下。"汇通能转中通户拉站是今天听到的最好消息。

画架是珈枫定的，电磁炉是珈枫妈妈雷木色订的。

2015年12月2日 阴

天气预报说明天有大雨。

早上雷勒定背着小孙子来"榕树根"，手上还拿着一包豆豉，与乐安东老师商量能不能把我们堆在球场的红砖送给他们家一点，乐安东老师答应了，还收下了他的豆豉。说完这个事他也不走，背着小孙子在"榕树根"东瞧瞧,西逛逛。我问他:"我这小外甥几个月了?"他回答说:"都有六个月了。"郝哥向几个志愿者介绍雷勒定:"这是珈枫、珈乐的爷爷(外公)。"

去芒市参加驾培理论课,顺便给排昆先带他忘在这儿的药下去,在小卖铺把药给昆先时见到了唐腿莫,和他商量过几天来给"榕树根"重修长椅的事情,他说今天不太有时间,得去月亮湾请董萨。"上次大姐(保自孔母亲)家的老大(保自孔)前段时间不是让公安来给弄走了吗?所以家里要祛祛邪……"晚上回来与乐安东老师聊起这事,乐安东老师说他看到的是董萨在唐腿莫家门口念鬼。

德宏州委宣传部微博"美丽德宏"今天发了一条新闻《宝瑞铁路开工,全长196公里,时速达140公里》。昨日,泛亚铁路西线,大瑞铁路保山至瑞丽段全面开工建设,标志着泛亚铁路西线国内建设全面提速,将进一步推进我国与南亚、东南亚实现互联互通"接口"建设。

2015年12月3日 阴／小雨

一早,帕软的副社长就在朋友圈里发布了一组图片,在甘蔗地里开现场会,在甘蔗地里拉的红布横幅上写着"芒市甘蔗除草地膜全覆盖观摩会"。

今天天气阴沉,从早到晚都没出过太阳,并不是很适合种植,但排麻东家仍选在今天种植香料烟,就种在牛棚下边那块地里。拱引的种烟户都组织起来互相帮忙,今天在排麻东家干活的种烟户有30多人。地是前几天已经用机械耙好了的,大家先起垄,施上肥,再覆膜,然后又在地膜上戳出小洞,植入烟苗,明天还得浇定根水,排麻东妻子已经来"榕树根"商量好明天借用"榕树根"水池里的水。

今天种香料烟的人群里有雷书记,他下午发布了种烟的小视频。附言:"偏坡种香料烟。"

2015年12月4日　阴／阵雨

排麻东家刚给烟苗浇好定根水，一场突如其来的阵雨就倾盆而下，把整片山区浇了个透湿。

鸦片奶奶今天来了两次，她老公来了一次。第一次来的时候正好遇到我，鸦片奶奶说身体实在难受，家里又没有什么东西了，所以拿了两包盐过来，好歹换给我5块钱吧。我拿了5块钱给她，说盐你还是拿回去吧。第二次来的时候拿了几个鸡蛋过来，把鸡蛋留下来，没拿钱走了。下午她老公又来了，手里拿了一兜豌豆尖，我说大爷今天你们都来了三次了，大爷回答，没办法啊，你大妈得拿那东西续命啊……

昨晚，旺友骑摩托来"榕树根"接董建医，临走时跟我们说，我妈妈今天结婚。后来得知，他妈妈与一个20多岁的男青年重组家庭了。

2015年12月5日　晴

早上去找修建库房的工队，走到寨脚时，正好看到勒干、雷勒南、排勒锐正在帮雷木比家砌围墙。排社长骑了一辆摩托车也停在旁边，一问也是来找工队的，排社长想找人修个牛棚的饮水槽，我们一同询问了下，木比家的围墙要两天才能做完，排社长的饮水槽真动起来可能要用三四天，但又还说不准什么时候动工，工队的人也不太好答应什么时候能从农忙中抽出时间来做工程。我临离开时，排社长说上面有意修村里通往榕树那条泥路，但经费不够，可能只规划到雷书记家，让我问问李旸姐愿不愿意出点钱把路修到"榕树根"，我一边告诉他"榕树根"现在经费困难，一边表示会把话转达给李旸姐。

何胜磊家这几天都在忙着种香料烟，我问何胜磊做了多少活，他说回去干了一早上，到烟田弃垄去了。上营盘的人则下来种冬甘蔗了。

2015年12月6日　晴

早上木色打电话来，说下午送爱坎去学校时顺便捎上她。

中午，李旸姐、乐安东老师一起到木苗家给木壮过生日，木壮妈妈特意赶回来给他操办生日会。我路过时进去了一下，出来时木壮妈妈塞给我一包蒸好的糯米，说这是传统习俗，但我一下子没弄清这是景颇习俗还是德昂习俗（木壮妈妈有二分之一的德昂血统，木苗妈妈是德昂族）。

从木苗家刚回到"榕树根"，干卷妈妈的电话就来了，问干卷在不在"榕树根"；弄央的父亲刚刚走了，她在弄央家帮忙，想找干卷代她去帕软做个客。我把弄央父亲离世的消息告诉了李旸姐，于是我留下来守家，郝哥开车送小孩们去学校，李旸姐、乐安东老师去弄央家。

邓赛圆今天不参加礼拜，来"榕树根"参加吉他课，结果中午停电了，上不了课，于是他只好自己练了一会儿，然后回家去了。

下午再到弄央家时，他家里已经聚了不少人，桌椅已经摆开，一辆拖拉机拉了一车柴正往厨房边倒，社长开始在广播里安排明天的各司其职人员。

李慧平明天回"榕树根"取物品。

2015年12月7日　阴/小雨

唐勒迈和孙珈乐都没有去学校，他们告诉我，老师通知他们班集体回家休息，等期末考的时候直接再去学校考试就行了。

去月亮湾办事的路上遇见弄央载着董干丹买东西，弄央哥也开着三轮摩托一趟一趟地往家里运东西。村里的一群青壮年在房屋背后弄央父母亲房间的头顶位置架了个杀牛桩，杀翻了一头黄牛，正在分割牛肉，这头牛景颇语俗称"头顶牛"，一般由姑爷种亲戚承担这头牛。在院子里已经用各式树枝搭了个叩天的祭蓬出来，等死人抬出门时这蓬也就要随之拆了，或丢弃，或将树枝插到坟地去。

一些姑爷种亲戚背着礼篮放着鞭炮陆陆续续到达。

之前董萨春的卦是中午12点正式出殡，但临近12点，抬棺材的竹竿竹架仍没弄好，于是另择时间，定在1点至3点之间出殡，一众汉子七手八脚一阵忙乱，终于在将近 2 点时准备完毕，鸣礼炮出殡。买直的坟地在帮本寨脚的丘陵上距离大约 3 公里，送葬的人以青壮为主，大约 20 来人，再就是一群中老年妇女，约有十多人。我们在路上歇了六次——因为有"男六女七"的说法。每次上坡或路不好走大家步幅放慢时，都故意将之怪罪于死人，说"他"做怪让棺材变沉，一通"砍他""砍他""再做怪就砍他"乱喊，做威胁死人之势。

买直的坟地现在还承担一个功用，就是一个公司的橡胶和咖啡套种基地。大家选坟地就在分属各家承包出去的地上用传统方法丢个鸡蛋，鸡蛋在哪里破裂就将人埋于何处。这次鸡蛋没有在大家都看好的土地上破裂，而是滚了几滚才裂在一个斜坡上，没办法，于是就地挖坑了。

之后就是家人们整理遗容，再次盖棺，埋土，挖坑群体先走，大家再陆续离开。

回来的路上看到一些傣族在用挖掘机挖铁道木的根，铁道木的根是制作根雕的好树料，最近有越来越紧的趋势。

回来后在弄央家门口的蒿草盆里洗了个手，就往榕树走，在八家寨的丽娟奶奶的小卖铺里看到勒迈和父亲在往摩托里灌汽油，边上还放着一袋香料烟草，一问果然是去种烟的。回到"榕树根"陪惠平去木兰，小苗家送了点牛肉干。

中午我正在出殡路上时，电话突然响了起来，这电话是百世汇通的工作人员打来的，说我有一个包裹，我依例说麻烦你帮我转到户拉中通去，但她回应我说，现在汇通在月亮湾对面有一个投送点，我到那儿去拿我的东西就好了。

2015 年 12 月 8 日　阴

今天一早，郝哥送郭亦凡、黄玉佩、李慧平去芒市赶飞机，有了车以后开销增加，加上最近主要由郝哥跑外面采购，1 日到现在，郝哥从我这支了 3000 块左右的公款。

之前谈好的工程队,从今天开始来"榕树根"建设库房。

弄央家今天才办正客。昨天下午我们从坟地回来后,各个村寨才开始广播今天去弄央家吊唁的通知。

鸦片奶奶的老公今天一天之内来了两次。早上拿了豌豆尖和在路上捡的"榕树根"学生照片,下午拿了一碗田螺和几块姜几个洋丝瓜。我让他把田螺拿回家去了,晚上和李旸姐商量一天最多收一次鸦片奶奶的东西。

排麻东的老母亲从寨脚的家里拿了一点东西来排麻东家里,并从麻东家里拿了一把刀去砍竹根做柴。

最近村里大部分农户都在忙着种香料烟,据唐腿莫说他种了两亩多,去年他种的是烤烟,雷勒当家种的仍是去年种的那块田,大概一亩左右。

今天旺友和建医来了"榕树根",可我忙着做饭,乐安东老师和李旸姐又去了弄央家,于是只好放任他们玩手机到9点多,把他们送回家了,今天得知确切的消息,旺友妈妈结婚是这个月15日,前几天只是向村寨长老们说明要再婚的情况。

2015年12月9日　阴转晴

雷勒当家继续在烟田里干活,他们采取的劳作方法是先把地膜都一次性铺盖完,再回过头来一次性把烟苗都种下去。

今天是户拉街,上营盘的几位妇女徒步下山,到拱引坐拖拉机赶户拉街,回程时顺便参观"榕树根"。乐安东老师在办公室招待了她们。其中有一个是云大硕士生李慧,拜访过两次的帕加腊的女儿,李慧之前曾跟我提出希望获得帕加腊家人的电话号码,于是我将帕加腊女儿的电话记了下来,发给李慧。

中午勒恩来"榕树根"吃饭,乐安东老师抽空为勒恩补了一下课。

晚上拱引的广播通知,有乡政府的工作人员来村里组织大家开会。希望大家早点吃饭,迅速来公房集合开会。

与上营盘的妇女们聊天时，我问了一下上营盘到拱引的路恢复通车了没有（之前的雨季，雨水把路冲毁了），她们回答，有装载机在推路，已经推到傈僳寨了。下午的时候，装载机推到了拱引，把村里的路也顺便推平了一些。

2015年12月10日　阴转晴

昨晚李旸姐和郝哥去珈枫、珈乐家里家访，一直与珈枫、珈乐的父母聊到8点多。其间9点多到11点多，雷木色（珈枫、珈乐母亲）去公房开会去了，开会的内容是主要评估拱引能不能评选贫困村，这样就能争取到一些扶持政策，听说评贫困村有一个硬性指标，就是必须有九户贫苦户。

这段时间雷木色和老公正忙着把珈枫的户口从怒江转到拱引，好让珈枫明年6月参加这边的中考，为此他们做了很多努力。

早上在厨房发现一张请柬，是帮本的梅干作和李干果为次女出嫁举办婚宴的请柬。

晚上崩洞的广播播了梅干作和李干果邀请大家参加婚宴和催村民交养老金两个事。拱引的广播则在播了梅干作和李干果的邀请后接着说：后天，也是在帮本，唐勒腊和排木拽邀请大家参加儿子的婚礼，于是我就在猜是不是同寨的这两家人结为亲家了……

今天早上去雷勒南家院里接施工用的电路时，路过排麻东家的牛圈，发现有一头小牛死在了牛圈外头。

麻庆打电话来问我村民日志记录者去昆明培训的事情，我回复他晚上会找李伟华老师详细询问一下。

2015年12月11日　晴

昨天买直寨子又有一个老人去世了，是之前推走"榕树根"推车的那一家的老人。这一家人姓木图，是旺友和干卷家的亲戚，与旺友家关系更近一些，旺友妈妈今天还打电话让我们晚上去跳丧葬舞，但等到10点，鼓也没有敲响……

今天接到两个消息：

1. "榕树根"筹备了很多年的景颇儿童故事书终于被出版立项通过了。

2. 省委黄毅部长下周四再莅临"榕树根"，参加云南省温暖工程基金会的捐赠仪式，为温暖工程基金会捐赠"榕树根"皮卡车的仪式做个见证。

中午去木色家告诉木色奶奶，下午我们负责把木色从学校接回来，木色奶奶却告诉我昨天木色病了，晚上将她接了回来，打了一针小针，今天早上又吊了一早上盐水。

唐木兰家从今天开始种香料烟，估计到周日种完；而雷勒当家的香料烟也还没种完，今天又全家上阵种烟，只剩下雷勒南一个人带着雷勒当尚不满周岁的儿子守在家里。中午我还找他借了一个蒸笼，借蒸笼的原因是今天整个区域停电了，因此要用柴火做饭，而今天正逢周五，"榕树根"会来大量的孩子，所以得借蒸笼蒸出大量的米饭来。

停电的原因是有一段线路要搞电网改造，改造的线路是营盘小学附近的那一截。南方电网的工程车在营盘小学门口停了一整天。

晚上雷干先从江东中学回到了家里，来"榕树根"找唐勒迈，与李旸姐交谈时干先说爸爸已经答应让他下学期转学到户拉中学。

而营盘小学这几天正全员备战将于22日举行的全乡小学生运动会。

2015年12月12日　晴

早上快10点了，要练舞的孩子们都还在睡懒觉，在去村寨里催促孩子们起床的途中遇到旺友妈妈，我问她昨晚我们都没听到鼓声，难道没有跳丧葬舞吗？旺友妈妈说她们跳了，但没敲鼓，只是用音响放了音乐跳的，所以声音可能传得不太远，她们跳到了2点的。

给"榕树根"库房工地运沙的王老板找别人运了一车沙过来，他自己则忙着运土倒土，从拱引的山里运到田间的机耕道里。

今天仍停电一整天，今天整修电线的是八家寨至拱引寨脚这一段。工人先把电线挂上电线杆，然后用拖拉机把线绷紧绞紧。

早上叫孩子们起床的时候接到乐安东老师的电话，说王尚瑞将奶奶锁在外面，自己不知跑哪儿玩去了，问我有没有找到王尚瑞？我没找到王尚瑞。

下午突然接到保自诺奶奶的电话，说她病重让保自诺赶紧回家，我带保自诺回家后发现她奶奶横卧在前廊上，一边是不知所措的爷爷，保自诺边哭边给奶奶刮痧，但没什么用。我和闻讯开车赶来的郝哥商量，他开车先送人上医院，我回榕树拿钱（他们家是没什么钱了，也没交过农村合作医疗的费用）。

还好我赶到医院时保自诺奶奶已经输上液了，只是急性肠胃炎而已，不过痛的模样比较吓人。这几天帮本都有喜宴，保奶奶忙前忙后，又熬夜，身体吃不消，又吃了些冷饭冷菜，才把肠胃给激出病来。

在营盘医务室给保自诺奶奶输液时还遇到了木色，木色告诉我们之前经常来"榕树根"的早迈（户拉中学初一学生，弄央的同学），前段时间在学校打篮球，摔断了手。下午把奶奶送回家后，保自诺和雷木色商量着要去龙江边找正做活动的"榕树根"团队，木色回家拿衣服。

我想了想，觉得不妥，怕木色吹了江风后感冒加剧，便赶到她家去，想劝她别去了。到她家后发现她奶奶手里握着一条三指宽的竹片，要打木色，嘴里说："让你烧水、喂猪，你却一整天在外面贪玩，什么也不做，说，是不是找野男人去了？"我去把她奶奶手上的竹片边劝边取下来，解释木色没走远，只是在医务室陪保自诺……

买直的山官后代排早诺家，这几天在院子里摆了不少建材，准备盖一个铁皮棚。

2015年12月13日　晴

今天继续停电。

买直农尚边有人在锯铁道木,准备拿回家当柴,但不知道会不会把根挖了卖去做根雕,因为那根看着还不够粗。

这几天西山乡和遮放镇的农民们都忙碌在香料烟田,还没种烟的在种烟,已经种烟的在往烟田里浇定根水。

今天帮珈枫从户拉申通取了个练习绘画用的包裹回来,以前户拉只有圆通一家快递投放点,后来出现了中通,再后来又出现了韵达、申通,直至前几天百世汇通,把投送点设到了月亮湾……

这些快递站点都有两个特色:

一是快递业务基本上都不是业主的主营业务(中通除外),像圆通的老板是开金店的,韵达的老板是卖电器的……

另一个特点是这几家快递站点都有一项附加业务——淘宝代购。

早上保奶奶继续去医务室打针,没有医药费,托保自诺从"榕树根"借了100元钱,李旸姐知道后表示别让他们还了,他们全家都没上新型农村合作医疗保险。

2015年12月14日　晴

王尚瑞没有去遮放中学上学。

珈乐和勒迈没有去户拉中学上学;昨天珈枫去学校时,他母亲雷木色拿了张卡给他,让他取500元钱交给郝哥,让郝哥带回家,今天早上郝哥去给雷木色送钱,遇到珈枫爸爸孙朝奇,孙朝奇说这几天他的血压又升高了。

孙朝奇是个越战老兵,在战斗中失去了几根手指,后来分配工作到怒江,再后来发病退到瑞丽闯荡,前几天与雷木色一同到雷木色的家乡拱引定居。

2015年12月15日　晴／阵雨

今天是旺友妈妈举行婚礼的日子，早上拱引寨的广播就响了：

"今天买直、木图干么（旺友爷爷）的儿媳唐某（旺友母亲汉名）与梅何堵龙在芒良寨勒炯（人名）饭店举行婚礼典礼，宴请大家，欢迎大家前去做客。"

中午与木札了解这边的新型农村合作医疗保险缴费额度，木札说120元／人，她和老公俩人每年需缴纳240元，许多村民是不缴纳新农合的，但她和老公公每年都按时缴纳。

昨晚得到确切消息说黄部长不来"榕树根"了，而省电视台又打电话说，省文明办的领导指名要乐安东老师和李旸姐带孩子参加《云南好人》节目晚会，所以最后决定由乐安东老师和李旸姐带珈枫、爱坎一起去昆明参加晚会。

下午去户拉中学，把珈枫和爱坎接回了"榕树根"，因为回来得晚，我们几个人在珈枫家吃了晚饭，今天有几个珈枫爸爸的朋友来家里玩，院里停了两辆轿车，吃完饭我们在院子里烧火聊天。雷勒都来了，是来找珈枫妈妈要酒喝的。珈枫妈妈怎么喝斥他也不走，后来无奈拿了一点酒给他，他还想再要一些，珈枫妈妈不理他，躲一边去了，过了一会儿，雷勒都见要不到更多酒了，就起身回家去了。回到家后他大声地放起了景颇音乐。

2015年12月16日　阴／小雨

早上去了一趟户拉，回来时在遮相路口看到一辆侧翻在村道旁的三轮车，村道外侧是高度3米左右的松土坡，几个大人在三轮车上绑了绳子想把三轮车拉正，车旁还立着七八个背书包的小孩，看样子是三轮车侧翻前坐在车上的，很幸运车只是侧翻了，若倾覆或翻滚几圈可真是不堪设想。那些孩子看着年龄都很小，五六岁的样子。

过了芳微宾馆，见新铺设的水泥路上坐着不少傣族大爷正在编祭祀用的竹筐竹架。

中午时雷勒定背着小孙子来"榕树根"转悠了一圈，说是家里人都种烟去了，所以孙子只好归他管了，下午雷勒当（雷勒定小儿子）又背着这个小孩出现了，问我有没有见到他的女儿雷木办？

西山乡小学生运动会将于22日在乡中心小学举办，营盘小学正在加紧训练各项竞赛项目，不过今天是全校师生合练入场式，喊口号的声音远远地传到了"榕树根"。

今天一早，乐安东老师和李旸姐带爱坎和珈枫赴昆明参加《云南好人》节目年终晚会的录制，但因为昆明今天下起了雨夹雪，所以航班延误，到将近下午3点才抵达昆明。

中午和工队的向师傅吃饭时，他说他们这几个高速公路沿线的寨子（向师傅家在傣族跌撒寨）必须把家中建盖的石棉瓦、青铁皮屋顶都一律换成红铁皮，产生的费用将由上级财政承担。

木札说圣诞节时她要回缅甸，但她老家那个地区的圣诞庆典已经延后到27日了，而山上的傈僳寨这几天已经开始运积过节的物资了。

晚上崩洞的广播通知西南桦种植户将亩数、棵树、树龄都统计出来，报到社长手上。

2015年12月17日　阴／晴

一大早，腿莫就在院外的平场上劈柴，之前传说已无人居住的李开泰家，也突然堆了一堆柴火，屋外也晾出了几件衣服。

中午去户拉买钻尾，路过排干家时发现珈乐和勒迈正蹲在墙角蹭WiFi，他们来这蹭WiFi的原因是"榕树根"的WiFi已经不正常好几天了。排干家门外还停了一辆挖掘机。

买直排勒跑家正种植冬甘蔗，他们家今年新增的种植面积是2.6亩。最近各村寨已经停止砍伐竹子了，很多男人改为进山砍柴贴补家用，今天买直人就拉了两拖拉机柴火去集市上卖，而每天下午，用油锯切割木材的声音会传到村寨里来。

下午何胜磊给我打电话，说放假了，希望我去接他，我最后安排了干卷去接他。

2015年12月18日　晴

今天拱引的腿莫运了一拖拉机木柴去户拉销售。下午去水池查看水管时，看到沿途的树已经被砍了不少，尤其是一些直径在30～40厘米之间的红木，被砍了许多。这些树会被它生长的地的主人卖给专门砍树拉去集市卖的伐木人，然后再由伐木人砍伐，切成规格的长度，运下山，装车，在集市上出售。

中午孙勒拽的妻子带着另一个妇女来参观"榕树根"。

帮本今天进行新公房的进新房典礼，邀约一些寨子参加，买直寨也在这些寨子之列，每个寨子要出三个节目，一起开个庆祝晚会。买直的节目里，"榕树根"孩子们准备的节目占了大头。

傍晚崩洞寨的广播宣布：拿到票的农户可以开始砍甘蔗了。

2015年12月19日　晴／阵雨

今天一早，龙江糖厂就开始预热锅炉，热了一段时间后开始释放气压，声震十里，持续了两三个小时，李旸姐与乐安东老师带着爱坎、珈枫，今天一早乘坐瑞丽航空的航班，从昆明飞回芒市，郝哥负责去机场接他们回"榕树根"，珈枫感冒了，回来后猛睡一天。爱坎状态还行，问他去昆明参加晚会，有何感想？他说了三点：第一是见到雪了；第二是原来电视上看着光鲜亮丽、金碧辉煌的舞台，现实中是很简陋的，只是靠灯光效果衬出来的；第三是原来编导们是那么能折磨别人和自己的。

今天鸦片奶奶出现了两次，早上拿来一小袋福寿螺，我给她五元，她想要10元钱，但我说只能给5元。第二次捎了一些嫩豆尖过来，我说一天只接受一次她的物品，她笑笑，走了。

晚上孩子们在活动室练舞，练到兴头上做出了一个决定，明天去遮放的大街来一次街舞快闪，为了把舞练好，把街舞队的人聚齐了，派了旺友和弄央去叫珈乐一起来排舞，但珈乐已经睡了，没能把他喊起来。

2015年12月20日　晴

今天早上孩子们如约去了遮放的街头跳街舞，临出发时，昨晚在"榕树根"排练的几个孩子对珈乐和建医说："你们不止昨晚，包括前几次排练，演出都临阵脱逃了，别坐在车里，下去吧……"说的时间长了，珈乐就含泪下去了，雷木色护子心切，就骂："榕树根街舞队的孩子们都是烂人，是狗……我儿子也是。"

但珈乐和建医最终还是参与了在遮放街头的演出。

2015年12月21日　晴

之前就听说坎子里的傣子们开始收获出售甜脆玉米了，但一直没亲眼见到。今天路过户拉时看到，在农闲时用来赶摆（过节）的平场里停着一辆拖挂卡车，有十几辆傣族农民的手扶拖拉机，载着满斗的甜玉米，正在装车。

拱引第一户砍甘蔗的人家是雷勒定家，因为榨季刚刚开始，大多数人还在忙其他活计，所以今天雷勒定家换工砍甘蔗的人并没有多少，只有唐勒殷妻子、排麻东妻子等五六个人。雷勒定的小儿子雷勒当负责挖倒甘蔗。

珈乐和勒迈本周也都没有上学，俩人赶着唐木兰（大）家的水牛来到寨田边，捡大家砍下来的甘蔗叶喂牛。而买直寨子前几天就开始砍甘蔗了，今天已经开始装第一车甘蔗，准备运往糖厂了。在买直的甘蔗旁让车时遇到石校长，他骑着摩托往月亮湾走，问他去哪儿？他说肚子疼，去营盘村医务室拿药吃。

明天全乡小学生运动会就要开始了，营盘小学的四五六年级学生将去乡中心小学一展雄姿，而一二三年级则直接放假——原因是老师们都得带队去参加运动会。

晚上收到了景颇网发来的"景颇学术研讨会邀请函"。

2015年12月22日　晴

冬至，今天出发前往昆明参加云南大学西边中心少数民族田野调查调查基地村民日志、影像志培训会。

临出发前看到"榕树根"楼梯倒了一棵芭蕉树，正好雷勒定妻子要去山上找猪食，于是我让她回家喊儿子把芭蕉树砍回家当猪食了。

2015年12月24日　（昆明）晴

参加培训间隙，翻了翻微信，看到拱引村民小组的雷书记在朋友圈发了三张自家烟田的照片，我估量了一下比例，发现他家的香料烟已经有十几厘米高了。

香料烟种植一个月后开始摘叶，得从1月份摘到四五月份。

2015年12月25日　晴

今天中共德宏州委宣传部官方微博"美丽德宏"发布了一条这样的微博。"德宏身边事【为龙江水利枢纽系上安全带，水利部948项目落户德宏】。12月21日，水利部948项目——高精度全自动三维变形实时监测预警系统示范区实施现场启动会在芒市举行"。由于水利水电工程在施工期或蓄水运行后，易造成山体滑坡，因此一种可联系工作，可靠有效的检测手段是必须的哟。

微博配图为营盘村边的龙江水利枢纽堤坝图。

2015年12月28日　晴

傍晚回到拱引时，正看到木苗妈妈在屋后堆木柴，一个人干活干得很辛苦。

2015 年 12 月 29 日　晴

今天早上一早就被货车的喇叭声给吵醒了，这是甘蔗产区的一个特色，一直会延续到糖厂停榨，拉甘蔗的车收到通知后就出发，在装车人所属的村寨和甘蔗地里安喇叭，提醒大家该来往车上装甘蔗了。中午有事路过糖厂，发现周围之前歇业已有半年的饭馆、修理铺、旅社都又纷纷开门营业，各家门口都停满了运送甘蔗的大卡车。

今天百事汇通快递通知我去收快递，终于弄清楚了，百世汇通快递月亮湾店的位置，原来是开摩托修理铺的李志代理，这个快递点，他原来的招牌是李志摩托修理铺，现在门上又多了一个蓝底白字的招牌：天天快递兼代理百事汇通。

雷乐东来修村里共同的水池的进水管，跟我借了一节内胎做缠绕带，从水池回来时问他家甘蔗砍了没有，他说还没有，太忙了，准备年后再砍。我又问他今年种了多少香料烟，他说比去年还多，去年他种了两亩。晚上李开发来还圣诞节时，借去拍片用的DV机，很难得的留下来在"榕树根"吃了顿饭。其间他用流利的载瓦语与珈乐、勒迈、勒南聊天。是的，本周勒迈、珈乐又没有去学校上学。

8点多干卷在"榕树根"出现了一次，拿走了他的手机，过了一会儿，窗外传出了他与王尚瑞吵架的声音。

2015 年 12 月 30 日　晴

排麻东家的牛圈外堆了不少甘蔗叶，而且越堆越多，这些甘蔗叶都是用来喂牛的，但水牛爱吃甘蔗叶，黄牛食性杂，再好吃的草也不会一直吃下去，所以只有黄牛的雷勒定家里没多少甘蔗叶。

今天收到确切消息，芒市州民中的学生明天来"榕树根"与山里小孩一起迎接新年，来23个孩子，27个家长，明天会大忙特忙一番，快中午时不远处响起了连续的鞭炮声，我第一时间意识到有人去世了，但没判断出鞭炮的准确方位，晚上问干卷听到什么消息，他告诉我月亮湾有老人去世了。

2015 年 12 月 31 日　晴

唐腿莫在往香料烟田里放水，据他预计今天早上就能把水放够放足，而同样往烟田里放水的李勒拽，则认为他至少明天才能放好水。

排麻东的牛圈外甘蔗叶仍在越堆越多。

州民中的学生们晚 8 点左右到达"榕树根"，与山里的孩子们一起联欢，开变装舞会，准备参加变装舞会的孙弄央打来电话说哥哥去了缅甸，妈妈一个人在家不太好，要留下来陪妈妈，没法来参加舞会了，但夜深后他还是出现了，问他怎么回事，他说哥哥从缅甸回来了。

雷干先放元旦假，从江东中学回家来了，今天有两个西山林业站的工作人员来"榕树根"参观，他们说他们在附近工作，午间休息时，慕名来"榕树根"参观一下。

2016年村民日志
2016年1月1日—2016年12月31日

2016年1月1日　雨

2016年的第一天早上，就下起雨来，今天因为需要木炭，四方打听，打听到了户拉村委会弄孟的岳二喊家售卖火炭。到他家只有他儿子在家，岳二喊去畹町运炭去了。询问几句后就证实，他家的火炭是从缅甸经畹町进口的，烧炭的多为德昂族。

排干和张富楼主任今天抽空来"榕树根"逛了一圈，与州民中学生寒暄一番后就开车走了。

原本准备随队去保山参加街舞比赛的排昆先骑摩托摔折了锁骨，幸好没有错位，去遮放医院包扎花了59元。乐安东老师垫付的。排昆先在QQ空间留言：不喜欢2016年……

2016年1月2日　雨

今天，"榕树根"志愿者曲文倩离开，回北京上班去也。曲文倩2012年读大二时就来尚在营盘小学内的"榕树根"做过志愿者，本次属于回访。

中午昆先奶奶打电话给乐安东老师，语气凶恶，硬说昆先是和我们做活动时摔伤的，乐安东老师好心带他去医院是心虚的表现，这事没完，去遮放草草包扎算个什么事儿，后面的医药费和责任得全靠我们负责。我耐心地解释说昆先不是在活动时受的伤，责任不归我们，但老人家不听解释，讲完她想讲的话就把电话给挂了。

今天营盘小学的排老师和老公在崩洞的新居举行进新房典礼，正好有几个昆明来的学农业的大学生来访，乐安东老师就带他们一起去典礼上吃饭，之后乐安东老师就去了芒市。

我和爱坎之后也去典礼上吃了饭，回到拱引时遇到八家寨保炯诺的父亲，他是来与我们商量能不能每周末去户拉中学接学生时顺便把保炯诺也捎上的。

晚上接到李旸姐的电话，说是董建医的爸爸打电话问他建医在不在

"榕树根",让我给建医爸爸回个电话。

董建医不在"榕树根",中午我就把孩子们都轰回家了。

2016年1月3日 晴

董建医的父亲今天来"榕树根"找孩子,我盘问了其他孩子后在勒南家里找到了正愉快地在牛圈的草垛里唱歌的建医,勒南和奶奶则在摘酸枣,勒南奶奶问我建医是谁家的孩子,我告诉他是买直寨去缅甸闯荡过十几年的振筒都的孩子。

王尚瑞的父亲修好了他的翻斗车,开着车去上营盘了。

今天去八家寨接保炯诺时,路过勒排腊家门口,看到他的院子里已经长满了杂草,女儿则是跟着奶奶生活。

村寨里开始有小孩在玩鞭炮了。

2016年1月4日 晴

排麻东家这几天都没有出去放牛,光喂甘蔗叶。牛的饮水问题则从"榕树根"接了一根胶管到牛棚直接饮牛。而雷勒定因为养的全是黄牛,还在每天把牛往山里赶。

中午勒恩来"榕树根"吃午饭。果双、木便等几个寨里的姑娘小媳妇来"榕树根"蹭WiFi,后来又开始打羽毛球,玩得挺开心的。

晚上"榕树根"团队开会,并初步商讨了带去广西户外探险游学的名单。

男孩初步定了:孙珈乐、唐勒迈、目旺友、李勒南、雷干先、董建医、排昆先。

女孩初步定了:保勒伴、王尚瑞、排丽娟、雷木苗(待定)。

晚上11点突然响起一阵鞭炮声。

2016 年 1 月 5 日　晴

一辆运蔗车抛锚在八家寨和买直交界处，放学回家的孩子们从车上掰了不少甘蔗高兴地边嚼边回家去了。

2016 年 1 月 6 日　晴

下午从芒市回来，在户拉下客车后在候车亭找载客师傅，准备乘摩托车回"榕树根"，车费 20 块钱。但只停一辆摩托，而且司机不在，正好杨师傅的车也停在旁边，他怂恿我："大老板么，坐车回去了嘛"。我也急着坐车，就上了他的车，小客车从户拉到营盘单程 40 元，40 元全是包车价。

我问他知道最近晚上老响炮仗是哪里又有人走了吗？他说买直有人走了，但不知道具体信息。

今天早上傈僳寨的李开发，在郝哥的带领下，去芒市王自江王总的修理厂打工去了。

2016 年 1 月 7 日　晴

"榕树根"组织的广西户外探险营又多了一个备选人选，拱引雷勒南的三女儿雷木志。

2016 年 1 月 8 日　晴

傍晚时分，一辆看不清号牌的横头后传动拉了一车柴从上营盘往山下走了。

世界魔方冠军李旸義是李旸姐的同学，今天专门从北京过来，教"榕树根"的孩子们玩魔方的诀窍和方法。

2016 年 1 月 9 日　晴

月亮湾的勒卷开摩的，从"榕树根"送爱坎和弄坎去跌撒，结果狮子大开口，收了 40 块钱，而平时这个价已经包车了，平时其他摩的价格只 20 元钱。

孙木色因为自己的狗被公路上飞驰的车给撞死而哭了半天。

2016 年 1 月 10 日　晴

今天是周日，孩子们都急着返校参加期末考试，考完试就该放假了，但营盘小学四年级的排弄坎说他们还没法放假，考完试要去北京跳舞，但这个消息还未得到证实。

2016 年 1 月 11 日　晴

买直路边的甘蔗都已砍得差不多了。

今天云南大学寒假田野调查团队到达"榕树根"。李伟华老师仍没有出现，来的学生有 4 个人，而之前说是会来 17 个人！但因为院里有些事，这次只有 4 个学生来了。其中的一男生罗金刚是大二学生，去年的寒假田野调查成员，女生中的研二生李慧参加了去年的寒暑假田野调查团。研二的张雪婷参加了暑期田野调查团，10 月末又自己来了一次，本次也是第三次来，而苏香月则是大二学生，第一次来。

他们来时"榕树根"没人，于是他们将行李放在珈枫家里，参加村寨组织的野炊去了，后来又去了八家寨赵建浩家里，9 点多才回到"榕树根"，但相信这次野炊对他们的田野调查行动会有很大帮助。

2016 年 1 月 12 日　晴

晚上崩洞的广播说了个事，明天芒市对口扶贫崩洞的单位来看望贫困户，11 点半抵达崩洞。请之前就定下的贫困户们 11 点整就放下手里的活计等在家里，崩洞的贫困户只有 9 户，广播里挨个念了一遍，但我只记住了唐勒腊、保龙则和李木志三个名字。

几个学生里只有李慧和罗金刚出去了，他们去找了八家寨的帕加弄

（帕加腊的儿子），那家人邀约他们明天一起去边境线的寨子进新房。晚上石老师的儿子和另一个小伙伴加上何胜磊一起来"榕树根"借吉他。要与大学生们互动，然后我的同事黄玉佩也加入进去了。

营盘小学今天考完试，开始放寒假，而户拉中学从明天开始放假。

排麻东家的香料烟长到十几厘米高了，今天开始往烟田里施助长肥。

2016年1月13日　晴

今天大学生们去嘎中的山里做客，但因为行程太过仓促，下午3点半就吃了饭，所以什么都没问到。

户拉中学的初三今天早上就考完了试，所以郝哥中午就把珈枫、珈乐、勒迈以及去开家长会的雷木色载了回来，下午再去载初一、初二的孩子。

大学生们去做客前在村寨里转了一圈，但都没有遇到什么人，原因是今天恰逢户拉街，大家都赶街去了。

2016年1月14日　晴

大学们今天去找李阿姨的老公保老师盘家谱，但没有讲到点上，保老师一直在讲党啊政策啊什么的。

早上勒恩、早迪、木办一起出现在"榕树根"，三个人一起玩推车玩得很开心。勒恩又长高了一些。

广西之行的人员名单最终确定，男生为孙珈乐、唐勒迈、李勒南、目旺友、董建医、雷干先、排昆先七人。女生为雷木苗、雷木志、王尚瑞、保勒伴四人。

孙珈枫参加市中学生运动会的篮球比赛，雷家宝和何胜磊参加市运会开幕式的表演都去了芒市。而刚好放假的李干内则从芒市回家了。

2016 年 1 月 15 日　晴

给广西行的孩子家长们打电话确认开家长会的时间，王尚瑞的父母表示来不了，但同意王尚瑞去广西。

麻庆今天从雷弄家里赶到"榕树根"与云大的学生们会合。

2016 年 1 月 16 日　晴

今天珈乐家杀了两头年猪，各地的亲戚们和寨里的邻居们都来帮忙和吃饭。中午的菜有些不够，于是雷木色和排麻东商量后去排麻东家的菜地里掰了不少青菜回去。大学生们也去参观了杀年猪仪式，但不知道有什么收获。之后他们去了营盘小学拜访石老师。

保勒伴带着王富玉来找我，让我教他们唱一首景颇歌。我一问，原来是翁丽丽唱的《离别之歌》，我哼了两遍以后，问他学这首歌做什么用，他说要在村里的春节联欢晚会上表演，于是我不敢托大了，打开电脑搜出这首歌的视频让他对照着练习。

晚上开广西游学团队的家长会，雷干先、雷木志、目旺友、雷木苗、董建医、唐勒迈、保勒伴的家长来了并签了家长授权信，雷木色因为客人还没有走完，就安排小弟弟来了解情况。

李勒南家里没人来开家长会，他父亲母亲都不在身边，大伯身患残疾，外婆腿脚不便。于是我今天专门带他回跌撒拿了户口簿，至于家长授权书，则是明天去寨里找他外婆签一下（她是实际监护人）。

勒恩今天早上被刚从戒毒所出来的父亲接回陇川去了。

2016 年 1 月 17 日　晴

崩洞的李干内发微信过来，让我发一些老照片给他，他正在火塘边听一些老人讲历史，所以想让我弄一些景颇族的老照片给人们看看，李干内在芒市中学上高一。

孙珈枫参加完市运会，今晚从芒市回到供引，其间去了户拉中学与老师谈了一下自己下学期想休学去学画画的想法。

昨晚开家长会时，排昆先家来的是他的堂妹，上四年级的排丽娟，原因是昆先的父亲都不在家，奶奶又忙着守小买铺，于是就将丽娟派了出来，丽娟与雷木志开完会后与保勒伴一道去勒伴家睡了一晚。晚上唐勒迈、雷干先、雷家宝、孙珈乐去外面打了两只鸟，把毛拔了放在桌子上，把张雪婷给吓坏了，惊声尖叫不止，最后惊吓过度的雪婷不胜疲劳早早睡过去了。

2016年1月18日 晴

今天是户拉街，何胜磊和雷家宝跟着"榕树根"的车去赶街。郝哥在街上遇到了何万明与董木桑（何胜磊父母），董木桑问郝哥何胜磊来了吗？郝哥说来了呀，然后就准备喊何胜磊过来，董木桑赶紧摆摆手，制止郝哥，并表示何胜磊一来他就要破财了，还拿手比了一个数钱的动作……

警察今天集中打击买直的吸贩毒人员。我们一个学生的爸爸也在此列，警察找到家里时，他在炒菜，问他他爸爸去了哪里，他很平淡地边炒菜边回答"不在啊""不知道啊"。弄央家前面那家的男主人也被带走了。当警察将那男主人的钱包等随身物品给他母亲时，老母亲甚至没有停下手中正在织的景颇织锦，随手接过东西放在一旁，就又继续纺织了。

拱引的妇女在这两天已经开始在公房的舞台上，排练村寨春节春晚要演出的舞蹈了，放假回家的大木兰也加入了表演的队伍。

山上的傈僳寨的寨址过年后又会有变动，会迁到离拱引更近的地方。

2016年11月19日 晴

与驾校的教练聊天，聊着聊着，他和我说起一个事，听说买直的社长被警察给带走了……我问他你怎么知道这个事情，他说，你别忘了，我在买直有朋友啊。再说了，买直社长在芒市景颇地区的名头那么响亮，想不知道他都难啊。

2016年1月20日 阴
建医的父亲打来电话，建医回家说需要500块的手机和90块的鞋子，家里没什么钱，若非买不可，那就没法让建医去广西了，我说家长会时都说好了的，所有吃喝住行，我们都包了，你把建医放过来就行。他买东西的要求也没有必要答应他。

2016年1月21日 雨
下雨天，大家都待在家里不出门，孙珈枫今天完成了两幅画作。

2016年1月22日 雨
木织的母亲为她的广西行准备了200元，干先拿到了150元，勒迈拿到了250元，坤先拿了300元，孩子们今晚会睡在"榕树根"，明天一早出发。

今天出行的还有另一群孩子，华谊兄弟公司邀请营盘小学四年级跳街舞的男生们去北京参加他们公司的活动，并游览北京，随着砍甘蔗季的开始，村里缅甸籍的人也越来越多了。

大学生们今天去了崩洞寨。

2016年1月23日 雨
今天是"榕树根"出发去北海的日子，所以大家都起得挺早，吃过早饭，7点就出发了。

剩下几位大学生和麻庆一起留在"榕树根"，早上木扎和麻庆带着大学生去户拉赶集存储剩下几天的粮食蔬菜，不过在回来的路上，加油站上面一点，他们的摩托倒了，麻庆、雪婷、李慧都摔了，雪婷没有外伤，其余两人都一瘸一拐的，好笑的是他们倒在那的时候，正好雷家宝的妈妈经过，回去跟家宝说，看见几个姑娘躺在那儿，有两个白白的应该是汉族，有个看着像景颇的姑娘在忙着捡菜，我们看见就绕道走了。

果真过了一会儿家宝和何胜磊就来接她们了。

下午些，加宝、干内，很多年轻小伙子在江边野炊，弹着吉他喝着酒，吃着鸡肉，欢快得很。晚上，他们的 Party 继续，石老师孩子的生日，约了小伙伴他们去玩耍，香月、雪婷、家宝、何胜磊他们都去了，围着火塘吃饭唱歌，嗨到不行，回来时能闻到他们一身的柴火味。

2016 年 1 月 24 日　晴

昆明下雪，听说去北海的小分队都留在昆明，还未抵达北海。

下午，雪婷和香月去了八家寨，李慧和干内出发去了崩洞董家，董乐桥简单给李慧说了自己的家史，以前董家居住在陇川，后迁至崩强下面一点居住，崩强的山官排家让其祖一起来搞崩洞新寨，所以自家是铲草立寨户，后来又叫来了李家、唐家，十多户人一起住，山官是最后来的，时间估计也有 100～200 年的时间。

崩洞董家加上陇川和缅甸的共有 220 多人，自己家从 2002 年，2003 年开始，每隔三年做一次家族会，所有的亲戚都会来，大概花 2～3 天的时间，在一起盘自己家的历史，不丢失自己的传统，关于生活的、历史的都聊，重要的就是保持联系，董乐桥的两个祖先建立新寨，一共有八兄弟两姐妹。

芒良：老大，老五，老二老四早逝。

缅甸：老三，老七，老六没有儿子。

崩洞：老八。

晚上，五个街舞队的，家宝、干内、胜磊、弄便、弄失，在"榕树根"练习街舞，几个人练的兴致很高，也确实很辛苦。

2016年1月25日　晴

早上，麻庆及大学生们探讨了一下街舞队小伙伴在"榕树根"留宿的事情，因为他们前一晚，在"榕树根"吃了晚饭，碗也不洗，厨房很乱，并且还抽烟喝酒。加之弄便一整夜不睡，得在厨房，留宿了四个，只有干内回家了。接近中午，麻庆严肃地和他们探讨了这个问题，告诉他们可以来这练舞，但要回家吃饭，回家睡觉，孩子们后来也都同意，回家了。

下午，雪婷在"榕树根"整理资料，另外两个去了崩洞寨子，去了一户刚搬进崩洞居住的人家。但有两位阿姨约其晚上去家里。

麻庆和李慧如约去到阿姨家，和阿姨聊天，看崩洞的孩子练舞，男孩大多练街舞，女孩在练流行舞，画面差异巨大的两拨在公房那"竞舞"。

唐乐迈的母亲过来了，乐迈两岁的时候，父亲就被猎人误杀了，麻庆和乐迈妈妈用载瓦语聊了很久。男孩子们舞都跳得挺好的，需要练倒立的时候直接头顶地就练了，崩洞的孩子给我印象深刻，他们乐观，绅士，健谈。

2016年1月26日　晴

大学生们今天去了买直，一直都有受挫的感觉，入户不像其他寨子顺利和开心，不过还是顺利和社长夫人聊了很久，了解家庭关系，听他讲有趣的事情以及夸赞"榕树根"。

大学生去到买直社长家时，木干卷、李弄便、孙弄央都在他们家看《西游记》，也不知道是不是弄央、弄便害羞，我们刚坐下，他们就准备离开，只有干卷傻萌傻萌地跟我们聊天，还邀我们参加表姐的婚礼，买直社长夫人叫孙楠芝，是浪速支，其大嫂、二嫂、婆婆都是浪速人，并能用浪速语沟通，但她自己并不会浪速话，从小生活在载瓦人多的地方。

一去的时候，大姐就直接说自己寨子名声不好，其老公的爷爷把家太厉害，但他是现在买直的铲草立寨人，他领头来整的新寨，爷爷的爸爸是有名的董萨，但搞董萨容易折寿，所以家里的人已不愿再学当董萨。

孙楠芝自己娘家是基督徒，老公家是信鬼，但家人们都彼此理解，而且自己跟随夫家同样也信鬼，还列举了小孩子小时候生病请老人来念鬼的事情，买直信基督的比较多。信鬼的和基督的差别挺大，但是如果信基督的要跳丧葬舞的也可以，只是不准请董萨来念，只是单纯地跳舞。

2016年1月27日 晴

香月和李慧去了崩洞石家，石勒泽则接待的他们，其曾在民族村待过几年，是在这里有名的演奏乐器的高手，现在在盈江做玉石生意，他谈到自己这些经历的时候，忍不住就拿当年的光碟给大学生们看，他带着大学生们去李干内家看光碟，还顺便在干内家做饭给他们吃，吃着吃着，人越来越多，还喝上了酒，寨子里的年轻人，包括石总空都在一块喝，玩游戏。

做饭的时候，看见派出所来抓吸毒者，但无功而返。

吃饭的时候，听到崩洞寨子里的广播，说明天买直嫁女儿的是中午吃饭，晚上在男方家吃。

几位崩洞领导在喝酒的同时讨论今年过年要稍微弄热闹些，前几年搞得好，也有经费，这两年经费少，寨子里不热闹，今年想好好弄弄，而且还需筹基金费。

2016年1月28日 晴

香月、雪婷去买直参加婚礼，但发现并没有什么仪式，因为是嫁给江东的汉族，所以，早上在新娘家，晚上就去新郎家，虽然新郎是汉族，但早上依旧穿了一套景颇男装迎宾客。

受伤的麻庆又去赶集了，买了很多菜回来，说要多买些，等北海游学的回来那天就不用去买菜。

下午李慧去董木兰家帮忙摘苞谷时听说前一天，拱引的被派出所带走了两个，其中一个是保炯况，附近寨子，还有几位女性也被带走了，到年底，村子里被带走的也越来越多。

2016 年 1 月 29 日　晴

雪婷在"榕树根"整理资料，香月和李慧去了崩洞，去了纳西族和景颇浪速联姻的和郁亮家，其妻子是石家，他说虽然自己不懂载瓦语，但听得出石家与其他家的语言有差别，是浪速，只是在这边载瓦人多，用载瓦语的也多，但自己学不会。

还认出了李慧同学，刚到他家时，就说，你去年就来过了，当时你在这边跳舞，混了个脸熟。

说到老家与这边的差异，老家地区气候差异较大，但这边不明显，从芒市出来，100多公里都没多大区别，自己家那边如果隔30公里可能就有很大差异。说自己在这里十多年了，有两个女儿，比较习惯，觉得这边什么都好，就是人不好，人吃4号的太多了，年轻人吃4号，老年人用鸦片，不吃的太少了。

晚上，大学生们又去了崩洞，看孩子们跳舞，何胜磊、家宝、干内都在认真教孩子们，回来的时候已经11点多了，可孩子们依旧在练习。

2016 年 1 月 30 日　晴

大学生们准备离别，去寨子里跟石校长及其他户人家道别，小石同学打球的时候扭伤了脚，医生说先休养一个月看，如果还不好得做手术。之前让小石帮忙买回去的车票，顺便就拿了车票探望受伤的小石。

"榕树根"离开的这几天里，鸦片奶奶来了三次，送了两次香菜和一次豆子，麻庆拿了30元给他，第三次来的时候，麻庆就让她别来了。

2016 年 1 月 31 日　晴

大学生们回程之旅正式开启，但"榕树根"也是在今晚回来，这一次不能再相见，也是非常遗憾。

北海游学团队，晚上 12 点多到达营盘，把孩子们逐一送到家长手上，送雷干先回去时发现球场边的那个之前种玉米的院子里灯火通明，正在建盖钢筋混凝土结构的砖房，干先说这家人平时都在外面打工，逢年过节时才会全家回到村子里。

2016 年 2 月 1 日　晴

早上雷木色背着雷勒当的小儿子在村寨里串门，我问他怎么又轮到你带孩子呢？他说是家里人，还有村里的一大波人一起去龙江边野炊了。

唐腿莫在自家房前破竹篾，我问他家的香料烟也开始采摘了吗？他说是刚开始摘，他媳妇每天往家里背两竹篓烟叶。

木兰家里，把院前的大酸枣树修走了几棵大树枝，院子敞亮了许多。

2016 年 2 月 2 日　阴

今天唐勒迈家杀了一头年猪，而排麻东家则直接杀了头黄牛，几个月前被公安抓走的勒排拉出现在母亲的小卖铺里，几个月的戒赌生涯过后，他的气色好了很多。

今天是芒市的德宏国际目瑙纵歌文化园进新房的日子，在此前几天，文化园里已经开始陆续在进行一些与新房有关的景颇传统文化活动了，因为是在一块生地新创立的目瑙文化园，因此景颇协会在进新房前先招来董萨祭祀，文化园所在地区的"直通"（土地，山神），然后再把牧场里改祭的各个鬼（神），都请来驻守文化园，祭房前的然架竖了有十几架，有我认识的和不认识各类鬼（神），这次目瑙场祭礼与以往最大的不同，就是之前的目瑙虽然是州里在举办，但下面做事的许多人还是以芒市本地景颇族为主。但这次目瑙园祭祀，特地从盈江卡场请了 8 个董萨过来，其中三个卡场公认的斋瓦级大董萨就来两个，而另一个在正举行的目瑙举行前也会赶来主持目瑙祭祀礼仪式。

之前的芒市目瑙就被好多景颇族人批为不够传统和正式，这也是促成这次盈江卡场董萨们能集体来芒市的原因之一。

2016年2月3日 阴

晚上拱引的广播讲了两个事：1.明天香料烟种植户要去烟田里参加香料烟叶采摘技术现场会。2.春节临近，大家在燃放鞭炮时，请注意安全。

大扎说他明天要赶回缅甸参加克钦解放组织的成立纪念日。

木该的姐姐木看打电话过来，说他去球场把"榕树根"之前砌娱乐设施挡墙用剩的砖拉走了300块，我说让他尽管用。

2016年2月4日 晴

今天香料烟种植户们在技术员的带领下，在拱引雷勒定老人的田里召开香料烟叶采摘技术现场会。之后又到雷勒东家里进行烟叶晾晒实际操作示范。

在农场街遇到木看，他又当面与我说起拉砖的事情，我说他可以把剩余的砖也都拉走。去户拉邮局看了看，有没有"榕树根"的包裹，但得到的答复是，管收发邮件的大哥去给人帮厨去了。

晚上，一帮男孩在"榕树根"练街舞，何胜磊不小心碰到弄央，弄央把上唇磕破了一个口子。查看伤势时，雷家宝开玩笑地模拟平时村里解决纠纷的场面让弄央站中央，他在一边，何胜磊在一边，然后就开始谈判弄央的伤势如何如何严重。何胜磊该如何如何地赔弄央。然后我带弄央去户拉农场医院查看伤势，开药。回来后发现家里没人，于是弄央就去麻将铺找妈妈拿钥匙，并拿了7块钱的零食，然后自己回家睡觉去了，干卷的妈妈也在麻将铺里。

2016年2月5日 晴

今天我的瑞丽亲戚们组团来树根串亲戚，运来一头猪，组织了一个文蚌乐队过来，向"榕树根"致意，与"榕树根"的师生们进行了一场文蚌乐器、吉他、电子琴混合演奏的联欢，拱引的雷书记后来也加入了这个联欢，木兰家则因为要去给木兰父亲上坟，而没有参加"榕树根"的联欢，街舞队的孩子们从"榕树根"离开后，则集体去为弄便庆祝生日，并进行街舞队的团队建设。

拱引寨的水井下面，去年初新挖了一口鱼塘，原本想承包给个人去经营，但没人承包，于是村里集体放养了一些鱼苗，今天放塘取鱼水太大，把雷木比家下面的坡给冲毁了，但抽放了一整天的水，塘子还是不干，于是义用抽水机抽，但到天黑，水还没有抽干。

有一个傣族妇女骑了一辆三轮摩托，车里载着土豆、饵丝、西红柿，沿路叫卖，到拱引寨脚的时候，有雷木色、勒南和奶奶、石青外婆等一群人围着摩托买东西。遇到一个找孩子的母亲叫孔木兰，他家12岁的女儿和另一个女同学被一个染黄发的男同学从家里用摩托带走，已经四天了，两天前已经报警，但人未有消息，晚上，微信好友圈前有几个好友在转这个寻人启事。

2016年2月6日　晴

过了一天一夜一塘的水还是没有抽干，珈乐、勒南在鱼塘边跟着大人们守了一夜，两人来"榕树根"时，我拿了一些昨天的菜给他们，给珈乐的少一点，给勒南的多一些，珈乐吃了之后，干先也来到了"榕树根"，我要了一个梨就开始啃，他昨晚去参加弄便的生日晚宴，灌了不少酒，我问干先，他家的猪什么时候能杀好？他说不知道，应该是下午吧，下午雷书记果然打电话来说猪杀好了请我们赴宴，因为坤先家也杀猪，所以我们分作两拨人马，李旸姐郝哥去坤先家，其他人去雷书记家。雷书记的妻子之前去广州打工，前几天刚从广州回到家，杀猪饭时，是雷书记在忙，开吃以后雷书记负责餐桌上的事情，其他事情则全交给了妻子，大概11点的时候，雷家的女人们策划了一个事，不带男人自己开两辆车去KTV唱歌。女人们在微信群里一阵吆喝，便浩浩荡荡地往户拉出发了。

孔木兰的女儿今天已找到了。

2016年2月7日 除夕 晴

一塘的水终于抽干了，但也没捞到多少，至少没有以前的多，大家按户均分好鱼，让各家各户来工坊领鱼，我们的晚饭分组在家风家和木兰家吃饭，我在木兰家，因为木兰爸爸不在了，所以今年，弄便夹野鸡到木兰家来，大家一起吃年夜饭，饭后散步到家，穆苗母女及几个境外的德昂族男子，一起在餐桌旁吃饭，这几个男子是甘蔗榨季开始前，苗妈妈回缅甸找来挣工钱的，拱引的广播，今晚讲了春节安全须知，主要内容归纳为以下几点：家长别让孩子骑摩托，骑摩托时不要骑太快。不要酒后驾车。大家燃放鞭炮时，请远离易燃易爆物品，不要在别人门口近距离燃放鞭炮，大规模燃放鞭炮时，请集中到球场去放。食物不要摆放过长时间，不要吃过期变质的食物。不要硬灌别人酒，喝出问题要追责。大家讲究卫生，不要乱扔垃圾，不要随地大小便。趁着过年期间聚众吸毒的人小心了，今年严打，节后会有公安不定期不定时来，抽样尿检，大家都小心了，另外检举别人吸毒奖励现金500块钱。今晚"榕树根"给可能来拜年的每个孩子都准备了红包，知道来不了的也给孩子们准备了红包。

2016年2月8日 晴

昨晚守夜到了3点多，然后睡觉，刚睡着没多久，就被一阵鞭炮和锣鼓声给吵醒，开灯一看，时间5点钟，村里人来拜年了，在屋外又敲大鼓，又放鞭炮，还问我们听到了没？我们回答，没听到，于是他们继续敲继续放继续问，直到我们回答听到了为止，然后他们帮我们开门，进屋说吉利话，讨红包，第一波也就是敲鼓进来的这一波以年轻人和大孩子为主，排昆先负责敲大鼓，唐乐卖背了个装红包的挎包，这一波走后边的是孙乐炮、唐翁宝、李么皮、陈毅四人组,这些孩子都领到了写有他们专属记忆的红包,之前那组的坤先和勒还也有。第三波是孙珈乐带领的一帮小小孩,也都有专属红包。比较有意思的是李勒南,他除了"榕树根"的专属记忆红包外,还收到了郝哥送的一把玩具狙击枪,而据旺友透露,郝哥给他的红包是100块(没确认过),女孩子们也都有专属的红包,但她们只在"榕树根"能领到红包,不能去其他家里拜年讨红包,那是男孩的活,她们的任务是负责去水井打水,今年的打水第一名又是孙珈枫,她供好祭品放完炮,用新水洗手洗脸,祈了福再用水桶拎了一桶水回家后,木兰背着个背篓出现了,背篓里是个挺大的饮用水瓶(18.9升那种),之后陆续有木织、木苗等陆续来打水,而勒双则是直接开摩托来打水。

下午才得知,拱引的村寨春晚定在今天晚上,一是各路人马齐出,拱引妇女们既表演了以前演过的景颇舞,还表演了新近编排的健身舞,勒伴和木苗跳了爵士舞,榕树根街舞队也献上了精彩的表演,保留节目是乐安东老师李旸姐携"榕树根"团队上台表演各展才能,当然老外唱景颇歌是保留节目中的保留节目,晚会到最后,变成集体舞蹈狂欢。而留到最后的人们,意犹未尽,又抱着话筒开启了演唱会。

2016年2月9日　阵雨

今天突然降温,下起了阵雨,下得挺大,但崩洞人民兴致不减,将村寨春晚定在了今天晚上雨停后,晚会开始,"榕树根"又送去了不少节目。演到兴处,大家又自发加演了不少节目,气氛高涨而融洽,崩洞社长看到兴奋处,带着酒兴就冲上了台,对着大伙说,看"榕树根"让我们的孩子进步极大,今晚这些高质量的节目就是明证啊,而小卖部老板和烧烤摊老板的反馈则是大家兴致太高,消费热情高涨,他们都卖断货了。

2016年2月10日　晴

村寨里安静了一些，但都仍沉浸在过年的气氛当中，只是有些蔗田里已经开始出现了砍甘蔗的人们。而仍没复工的人们则各找兴头。享受这一年难得的清闲，月亮湾出现了不少赌博摊点，有拉老虎机的，有掷色子的，有用扑克牌赌的，每个赌博摊前，都围了里三层外三层的人墙。

今天邓赛圆下山来还他过年前借走的篮球，顺便洗了个澡，我让他留下来吃饭，他说不吃了，过年时摔坏了手机屏幕，要赶去户拉的手机修理铺修手机。过了没多久，李开发带三个表弟出现了，他们也洗了个澡，我也让他们留下吃饭。开发拒绝我的理由是今天是周三，要回去做完祷告。石校长今天发了个朋友圈，说在崩强过年串亲戚。

2016年2月11日　晴

排麻东这几天都没去放牛，只是喂甘蔗叶，来"榕树根"接水饮牛就度过一天。

月亮湾的赌摊仍在，只是人比前几天少了一些。拱引的人们去龙江边野炊，往寨子里的微信群"拱引大队"传了无数小视频，而原本是带着任务要去崩洞发明天榕树根老营员大聚会传单的珈乐和勒还，崩洞寨都没进，直接一头奔向野炊的队伍，另外两组的发传单的队伍是干先和珈枫，家宝和何胜磊。干先和珈枫，很努力认真地完成了任务。而家宝和何胜磊则把传单往同学手里一丢，参加野炊去了。

孙朝琪的大女儿女婿领着孙子来拱引拜年，孙静霖这个舅舅当起了照顾小外孙的重任，每天领进领出，在哪都带着这个小跟屁虫。

2016年2月12日　晴

今天早上石老师来"榕树根"拿东西，李旸姐给了他一包北海带回来的鱿鱼干，我问他学校的洗澡房和厕所，这两天复工了吗？他说还得等两天，前几天在崩强喝高了，他自己也需要休息两天。石老师说那天在崩强发了朋友圈后，正在附近做饭的一群弄比小学老师们找上门来，大家高兴之余喝了不少酒，个个喝得半死。"榕树根"今天举办六周年老营员的活动，来了60多个孩子，下午带孩子们去龙江边烧烤，但烧烤之前带他们做了未来的职业展望和职业规划。野炊地点在龙江的浮桥边，浮桥重修还不到半年，但已成了危桥。

2016年2月13日　晴

昨晚"榕树根"的老营员们欢聚到早上5点多，有一个原因是他们这个群体中的人，乐双要去浙江打工了，大家挺珍惜在一起的时光。老营员聚会时，干内说了一个事，他晚上中途回家，是因为二叔去世了，他回家帮忙烧净身的热水，七跑八跑买用的鞭炮去了。早上我问干内他二叔去世的原因，他说是之前二叔跌倒，砸到头造成内发炎，医治无效身亡了。到下午的时候，唐勒迈开着一辆不用插钥匙的红色老式轻便摩托，载着两个小伙伴一起来"榕树根"，借丧葬舞的音乐，我让他去找乐安东老师拿个优盘，将音乐拷在优盘，带回去。而同时，今天月亮湾有一家人正在举行婚礼，客人们在公房里欢闹，新郎家的院墙上搭着过桥时要用的棚，送参加老营员聚会的李志门回跌撒时经过杏欢，发现也有一家人正在搭娶亲用的彩棚。我问12岁的李志门打算几岁结婚，他想了一会儿，回答说25岁。晚上各个村寨的广播都在播一样的内容，崩洞的弄洋去世了，明天挖坟，希望大家去参加葬礼。这几天在芒瓦寨（傣族）、杏欢寨（傣族）、弄弄寨（傣族）、户拉寨（傣族）、月亮湾都能看到几种赌博的摊子。

2016年2月14日　晴

孙珈枫这几天都睡在"榕树根"，原因是她同父异母的姐姐一家来探望父亲，她的房间让给了姐姐。

何万明家的甘蔗这两天开始砍了，我问何万明的二儿子何胜磊为什么不回家帮忙砍甘蔗。何胜磊给我的回答是，家里的甘蔗都承包给缅甸德昂族去砍了。不少人家，今年有意减少了甘蔗的种植面积，改种香料烟和烤烟。

今天是今年第一次遇到用压榨甘蔗产生的肥水浇地的灌车。

唐乐英家今天为孙子过满岁生日，唐乐英喝得有些高，他妻子则忙里忙外，忙前忙后，雷书记和赵安定负责收礼，但因为不是大的宴席，来的客人不算太多。在饭桌上遇到了一个从帮本嫁到南么的年轻妇女，她在推销自己丈夫的乐队新出的景颇歌专辑，说是丈夫和寨子里的几兄弟合伙组了个现代乐队，最近终有所成，出了第一张乐队的专辑，希望大家能赏脸购买，支持本民族乐队。接下来桌上的人们开始讨论盗版光碟的问题，并给她支招，如何预防盗版，这个乐队的专辑一盘卖 25 块。

2016 年 2 月 15 日　晴

村民家里采摘香料烟叶已经有一段时间了，今天观察了一下，几乎每一家的晒烟棚都已半满了，而种植面积较大的农户，家里都有 4～5 个晒烟棚，会一直采烟叶，采到四五月份。雷勒定仍然是拱引寨最勤快的老人，每天天刚亮就出发去烟田里采摘烟叶。

今年收购烟草的公司，给采摘烟叶的农民提供了蓝色的长衫，是工作服，胸口有红色的烟草公司标识，还有就是烟草公司今年提高了烟叶的收购标准，去年是只要是烟叶都收，但今年就不收枯烟叶和根部的烟叶了。"榕树根"的孩子们北京游学回到昆明的时候，黄毅部长招待孩子们游览昆明，当时告诉孩子们好好练舞的话，会让他们上芒市目瑙的舞台，最后定下来的事，23 日的闭幕晚会上表演一支舞蹈。时间有些紧，于是今天李旸姐带着珈枫和何胜磊上芒市定做服装去了。

2016 年 2 月 16 日　晴

早上云南大学的谭乐水老师打电话来说是来德宏拍纪录片，若有线索可以提供给他，谭乐水老师的父亲叫谭碧波，五六十年代组织主持拍摄了许多民族志影片，为少数民族留下了许多宝贵的历史影像资料，其中1962年以芒市地区为主要拍摄地拍摄了景颇族科教片。谭老师这次来德宏就是想给当年参与拍摄片子的老人们，再拍一部片子。

同时今天还接待了一男一女两个人，女的是云大的博士罗瑛，男的是她的师弟，在云南师范大学。两人是来参加芒市目瑙期间的学术研讨会，提前几天过来，想多了解一些关于景颇族的东西。

2016年2月17日　晴

早上安排岩坝带着昨天来的两个博士去跌撒拜访老董萨李志门的爷爷雷生干。

下午，雷滚坎在球场玩鞭炮时炸伤了手，于是带他去了营盘医务室治疗，滚坎又疼又怕，但一直强忍着一声不吭，治疗费共花了28元，医生还特地强调，花这些钱是因为烫伤药膏有点贵。今天是瑞丽等嘎目瑙的第一天，拱引寨的微信群里被目瑙的画面刷了屏。

2016年2月18日　晴

在景颇网微信群里认识的云南师范大学教师杨慧芳，今天给我打电话说想来"榕树根"看一看。杨老师之前在迈扎央教育学院支教，但这两天他重感冒，于是提前回国了。在回程途中顺便来"榕树根"看看，也想看看以后有什么地方能帮上"榕树根"。前几天李旸姐与黄部长通了一次电话，然后办事顺利了一些。"榕树根"也得到了带孩子们组团参加芒市目瑙纵歌节的机会，"榕树根"作为一个代表团参加，今天朋友圈里在转德宏各地举行目瑙的时间表。

2016年2月19日　晴

今天，"榕树根"的几位老师带领17名学生赶赴芒市，进行目瑙纵歌节闭幕晚会表演节目前的最后紧张合练。

2016年2月20日　晴

今天，德宏州景颇学会在芒市孔雀湖酒店举行"景颇族文化传承与创新发展及纪念景颇文创制120周年学术研讨会"，省委常委、省委统战部部长黄毅出席会议并讲话。全州各地景颇族代表，英国、缅甸、泰国、印度各地景颇族及兄弟民族学者一同参会，云南大学来参会的代表共有14名。

2016年2月22日　晴

今天芒市目瑙开幕式营盘地区的"榕树根"孩子家长们加入"榕树根"之家代表队，在开幕式后的目瑙纵歌中欢快地跳了一场。这一次目瑙的全称为"2016年中国德宏景颇族国际目瑙纵歌节"。

本次目瑙开跳前的开幕式上，有一个重要的环节就是为景颇族远古英雄人物"宁贯督"的雕像剪彩。宁贯督类似于汉文化里盘古、黄帝、大禹等英雄人物的合体。景颇族没有具象的人物崇拜，祭祀的鬼神以前都没有具体的形象，这一次芒市目瑙前集思广益，创造了以典型景颇人头像为模样制造的宁贯督雕像，并绘制了最常祭祀的六尊鬼神的画像。

2016年2月23日　晴

闭幕式晚会上，"榕树根"的孩子们表演了原创景颇风格的街舞《景颇山的脉动》。

2016年2月24日　晴

目瑙结束，包括拱引大队在内的朋友圈及各个微信群都在疯传芒市目瑙上推出的三首儿歌，以前的目瑙纵歌上没有出现过儿童版的目瑙纵歌歌曲，这次一连推出了三首，大家都觉得很新颖，加上歌曲确实好听，于是一下子就风靡开了。

2016 年 2 月 25 日　晴

早上雷木色给我打电话，问我能不能开他家的车去山上帮忙运一车柴回来，我以尚未拿到驾照为由婉拒了这个要求。下午送爱坎回跌撒，听说了一个事，弄坎玩滑板，把左手小臂给跌骨折了。

2016 年 2 月 26 日　晴

买直和拱引的几个孩子一起去龙江水库野炊。我统计了一下有唐乐迈、孙珈乐、雷干先、排昆先、何胜磊、雷家宝、木干卷、孙弄央、李弄便、目旺友。晚上孩子们又聚在目干卷家吃烧烤，吃景颇鬼鸡，我问他们为什么想起要聚在一起，他们说是因为大家都要开学了，加上木干卷马上要去大理的景颇饭店打工了，所以有此一聚。

木干卷去大理打工，是他自己已经先行和在那个饭店里打工的堂哥打过招呼后过去的。

孙珈枫和唐木壮，今天下午去户拉中学补课去了。

2016 年 2 月 27 日　晴

今天早上接到珈枫的电话，让我给她送药过去，加上木壮的饭卡钱也需要拿给她，于是跑了一趟户拉。但半路下雨了，雨中见到珈枫，这小妮子又提出要帮同学在淘宝上买东西，但卡上没钱了，得去往卡里充点钱，于是我们就冒雨去了农村信用社。

今天是"榕树根"实习员工黄玉佩离开"榕树根"的日子，但她拒绝签离职声明，东西也没收拾带走。

晚上去木苗家家访，从她母亲那儿得到一个消息：木苗的缅甸户籍已经落在她外婆的户头下了，现在只等着 4 月份回去把身份证给拿来。我们给木苗设计描绘的蓝图是：如果实在拿不到中国户籍，就只好用缅籍户口来中国当个留学生。但我们观察后发现，以中国目前的政策，木苗走留学生的道路比有中国户口更容易考上中国的大学。

今晚还正好在朋友圈看到了北京大学第一次在缅甸招收留学生的消息"北京大学首次赴缅招生，你准备好了吗？"云大的研究生李慧第三次来到"榕树根"，但她这次是来营盘小学负责运作华谊兄弟的"乡村之眼"项目的，营盘小学的"乡村之眼"微电影早就存在，只是这次项目换了负责人。恰好李慧来做这个事而已。

2016年2月28日　晴

今天加油时看了一下油价，汽油一升5.84元。

要开学了，不少学生开始来"榕树根"赶作业。雷干先的假期作业做了七页以后就再也不肯做了，而珈乐就纯粹一页都没做，爱坎做了地理以后就不做其他作业了。而木壮、珈枫今天中午补完课后就又回家了。

今天拱引砍甘蔗的是木苗家，因为木苗爸爸不在家，于是木苗妈妈领着她从缅甸招来的工人们辛苦地砍着甘蔗。

2016年2月29日　晴

户拉中学和营盘小学都是今天开学，一早上家长们都忙着送孩子去学校，爱坎是从"榕树根"背了物品去学校的，家长会也由李旸姐去开。前几天送岩坝回跌撒的时候，听到他弟弟弄坎把手弄骨折的消息，于是掏了200块钱让爱坎拿给奶奶，但岩坝说奶奶又把钱拿给了她，让她自己去交学费。

2016年3月1日　晴

今天是三台山目瑙纵歌节开幕的日子，三台山乡的目瑙纵歌节在景颇族浪速支聚居的允欠寨举行，三台山乡政府公众号"魅力德昂山"在一天前就发文章广邀各地景颇同胞一起到三台山过节，因为三台山是德昂族乡，所以目瑙纵歌街节上增添了不少德昂元素和德昂节目。

开学才两天，孙珈乐和唐勒迈就迫不及待地逃学回到了家里。

李慧在学校里住得不太开心，原因是项目开展不顺利，同时觉得世界变得和自己认识的不太一样。

今天同时也是梁河县目瑙纵歌节开幕的日子。

2016年3月2日　晴

微信朋友圈都在传梁河目瑙的内容。

2016年3月3日　晴

何胜磊给我打电话，说是他有两个包裹到了户拉，让我帮忙拿一下，可过了一段时间，他又给我打电话说包裹已经让孙珈枫帮忙拿走了。

李慧还问了我：你知道营盘小学的四年级老师和六年级老师是禁止孩子们去"榕树根"的吗？我说我知道啊。

2016年3月4日　晴

孙珈枫给我发微信，说她的快递不知道怎么就被送到西山顶上的乡政府驻地去了，让我帮她去拿。而且她说快递公司告知她因为西山顶上交通不便，他们把包裹运上山不容易，所以每个包裹多收费5块钱。

保勒伴和雷木苗今晚拿到了她们之前托佩佩在淘宝订的衣服。

2016年3月5日　晴

打电话给排干打听他家的小耳朵一斤多少钱，得到的回答是小的20元一斤，大的17元一斤，比市场价高出不少。

去勒南家家访，发现他外婆家来了不少缅甸客人，打听之下，是他舅妈家来人了（他舅妈是缅甸德昂族）。

勒南最近骑自行车摔了一跤，擦破了右颊。

烟草公司晚上在公房里统计拱引村的香料烟种植亩数，并依据现在的采摘量估计今年的总产量。

2016年3月6日　晴

带孩子们爬崩洞寨后面的"帕龙"山，路上看到排昆先爸爸的右舵本田小轿车停在崩洞，上山途中，干卷问排昆先，他（干卷）爸爸是不是把拖拉机抵押给了昆先爸爸，昆先回答拖拉机停在家里，但抵不抵押就不知道了。干卷的意思是大家下午爬完山去野炊，把拖拉机开出去，完事又开回来摆好。

下山途中遇到一伙也来登山的芒市人。但他们爬到山脚就爬不上去了。后来来"榕树根"看了看，临走时捐了600块钱。

今天帮本有喜事，放了一天的鞭炮，敲了一天的鼓。

到了13日的时候，拱引也会有一场婚礼，木兰（女）的姐姐唐冰冰要出嫁了，这事从这几天就开始纳入了村寨的日程安排。

2016年3月7日　晴

很多学校放妇女节的假，因此3月7日（周一）这天并不读书，学生们都是今天下午才返校上课。

崩洞的广播通知妇女们明天在公房集合过妇女节。

空中的直升机飞了一整天。

2016年3月8日　晴

今天是国际妇女节，拱引和买直两个寨子都组织妇女去龙江边野炊。

买直妇女们买了烧烤材料直接去龙江边烧烤。

拱引妇女们则在老社长排干的带领下携寨里的老人、孩子，提了排干鱼塘里的十几条鲶鱼，越过龙江大桥，到龙江对岸沙滩上联欢一下午，晚上又找饭馆吃火锅。

营盘小学则正常上课，女老师们决定周五去水库野炊。

下午买直广播里说某个寨里一个老人去世了。

营盘小学从本学期开始将开始操练一套新的景颇特色广播体操。

晚上拱引妇女们在朋友圈和拱引寨微信群里晒了许多在 KTV 唱歌的视频。

今日油价（汽油）5.84 元／升。

今天确认了天上飞的是军方的武装直升机（有时候会有民用直升机飞过）。晚上在网上看到克钦独立军和缅军冲突剧增的消息。

2016 年 3 月 9 日　晴

孙珈乐和唐勒迈仍没有去学校上课。王尚瑞则是无学校可去，而雷家宝也是因为与父亲闹矛盾没要到生活费，于是与排昆先借了 20 块钱车费回家来了。

昨天没听清老人去世的寨子，今天弄清楚了。是月亮湾村道旁的一个老人去世了，今天办白喜，聚了不少人。

今年芒市的每个有景颇族聚居的乡镇都办了目瑙纵歌节，计有三台山乡、芒海镇、五岔路乡；西山乡将在 23 日和 24 日跳目瑙，遮放镇则将目瑙开幕式放在了 29 日，其他的几个县市今年则节俭过节，瑞丽只在等嘎跳了一次，陇川只跳了朋生。盈江则将目瑙放在了卡场镇，梁河县的目瑙则是放在了勐养镇邦歪举办。反倒是举办了德宏州级目瑙的芒市今年多点开花。对此，这几天听到的民间说法是说，因为之前的芒市目瑙，虽然有着州级的名头，但一直是芒市人挑大梁，今年启用了新目瑙场，举办的也恢宏盛大，可大小事务却让盈江人给包办了，弄得芒市人挺不服气，于是多点开花了。而且有传闻说盈江人来主持的祭祀许多的做法与芒市地区不同，结果他们有个"坎壮"，一回到盈江立马就死了。

武装直升机又飞了一下午。

2016年3月10日　晴

昨天就知道村里在开会，但不知道开的什么会。今天西山乡政府公众号"文邦圣亚新西山"发了一篇题为《多管齐下"五用"并行营盘村掀起学习换届纪律要求的宣传热潮》的文章：

"为迅速落实芒市2016年党的建设和组织工作暨换届工作启动会会议精神，切实提高换届选举工作的顺利开展，西山乡营盘村党总支和驻村工作队于3月9日和10日采取"金字塔"、新媒体、传统方式的多管齐下宣传方式，在营盘9个党支部掀起了学习换届纪律要求的宣传热潮。"

"会上党总支书记雷勒腊和驻村工作队长李莉带头学习换届纪律内容，并要求各支委必须到挂钩的党支部召开换届纪律宣传学习会。除此之外，由于许多党员外出打工，为了不落下一个党员，营盘村党总支要求每个党支部书记，通过微信、彩信、QQ、电话的方式，将《"九个严禁"换届纪律要求》和《十四种不易确定候选人情况》传达给外出务工党员，并利用新媒体的便捷，组建微信群、QQ群，及时向每个农村党员宣传换届纪律内容。"

"对于老党员，则用贴通知、标语海报的方式宣传，并保持通讯畅通，让老党员们方便向支委们咨询相关换届纪律事宜。"

从这篇文章中得到的各数据是营盘村共有189名党员。插图里还有一帧是一个微信群的截图，群名显示为"营盘么么哒"，有七名群友。

营盘小学今天提前放周末假，女老师们明天补过三八妇女节。

2016年3月11日　晴

早上拱引开来一辆绿色的挖掘机，在木兰家附近东挖挖西挖挖，挖了一个多小时；晚上去八家寨买水时发现木苗家水池下面的菜地与道路之间挖开了一个出入口，并顺便把对面去农尚的路口给填平了。

营盘村由烟草公司投资兴建的烤烟房又开工了，雷书记在微信朋友圈发了几张他在烤烟房烤烟的图片。

营盘小学的教职工们一起去大社的旅游合作社游览,补过三八妇女节,石校长则留在学校的洗澡房、厕所、升旗台当监工。

几个孩子在"榕树根"聊身边吸毒人员的故事,从他们的聊天中得知,买直又有两个我们学生的家长被带走了。

丽娟从自家的鱼塘里捡了几斤田螺送来"榕树根"。

2016年3月12日 晴

今天是植树节。一年前的今天,拱引寨美化村寨,种了不少树。一年后的今天,拱引寨在整修村道,准备将村内所有道路都硬化。何万明家门口每天都堆着许多甘蔗末梢(叶),定时有轻卡将甘蔗叶拉走。

营盘小学的董老师与她男朋友在龙江边跑步、约会。

2016年3月13日 晴

今天是摩栏(大)的姐姐唐冰冰出嫁的日子。拱引全寨尤其是木兰家的亲戚们忙着操办婚礼的各项事宜,摩勒迈和排昆夫也早早地跑到公房帮着做些力所能及的事情,我问勒迈家里杀了几头牛,他说没有杀牛/猪,全部是去集市上订的肉。"榕树根"也成了来参加婚礼的各方亲戚们的必看景点,一群来得早的妇女们则在"榕树根"的凉亭里安歇下来,等着下午开饭。今天从何万明的儿子口中得知,甘蔗叶是他的二舅舅在收集发售,何万明的小舅子整天游手好闲。何万明妻子便给弟弟出了个主意,让他好歹捡甘蔗叶卖卖找点零花钱来用用。下午排昆夫将爸爸的车开出来在公路上溜了几圈。

今日油价(汽油)5.77元/升。

2016年3月14日 晴

今天以雷木色为首的拱引妇女们给唐冰冰(唐木兰姐姐)送亲。孙伽枫没有去学校，去芒市看牙。

2016年3月17日　晴

过S321到芝瓦时发现路上竖了一个牌子，说省道320K668……某个路段正在修路，封路，过不去。

拱引的村道开始铺碎石料。

2016年3月18日　晴

在户拉街遇到木扎与她婆婆一起来赶集，问她能否来做饭。她说这两天得去芒市的一个婚礼上帮忙，没法来做饭。

中午拱引的广播里说这几天村里有工人在修路，到每家门口时请大家拴好自己家的狗。原因有两条：1. 担心狗不小心咬到工人；2. 刚铺好的路印上狗蹄印不太好看。

木兰的姐姐本周日回门，所以木兰妈妈去集市采购了一批用来回礼用的毛毯。送给她各种亲戚，我问她买了几件，她说买了8件。

西山目瑙临近，各个代表队都进入了准备阶段，崩洞的乐队组织得不错，于是分派到的任务是在目瑙上演奏，这几天每天下午都能听到崩洞寨传来练习乐器的声音。李干内的父亲李勒腊也是乐队一员。凑服装时他少了一条领带，于是想用儿子的领带。但干内的领带借给宏舞社的刀瑞了，于是排昆说可以把自己的领带借给干内的爸爸。

2016年3月19日　晴

本周末营盘小学是不放假的，但是早上弄央来"榕树根"时，营盘小学二年级的董干母和董勒有仍跟随他出现在了"榕树根"，我让他们回学校上课，他们很正式地拒绝了我！

营盘小学现在有个大课间都在跳"迷你"版目瑙，跳得挺好看，微信群里在疯传他们课间的视频。

下午唐勒当来找我们谈地的事情，他要价 8 万，而我们最多只能出价 6 万，因此双方先将价钱搁在那儿，等日后再谈，唐勒当最近在龙江糖厂村打零工，三班倒上两天班，休息一天，我问他干什么工种，他说是当保安。

2016 年 3 月 20 日　晴

李慧明天回营盘小学，但今天开始营盘小学就放假了。目旺支今天感冒了，但他的妈妈不在家，于是他的小伙伴来"榕树根"拿了一些药给他送过去了。

2016 年 3 月 21 日　阵雨

木兰的姐姐和姐夫今天从梁河回门来了，亲朋好友们聚在一起吃了个饭。

2016 年 3 月 22 日　晴

"榕树根"志愿者郝勇海的钱包丢了，内有身份证、驾照、信用卡等。雷木色听说后去找人卜了一卦，反馈回来的卦象是钱包藏在某个角落里，再仔细找找，最后会被一个女性所找到。

今天是西山目瑙迎宾的日子，晚上乐安东老师一个人到弄丙（目瑙场）观光，回来时带了礼物回来，拆开叶子后发现礼物是一整只鸡。

由景颇网倡议众筹拍摄的景颇儿歌 MV 今天在西山紧张拍摄当中。

2016 年 3 月 23 日　晴

今天西山目瑙纵歌正式开幕，开幕式上还举行了景颇儿歌 MV 拍摄开机仪式（虽然昨天已经在拍了），开幕式和开机仪式有州人大常委会主任余麻约和周政协主席番跃平参加。

我们赶到得比较晚，于是我没进去跳，因为有了去年的经历，我留意观察了一下，这个目瑙是瑙巴还在目瑙示栋旁举行敬拜仪式时突然结束的。到下午场时观察到目瑙还未结束时瑙双们就扶着帽子回木代房先休息去了。

下午的目瑙结束后，一群人在吃食售卖摊面前起了冲突。最后冲突转移到了停车场，现场秩序管理人员驱散了上百名年轻人才制止了这场冲突，而喝多了酒的大妈们则欢乐祥和，手挽手唱着山歌进目瑙场。

晚上是各乡镇、村代表们上台表演节目，李干内的爸爸李勒腊上台演奏了长号。

2016年3月24日　晴

今天又有两架直升机在空中盘旋。

崩洞的胡洪宝和胡炯孔各骑了一辆新自行车来"榕树根"，李勒南之前骑的那辆车已经坏了，于是他又来"榕树根"的旧车堆里挑拣维修，看能不能再攒出一辆好车来。

李慧平、张婉颖和张婉颖的一个同学今日重返"榕树根"。

2016年3月25日　晴

唐勒迈的母亲在收香料烟叶，他把烟杆都砍了运到家里摘叶子，我问她为什么砍那么早，不是能摘到四五月份吗？她说过几天烟苗还会长起来，然后这一轮烟杆再采到四五月份。

何胜磊的舅舅捡拾的甘蔗叶又堆积了一定的量。

2016年3月26日　晴

营盘村委会外墙挂了一个横幅：严肃换届纪律，营造一个风清气正的换届环境。昨天村委会里聚集了五六十号人，估计就是在开换届会议。

雷勒当（小）的小儿子今年满岁，因为家里的场院晾满香料烟叶，所以满岁酒席在姐姐雷木色家里办，摆了十几桌。村里村外的客人都来了不少，雷勒当夫妇忙里忙外招呼客人，珈乐也在家里帮忙搬桌子。珈枫去芒市补牙，将赶上吃最后一桌饭。酒席上寨子里的小伙子棍翁在号召鼓动大家搞应季蔬菜种植，他会联系老板来收购蔬菜，但看得出在坐的大多数人都对这个想法没多大兴趣。

美国客人在"榕树根"带孩子们过了个复活节，找彩蛋，表演节目，大家玩得挺高兴的。

2016年3月27日　阴

省道320321芒瓦寨边的大棚里开始收购西瓜了，傣族汉子们用加了高护栏的手扶拖拉机拉着一车车的西瓜来交货，妇女们则负责把挑中的西瓜蒙上护套，打包装箱，再由工人们运上车，当日拉走。从前我们小时候整个德宏地区种的都是红瓤绿皮大西瓜，大概十几年前突然开始种起了红瓤黑纹的大西瓜，现在则完全变成了黄瓤黑纹皮的小西瓜，这些变化全是出于西瓜收购商的喜好。

在芒市这边忙着卖西瓜的时候，瑞丽农村的朋友们则在朋友圈里晒去香蕉种植园里用拖拉机倒渣的小视频。

西山区的公众号今天发了一则呼吁捐款的消息，邦角村的排咪娃家里遭了火灾，房屋全烧毁了，生活陷入困境，因此呼吁大家为他家里捐款。

户拉的鸡汤饵丝店停业几天，我问是怎么回事，摊主的亲戚回答说是摊主学车考驾照去了。

2016年3月28日　晴

今天是乡镇换届年，之前看到过瑞丽、陇川、盈江的市（县）管干部任前公示公告，今天看到了"中共芒市委组织部市管干部任前公示公告——芒组干任公示〔2016〕2号"，其中第十一位的简历是这样的："雷勒腊，男，景颇族，1972年9月生，云南芒市人，大专学历（云南农业大学农村行政管理专业函授毕业），2008年7月加入中国共产党，1990

年10月参加工作,现任西山乡营盘村党总支书记。经研究,该同志拟提名为西山乡人民政府副乡长候选人。"

晚上,我正在洗澡,排南扎很兴奋地跑到厨房跟我说,你看我剪头发了。我问她在哪儿剪的呀,她说是在一个叫"月亮湾"的地方,找一个女人剪的。我问谁带她去的:"我大爹(早迪,6岁)的妈妈。"南扎快5岁了,平时和爷爷奶奶生活在一起,她上一次理发是奶奶亲自给她理了一个小光头,到理发店里理发,对她来说是一次新奇的体验。

2016年3月29日　阴　阵雨

早上路过户拉,发现鸡汤饵丝店营业了,问摊主驾照考得怎么样,她说刚练到科目三,才练了几天教练又让她回家休息了。

回到营盘小学门楼时发现一辆小挖机在平整路面,郝哥开着皮卡停在何胜磊家门口。我问有什么事情,他告诉我何胜磊决定从职中退学,去瑞丽找堂姐,在堂姐的理发店里打工,学手艺。由何万明(何胜磊父亲)和郝哥一起去芒市接他回来,办理退学手续。

勒迈和珈乐昨天刚去的学校,说是要参加体育中考,结果他们今天就回来了,理由是勒迈病了,珈乐要陪勒迈回家看病。今天晚上拱引停了一个小时的电。网也停了两天,原因是这一带的基站坏了。

今天李慧平、张婉颖和她的同学曼尧离开"榕树根"。

2016年3月30日　晴

昨晚白忙了一晚,虽然狂风大作,但并无暴雨来袭,只是早上发朋友圈时发现原来暴雨到盈江去了,不但掀翻了树木,还下了冰雹。

今天是遮放镇目瑙开跳的日子。这是德宏地区今年最后一场目瑙,但因为遮放镇没太多景颇族人口,所以规模比较小,倒是我们的学生有不少都请假去参加目瑙了,旺友倒不是请假去的,而是因为他上课捣乱,老师让他一周内都不用来学校。

石老师来"榕树根"让乐安东老师帮忙下课间目瑙操的音乐,下午有直升机飞过。

2016年3月31日　晴
拱引的广播讲了两个事:
1. 明晚村委会来人给村民开会。
2. 让大家交医疗/养老保险。

2016年4月1日　晴
这两天陆续有营盘小学的学生来"榕树根"借服装、道具,问他们有什么事情,他们说是有人捐建的厕所和澡堂要竣工使用了,要开庆祝会,要跳舞。

云大研究生,乡村之眼志愿者李慧在乡村之眼公众号上发了一篇《营盘杂记》讲她在营盘村营盘小学的生活,所见所闻,文中也讲了她当志愿者看到厕所、澡堂盖起来,看到孩子们接触乡村之眼的反应。

芒市委宣传部官方公众号"微美芒市"今天推了一篇文章:"华谊兄弟总裁王中磊带着小威廉来芒市营盘咯,他们全家来这里干吗呢?"文章开头点题了——"4月1日下午,华谊总裁王中磊全家来到西山乡营盘民族小学,参与华谊兄弟公益基金捐资助教工程竣工典礼。"

后面用图文介绍了王中磊一家参加竣工典礼的过程,营盘小学师生用景颇传统礼仪款待了王中磊一行。

村里的不少人也在传今天竣工典礼的图文。今天各学校开始放清明假,星期一下午收假。

2016年4月2日　阴　阵雨
昨晚下了一场挺大的雨,从"榕树根"回芒市的舞蹈老师宇超文在朋友圈发表了他在路上看到的好几起车祸视频。

2016 年 4 月 3 日　阴　雨

雷书记在群里晒他雨天在烤烟房烤烟的视频。

帕软的副社长排异便在雨中开车拉甘蔗。"榕树根"的孩子们聚在"榕树根"设计登山队队旗。

2016 年 4 月 4 日　雨

西山乡党代会进入筹备最后阶段，65 名出席会议的代表已做好参会准备。

2016 年 4 月 5 日　晴

西山乡第九届党代会今天开幕。

2016 年 4 月 6 日　阴　阵雨

西山乡第九届党代会今天闭幕，雷家宝的妈妈参加了会议。

雷木色去了梁河，让珈乐回家喂好猪、守好家。是的，珈乐和勒迈本周又没有去学校。

王尚瑞和王尚涵两个小孩待在家里没人做饭给他们吃，于是王尚瑞带着弟弟来"榕树根"吃了晚饭。

2016 年 4 月 7 日　晴

西山乡和五岔路乡同时召开第十届第四次会议，我同时从微信上知道了这两个消息。西山乡的图是拱引的雷书记传的，五岔路乡的图是乡政府办公室主任赵弄刀发的。

雷干先提前一天从江东中学回到拱引，他的说法是他们放泼水假了。

勒迈和珈乐今天去帮在户拉经营电器和韵达快递的小韩发传单。发一天，劳务费每人 100 元，他们两两一组，骑着摩托车跑遍了附近所有村寨。

乐安东老师和李旸姐在黄毅部长的邀请下一起去了陇川探亲访友。王尚瑞和王尚涵继续待在"榕树根",其间他们的父亲王晖来过一次。

2016年4月8日　晴

王尚瑞继续带着王尚涵待在"榕树根",放学后孩子们陆续聚到了"榕树根",傈僳寨的孩子们则兴奋地玩起了已经被他们玩坏了无数次的自行车。

糖厂的停榨时间就在眼前,可何万明家仍有不少甘蔗还没有砍,现在工人又已经不太好找,所以他们家在很紧急地赶工。买直村头至村委会的这段路比较窄,今天有一辆挖掘机和一辆装载机在拓宽路面。因为今天是周五,营盘小学的许多学生家长来接孩子回家,但因为小学门口也在路面拓宽范围之内,所以许多家长被挡在远处,孩子们自己出校门后再自己步行寻找父母。

2016年4月9日　晴

村委会买直寨头的路已拓好,今天在干两件事,一件是挖沟,另一件事就是给路面铺风化料和公分石,为浇筑水泥路面做准备,到下午挖掘机已经移到买直寨尾和加油站之间拓宽路面了。

李慧从营盘小学来到"榕树根"想帮着做一些力所能及的事情。在户拉卖电器的小韩今天也来到"榕树根"帮忙,临走时还顺便捎走了两个回家的学生。

拱引的雷家给老奶奶过寿,这个老奶奶是整个拱引最年长的人,有说老奶奶85岁的,95岁的,也有说实际年龄已经超过100岁的。

雷家杀了一头牛,以示庆贺,并献祭家鬼和口舌鬼,老人给每个客人一把长寿米,让客人沾上她的福分,吃饭吃了一天。

李阿姨的女儿保刀南应邀为她们拍摄活动照片。

"榕树根"登山队的孩子们今天在没有带队老师的情况下爬了崩洞

后山。

2016年4月10日 晴

这几天傣族人民一边泼水，一边在忙着收西瓜。石藏况做完了"榕树根"的长椅，收到了1200元的工钱。

"榕树根"明天会来一些北京清华国际学校的学生，我到处找做饭阿姨，但都没找到，附近村寨的人们不是忙着砍甘蔗就是收烟叶，雷木色则是说12日有人要来家里杀猪吃，所以没时间。

2016年4月11日

今天找到了四个做饭阿姨，是帮本的妇女，保自诺的奶奶帮找的，保自诺奶奶自己也在这四人之中，和她们定好了每人每天60元的工钱。

后来之前找过的几个妇女都回来表示有时间回来做饭了，但我仍定下了由帮本妇女们来做饭。一来是先定了她们，二来是我把这次做饭当成了帮本寨的一次村寨公关。

妇女们来做饭时，我与她们闲聊，说到李旸姐以前在北京一个月挣三万块，但辞职来了景颇山，妇女们的反应是"难道她来这边能赚得更多？"

2016年4月12日 晴

昨晚，唐勒盖一家人在家里给外孙女过生日，过程中大家喷了喷罐彩条，但没多会儿，彩条喷到的地方就开始发痒，变红，起疙瘩了，只有唐勒迈和昆失的症状不太明显。

今天是户拉街，"榕树根"的孩子与清华国际学校的孩子们一同去户拉街体验买菜。几个买猪肉的小孩被坑了，25斤猪肉付了465块钱，户拉街的肉价在13～15块钱一斤。

户拉中学的周校长邀请"榕树根"里正在做活动的孩子们明天去户

拉中学做客。

2016年4月13日　晴
买直寨子今天祭水井。

2016年4月14日　晴
唐勒迈和何胜磊两个人打了一架。

2016年4月15日　阴
今天是清华国际学校学生离开"榕树根"的日子，两边的孩子们依依惜别，洒泪约定以后再见。

晚上寨子里开大会，唐勒盖叮嘱儿子去通知排麻东一起去公房开会。

摄影师刘敏今天重返"榕树根"。

2016年4月16日　晴
村委会至买直村尾加油站的路这几天一直在动工，最先动工的是学校门口到水泥路末端的那一段，路拓宽了，垫高了，铺上了公分石，用压路机压实，等着浇筑混凝土；这两天买拓宽买直村尾至加油站之间的那个大坡，把路封了，同时把买直的农尚给铲了，准备从农尚的位置开一条路接到买直和月亮湾之间的路上，只是不知道大家之间商量着把农尚移到什么地方去了。

下午时珈乐说打电话时间到了，我好奇地问他要和哪个姑娘聊天啊，他回答说是昨天和清华学校的学生约定好了通话时间。

芒良的张况诺来"榕树根"找同学，停摩托车时脚架停空了，连人带摩托一齐滚下坡去了。摩托倒在柚子地里，人一身尘土地爬起来换衣服、洗澡。找人扶摩托，给爸爸打电话报告情况，并被爸爸骂了一顿。

2016年4月17日　阴

今天又是一轮户拉街。

孙珈枫攒了600块钱,她存了500块钱,留了100块钱作为流动资金;她几个月前办了一张农村信用社的卡。我问她攒嫁妆钱了吗?她说是为以后做自己想做的事情攒钱。

排麻东家里来了一个牛贩子,用一头带崽的母黄牛换走了一头母水牛,按排麻东的说法是他想将家里的水牛全部换黄牛。统一品种好养殖一点,不知道他们之间有没有补两边的差价,临走时排麻东对牛贩子说若有合适的牛再送过来。

修路队修整完了买直村尾的坡道,今天下午开始安排了一辆挖机和一辆装载机来修"榕树根"至拱引寨尾的路面,工头的说法是这段时间只能先铺设砂石风化料,铺设混凝土得等到雨季结束以后。

晚上有一个工人开面包车来守停在路面旁的挖掘机,他睡在面包车里。

白天,刘敏给"榕树根"街舞队、爵士舞队及在"榕树根"的所有小孩都拍了个人肖像。

何胜磊从今天开始正式到堂姐的发廊里学习手艺。

2016年4月18日　阴　阵雨

今天早上王晖早早的就来接走了王尚瑞和王尚涵。

昨晚半夜突然听到屋外一阵突兀的鞭炮声响,然后过一会响一阵,过一会响一阵,于是,大家就都知道附近有老人去世了(以前打铜炮枪报信,现在禁枪以后改放鞭炮了),早上起来打听谁家老人走了,我得到的反馈是帮本寨里有老人去世了。

拱引寨的几个汉子在场院里捣鼓一把射钉枪改造的猎枪,这把射钉枪里有一个弹片卡在了枪管里,大家想方设法把弹片给取出来,排勒瑞走过来说,不久寨子里要祭祀水井了,在挨家挨户收取集资的20块钱。

今天早上下了雨,所以修路工程停了半天,到下午开始工程车又动了起来,今天的工程是把雷勒定家附近路上沿的土取走,把路修直,挖下来的土堆到了排麻东家的牛圈上边。

2016年4月19日　晴

刘敏今天离开"榕树根"。

糖厂停榨日期日渐临近,可何万明家仍有六七车甘蔗未砍完。何万明每天早出晚归张罗工人砍甘蔗。

买直的雷勒腊今天给孙女过满岁生日。

临县盈江今天受了暴雨风灾,电线杆倒地,树干断裂房尾被掀翻,刮走房顶砖墙断裂的都有不少,灾情挺严重。

孙珈乐没有去学校,每天下午定时与北京清华国际学校新交的朋友通电话。

2016年4月20日　晴

拱引的广播里排社长让村民们把养老保险卡交到公房去。

2016年4月21日　晴

胡洪宝跟我提到一个事,说是他们在校园外的橡胶林打了一架。打得还挺狠的。是小学男生几十人参加的群架。

晚上珈枫来到"榕树根",我问她怎么周四就回家来了,她说是中午班主任送她回来的。送回来的原因是她今天迟到了一次,满三次违纪,老师让她停课回家反省,等到考试时再去学校。

下午唐瑞祥的母亲打电话来问唐瑞祥在不在"榕树根",说是瑞祥本周一直没去学校。我让李旸姐告诉瑞祥母亲我见过瑞祥和拱引的陈毅在一起。后来瑞祥的家人果然在陈毅家里找到了瑞祥。陈毅13岁,是湖南人,去年跟着妈妈回到拱引外公家居住,辍学在家。与瑞祥一同逃课的还有唐勒迈。

2016年4月22日　晴

今日油价5.77元/升（汽油）。

今天又逢户拉街，李阿姨的女儿保刀南去赶户拉街，在街上丢了50块钱，我知道这个消息是因为她把这事发在朋友圈里了，来"榕树根"做饭的木扎因为母亲生病，回了缅甸，于是我打电话问保刀南有没有时间来"榕树根"做饭，保刀南说一整个周末都有时间。

今天又知道了一些昨天小学生打架的事情，一些孩子回家搬了救兵，一个跟着去的大孩子让人找了一块石头，用绳子挂在帮本寨一个男孩的生殖器上——而据另外一些女孩回馈的信息，则说当救兵去的几个大男孩还踹了对方阵营里的小孩几脚。

营盘小学的石校长近三天来则忙着寻找学校输水管爆裂的位置，到今天下午才找到。

在法帕中学读书的雷家宝和排昆夫中午放学就开始往家里赶，他们提早回家的原因是中考少数民族考生能加20分，但需要户籍所在地派出所的盖章证明，所以他们想趁着周五派出所下班前去把章给盖了。

2016年4月23日　阵雨

今天早上7点左右，拱引的广播就响了，说××寨有人去世了，请全寨人去吊唁；明天帕软寨有排家的姑娘出嫁，请大家一起来做客。

到8点多，我弟弟给我打电话说中午去户拉接他一下，说是帮本寨子他的同学雷勒拽的父亲去世了。他得过来看看。我中午接了他以后，从加油站岔进去帮本寨子的路，路过何万明家的甘蔗地时发现他家的甘蔗终于砍完了，终于赶在糖厂停榨前将甘蔗都运到了糖厂，剩下的最后两车则做蔗种不削叶子直接卖了出去。

下午，拱引的广播又响了一次，这回是说失乌也有一个老人去世了。

晚上,"榕树根"的登山队进行了一次夜间穿越,爬了崩洞后山。

2016年4月24日　阵雨

今天是周日,在芒市中学读高一的李干内返校之前跟我借了一部坏手机,说是他们班主任每周日学生返校时都会收走手机。周五放假回家时再返回给学生,他拿旧手机是去交给老师应付过关用的。

2016年4月25日　阴／阵雨／晴

今日油价5.88元／升(汽油)。

户拉中学今天举行初三学生毕业考试,所以初一、初二学生今天(周一)下午才赶去学校。

这几天已经有人陆续的去烟草公司出售香料烟叶了。烟草公司的收购价最高达到了每斤30元左右,低的则只有三四元每斤。

2016年4月26日　晴

李勒南没有去上学。今天他早早的来"榕树根"借了一把刀,要上山去,我问他上山干吗,他说和山上傈僳寨的朋友约好了,要一起去下套逮野鸡,我问他朋友是谁,他说他朋友叫"莫兹",和他一般大,也应该读六年级了,也辍学了。

雷勒定家里的一只母鸡在"榕树根"附近的草丛里产卵孵卵,他找了两天,终于在凉亭下边的竹篷脚找到了准备带小鸡群入眠的母鸡,他准备等天黑透以后拿鸡笼上来把鸡群给装走。回去拿鸡笼时雷勒定路过排麻东家的牛圈,问排麻东那牛还互相踢咬吗?(前几天排麻东换的母黄牛被牛群排斥了),排麻东边忙着照看牛群边回答:过几天应该就好了。

唐勒迈今天又从学校回家来了。

2016年4月27日　晴

勒南和傈僳寨的小朋友们一起逮到一只懒猴，当时那只懒猴待在树上，几个小伙伴拿石头砸了一会没砸下来，勒南爬上树就一顿猛摇，将懒猴从树上给摇了下来。

旺友和郭华云最近一直跑月亮湾去连别人家的 WiFi 玩游戏。

晚上给勒南和勒迈放了一部美国喜剧片《小鬼当家》，昨晚给他们放的是周星驰的《济公》，觉得不太好看，所以今晚稍微有所调整，专门跟李旸姐要了存电影的硬盘。

今天"文邦圣亚生态西山"微信公众号发了一篇文章《两学一做‖"五四三二一，一个不落下"营盘村开启两学一做学习教育活动》。

2016年4月28日

今天勒南和干卷看的电影是《狮子王》。

雷木苗的妈妈今天去甘蔗地里施培根肥，而雷勒东的儿子则在烧甘蔗叶，木兰妈妈在采烟叶。

今天上午，芒市人大常委会副主任赵腊卓率市人大、市教育局相关领导到西山区调研少数民族教育开展情况。乡主要领导、乡教育督导主任。西山乡中小学负责人参加了调研。

2016年4月29日　晴

今天学生们开始放五一假"榕树根"给孩子们布置了一个任务，回家给父母做一顿饭，并发图传群里，孩子们都很认真地去做了。

我们给他们备好了菜，谁家缺菜缺佐料都可以从"榕树根"带回去，结果勒南挑了三四斤肉就回家去了。

排干广播让寨老们到排麻东家里聚会，这表明，拱引的祭祀水井仪式正式进入了议程。

2016年4月30日　晴

今日油价 5.99 元/升（汽油）。

"榕树根"组织了两天两夜的登山露营活动，从今天开始，但排昆夫家里遇到了一些活，扛竹子，昆夫需要干完活才能参加活动。于是，今天上午，唐勒迈、雷干先、孙珈乐、何胜磊、雷家宝、干卷等几个小伙伴一起帮昆夫，花一早上扛完了，让昆夫能准时赶到"榕树根"，参加登山前的准备活动。

下午在加油站和杏次之间发生一起车祸。一辆小轿车和微型货车相撞。小轿车占用左道超车时撞上了正常行驶的微型车，两车左侧车头各有损毁。微型车被撞得向左侧翻倒 90 度，没看到有人伤亡。

2016年5月1日　阴/阵雨

排社长（拱引）开车取道上营盘，去乡政府邀请人，参加拱引的祭祀水井仪式。

2016年5月2日　阴/晴

今天是唐勒迈的 16 岁生日，我买了个蛋糕给他，他自己又去找了两只鸭子，干内、昆夫原本今天应该去学校，但他们都请假留了下来，而旺友和勒南则是因为读小学，家离学校近，不用住校，所以不存在请假的问题。

何胜磊也推迟去瑞丽的日程安排，留下来帮忙做菜。

2016年5月3日　雨

今日油价 5.99 元/升（汽油）。

今天营盘小学六年级有几个男生没去学校，我知道的有旺友、唐勒迈、董建医，也许还有我不知道的几个人逃课了，于是六年级班主任大发雷霆，结果是惩罚了全班学生。

勒南也没去上学。

珈乐和勒迈也没去学校。

下午突然间狂风大作，突降暴雨。后来从微信中得知，瑞丽也是狂风暴雨，大风还造成了一些建筑物的损坏，而陇川则是突降冰雹，造成了较大损失。

缅军和克钦独立军在多地持续交火。

因为最近有雨，所以拱引的水井祭祀拖了一天又一天。

2016 年 5 月 4 日　阴

大早上的拱引的社长排干就在广播里喊让大家到杨当家里集合，开始水井祭祀仪式。从前拱引寨子的山官为排氏，即排麻东他们家族，所以由他们家来领祭衣尚，跑阳家为寨头，是二把手，所以由跑阳家开领祭水井，权利就这么一直划分到现在。之前负责领祭水井的跑阳氏族代表是唐木兰的父亲，因为他算是拱引寨跑阳氏族中的嫡幼子（景颇族搞幼子继承制）。不过木兰父亲去年去世了，因此这领祭人就得换人，于是就轮到了另一家的幼子杨当来当这个领祭人。

今天来的祭祀人数比较少，在水井祭祀的时间也不长。董萨念祭词，众汉子剖猪宰鸡做饭分肉，把每家每户均分的"门朱"肉分好，各路口守路人的猪腿分好。等董萨念完祭词，就吃饭散去。各自准备晚上的守路事宜，当晚 12 点，开始封锁出入寨子的各个路口。

2016 年 5 月 5 日　晴

几个上营盘的年轻人见拱引封了路，便从帮本穿过甘蔗地绕行到了拱引寨头，再汇入去上营盘的道路。

本次封寨没有再像去年一样遇到有人闯入的情况，大家都比较用心分守了各自把守的路口。

2016年5月6日　阴／阵雨

今天工程队来给拱引村道铺风化料。铺混凝土的工程则要延到雨季结束之后了。

工程队驻扎的地方也没有水，所以工头离开时从"榕树根"接了几十升水回去做饭。

芒市委宣传部官微今天发了一篇文章讲营盘村修路的事情，题目是《脱贫攻坚　三代人　一条路　同个梦》，以拱引的雷勒定、排早翁、帮本的雷道扎（读小学六年级）举例讲了三代人对于村中通好路的期盼。

2016年5月7日　晴

今天是户拉街，木兰从芒市坐车回家。家里顾不上接她，于是妈妈就让她跟着寨子里赶户拉街的人一起坐拖拉机回家。

户拉中学初三补课补到明天（周日），学生不回家，直接开始下周的课程。

崩洞的石芹（音）家今天进新房，各个村寨今天一早就广播了一个消息，而从前几天开始，一些亲戚家里则直接由主人家安排人送了请柬。她家的宴席从下午6点开始，请的乐队与之前村寨里请的其他乐队不太一样，之前请的乐队都是以表演景颇族歌演奏景颇歌为主，今天这支乐队则是表演汉式歌舞和乐曲。

几个营盘小学的学生们聚在买直寨尾的榕树下，用矿泉水瓶装了一瓶酒，在互相分享！

晚上，鸦片奶奶带着野菜来到"榕树根"，乐安东老师给了她10元钱。

雷勒当拔了地里的香料烟杆，准备育秧了。

2016年5月8日　阴

今天景颇网配发了母亲节歌曲和内文。配图是我提供的。首图就是上营盘帕加腊的妻子，李慧和帕加腊的二儿子家关系好，我把内容转给李慧，让她转给帕加腊家人看看。

雷勒当今天把烟田改造成了育秧的秧田。

鸦片奶奶送来一包"帕哈"，乐安东老师给了她 10 元钱。

2016 年 5 月 9 日　晴

唐勒迈、孙珈乐、李勒南、目旺友四人从"榕树根"领齐了装备，组队上山去露营，他们将露营地点选在了崩洞后的山上。其中目旺友是请家长向学校请了假之后才加入的。今天早上，四个人先将勒迈家里需要干的活计一起忙完之后才带齐装备上了山。

2016 年 5 月 10 日　晴

今天西山乡政府微信公众号"文邦圣亚生态西山"发了一篇文章《两学一做‖西山乡党政机关支部党员集中学习》：

"5 月 9 日，西山乡党政机关支部召开党员会议，集中学习'两学一做'方案，会议由乡党委副书记主持"

会上，乡组织委员带领大家学习了《中共西山乡委员会关于印发〈关于在全乡党员中开展学习党章学党规系列讲话做合格党员学习教育实施方案〉的通知》（西山 [2016]29 日）文件精神，重点强调"做好五个坚持。领会九个方面内容，强化六个方面要求和做到'九个一'"。

我微信朋友圈中的几位西山乡党员都转发了这篇文章。

2016 年 5 月 11 日　晴

今天市委宣传部驻营盘村工作队的李莉，对接芒市优美美发的理发师们，来营盘小学献爱心，义务理发。

营盘小学的石校长在朋友圈发了以下内容："今天营盘小学学生得到优美美发师们免费美发，学生高兴了，又得吃，头发又得美容。学生是高兴，可辛苦了美发师们！山上的孩子不善表达，不善言语，但会记在心上，我代表学生们感谢美发师们，感谢市委宣传部的李女士，祝美发师们生活美滋滋的。"

今天鸦片奶奶又送来一包"帕哈"，乐安东老师给了她10元钱。

2016年5月12日

汶川大地震8周年。

台湾附近海域发生6.0级地震。

丽娟今天守小卖铺，王尚瑞带着工尚涵路过小卖铺，丽娟送了一罐速食粥给王尚瑞，王尚涵新理了个小平头，问他谁帮理的发，他说是昨天在学校理的，说他们全班男生都理了"光头"。

帮本有人结婚，干卷妈妈在芒良帮人做饭，所以打电话到我这儿，让干卷去芒良找她拿钱，然后去帮本做客。

珈乐和勒迈今天早上早早的去了学校。说是去考试的，结果中午又回来了，按他们的说法是已经考完了，问他们考了什么，他说考了化学。

半夜间响起一阵又一阵的鞭炮声，应该是某个寨子又有老人去世了。

2016年5月13日　晴

今天早上四五点下了几阵阵雨，雨量挺大。但因为这几天干旱太久，雨水也只够把地面打湿。

木色的父亲从戒毒所放出来有一段时间了。把木色管得挺严的，不轻易让她出门。

何胜磊的母亲在摘香料烟叶，把烟杆砍了收回家里摘叶子，问她怎么这么早就开始砍烟杆，她的说法是烟草公司收购香料烟叶的期限快到了，怕收晚了晾不干，错过烟叶收购时间。我跟她说前两天我去瑞丽了，见到了何胜磊，她的第一反应是"那小子又让你传什么话？又缺什么东西了？"接下来我们才聊到何胜磊在瑞丽过得怎么样，都在干些什么。

唐木壮家明天摘烟叶。所以她今天早早地回家去了，准备明天大干一场。

2016 年 5 月 14 日　晴

孙弄央送来三张请柬，分别给乐安东老师、郝哥和我，每人一张，打开一看，是弄央哥哥的结婚请柬，因为父亲去年不在了，所以家里可能有点忙着添丁进口，婚宴时间订在了 2016 年 5 月 19 日（星期四），弄央哥哥的名字叫孙麻崩，新嫂子的名字叫董木介，听大家聊天时提到过。是缅甸姑娘，买直有不少妇女是从缅甸嫁过来的。如此弄便的母亲，建医的母亲，但不清楚董木介是不是她们介绍过来的。

今天"榕树根"组织了登山露营活动，但干卷和弄央因为要忙着四处发请柬，因此没来参加活动。

晚上朋友圈和各个群里都在传一组视频，乌泱泱的人群正在追打交警和城管；人群掀翻了城管的车辆；防暴警察开进了人群；背景里停着几辆运输渣土的自御式卡车。

后来得到的消息是交警和城管在芒市机场大道上设点治理卡车超载，不覆盖遮盖布运输石料行为，被治车辆不服从，并纠集人群反抗，围攻执法人员。

2016 年 5 月 15 日　晴

今天群里仍在讨论芒市群众和城管的冲突，但政府方面的舆论已经完全占了上风。

干卷教育旺友："旺友，你要再敢逃课，我就打断你的腿。"而勒迈则被大姐叫到芒市去了，之前要在芒市待一周。

珈枫因为牙疼没有去学校，珈乐则说要去学校，理由是最近没钱花，得去一趟学校。从妈妈手中拿到在学校的生活费后再早早地从学校回来。而勒南更是直接连家都没回，倒是弄央去了学校。问他为什么哥哥要结婚了还要去学校，他的回答是去找老师请假的。

到了晚上，微信群里聊的话题变成了瑞丽航空新添了两架波音737—800。

去芒市之前，勒迈、勒南、珈乐一起去砍了勒迈家地里的香料烟杆。

2016 年 5 月 16 日　阴／阵雨

勒南和珈乐一起去干勒南家地里的活儿去了。

雷勒定背着小孙子游寨子，逛到"榕树根"，看了很久我电脑上放的目瑙纵歌视频。到了下午，保勒办的奶奶送了一些青菜到"榕树根"来。

晚上弄央和干卷来"榕树根"借音响，顺便说了一个事，希望18日麻崩接亲时"榕树根"的皮卡可以加入接亲车队，我们说我们17日、18日去盈江，如果19日早上赶去女方家可不可以，两个孩子做不了主，于是我和郝哥就直接去了弄央家，说定19日早上我和郝哥赶去畹町，从畹町找人带我们出境，去女方家接人接物后就直接赶回来。

2016 年 5 月 17 日　阵雨

孙珈枫昨晚来睡在"榕树根"。等着今早坐郝哥的车去学校。

要迟到了，问她急不急，她说不急，反正她每天也就是去学校睡觉而已。

西山乡政府的徐青云到芒良出差，在微信朋友圈发了一组自拍照，配的文字是"和谐芒良"。

2016 年 5 月 18 日　阴／阵雨

勒南早早的就来"榕树根"晃荡，待了近一个小时，终于向乐安东老师提出了自己的要求，想借摩托，载着外婆去跌撒看生病的奶奶，我们一致认为不能把摩托借给他，他的年纪太小了，我们说可以帮他喊阿明过来，让阿明开摩托送他们去跌撒。车票由我们来开，但勒南没听进去，说是要去别家借摩托，走了。

弄央的哥哥已经提前去了新娘家里，家里没多少人，但桌椅已备好，饭菜已开始准备，老人们也在慢慢地聚起来。

而接亲的花车则将于明天一早再赶到新娘家去。

2016年5月19日　阴／晴

一大早，弄央的妈妈就打电话来，说原本决定9点钟去接亲的时间提前了，改到8点，于是我和郝哥赶紧开车赶到买直去，到弄央家以后，又等了一段时间，花车到了。开花车的是月亮湾的社长刀安全，他有一辆白色的丰田小轿车，临时被邀来充当花车，李阿姨的女儿保刀南则担任婚礼摄像，也和我们一起赶往新娘家。

新娘家在畹町弄弄村对面，越过国界300米左右就到了，新娘家所在的村子叫澡堂河，景颇语写作"Hka Lum Mare"（意即温泉河村），得了这么个名字是因为村头的山里有一个温泉澡池，温泉下面有一条河往下流时流经澡塘河村注入作为界河的畹町河。穿村而过的公路边，村民们集体立了一个砖混材料的碑，上部是椭圆面板，用景颇文、缅文、汉语写着"澡堂河（村）"，两边绘着目瑙示栋的图案，腰上是仿目瑙示栋的犀鸟。

新娘家并没有大操大办办婚礼，家里去的人也不太多，新郎新娘则跑畹町化妆去了，等新郎新娘化完妆一回来，按基督教习俗祈祷完，大家就上车往回走，这时才得知车队要贴的喜字，装饰花车的花簇、彩带得现买，于是到畹町转了一圈，结果得知一套要600元，于是大家决定到户拉的超市买了自己贴上，到户拉买所有东西的花费也就80多块。

到新郎家以后就是大家卸嫁妆，送亲迎亲队伍带新郎新娘进门，新娘进门前董萨为她做"跳草神"仪式驱邪，跳草神不是景颇族原有的仪式，是借鉴自汉文化的东西，到堂尾前新郎新娘先在地毯边做饭，等董萨在草桥边念完祭词，就有男扮女装的小叔子弄央将嫂子牵过草桥，迎进屋里去，新娘就算是婆家的人了，剩下的仪式就是婚宴了。

新娘家所在的澡堂河一带是去年末今年初克钦四旅和缅政府军打仗的地区，打起来的原因是果敢同盟军与缅政府军在清水河、大水塘前、南天门一带鏖战，克钦四旅为了阻止更多的缅军增援去打果敢同盟军，于是在此与缅军开战，牵制敌人，晚上弄央母亲拿给我200块钱，说是白天接亲的车钱，我推辞不掉，收下后转身就以"榕树根"的名义，挂了回去。

2016年5月20日　阴／阵雨

遮放的网络基站出了问题，正在维修当中，营盘村一带的电脑都没了网络信号。可奇怪的是几个小学生每天都往村委会的后墙跑，说是可以联系上村委会的WiFi信号。

早上各个村寨的广播都早早地一起响了起来，没听清楚，隐约听到"年满十八岁……"的声音。过了近两小时，帕软的排副社长和拱引的雷书记先后在微信朋友圈发了小视频，在视频里出现了一个投票箱。

2016年5月21日　阴／阵雨

上营盘的水牛闯到了拱引山头的人工林里，无人放养，两个傈僳小孩来赶走了牛，但却因为互相争吵打了起来，大一点的那个男孩把小的男孩给打哭了。

2016年5月22日　晴

营盘小学的石校长和月亮湾的社长刀安全，还有另一个男人相约着去水酒乡吃午饭。木苗的母亲这几天返回缅甸看望木苗的姐姐。家里就没有人了，于是原本住校的木苗就要每天中午、晚上两次回家喂猪，持续一个星期。

下午送何胜磊去户拉坐车，他在路上跟我说了一个事情，前几天他母亲买了一块地，就是他家大门外隔着公路的那条老鱼塘，现在里面种植甘蔗。何胜磊说之前弄央的哥哥结婚时钱不够，于是将这块地卖给了他家里，用卖地的钱娶了媳妇儿。何胜磊母亲买这块地之前还问了他的意见。

丽娟的奶奶给我打了一天的电话，让我通知丽娟回去守小卖铺。

2016年5月23日　阴／阵雨

今天"文邦圣亚新西山"发布了一篇文章：《〈换届选举〉西山乡第六届村民委员会及村务监督委员会换届选举工作圆满完成》。

文中写道："截至5月23日，西山乡第六届村民委员会及村务监督委员会换届选举工作圆满完成，顺利产生新一届村委会成员三十人，其中主任六人，副主任六人，委员十八人，新一届村务监督委员会成员十八人，主任六人，委员十二人。"

"在经过前期精心组织和筹备后，5月20日西山乡第六届村民委员会换届选举大会在各村同时举行。此次选举大会更是有66个投票站，6个主会场……监票员将选票现场加封，并带回主会场进行当场开票、唱票，经村民选举委员会确定计票结果符合法定程序后，当场给予公布。"

营盘村委会的选举主会场放在了拱引公房，文章里贴出了新当选的营盘村委会五人成员合照，其中我认识的有崩洞村民小组的上届村委会主任董勒腊，帮本村民小组的上届村委会副主任唐勒迈，"月亮湾"的社长刀安全，其余两人一男一女，皆不认识。

文章的结尾写道："目前我乡各支部各小组换届工作正在有序推进中。"

2016年5月24日　晴

李开发家的三轮摩托坏了，在"榕树根"场院里停了好几天，买来的零件又装不上，看来还会再停几天。

勒南和珈乐今天早上在勒南家的地里种玉米，原本商量好了勒迈也参加的，但勒迈这几天去了芒市，所以只剩下珈乐和勒南来干这个活了。

中午在拱引公房的墙上看到了几张告示：

营盘村第六届村民委员会换届选举正式候选人公告。

根据《营盘村村民委员会选举办法》，经本村选民直接提名和村民选举委员会审查，产生了第六届村民委员会正式候选人，现将名单公布如下。（按得票数由高到低的顺序张榜公布，票数相同的按姓氏笔画顺序公布）：

主任正式候选人董勒腊、丁家云

副主任正式候选人：唐勒棒、雷勒当

委员正式候选人：何才载、目勒山、刀安全、排腊苗。

特此公告

营盘村第六届村民选举委员会（公章）

2016年5月13日

凌塘村第六届村民委会换届选举投票时间地点公告

经村民选举委员会研究决定，本届村民委员会选举采用选举大会投票站投票方式，具体投票时间定为5月20日0点至12时，中心会场设在公益小组，投票站设在上营盘小组、崩洞小组、芒良小组、买直小组、帕软小组、帮本小组、李欢小组、拱引新村小组（"月亮湾"——作者注），请村民相互转告，安排好时间，准时参加选举大会（投票站）投票。

营盘村第六届村民选举委员会（公章）

2016年5月13日"

另外有许多张"芒市乡村人民代表大会选举选民登记表"，里面有选民的全面信息，拱引小组这份表最后一行写着"备注：有选民171人，其中：男84人，女87人。"

下午在村委会又看到了一张表：

中共营盘村总支部委员会委员候选人预备人选公示：

经党员、群众推荐及乡党委推荐、考察，拟提名下列同志为营盘村新一届总支部委员会委员候选人，现公示如下：

姓名	性别	民族	出生年月	文化程度	入党时间	现任职务	提名职务	备注
丁桂英	女	景颇族	19730920	职高	19950817	总支委员	委员	
目勒弄	男	景颇族	19710805	职高	20140616	监督委员	委员	
张家方	男	景颇族	19860101	职高	20120626	副书记		
唐勒棒	男	景颇族	19731206	职高	20010520	副主任	委员	
唐勒腊	男	景颇族	19710905	职高	20120626	主任	委员	
雷总道	男	景颇族	19710208	职高	20080715	总支委员		

对以上人选如有不同意见，请于4月22日前向村总支部委员会或向乡（镇、街道）纪（工）委反映。

联系电话：

村总支部委员会1357820795×

乡纪委：2972007

中共营盘村支部委员会（公章）
2016年4月18日

今天得到的另一条消息是，我们一个学生的爸爸，于前几天再次被带走去强制戒毒了，这次进去，离他从戒毒所里出来就没几个月的时间。

2016年5月25日　阵雨

午成邦跟着棍坎和木织来"榕树根"，离开后又再次来到"榕树根"，他妈妈到处找他都没找到，都快急疯了。

鸦片奶奶拿了7个土鸡蛋过来，郝哥拿了10块钱给她。

2016 年 5 月 26 日　阴／阵雨

今晚去八家寨，发现之前听说被抓走的同学家长在家，他被抓走只是个谣言，而他之前提前被放出来的原因据说是得了不治之症。

这几天大家都在传芒良本周要跳目瑙，一直纳闷这个季节跳个什么目瑙，今天得到的说法是因为电视台来做节目，所以为了节目需要假跳一场。今天还传出来一个视频，叫"天然营盘欢迎你"，是网盘驻村工作队芒市委宣传部拍的营盘宣传片。

买直妇女们从明天开始集体旅游，夫丽江和迪庆，没有男人们的份。每家有一名妇女能参加，弄央家去的是他妈妈。

2016 年 5 月 27 日　晴

天公作美，今天是个大晴天。

天上不时有直升机飞过。

芒良寨的"目瑙"开始了，前戏先是在舞台"叮歌"（三弦舞），景颇服装走秀，演员一遍遍地演，导演一遍遍地导。

除此之外还有景颇织锦，景颇手工艺制作，景颇食物等民族传统展示区。

今天的活动还有一个项目就是接待参加"首届澜沧江湄公河大学生友好交流周系列活动"的六国大学生代表。

活动的最大重头戏并无例外，全体人员欢跳目舞。

"榕树根"登山队今天出发去盈江，攀登德宏州最高峰大娘山。

2016 年 5 月 28 日　晴

买直的妇女们到达迪庆，开始体验旅游项目。

2016 年 5 月 29 日　晴

"榕树根"团队于今天 9：27 分成功登顶大娘山，加上一名当地向导共20人集体登顶，这次登顶创两项纪录：团体登顶人数最多，平均年龄最小（14岁）。

2016年5月30日　晴

昨晚在睡梦中听到鞭炮响，确切地说是今天早上（4点左右），起来后得知是帮本有一个老人去世了。

中午勒南又来告诉我们，说是跌撒家里的奶奶去世了，没人送他回去，于是我骑摩托将他送回了跌撒，家里由勒南的大伯主持葬礼。家里去的亲戚还不是很多，大家在忙着安排活计，园子里有一头黄牛已经杀了，正在燎火燖毛，而园子边角还拴着一头准备用作"驮牛"的黄牛，等着董萨念经以后宰杀。

雷勒当家房屋后的小土坡上有一片坚果林，这几天雷勒当每天都早早地起来给坚果树翻土。

而几家种烟户正在忙着砍烟杆，准备开始种稻谷。拱引的广播里通知：跌撒李弄载的母亲，还有帮本的某人去世了，请大家去奔丧。

2016年5月31日　晴／阵雨

下午去了跌撒参加葬礼，去到勒南家时发现老人已经出殡了，问了一下勒南，说是中午12点就抬出去了，见到了不少拱引人，这里有两个原因，勒南的姑妈嫁到了拱引，而妈妈也是拱引的。

在饭桌上，有跌撒人说勒南祖上以前是德昂族出身，只是后来当上门女婿后变成了景颇族。前几年政府来统计的德昂族人数，他们没有改变族属，相邻的帕软寨则有四五户人家变更族属从景颇族变成了德昂族。

今天还去志门家和爱坎家坐了坐，爱坎的大爷爷双腿酸痛，行动不便，便坐在阳台上看爱坎带回来的课外书籍消遣时光。

志门的父亲则是为他小学毕业后的去处心忧，想送志门去腾冲上学，但又找不到门路，另一方面又担心志门去了腾冲人生地不熟，适应不了。

晚上各个村寨的广播响得此起彼伏，说是开会搞选举，但又没听清选什么。

2016年6月1日　晴／阵雨

木苗的妈妈今天去挖地，把橡胶林的地都给挖完了，但西北面山坡上的则一直没时间去挖。

何胜磊本周没有去瑞丽堂姐的理发店实习，而是在家里帮忙看小卖部。唐勒迈则去山上种玉米去了。

营盘小学今天喧哗了一天，以为他们在过六一，结果下午才得知今天只是彩排，正式过节放在了明天。下午石老师打电话来，说是明天请"榕树根"团队参加六一联欢，中午参加六年级学生和家长的毕业宴。

2016年6月2日　晴

今天早上，营盘小学开始过六一儿童节，开幕式之后是歌舞表演，表演结束后四年级同学带大家在"榕树根"下跳起了"目瑙纵歌"。"目瑙纵歌"结束后是六年级家长和各方来宾的午餐会，孩子们先吃午饭，然后几个六年级的孩子们充当了添饭、添菜人员的角色。这其中有几桌是各个村小组的村干，以村主任董勒腊为主。

学校门口外边设了不少摊子，我认识的摊主有两个，保刀南设了个流动烧烤摊，而何胜磊的妈妈和二姨都直接在小卖部前开了一个挺大的烧烤摊，除此之外有卖水果的、卖菜的、卖零食的，晚上保刀南在朋友圈发了他今天的收获，我粗略数了一下，有300多块。

何胜磊的爸爸报名考驾照，这几天正在练科目一的理论。

成龙慈善基金会的工作人员来"榕树根"考察，看看成龙基金的项目在"榕树根"实施的可能性。

2016年6月3日　晴

拱引的雷书记在朋友圈发了一个小视频，视频里几个孩子在往三轮摩托车上装烤的烟叶，说是今年烤得最好的一炉烟叶。

陇川的烟已经开始收购几天了，但芒市的只是开始向烟农们说明烟叶的评定标准，收购要过几天才开始。

2016年6月4日　晴

今天晚上，成龙慈善基金会派出的摄制组到三个学生家里进行了拍摄，分别去了雷木苗家、勒南家、排丽娟家。他们拍的情境都差不多，就是拿今天美术课上自己画的画介绍给家里人。

八家寨的几个妇女骑三轮摩托说是去公房里开会，但又说不出要开什么会。

克钦（景颇）解放军KIA今天举行了军校应届毕业生毕业典礼。

2016年6月5日　晴

木扎的母亲身体不太舒服，病情有反复，所以他中午就赶回缅甸看望母亲。

成龙基金会安排两个工作人员（一个编导、一个摄像）今天离开了"榕树根"。

2016年6月6日　晴

编导和摄像走了，但今天来了一个建筑设计师。来查看地形准备设计房屋的。

在芒市中学读高一的李干内本周放假一整周，原因是他们学校是高考考场。

2016年6月7日　晴

今天开始高考。

勒南奶奶的头七结束了，各路亲戚散去，只有两个姑奶奶留下来帮勒南大伯做饭。

这几天持续天晴高温，种稻谷的傣族群众用农用车、面包车、拖拉机、三轮摩托运着水泵往田里泵水。

雷勒当和妻子在秧田里忙活，我问他准备几日开始栽秧，他说是从明天早上开始。

买直的几个年轻人去芒市河里用电鱼器电了一些鱼，在干内（弄便哥哥）家里做好了鱼，边吃鱼边喝点小酒。

旺友今天没有去上学，原因是昨天去月亮湾郭斌家里蹭 WiFi，然后睡在那里早上睡过了头，于是干脆没去上学，他母亲找了他半天才找到。

今日油价 6.23 元/升（汽油）。

2016年6月8日　阴

雷勒当今天在耙田。

2016年6月9日　中雨

"榕树根"的孩子们组成的登山队出发，去攀登大理白族自治州的苍山。

营盘小学的校长石老师带着四年级的男生在乡中心小学参加活动，男生表演了景颇竹筒舞。

雷勒当的田仍没有插秧。

2016年6月10日　阴/中雨

今天下午 4 点零 1 分，"榕树根"少年登山队登上了苍山海拔 4092

米的电视转播塔。

中和峰，这是继大娘山（海拔 3401 米）后"榕树根"少年登山队的又一新高度，但因为苍山上气候过于恶劣，行程做了调整，登山队于当晚乘坐缆车下山。

雷书记在烧烤摊杀鸡吃。

2016 年 6 月 11 日　阴／大雨

今天是端午节小长假结束的日子。

雷勒当的田终于插上了秧。拱引寨的一小部分人在勒迈家里聚餐，有木色、干笑妈妈、张主任等十几个人，"榕树根"登山队的孩子们则去买直干卷家里聚会，买了七八瓶啤酒。连年纪最小的朋友和勒南也在其中，也包括原本今天就应该赶到学校去上课的干内和干先。孩子们将喝酒聚会当成了联络和增进彼此间情谊的手段了。

雷书记今天仍在烤烟房杀鸡吃，只是人数比昨天增加了不少，除了鸡肉还增加了其他菜品，餐桌上还铺上了芭蕉叶。

石老师则是鼻炎犯了在营盘村医务室打吊瓶。

2016 年 6 月 12 日　阴／大雨

今天珈乐和勒迈终于去了学校，原因是学校打电话通知雷木色说快中考了，学生该来学校了。而且今天下午上面有关部门下来巡查，所以珈乐和勒迈就去了学校。干内和干先则一早坐杨师傅的车去了学校。剩下一个死活不愿去学校的勒南，没有朋友，一个人孤独地钓鱼去了。

唐勒盖牵了牛去水池坡上放牛，把木兰家的牛也一起牵上了。

2016 年 6 月 13 日　阴／阵雨

勒南家地里之前我带他种的玉米长到了十几厘米，他按我对他说的，来"榕树根"拿肥料（尿素），他想跟我借摩托运下去，我没答应，让他用手推车推下去了。雷木色带着孙靖霖和孙珈乐去半山坡上的玉米地里喷洒农药，因为全寨都不来水，所以来"榕树根"接水背到地里再去兑药喷洒。我问珈乐你不是去了学校吗，怎么今天就回来了，他说就是应付领导检查而已，周四还得去一次学校应付一次。

拱引的广播里说今天上面有关部门来人慰问老人，请65岁以上的老年人今晚8点到公房集中。

2016年6月14日　阴／晴

今天一早勒南就来到"榕树根"，在仓库里翻拣衣服，我问他找衣服干吗。他说是要去学校，没过一会儿雷木色的电话就打到了我手机，让我催勒南赶紧下去。

营盘村到目前为止，栽上秧的没有几家，大多数田都还没有翻，烟杆也都还立在田里。

下午从户拉回来，见唐翁宝和郭斌坐在村委会门外连WiFi，问他们什么时候回家，说是还要等勒南。村委会里停了不少车，雷书记发了一条在会议室开会的朋友圈。

营盘村医务室外停了不少车，都是来就医的。

2016年6月15日　阴／中雨

昨天在村委会见到不少车子的原因，今天我知道了。西山乡微信公众号"文邦圣亚新西山"今天发了一篇文章《[基层建设]营盘村精选'营养餐'开启西山乡新一届村组干部综合培训》。

文章开头是这么写的：

"为了让西山乡新一届村组干部更好地服务群众，带领群众脱贫致富，与全国同步走进小康社会。6月14日，西山乡政府相关部门的业务能手率先在云盘村开启新一届村组干部综合培训，并精心搭配学习营养套餐，为村组干部补能量鼓干劲。"

这次的主讲人是乡组委员杞永青，进行党员发展工作业务培训；乡党委副书记滕文能做综合业务培训。

文末有段话是这样的:"此次的培训'营养餐'受到营盘村9个村组60名干部的喜爱,营盘村党总支书记雷总道……"这也说明之前的新届党总支书记候选人雷总道正式当选为营盘村党总支书记。

"榕树根"新来了一个叫Amy的志愿者,17岁的小女孩,美国籍,父母是芒市出去的。她将在"榕树根"待一个月。

2016年6月16日　晴／阵雨

CCTV9重播讲述"榕树根"的纪录片《景颇·夏天》,今晚放到第四集,也就是最后一集。云南省委常委、省委统战部部长黄毅看到了,于是给李旸姐打电话询问"榕树根"的近况。李旸姐向黄部长说了两件事情,一件是暑假"榕树根"组织孩子们去西藏的事情,另一件事是成龙慈善基金会来拍片盖房的事情,为了抵抗住基金会方面的压力和强势,"榕树根"希望可以挂靠在政府背景的基金会下面再与成龙基金会洽谈对接。

2016年6月17日　晴／阵雨

傣族杏欢寨的省道320国道边有人新开了一家饭店,名为"万福",今天开业,邀请了各界朋友来吃顿便饭,饭馆外停了几十辆小车。

晚上各个村寨的广播都播了明天有景颇舞团和Amy在拱引公房表演节目的消息。

"6·26"国际禁毒日来临之际,芒市公安局在全市范围内组织开展"零点大收戒"战斧行动。启动仪式于16日晚21点在芒市公安局举行。第一波"零点活动"于今天零点在芒市遮放镇辖区展开。涉及户弄、弄喜、户拉、噶中、河也寨、异坎、翁备、邦达、拱岭等九个村组。

参加此次抓捕行动的有芒市公安局、驻芒市边防大队、遮放镇工作人员、驻村工作队,共计200余名警力,出动了很多警车,依法收戒吸毒人员56名,缴获一批涉毒物资,缴获非法枪支两支。

2016年6月18日 晴／阵雨

今天是芒市的"枫尚舞团"来拱引与"榕树根"联欢，给乡亲们表演节目办晚会的日子，"枫尚舞团"与孩子们先去了江边做团队建设，玩游戏，野炊。只是中途下起雨了，大家不得不撤回"榕树根"。

原本定好的晚会开场时间是晚8点整，之前几天在各村寨广播的时间也是8点，但因为是在农村，8点钟各家各户都还没吃好晚饭，于是晚会开始的时间只好延后。加上乡长突然出现，又往后延了一点时间，晚会直到9点多才开始。晚会进行中穿插了不少与观众互动的环节。

2016年6月19日 阴／阵雨

今天拱引寨子出一队义务工修整村中道路的排水渠。之前铺上风化料的村道，因为排水沟较浅，而这段时间降雨量较大，所以路上的风化料被洪水冲走了不少。

2016年6月20日 阴

为了确保建档立卡贫困户建房有偿资金申报政策落实到位，使更多的建房优惠政策能够精准落实到农户身上，西山区于今天上午召开了全乡关于建档立卡贫困户建房有偿资金申报工作推进会，参加此次会议的有芒市金宏公司业务技术人员、乡分管扶贫工作领导、乡扶贫攻坚联席会议办公室、乡纪委、各驻村工作队第一书记，各村主任共计20余人。

今日"文邦圣亚新西山"刊文报道：6月18日下午，芒市副市长吴景松到西山乡芒良小组调研即将打造的景颇族特色旅游村寨的相关情况。西山乡人民政府乡长目团么，乡分管文化领导，芒良小组领导陪同调研。调研以实地查看，开展座谈的形式进行。

中午去水酒乡取订好的菜，看到停着几辆车，其中有一辆丰田普拉多车牌为云N-30316，等菜时听了谈话内容，发现他们是云（州）人大的工作组，来视察工作的，但奇怪的是，从他们的谈话情况来看，他们居然连农场和乡镇间的统属情况都不了解。

2016年6月21日　阵雨

今天，芒市移民开发局联合芒市司法局，遮放镇政府和西山乡政府在西山乡营盘村拱林新杆（月亮湾）小组召开库区移民，平安建设和法制宣传会来自遮放镇陇川县勐的乡和西山乡的库区移民共200余人参加了宣传会。

2016年6月22日　雨

今天是孙珈枫和孙珈乐的16岁生日，孙珈枫在微信上收到了不少祝福。

晚上各村在广播一个事，芒良的跑去世了，明日出殡，邀请大家去王芒良参加葬礼。

2016年6月23日　阴转晴

早上干卷妈妈打电话来，问干卷的身份证在不在"榕树根"，我告诉她不在这儿，她说是待会儿去村委会填表要用，至于填什么表则没问到。

孙朝奇的母亲去世了，他们全家人前几天一起去了怒江，今天珈枫和珈乐先回家来了，雷木色用请霖的手机给我打电话，让我们尽量帮着照看一下两个孩子。珈枫和珈乐回到家时以过生日的名义与父母各要了250元钱。

晚上何胜磊从瑞丽回来，直奔"榕树根"给孙珈枫接头发。

2016年6月24日　阴／晴

今天油价（汽油）6.29元／升。

木兰妈妈带着勒迈、勒南、成邦、棍坎去山地里种玉米，顺路来"榕树根"找我帮忙去户拉接一下木兰，然后去"榕树根"叫上了旺友和建医一起去种玉米。

前段时间一直下雨，所以修路工人们也休息了挺长时间，这两天雨停了，工人们又出工了，他们今天干的活是八家寨至崩洞村道的外沿混凝土护墙。修这个护墙是为雨季过后整条路铺上混凝土做准备。

一些傣族妇女来买直卖铁道木的花，这是一道风味美食。

初一初二的学生今天都已放假，一直放至下周四，这是为初三学生下周中考做准备。

2016 年 6 月 25 日　晴

勒迈、旺友、勒南，今天继续帮木兰家种玉米。

傈僳寨的几个孩子骑摩托去西山街子吃饵丝去了。

2016 年 6 月 26 日　晴阵雨

珈枫请 Amy 去家里吃饭，说是父母从怒江回来了，家里杀了一只鸡洗尘。

2016 年 6 月 27 日　晴阵雨

干先帮父亲抄党章，抄到四十几页了。

离小学升学考还剩一周的时间，在大家的劝说下，李勒南终于去了学校，今天他在学校只上了三节课，原因是"我早上起晚了，所以没去学校，而且学校下午只上三节课的"。

"榕树根"的仓库里进了小偷，偷走了 30 升汽油、几把伞和两个太阳能灯。哦，还有一些零食。

送爱坎回跌撒，他坚持认为自己病了，于是带他去户拉农场医院看病，再把他送回跌撒，但到了晚上又接到他们电话说他在打吊瓶。问他打吊瓶的感受，他说越打越难受，李旸姐就劝他别打了，赶紧回家去好好休息。

2016年6月28日 晴／阵雨

今天是德宏州中考的日子，平时常不去学校的珈乐和勒迈也去了学校参加考试。

中山大学的师生一行20人到瑞丽户育乡雷贡德昂族村民小组做为期一个月的田野调查，带队老师为张文义。

勒南穿着昨天从"榕树根"搜出来的白衬衣去学校晃荡了一天，临下课时去村寨里摘了个菠萝蜜带到了"榕树根"。跟他一起来到"榕树根"的还有弄口、弄央和旺友。木兰则每天上山与妈妈一起去种玉米。岩街则又出现在了"榕树根"。问他什么时候来的，他说是中午就来了，排丽娟则每天放学后，第一时间赶回家帮妈妈看小卖铺。

2016年6月29日 晴阵雨

今天拱引小组党支部开支部活动，提前庆祝中国共产党建党95周年，大家先在公房舞台后边的更衣室里开了个例会，到傍晚则一起去饭店里吃饭，只有老党员雷勒定（雷书记父亲）上山放牛去了。

今天早上唐木坤和腿莫分别给我打电话，说旺友和翁宝逃课了，有没有来"榕树根"。我跟着唐木坤找了半天，后来是旺友打电话给她说在宿舍里睡着了，于是就干脆没再去上课。

保力诺今天来找李旸姐补英语，木兰则仍来不了。雷干先和排岩街借了我的摩托一起去营盘小学看望他们以前的老师陈老师。

2016年6月30日 阴

今天是中考结束的日子，上午考完试，户拉中学的初三毕业生就打了一架，打得头破血流，他们在农场街打群架，旁边的居民们心里恐慌于是报了警，警察来学校带走了六个学生。这六个学生中我知道的只有帮本的排早坤。

下午干卷来"榕树根",临走时告诉我,有人跟他谈拱引的保代况在四处叫卖"榕树根"仓库里丢失的太阳能电筒。

2016年7月1日　阴

排麻东的地里种了许多玉米,他老婆每天守在玉米地边,一有鸡跑进去就大吼一声,把鸡吓走。

朋友圈里到处是庆祝七一的视频,保刀南找到了一个教化妆的师父,每天去学习化妆,去了州农业局组织的建党庆祝活动现场为表演者化妆。

2016年7月2日　阵雨

今天营盘小学开始升学考试,考两天,明天结束,旺友和勒南一起睡在了勒南家里,唐木坤找不到旺友,早上6点钟将电话打到了我这里。雷木苗妈妈的摩托坏了,拜托我们明天帮木苗拉一下行李。石老师则叮嘱我们明天早一点去学校参加六年级的毕业典礼。来营盘小学监考的老师们下午来参观了"榕树根"。

前几天上介与户拉中学的排早荣也被警察带走了,今天已经出来了,来了"榕树根",被他们打的一个傣族小伙子现在还在医院里。龙江水库西岸停电了,石藏况手里的活计只好停下来,于是他带了一个助手给我焊了仓库的防盗栏和长椅的靠背。

2016年7月3日　阵雨阴

营盘小学今天为六年级举办毕业联欢会,今早学生们先考了最后一科数学,再聚在教室里开座谈会,联欢,再收拾打扫场地一起到食堂就餐,菜谱是由孩子们自己点的,我数了一下,有鬼鸡、撒撒、西红柿炒鸡蛋、茴香猪肉丸子、蒸鱼、油炸土豆条,石老师陪各级领导和监考老师们坐一桌,"榕树根"最近人比较多,做饭的阿姨们坐了一桌,剩下的五桌就由孩子们坐了。

李勒腊"老张"在李勒腊家喝酒喝了一下午。

在村委会通过拱引和帮本的三岔路口，新立了一块牌。上面写着公益村管护宣传牌。

在公益林区内严禁毁林开荒，严禁采矿、采砂、取土、筑坟，严禁占用征用公益林林地，禁止在公益林区内野外违规用火，禁止猎捕、食用野生动物；加强林业有害生物，预防除治宣传教育。

芒市林业局
芒市森林公安局
2016 年 5 月

2016 年 7 月 4 日　阴／阵雨

成龙基金会及影视公司来了一行六人，说是来体验生活的。

勒迈跟着父亲去了帮本，说是谈事情去了。

雷折的董海斌专门骑摩托赶来"榕树根"，不为别的，只为了玩手机，他父母也允许他的行为，觉得他刚考完小学升学考，是该让他放松一下。

体验生活的剧组带来了 KFC 全家桶，Amy 一边吃一边说："今天是美国国庆日，没想到吃了个美式国庆餐。"

2016 年 7 月 5 日　阴

鸦片奶奶送来了一些菌子，及烹制菌子所需的佐料。

2016 年 7 月 6 日　晴

昨天错过了一件事情，一架武直十停在了糖厂西侧龙江的芦苇滩上，我只看到了图片，据目击者称，机上的飞行人员曾下机活动了一段时间，半个多小时后直升机升空离开。

龙江的浮桥前段时间冲毁了，现在人们在维修新的浮桥，老浮桥有一段被人拖到了向上几百米的地方。作为农家乐的一部分架在岸边与江心水岛之间。

今天龙江水利枢纽正常泄洪，江水水位上涨一米，水面加宽近200米，许多人过节般在上涨的水面利用各种器物捕捞随水而下的鱼，朋友圈里有不少人发了捕获的鱼的图片，小视频。有不少鱼砸在泄洪道和发电机时失去了头，排昆先的爸爸和几个朋友也开着车在老沙场边用电鱼器电鱼。朋友圈晒鱼的人里包括了营盘小学校长石老师。

今天德宏州政府孔勒十常务副州长带教育局李局长、西山乡政府的有关人员一起视察"榕树根"公益项目活动中心。

2016年7月7日　晴天转阵雨

今天是卢沟桥事变79周年，营盘村党总支选择在今天举行中国共产党建党95周年纪念活动。

今天Amy出发前往芒市，参加明天晚上晚会节目的排练，明天晚上做客德宏传媒集团"孔雀之声"栏目直播间。

7月5日，中国国家铁路局党组成员郑健一行赴德宏，就德宏铁路规划建设进行工作调研。

按目前的工程进度，正在建设中的大（理）瑞（丽）铁路德宏段将于2022年建成通车投入使用。

今天下午德宏大部地区都下了一场暴雨，营盘村受到最直接的影响是变电站关闭了输电线，全村停电。到晚24时仍未恢复供电。

2016年7月8日　晴

今天下午3点多，恢复通电。但网络仍未恢复。

芒市市委组织部官方微信号"芒市先锋"今天发了一篇文章《两学一做‖景颇山的党员月会开放日》。

内附一段党员过月会的小视频，后面用文字说明党员月会开放日的内容：1. 重温一遍入党誓词。2. 诵读一章党章。3. 学习一条党规党纪。4. 抄写一句系列讲话。5. 上好一堂教育党课。6. 举行一次民生座谈。7. 开展一次演讲。8. 做出一次承诺。

文章最后向读者提出参加党支部月会开放日的邀请。

大家联系营盘村第一书记李莉。

有意者和勒迈去种勒迈家的玉米，不到下午 6 点就跑了。原因是要去芒市看 Amy 表演节目。

2016 年 7 月 9 日　阵雨　阴

营盘村委会今天响了一天的景颇音乐。村委会大院里请了老师来教授景颇刀舞的动作要领。放的音乐是刀舞的背景音乐。

龙江水利枢纽今天继续放水清存。

人们继续在下游捞鱼。今天在朋友圈晒鱼的是丁彩芳和雷书江。丁彩芳晒了几三轮车的鱼。雷书江晒的鱼是绑在摩托车后座上的一大条鱼。

昨天听木扎谈了一个事情，月亮湾（拱林新村）前几天死了一个小孩，原因是母亲给小孩吃荔枝，然后自己在另一边玩手机，结果小孩噎到了，她母亲仍沉迷于手机之中，小孩无法呼吸就死了。

2016 年 7 月 10 日　阴阵雨

这几天西山对面的遮放镇东山地区一直在持续降雨，雨量很大，但西山地区的雨量却比东山要小很多。

Amy 今天离开"榕树根"，她很舍不得离开，舍不得离开"榕树根"。孩子们也很舍不得她。

2016 年 7 月 11 日　阴

龙江电站今日持续放水。

月亮湾营盘村门口医务室门口停了一辆丰田汉兰达警车。

2016年7月12日　阴

干卷妈妈催了干卷十几天，今天终于催动了干卷去农村信用社办好了信贷卡，按干卷的解释是办这个信贷卡国家低息贷给农民12万元钱，每个月只付息100块之类的……干卷妈妈早上又打了一个电话，说是她要去盈江做客，让干卷回家去睡。

这几天龙江水利枢纽仍在持续放水，因为这几天去江边捞鱼的人太多，所以电站管理方给各村寨的村干部打招呼，给村民广播通知。让大家这几天尽量减少去江边捞鱼电鱼的行为，但走在通往江边的路上仍能看到许多人，开三轮摩托车、二轮摩托车，车上载着捕捞鱼的工具往江边走。

2016年7月13日　阴

龙江水利枢纽仍在开闸泄洪，上游洪峰较大，库内水位离坝顶仅余十米不到的高度，水库岸边不少临时设施、道路都已被淹。

2016年7月14日　阴　阵雨

今天下午，有三架武直十成编队飞过，相比年初，武直出现的次数已大为减少。

不知是缉毒武警还是派出所的人员分乘两辆没有牌照的面包车，在买直、拱引、崩洞等几个寨子有针对性地进入吸毒贩毒者家中，缉捕搜查吸贩人员。

几个男孩去崩洞李干内家里帮忙除玉米地的草，与寨内老人聊将起来，老人们说，从"榕树根"登山队上崩洞后山启发，准备一步步将水引上山开发旅游。今日油价，6.63元／升（汽油）。

2016年7月15日　阴　阵雨

今日各寨再次广播，让大家水库泄洪时别去捞鱼捕鱼。广播中讲到一件例子，前天有人因为捞鱼被洪水冲走，已经淹死了。

2016年7月16日　阴　阵雨
龙江水利枢纽的库有水位仍在上涨。

2016年7月17日　阵雨
营盘小学放假，石老师开启留校守教模式。
龙江水利枢纽库有水位仍在高涨。

2016年7月18日　阴
芒良的张况想在暑期去瑞丽打短工，托李旸姐帮忙打听用工单位。
雷木色带全家去瑞丽游玩了。

2016年7月19日　阴　阵雨
孙木色在"榕树根"团队的安排运作下，于今天下午乘飞机前往北京。在"榕树根"志愿者张扬开设的日本餐厅学习工作一个月。其间的一应费用由"榕树根"负责。

雷勒东、唐勒殷及"榕树根"员工干翁今日义务去疏浚拱引村民小组的引水管道。其间发现引水用的小溪两岸的山坡可能有山体滑坡等水土流失的现象。龙江水库的水位仍居高不下。

西山乡政府于7月17日在文化站会议室组织召开全乡脱贫攻坚专题会议。乡党政领导班子干部职工、村三委、驻村工作队第一书记70余人参加会议。会议由乡党委书记邢美正主持。

本次会议的"目的在于讨论和计划精准扶贫，精准脱贫，确保今年11月20日前完成西山乡202户（其中177户原址重建，25户易地，搬迁建档立卡户口级危房重建工作顺利完成）"。

2016 年 7 月 20 日　晴

"榕树根"在活动室为"西藏之行"召开家长会,排社长带了副社长雷早翁一同参会。

2016 年 7 月 21 日　阴　中雨

今天终日下雨,没停过,龙江水利枢纽水位仍居高不下。

2016 年 7 月 22 日　雨

连续下雨十几天,已经严重影响群众的生产生活。

鸦片奶奶拿了几个土鸡蛋来"榕树根",给了她 5 块钱,鸡蛋让她拿回去了。

州政府脱贫攻坚评估组、芒市市委书记赵冬梅一行人来到西山乡督导脱贫攻坚工作。缅甸少数民族峰会在克钦解放组织下辖重镇迈扎央召开,有 17 家缅甸民族武装参会,中国外交部缅甸事务特使孙国祥,联合国缅甸事务部特使南比亚到会,德昂果敢同盟军等三方未派员参会。

今天的会议由克钦解放组织副主席恩版腊将军主持。

2016 年 7 月 23 日　阴　中雨

今天"榕树根"少年登山队集合起来去为木兰家搬木材,木兰家被纳入了西山乡脱贫攻坚安居房重建项目,木兰妈妈忙着把屋内能清的东西都清理出去,一些木材太重搬不动,所以带孩子们去搬到了木兰妈妈指定的空地上。

按木兰妈妈的说法,房屋本月底就要推倒,9 月前就要开始动工起新屋。

2016 年 7 月 24 日　中雨

龙江水库的水位仍然居高不下。芒市河水位也在上涨,所以下游瑞丽江段也开始出现汛情，沿岸不少人家的挖沙船被洪水冲走。

石老师连日劳累，去村医务室打针，可医务室人满为患，没有床位。

2016 年 7 月 25 日　阴

一家名叫"台北婚纱摄影"的婚纱摄影店将海报贴遍了营盘村的每个角落。但广告效果似乎不太好，村里人都不看海报。

中央民族大学有一群人来营盘小学参观，只有石老师一人守校，而且他也正在生病，于是雇了几个村里人打扫校园卫生，等着客人上门。

2016 年 7 月 26 日　晴

营盘村的党员们聚在噶中附近聚餐，吃景颇火烧猪。

西山乡党委书记邢美正召集乡异地扶贫搬迁工作领导小组及相关领导，乡脱贫攻坚联席办，村组干部，驻村工作队再次深入实地研究脱贫攻坚工作。

2016 年 7 月 27 日　晴

今天西山乡建档立卡户扶贫攻坚，重建工作全面开始。拱引小组有9户建档户。今天上午开始，几台挖掘机共同作业，为供应重建户，扒除旧屋，村干们跟着忙了一整天。今天扒除的房屋，我知道的有木兰家、李勒乔家、保刀则家，在保刀则家拉横幅举行简单的开工仪式后就开始了作业。

迈扎央峰会今天继续。今天的会议主持为克伦民族联盟副主席八铎瑙则波坨。

晚上在芒瓦桥发生了一起车祸。一辆二轮摩托车被撞毁，摩托被移到了桥边。围着一群人，不远处停了一辆皮卡，一辆三轮摩托，一辆拖拉机、一辆皮卡。

2016年7月28日　晴

扶贫建房项目扒除旧屋的作业还在继续，今天得知崩洞的木壮家也在这个项目里，但家里的爷爷、父亲、叔叔三人为建房的事情发生了争吵。

今天有武装直升机巡航。

2016年7月29日　阵雨晴

迈扎央峰会今天结束。

龙江水库的库存水位仍然很高。八家寨的排勒腊约了帮工来清除甘蔗地的杂草。于是找了女儿来帮忙守小卖铺，木苗的外婆生病了，于是他只好跟着妈妈回缅甸南坎的山上探望外婆。崩洞的木壮则因为选择学校的原因和爸爸闹了别扭。"榕树根"团队会于近一两日找他爸爸商谈给木壮找学校的事情。

雷干先终于与爸爸沟通好将于本学期从江东中学转学到户拉中学。继续初三的学业，跌撒的排爱坎前几天接到电话，说是妈妈从河南回到了家里，于是他回家住了两天，但两天后又迫不及待地让妈妈送他回到了"榕树根"。

拱引建档立卡盖房子的还有雷勒都家。

2016年7月30日　阵雨

迈扎央峰会应商讨事宜较多，故延长会期一天。

2016年7月31日　晴／阵雨

拱引各家重建户地基已经开挖，水泥、钢筋等建材也已陆续到位。

"榕树根"筹划了半年的出游，将于明天正式成行。此前出行日期已推迟十余天。

今天和雷书记确认了一下，给李干新转学的事情，雷书记的反应是没有这回事。

2016年8月1日　阴

今天"榕树根"留学团队（包含19个孩子及4位老师）一起出发前往大理开始游学。

西山乡在毛讲组织全乡酿酒能手，开展景颇族传统药酒酿制学习会。

2016年8月2日　大雨

芒市政协主席李茂文带领从昆明同仁医院请来的循环科专家，到西山乡看望并慰问先心病儿童。这是市政协会议今年第二次到西山，就先心病儿童问题开展工作。

据初步统计，西山乡有近30例先心病儿童，其中能得到有效救治的占50%，另有50%可能因为家庭经济或患儿病情等原因得不到救治。

在与患儿告别前，市政协领导向患病儿童家长发放了慰问品，鼓励家长不要放弃希望，要坚定信心，相信科学的进步，照顾好患儿、照顾好家庭。

2016年8月3日　大雨

"榕树根"的志愿者郝勇海突然提出要脱团独自开车回"榕树根"，并自动终止志愿者身份，于是我们在大理报了警，但因为他后来莫名其妙还了车，所以没法立案。

2016年8月4日　大雨

营盘在村委会院里举办歌咏比赛，崩洞村民小组获得第一名。

同时因为"榕树根"公众号关于郝勇海的防骗通知，让各种由猜测产生的谣言，在营盘村各个角落及歌咏比赛晚会现场飞速传播。

连日来的大雨终酿祸害。强降雨导致芒市至瑞丽方向的龙瑞高速公路320线K3552-K3570（三台山至遮放路段）交通中断。灾害造成6辆车受损，20人被困1人失踪。国道320三台山路段受损40处，塌方

4万余立方米。龙瑞高速公路三台山段，受损两段2000米。泥石流堆积路面14000余立方米。

灾情发生后，各级有关部门迅速赶往灾情现场进行处置，全力组织力量抢险救灾，州委常委，常务副州长孔勒干。副州长，州公安局长余其能，副州长李正环，芒市市委书记赵冬梅到现场视察并指挥救援。

2016年8月5日　大雨
今天三台山泥石流造成的公路中断结束，各方人员抢通了道路。

2016年8月6日　大雨
图书馆儿童教育公众号发布了关于郝勇海的防骗通告，预防其进一步对"榕树根"认识的人员进行诈骗行为。

2016年8月7日　雨
克钦独立军和缅政府军之间摩擦不断，关系紧张，在今天的战斗中，有两名政府军士兵被击毙。

2016年8月9日　阴
云南民族大学教授景颇族作家岳丁带着调研课题到西山乡，并在村委会主任排都诺等人的陪同下考察营盘村，由拱引社长排干做向导，参观了"榕树根"和寨里的水井，但因为"榕树根"工作人员都在外地带领孩子们游学，因此一行人去参观的"榕树根"儿童活动中心的房屋外观就离开了。

当晚岳丁教授在景颇火塘群里分享了在西山乡调研的经历。

2016年8月10日　晴
岳丁教授继续在西山乡调研，拱引寨子出义务工清理了村寨集体水池周围的杂草树木。

2016年8月11日　晴

今天,"榕树根"组织的游学团队终于平安从香格里拉返回到了家里。

回来的第一天就听到一个消息,说是之前在"8·4"泥石流灾害中失踪的妇女仍未找到,该妇女40来岁,龙陵人,事发时正乘坐中巴车,泥石流发生后,司机和其他乘客都成功转移至安全地带,唯有她卷入泥石流中失踪至今。

"榕树根"的皮卡由临时雇来家住遮放的休假班车司机从大理开回"榕树根",报酬为1200元。雇司机的原因,是我的驾照尚在实习期内上不了高速,而大家都又急着赶回家去。

在高速的休息区遇到了乘坐来芒市参加云南省第一届青少年运动会的西双版纳代表团,从州文化馆工作人员的朋友圈动态得知,省一青会的开幕式将于明天举行。

2016年8月12日　晴

早上起来,在浴室里发现了一只很大的蝴蝶,宽20厘米左右,觉得有这么大的昆虫,真是神奇。

到晚上,景颇网发了一个新闻。

云南腾冲市五台乡政府飞来了一只巨大的蝴蝶。触角次毛状,整个身体呈棕红色,有柔软的绒毛,两只大翅膀展开了有近30厘米长。翅膀两端各有一个神似蛇头的图案。西南林业大学的老师证实,这是世界上最大的蛾乌桕大蚕蛾,又称蛇头蛾。

西山乡于今天上午召开脱贫出列"百日攻坚"推进会,会议由乡党委副书记乡长目团么主持。芒市市委常委,宣传部长招商局长龙盈惠,各村委会领导班子,驻村工作队共65人参加了推进会。

会议传达学习了芒市农户住房建设有偿资金解冻申请流程及相关表格的填写,并明确了西山乡建房有偿资金的相关规定。

规定为:做好地圈梁验收合格后,农户可以申请支取资金1.2万元。

做好上圈梁验收合格后，农户可以申请支取资金 1.8 万元。主体完工，农户可以申请支取资金 1.8 万元，农户办理好住房相关手续后，可以申请支取资金 1.2 万元。

2016 年 8 月 13 日　中雨

这几天，克钦独立军和缅政府军之间的冲突在逐渐加重，缅政府军在加紧往双方对峙的各个要塞运输物资，调拨人马。网上流传着不少命丧战场的缅政府军的图片。

2016 年 8 月 14 日　阴

雷木色和几名寨子里的妇女聚在一起打麻将打了一整天。

村寨里包括排社长在内的几个村民则相约着一起报西南林业大学的函授大专班，其中排社长选的是农村经济管理专业。

拱引的建档立卡房屋重建户今天开始统一开挖下石脚的地沟。

克缅战场战事升级。

2016 年 8 月 15 日　晴

营盘村两委在拱引召开建档立卡户住房重建建房质量监督知识现场会，会址选在了寨脚的保孔道家。

今天上午，西山乡政府组织召开了 2017 年香料烟生产工作会议。全乡干部职工，各村负责人和驻村工作队共 60 余人参会，乡长目团么主持会议。会上先是全面总结了 2016 年全乡香料烟生产工作。乡农业综合服务中心主任从四个方面分析了 2006 年香料烟生产不理想的原因，一是令晚，二是雨水过的过早，导致烟叶晾晒不理想，三是点的面广，技术指导不到位，四是农户对香料烟的认识存在误区，放弃采摘上部烟叶造成不必要的经济损失。

之后对 2017 年香料烟发展思路、生产任务及有关政策进行了详细讲解，并部署了西山乡今冬明春香料烟种植任务，面积1000亩、收购2800担的任务要求。

会议的最后，与各村委会签订了2017年，西山乡香料烟生产责任书以及今年9月中下旬，按计划进行香料烟育苗工作。

2016年8月16日　晴

今天翻了翻西山乡的微信公众号，"文邦圣亚新西山"，在页面底部看到一个内容是："扎实推进精准扶贫工作，全力打赢脱贫攻坚战，距芒市脱贫摘帽申请验收日仅剩96天。"

这几天开始，陆续有附近村寨的傣族农民，将新收割的谷子铺在省道320320的沥青路面来晒。

2016年8月17日　晴

在320省道320上晒谷子的人越来越多，一般他们会占据至少一半的路面，而且利用各种障碍物围住谷子，防止会车时的车子驶入他们晒谷子的范围里去。

这是省道320的多数情况，在遮放镇中心区采取的办法是，将贡米大道的一边三车道封闭，提供给农民晒谷子。

2016年8月18日　晴转阵雨

在路上，晒谷子的情况还在加剧，半下午下了一场阵雨使快要晒干的谷子又湿透了，如果不尽快晒干，有发芽的可能。

有一部分秋西瓜上市了，贼贵，一斤两块钱。

2010年8月19日　晴

营盘村举办村务监督员业务培训会。

开完会后，乡里两个工作人员到拱引村民小组小组长排干家里坐坐，向他了解"榕树根"状况，并向他交代，他作为村民小组长，是领导和监管"榕树根"的第一责任人，有好事是他的，坏事也是他的，并就图片里关于郝勇海的一段文字批评了他。

去缅甸看望自己重病的母亲的木苗妈妈于今天下午回到了家，看着妈妈回来木苗很高兴。

2016年8月20日　晴

"榕树根"从很久之前就设想着要送一部分合适的山里孩子，去参加职业教育培训，并为此筹备了很久，这一计划在今天终于初步成型。

第一批送出去的孩子有孙珈枫、孙珈乐、唐勒迈、排昆先、唐木壮、何胜磊。其中孙珈枫将先去四川巴中找画家王云老师练习绘画基本功，一年后考北京美院附中或学习广告设计。孙珈乐、唐勒迈、排昆先、唐木壮等人去昆明高级技工学校学习烹饪、糕点制作；何胜磊在昆明的美容美发培训机构学习美容美发。在昆明的这几个孩子受到了云南省委统战部黄毅部长的关心与爱护，受到了云南省温暖工程慈善基金会、云南省中华职业教育社的帮助与支持，孩子们就读的学校也从多方面给予了帮助与支持。

"榕树根"帮助孩子们完成职业教育的方式是与孩子们的家庭签订协议。"榕树根"负责筹资，以无息贷款形式资助，精心培养孩子们5年内实现独立工作或返乡创业，收入稳定后逐渐返还助学金，用于更多的孩子学习。

孩子们今天由"榕树根"老师带领出发去各自学习的目的地。家长们将孩子们送到了机场。

2016年8月21日　晴

今天的夜色不错，到了凌晨的时候，突然接到弄便的电话，说：他的女朋友被帮本的几个男孩给接走了。想让我开"榕树根"的公车带他去帮本把他女朋友接回来……弄便是"榕树根"的学生。家住在买直，刚在户拉中学读完初二，交了个叫向妹的傣族女朋友。弄便把女朋友带回家，自己却忙别的事情去了，所以小女孩耐不住寂寞就跟别人走了。

开个车帮小孩去接女朋友肯定不妥，于是我让正在收拾衣物的干卷骑我的摩托去帮本一趟，看看是什么情况。然后接下来的五分钟内接到了弄便打来的四次电话。一直在催我过去，而且说没有遇到干卷……没办法，我只好开车出发了。在半路上遇到了摩托没油的干卷，又捎上了弄便，一起去了帮本。弄便一路上都在吸烟，情绪波动。冲动地说要打女朋友，要端了帮本寨子。我和干卷劝他冷静下来，问他到底是怎么一回事，他说是他女朋友傍晚被帮本的男孩子们接走了，喝酒喝到现在，孩子们图谋不轨，没人要送姑娘回来，于是姑娘给他打电话……

到了帮本，弄便给小姑娘打电话，没一会儿，小姑娘嘻嘻哈哈地笑着跑出来了，她刚上车就有几个帮本的男孩出来围住了车，他们认为我们是来打他们寨子的脸的，居然直接就进去寨子想带走他们约来的姑娘，弄便什么也不会谈，由干卷出面解释情况。但帮本的男孩们说人家姑娘自己说了没有男朋友，和弄便也早就分手了，你们就这么来了，来了就要带走姑娘，我们心里很不舒服。两边就这么僵着，都互不相让，而那小姑娘呢，没事人一样安静地待在车里。我建议让姑娘跟大家说她是不是弄便的女朋友，说是就带走，说不是就留下。后来弄便这么说了，这原本是一道送分题，那姑娘就是一言不发。

后来大家又相互扯皮，一直到将近凌晨3点，帮本男孩们没有耐心，说你们还是带她走吧，我们才把那女孩带了回来，回到家后和弄便及他的女朋友复盘了整个事情的经过，可他们似乎听不进去，于是挥挥手让他们回去睡了。

2016年8月22日　晴

今天，崩洞寨子的广播一大早就让村民们做好准备，迎接省里来的客人。李干内今天开学,所以我送干卷去机场的同时顺路送他去了学校。车到崩洞时,看到干内妈妈领着一群身着盛装的村民,在村口列队等着欢迎省城来的客人,干内妈妈介绍说是之前村里开晚会办歌咏比赛,崩洞得了第一,而且村里各项工作开展得都挺好的,所以省里来人的时候乡里安排他们来崩洞村参观。

干卷则是按照"榕树根"的职业教育计划和他个人的实际情况,安排他去北京的"一坐一望"云南菜餐厅打工。

在路上占道晒谷子的人越来越多。

2016 年 8 月 23 日 云

今天的西山乡微信公众号"文崩圣亚新西山"的底版内容为:"扎实推进精准扶贫工作,全力打赢脱贫攻坚战"。 距芒市脱贫摘帽申请验收日仅剩 89 天。

2016 年 8 月 24 日 晴

孙靖霖在网上网购了两个储物架,昨天我帮他从芒市拉了回来,今天他用了一天的时间组装完毕。独立组装了两个储物架的靖霖很兴奋地晒了储物架的图片在各个群里。

勒排昆相博士以前是社会活动家,近年来返回克钦邦担任了克钦教育学院的院长,克钦教育学院的校舍由前几年兴盛的赌场改建而来。

2016 年 8 月 25 日 阴

今天是户拉街,营盘村的许多人都赶去了户拉街。比之前的几次户拉街去的人数都多。

到下午,有一群政府工作人员在一个中年景颇汉子的带领下来参观"榕树根"。

到傍晚,有六个"美丽中国"的志愿者到访"榕树根"。

2016年8月26日　晴

中午,木色奶奶给我打电话说来了个汉族小伙子非要带走木色,让我过来看看。我去了月亮湾木色家以后没见到那个伙子。但看到了那人留下的摩托。木色奶奶请我们把木色带回"榕树根"。

晚上,那个伙子摸到了雷勒东家,说要去"榕树根",结果雷勒东不明就理就把他带来了"榕树根"。这小伙子非要带木色走,我警告他是打他一顿轰他走还是报警让警察带他走,结果这傻小子居然自己选择报警了!他的理由是我们把木色带在身边是违法的,而他作为木色的"男朋友"有权带木色走。结果自然是被警察一顿训斥,我见他死赖着不肯走,打又怕打坏他,于是给村里的治保组打电话,让治保组来弄走他,结果这小子还是死硬着不肯走,于是我们将他先绑到公房去了,等他肯自己走了,才放了他让他回家去了。

而寨子里的长老们今晚在公房里商量祭奠衣尚的事情。

2016年8月27日　晴

在北京的干卷不会打的,在微信群里问打的方法。最后想出的办法是让朋友把目的地发到手机上,然后给出租车师傅看。

2016年8月28日　晴

今年户拉中学放出话来,不再接收西山乡的新生,于是一些家长希望李旸姐帮忙去户拉中学说一说。最后统计下来,托我们去谈的学生有16个。

李勒南(跌撒)、唐木兰(崩洞)、唐果布(崩洞)、唐勒迈(崩洞)、董建医(买直)、国旺友(买直)、何成干(月亮湾)、雷新(帮本)、唐勒干(帮本)、张木色(帮本)、张弄样(帮本)、唐瑞翔(弄丙)、段华唐(拱引)、保勒办(拱引)、雷木苗(拱引)、唐翁宝(拱引)。

这几个小孩都是今年从营盘小学毕业的。刚毕业的时候就帮他们与户拉中学初谈了入学的事情。但今天户拉中学的周扬校长突然提出坚决不接收拱引的四个小孩入学，再三追问之下说是因为两年前排校长因为侄子打架的事情去学校威胁过老师，所以全校老师集体抵制拱引的学生。李旸姐与周扬校长从下午1点谈到4点终于谈妥将16个孩子都接收进户拉中学。明天入学。

整个过程中家长们束手无策，无计可施，只盼着李旸姐能说动周校长。

2016年8月29日　晴

今天重新招集了16个孩子，带领他们去户拉中学报到。

李勒南因为父母都不在身边，无法行使监护人权利，也就是没人管他，因此他上学的一切事务就由"榕树根"一手包办了。

2016年8月30日　晴

晒谷子的人已经发展到月亮湾寨门附近了。

2016年8月31日　晴

雷书记送干先去洗江东中学入学期间去五岔路会了张主任的三弟，张主任的三弟在五岔路梁子街租地种了石斛，他与雷书记是从小一起玩到大的伙伴。

2016年9月1日　阴　中雨

今天是户拉中学初二初三开学的日子。

营盘小学则是因为装修校外墙图案延迟了开学日期——听说所有房屋外墙装饰成景颇风格，并新建一个校门。

因为是雨天，所以大家都不出工，给建档立卡户盖房的工人们聚在排勒瑞家里打牌、喝酒、吃肉，村寨里的其他人则聚在雷书记家里喝酒，后来雷书记家里来了两个汉子，话不太投机。唐勒殷听着不舒服，就将其揪起，拉到雨中训了一通话，让他老实一些，唐勒殷后来酒也多了一些，就又由排勒瑞给送回家去了，排早翁则跟大家说了个事。说这个月的24日要让妹妹出嫁，这事催得是急了一些，但也不能再拖了，因为早翁的妹妹排扎南已经有了身孕。

2016 年 9 月 2 日　阴

今天是户拉街。

2016 年 9 月 3 日　晴

缅政府军陆陆续续往克钦前线增兵。采取添油战术。每晚夜间用卡车往迈扎央和莱鑫方向运送士兵。

2016 年 9 月 4 日　晴

连续两日放晴，路上晒谷子和田里割谷子的人数都创了新高。整个遮放坝区谷尘飞扬，从户拉去陇川的省道320路边停满了从各地拉过来的收割机。收割机是履带式的。所以一般都用一辆轻卡拉到田边。晚间过夜的时候，收割机又开上了轻卡的货箱，集中停放在路边的空地里。我注意到一辆拉收割机的轻卡车牌开头是"云L"，这是大理的车牌。

在户拉经营电器行的小韩，大概一年前兼营了韵达的快递业务。在小小的户拉，目前有韵达、圆通、中通、申通、百世汇通等快递，加上邮政在互相竞争，而小韩的叔叔承包了遮放镇及周边所有的快递业务，也就是小韩的叔叔服务于所有的快递公司，又在自己的片区内运营各个快递公司的投递点，小韩前段时间和叔叔商量过后，在户拉街边开了一个快递投递桌，各家快递都收。

小韩相较于其他人做快递有两大优势，一个优势是他送电器上门入户的时候就能挖掘许多潜在客户，另一个优势是他妻子是帕软的景颇族，其他快递员都在做户拉附近的生意，而小韩的生意则能延伸到西山的景颇族聚居区。

2016年9月5日　晴

芒市市委副书记孙孔龙带队到西山乡督导脱贫攻坚工作。市人民政府副市长杨绍刚随同前往，乡党政主要领导陪同。

孙副书记就西山在脱贫攻坚工作上取得的成果给予了充分肯定。针对西山乡在脱贫攻坚工作中遇到的问题给出了意见：一是要紧紧围绕贫困村脱贫标准、梳理和加快脱贫工作。二是要紧紧抓住建档立卡贫困户退出标准，做好产业发展和危房改造工作。三是在抓脱贫攻坚的同时，要谋划长远，具体做好教育产业发展、禁毒防艾和社会治安综合治理工作。

乡党委书记邢美正表态，要集全乡之力，攻坚克难，实现11月20日之前让建档立卡户拎包入住新房的承诺。

今天距芒市脱贫摘帽申请验收日仅剩76天。

崩洞寨子今天祭祀农尚。

2016年9月6日　晴

户拉中学上周末安排了初一学生一个工作，非本校学区（也就是西山乡的学生）学生这周去西山乡政府、西山乡中山小学、西山乡中学盖章（也就是让这些学生去学区所在地盖一个同意让学生去户拉中学入学的章，结果前面几个学校都拒绝盖章，乡政府的回应是没有这个必要，户拉中学多此一举）。

崩洞寨子今天休养生息一天，封寨子，不允许外人进寨，寨里人不生产不劳动，不动各种工具不喧哗。

警察来买直寨子抓毒贩和吸毒者，半夜摸进来，给人用衣服蒙上头直接带走，董木桑的三弟只穿短裤被弄上了车。

为了保护和传承珍贵的民族文化遗产，培养一支优秀的民间艺术人才队伍，西山乡在崩强村，举行为期七天的民族文化传承培训班，培训项目有象脚鼓舞、三弦舞，此次培训有60余名乡村文艺骨干参加，培训老师分别由西山乡民间艺人部勒南和目老之担任。

2016年9月7日　晴

克钦邦的红掸和当地傈僳人开会讨论是否要争取单独建邦的事情。

2016年9月8日　晴

盈江籍的景颇族作家，云南民族大学教授石锐于今天在芒市医院因病去世。各地景颇族纷纷自发吊唁这位老人。

2016年9月9日　晴

今天拱引和帮本两个寨子都在祭祀农尚。

今年拱引的老人们决定要用一头大牛来祭祀农尚，因为之前几年都只用猪来祭祀。今年是该献祭一头牛了，于是就全寨子均摊牛的费用。结果每家摊到180元钱，而去年每家均摊的费用是20元钱。

2016年9月10日　中雨

今天是拱引寨子休养生息一天，封寨子，安排人守住各个进出寨子的路口，不允许外人进出，寨子的人不生产不劳动，不动各种工具不喧哗。

2016年9月11日　晴

营盘小学因为校园装修，改造成景颇风格的原因，所以推迟至今天正式开学，而校门则仍在改建当中。

有关于营盘小学的另一则消息是石校长调到西山乡中心学校了，营盘小学的校长将由崩强小学校长调任。

2016年9月12日　晴

在崩强村举办的民族文化传承培训班今天结束了培训课程,并举行了结业汇报演出,乡长出席了结业汇报演出,并为学员颁发了结业证书。

2016年9月13日　晴

市委常委、市委书记汪包锁,芒市人民政府副市长杨绍刚率市脱贫攻坚退出指标检查评委组,到西山乡,就芒东村脱贫攻坚退出指标情况进行检查评估,西山乡部分党政领导成员,芒乐村驻村工作队和村三委班子陪同检查。

2016年9月14日　晴

距芒市脱贫摘帽申请验收日仅剩66天。

2016年9月15日　晴

昨天上午,西山乡毛讲村拱林二组举行了易地扶贫搬迁民房建设开工仪式,市政协党组书记、市易地搬迁指挥部指挥长鲁志坚,芒市供销社主任,综合协调组组长杨侑鸿,市教育局局长左安卫,乡党政主要领导,驻村工作队,村两委领导,施工单位及搬迁群众共40余人参加了开工仪式。仪式由乡党委副书记,乡长主持。开工仪式上,乡党委书记邢美正做了重要讲话。

2016年9月16日　晴

这段时间龙江水库库存水位下降不少,人们在江里能打到的鱼也在减少。不过今天专做景颇菜的临江饭馆"水酒乡"收到了不少江里的好鱼。老板说他的鱼是一斤38元收的。

前段时间的大水量冲刷,将水库下方的水塘沙丘冲刷得改变了模样,江里的浮桥也至今未重新修好。

2016 年 9 月 17 日　晴

今天排麻东家的牛合在了雷勒定家的牛群里，由雷勒定去山上放牧吃草。

2016 年 9 月 18 日　晴

西山乡今天上午在乡政府召开"两学一做"学习教育基层党建工作推进会。对学习教育工作再擂战鼓，再紧发条，为基层党建工作再增压力，再添"辣味"。乡党政班子，机关支部党员及各村支部书记共 30 余人参加了会议，会议由乡党委副书记腾文能主持，乡长目团么发表讲话。

2016 年 9 月 19 日　晴

中国共产党德宏傣族景颇族自治州第七次代表大会在芒市会堂开幕。州委书记王俊强代表六届州委，向大会做题为《紧紧围绕全面建成小康社会宏伟目标　奋力谱写沿边特区开放前沿美丽德宏建设新篇章》的工作报告。大会由州委副书记州长龚敬政主持。

各县市各乡镇的党政部门皆有工作人员被临时调遣参加大会的相关工作。

当天下午，参会的全州 400 多位党代表开始对大会报告进行分组讨论。

2016 年 9 月 20 日　晴

参加第七届德宏州党代会的 400 余名代表继续就大会报告做分组讨论。

2016 年 9 月 21 日　晴

中国共产党德宏傣族景颇族自治州第七次代表大会圆满完成预定的各项议程，于今天下午在芸市会堂胜利闭幕。

本次大会选举产生了新一届州委委员、候补委员、州纪委委员和出席省第十届党代会代表，表决和通过了关于六届州委工作报告的《决议》和州纪委工作报告的《决议》。

本次闭幕大会的执行主席团有：

王俊强、马云峰、孔勒干、刘江月、闫卫国、李志明、杨向忠、何汝利、邹强、贺勇、侯胜、黄丽云、龚敬政、谢大鹏。

省派驻换届选举指导组长陈继谷一行到位指导。

出席本次大会的代表435名，实到426名，符合规定人数。

闭幕大会由王俊强主持。

2016年9月22日　晴

中共德宏州委第七届委员会第一次会议于今天上午在芒市举行。

会议选举了新一届州委常委班子、选举了王俊强为州委书记，龚敬政、何汝利为州委副书记，同时通过了七届州纪委一次全会选举结果。王俊强、龚敬政、何汝利、孔勒干、黄丽云（女）、李志明、杨向宏、邹强、马丽峰、贺勇、侯胜当选七届州委常委，加上省委安排挂职的闫卫国、刘江月两位常委，目前中共德宏州七届委员会共有13名常委。

当日，中国共产党德宏州七届纪律检查委员会第一次全体会议举行，选举贺勇为州纪委书记，李云虎、刀承贤、李映杰为州纪委副书记。贺勇、李云虎、刀承贤、李映杰、杨朝友、段滨、尹银胜、彭海林、张继鸿（女）当选七届州纪委常委。

当日上午11点25分，德宏州召开领导干部大会，新当选的州委常委与德宏州领导干部见面。州人大常委会主任余麻约，州政协主席番跌平出席会议。州委书记王俊强讲话，州长副书记、州大龚敬政主持会议。

2016年9月23日　阴

芒良寨公房旁边开始树立一个很大的广告牌，长8米左右，高3米左右，树立在一个卖农药的店铺边上。

2016 年 9 月 24 日　晴

户拉路口出了 3 个车祸，一辆越野车翻进了路边的沟里。

州委组织部副部长，州人社局局长赵科丁，市人大常委会主任张勒干到西山就当地经济社会发展情况进行了调研，乡党政主要领导陪同进行了调研。

2016 年 9 月 25 日　晴

从跌撒回来，两个小伙子开着一辆涂满广告的面包车，在道路两旁贴海报刷广告语，后来发现他们刷的广告语是关于化肥品牌"史丹利"的。

干卷今天在遮放医院取出两年前因为撞摩托而植入右小腿的钢板。

2016 年 9 月 26 日　晴

目麻南（干卷的姐姐）今年考上了曲靖师范学院（二本），乡里给了她 2000 块钱的奖学金。今天她妈妈拿到钱后给她汇了 1800 元，留了 200 元做日常开销。

2016 年 9 月 27 日　阴

距芒市脱贫摘帽申请验收日仅剩 56 天。

营盘村抽调了各个小组的文艺骨干，代表西山乡去芒市参加一个舞蹈比赛。为此他们已经在村委会每晚集中排练了一个多月。

2016 年 9 月 28 日　晴

今天上午，省政协智力支边扶贫办副主任蔡春波到西山乡崩强村帮介小组看望先心病患儿唐勒翁，芒市政协副主席曹发成、同仁医院外联部副主任曾丹等人陪同。

今年 8 月，由省政协牵头，在爱佑基金会的资助下，唐勒翁在昆明医院接受手术，并与 9 月初出院回家，现康复状况良好。一家五口人将于 10 月 22 日到北京参加爱佑基金慈善晚宴，并将在晚会中表演节目以此答谢各界爱心人士对唐勒翁的爱心捐款。

下午，由市委和市烟办组成的香料烟督查组，到西山乡督察香料烟产业开展情况。督察以座谈的方式进行，乡农服中心对香料烟种植中存在的问题和下一步打算向督察组进行了介绍；乡长目团出分析了去年香料烟种植效益不理想的原因，提出了问题和对策，并表态，要克服一切困难，完成今年的 1000 亩种植任务。

西山乡在"芒市三区人才文艺调演"荣获了第一名，表演歌舞为"景颇山区酒药香"，此次活动由芸市人民政府主办，芒市文体广电旅游局承办。

2016 年 9 月 29 日　晴

为建档立卡户盖房的工人们下工吃饭以后，纷纷聚到村委会围墙外蹭村委会的 WiFi。

2016 年 9 月 30 日　晴

来村委会围墙外蹭村委会的 WiFi 的人越来越多。

今天各个学校开始放国庆节假期。

2016 年 10 月 1 日　晴

营盘村下属的几个村民小组都在今天组织了国庆活动，月亮湾举办得就挺热闹，白天有打弹弓比赛、拔河比赛，与买直举行的篮球比赛，晚上是表演和颁奖晚会，木扎上台表演了三个节目，其中有一个节目是与其他妇女一起跳印度舞。

舞台西侧贴了两张关于禁枪的公告，抬头分别是："云南省人民政府关于收缴非法枪支弹药和爆炸物品，严厉打击涉枪涉爆违法犯罪活动的通告""云南省高级人民法院、云南省人民检察院、云南省公安厅关于收缴非法枪支弹药和爆炸物品，严厉打击涉枪涉爆违法犯罪活动的通告"。落款日期都是 2016 年 7 月 13 日。

五岔路乡的工作人员这两天也发了他们收缴枪支的朋友圈。

2016 年 10 月 2 日　晴

今天早上 6 点钟，州级非物质文化传承人，西山乡弄丙村委会跌撒村民小组的景颇族大董萨雷生干老人去世了，他儿子下午遣人来"榕树根"拿跳丧葬舞的音乐，乐安东老师拿 U 盘拷给了他们。

晚上，我们去到跌撒村时各种丧礼的准备工作正在有序进行，老人已经被换上新衣服盖麻被躺好，邦过寨的另一外大董萨被专门请来走相关祭祀活动，送老朋友最后一程。

院子前庭已经竖好了一座祭棚，他们家族传承了 200 多年的牛皮鼓架在棚上，涂满了牛血，晚 9 时许，开始跳丧葬舞，一开始是一群老人数人数，在楼上围着一个"1 字"（左右分开的一堵墙）逆时针跳，几十圈后再反过来顺时针跳，然后再下到场院里不计人数的大家一起跳。跳到场院后不再用敲击音乐节奏，而是开始用音响放白天拷在 U 盘里的丧葬音乐。

老人的儿媳妇挺着个大肚子，正怀着第三胎，说是已经怀了 7 个月了。问她丧礼的安排，说是明天就出殡，但白事待客放在了后天。

2016 年 10 月 3 日　晴

云南电视台《汉语桥》栏目组的几位编导来"榕树根"拍摄花絮，希望"榕树根"能带孩子参加《汉语桥》比赛的晚会。李旸姐给出的答复是由电视台长去教育局为孩子们请假，能请到假就去，请不到就不去。

也有一部分家长觉得学习期间带孩子们外出不太好。

2016年10月4日　晴

今天早上是户拉街，去赶集的人很多，但去集市的拖拉机只有一辆，于是一些人就想办法搭了"榕树根"的皮卡。勒南缠着奶奶去户拉买手机，但奶奶手里只有100元，没法给他买手机。

2016年10月5日　阴

孙珈枫获得了由美慈善基金会国际计划中国联合国妇女署发起的第五届"国际女童日"行动奖，不日将要飞往北京领奖，所以我今天去找她父母签了飞赴北京领奖必需的授权协议。

2016年10月6日　晴

下午有两架直升机从空中飞过，之前已经有一段时间没见过飞机飞过了。

2016年10月8日　晴

今天又听到飞机从头顶飞过的声音。

今天上午，西山乡党员固定活动日如期拉开序幕。活动围绕如何发挥好党员先锋模范作用展开。乡党政领导班子，党政机关支部全体党员40余人参加了活动，活动由乡党委副书记滕文能主持。

距芒市脱贫摘帽申请验收日仅剩42天。

2016年10月9日　晴

五岔路口在乡政府举行重阳节活动。

西山乡则召开了2016年重阳节老干部座谈会。市委常委，宣传部部长，招商合作局局长龙盈惠，乡党政主要领导，西山乡退休老干部等25人参加会议。

2016 年 10 月 10 日　晴

营盘村全范围停电。

2016 年 10 月 11 日　阴转小雨

今天全营盘继续停电。

大理铁路建设在有序进行，行走在芒市与瑞丽之间的路上，能看到路两边的山岭上有几个正在掘进的隧道。但今天这几个隧道出口多了一些机械，经过仔细辨认后发现那是竖桥墩的器械。

因为下了一点雨，所以路面湿滑，风平镇和三台山乡之间省道320320 跨高速的公路桥上发生了三车连环相撞的事故，芒市往三台山方向单行道，坡线上有一辆面包车逆行，冲出车道侧翻在路边，遮放镇往户拉方向，有一辆小卡车撞到了三轮摩托车的后斗。

2016 年 10 月 12 日　小雨

芒市市委组织部和成人职业中学组织了一批学员，到八家寨排社长的养牛场参观学习。

乡政府计生办来各村各户开会贴传单宣传计划生育，有男有女，但带队的却是武装部的工作人员。这次，计划生育宣传除了营盘村所辖人口外，外来临时居住人员也在此列。两个计生工作人员就专门找两辆摩托骑着去了山上的傈僳寨，山里的傈僳人从怒江迁来，没有户口，给人打工看护山林为生，一家生有少则四五个，多则七八个孩子，信仰基督教，只有一部分小孩子下山到营盘小学上学。

之前的傈僳寨要往山里走五公里左右，但今年初他们因为山林劳作的需要，往山下迁移了一点，但仍有三公里左右的路程。他们搬家的过程中许多家具是一点一点搬过来的，但教堂却一步到位搬了过来。

从买直到崩洞的这段路全堆满了铺路用的水泥砖，把路堵了个严严实实。

2016年10月13日　雨

后天就是傣族"出洼"的日子。中午许多村寨的年轻人就开始来省道320321两旁的绿化带里采花，准备去拜佛时敬奉给佛祖。

而老大爷老大娘们开始去村寨佛寺里集中礼佛，晚上也住在寺里。

泰国普密蓬国王于今日去世。

2016年10月14日　晴

今天带丁卷去遮放医院办出院手续。干卷的手术费总额达到5300多元，新型农村合作医疗报了4600多元，我们帮干卷出的医疗费约600多元，加上床位费及他住院期间的各住吃饭车费等，费用总共花了1170元。

傣族人民仍在准备"出洼"，今天各村寨里的年轻人们把寨里的铜锣抬出来，扛在肩上，挂在车斗里，敲锣打鼓兴高采烈地去游寨子游街。这样的行动会一直延续到月底，因为各个寨子"出洼"结束农忙，重新婚嫁喜事的日子是不一样的。

买直到崩洞的砖瓦路已铺完大部分，勉强可以走车。

2016年10月15日　晴

今天是傣族德昂族人民"出洼"的日子，自今天始，从春季因为农忙，而开始了"进洼"农忙劳作季节正式结束，因为"进洼"而暂停的婚嫁，进新房等欢庆活动可以重新开始。

朋友圈里许多傣族朋友，同学开始晒今天去庙里礼佛祈福的照片、视频，各个都满脸的幸福。

同时，东南亚的许多有佛教传承的国家也在这一天过节。缅甸将今天的节日称为"点灯节"。

昨天（14日），泰国政府决定自14日起为已故国王普密蓬举哀一年。全国下半旗志哀，停止一切公共娱乐活动30天。泰国大部分景点不能参观，街上的黑布卖断了货，百姓纷纷自发上街哀悼国王。

14日下午国王尸体由医院移灵至泰国大王宫。

2016年10月16日　晴

木苗说她统计了今年去户拉中学读书的营盘小学毕业生，共有31人，已占了今年毕业生的大部分。

2016年10月17日　晴

今天，户拉中学本届家长委员会第一次开会。

2016年10月18日　晴

从瑞丽得到一个消息，瑞丽的建档立卡建房户可以选择用交建房贷款进城买房。

2016年10月19日　晴

今天是户拉街，街上一早就来了一个乞讨的团伙。有推销假药的，有一个人唱歌推着另一个残疾人走的，有往身上套了个和尚单衣小车前烧3个香炉乞讨的残疾人，有双腿畸形直接躺地上乞讨的，有在地上写字跪着乞讨的。

2016年10月20日　晴

今天路过八家寨，发现丽娟在守小卖铺，问她为什么没去学校，她的说法是奶奶和爸爸要上山掰玉米，所以给她请了假，让她守小卖铺。

孙弄央因为身体原因今天被哥哥从学校接了回来。

唐勒迈头上长了个包，已经在医院住了四天，班主任那里是我帮请的假。

在昆明高级技工学校烹调专业学习的排昆先，在班干改选中蝉联了团支书的职务。

这几天五岔路乡、西山乡在搞"脱贫攻坚知识暨社会主义核心价值观进景颇山文艺演出"。

2016年10月21日　晴

今天驱散了一场即将开始的初中生之间的群架。

我每周五和周日会接送户拉中学的学生。今天是周五，我按常例去接人，到那儿一点人数，少了弄便和旺友，一打听，说是在农场街聚会呢。我过去一看，一帮人围在那儿嘀咕着什么，气氛比较紧张，先一眼看到了旺友和何成平，骂了他们，把他们驱赶到了我停车的方向，再一看，昨天已经回家的弄央也在人堆里，将他也提溜出了人群。那群小孩不明底细，都挺紧张，见我驱赶弄央几个，他们也开始就坡下驴往外围散，我也不管，继续找弄便，弄便在人群的中间，我问他这个架和他有直接关系吗？没关系就走人得了，他说他只是陪朋友来的，和朋友说一下情况就走。

我把凡是我见了有些眼熟的孩子都赶走了，于是原本聚了二三十人的群就散了，我也管不了那么多，找足了我需要接的人就往回赶了。

晚上，旺友告诉我，那群人以为我是社会上的老大，都很紧张，为了防备我会随时发作，摩托都发动了随时准备跑……

木色的奶奶这几天在织锦，问她几天能织出一个景颇包，她说得一个月。

买直的一群伙子在弄央家的院子里打篮球。

而一些中年人则开始破砍甘蔗时捆甘蔗用的竹篾。

芒良的张况诺呼朋引伴过16岁生日，她父母先跟她说没钱过生日买蛋糕，但她回家后父母拿出了早就定好的蛋糕。

营盘小学的足球场正在热火朝天的建设当中，目前场地已经快平整完毕了。

来村委会蹭 WiFi 的人越来越多，今晚特意数了一下，有七八个。

衮坎也和同班的小朋友吵了一架，我问他"战况"如何，他说他用脚踹了那个同学，把对方踹哭了。

新一轮的香料烟育苗已经开始了。雷勒为和排麻东合作，在排麻东家的地里育了七垄烟苗。育苗初期需要每天大量浇水，于是雷勒当天来"榕树根"水池引水浇苗。

2016 年 10 月 22 日　晴

传销组织"完美"将云南的许多下线组织集中到了丽江，开传销培训会。他们在培训现场拉的横幅是"完美钻石俱乐部丽江中心"会议。

2016 年 10 月 23 日　晴

今早来了一伙骗子。

两个人开了一台长城越野车，一个人守在车里，另一个人下车推销发电机，两人都操东北口音。下来推销发电机的汉子上身穿一件"中国铁建"的外衣，说是在大理铁路工地上做工，工程做完了，但发电机有剩余的，也带不走，想就地处理，我客气地把他们打发走了。

大概 2012 年的时候，我在瑞丽也遇到过类似的团伙，也是"铁路工地"上来的，也是推销发电机，但那次的理由是工地上结不了工程款，所以将发电机运出来换钱抵资。

2016 年 10 月 24 日　阴转晴

今天"榕树根"师生应云南电视台的邀请赴昆明参加第九届"汉语桥·世界中学生汉语大赛"的电视节目录制。

一开始"榕树根"回应电视台的态度是现在正在学期中，没法跟学校和教育局请假，云南电视台于是派了工作人员来协调请假的事情，第一次没协调下来，教育局没同意批假，于是云南电视台找省教育厅下了份文件，于是教育局就通知各个学校给学生放假了。

2016 年 10 月 25 日　小雨

今天距芒市脱贫攻坚摘帽申请验收日仅剩 26 天。

2016 年 10 月 26 日　小雨

西山乡在营盘村版本小组组织召开了民族团结进步教育工作座谈会。乡党委政府主要领导，乡景颇学会理事会成员，营盘村，帮本小组领导班子及村民代表，50 余人参加了本次座谈会，座谈会由乡长目团么主持。

在座谈会上乡党委书记邢美正强调："要进一步增强基层党组织的战斗堡垒作用，狠抓作风建设，党员干部要带头冲锋陷阵，真抓实干，用好用活民族团结这把利器，带领当地各民族群众投身新农村建设的伟大事业中。"

西山乡农业综合服务中心于 7 月初至 10 月中旬，对西山乡的弄丙、营盘、崩强、毛讲、邦角、芒东等地的农贸市场和政府食堂食材进行采样，样品包括青菜、白菜、土豆、包白菜、西红柿、黄瓜、小瓜、茄子、芹菜等，利用农药残留快速检测仪进行随机抽样检测。

2016 年 10 月 27 日　大雨

下了一整天的雨。

雨刚开始下的时候，村民们还挺高兴，觉得冬季作物终于不再缺水了，但随着雨越来越大，气温也开始下降，大家又开始担心降雨降温影响作物生长。

雷勒当（小）和排麻东两家人一起培育的香料烟苗也受到了今天大雨的影响。

2016年10月28日　中雨

今天景颇族的各个微信群里在传一件事：一群骗子在盈江市场一带骗钱，骗子们走村串寨，安利大家捐款捐物，并派发所谓的印成明信片式样的捐款感谢信。骗子们钱倒没骗着多少，但却破坏了正当的募捐环境，对国内景颇族的捐助热情造成了打击。

2016年10月29日　大雨

昨天骗子的事情有了后续进展，有人在群里发布了文字和小视频，视频里有几个人被捆在地上，周围的汉子们用竹片、胶管抽打捆绑在地上的人，文字说明是说骗募捐的人被抓住后大家义愤填膺，教育骗子，震慑骗子。

某个群里有人就说：骗子被抓住了应该扭送到派出所，按法律办事，于是又有人回应，法律对骗子太好，教育不了他们。视频里的方法才直接、有效。

"榕树根"在《汉语桥》表演的节目从十几分钟删减成了几分钟，删减原因是领导嫌整台晚会耗时太长。

2016年10月30日　阴转阵雨

经过连续几天降雨，买直的许多甘蔗都倒伏了。营盘小学的足球场建设也处于停工状态。

"榕树根"的学生们结束"汉语桥"晚会的表演之行，于今天下午回到了家里。

2016年10月31日　阴　阵雨

雷木色今天给自己的两个孩子，在四川学画画的孙珈枫和在昆明学厨师的孙珈乐各打了500元的生活费。

晚上董金花给在昆明学厨师的排昆先打了500元的生活费。

西山乡召开2016年市乡两级人大代表换届工作推进会，安排部署全乡人大代表换届选举下一步工作。乡党政班子、干部职工、各村总支书记和村主任共50余人参加会议。

同时发布了文件：

西山乡选举委员会公告
第2号

根据宪法、选举法和《云南省市乡两级人民代表大会代表选举实施细则》的有关规定，以及市人大常委会党组关于市乡两级人大换届工作的安排意见，经乡选举委员会研究决定，本乡选民登记工作从2016年10月31日开始至2016年11月17日止。凡年满十八周岁（1998年12月26日前出生）的中华人民共和国公民，应积极到所在选区进行选民登记。

特此公告
西山乡选举委员会
2016年10月31日

2016年11月1日 晴／阴

拱引的篮球场堆了不少钢管，去打听了以后发现是村里要修建新的引水管道。

2016年11月2日 阴

芒市少年儿童活动中心的工作人员来营盘小学举办活动，并抽空参观了一会儿"榕树根"。

2016年11月3日 阴／晴

建档立卡户盖房的工程趋于尾声，去村委会蹭WiFi的人数也在减少。

拱引村则开始准备修建新水池的工程，今天开始有一些工程人员上山勘测地形。

2016年11月4日　阴／小雨

一大早，就有挖掘机开上山，开挖拱引新水池的地基，然后又有几辆运输建材的车跟了上去。修建乡道的工程也趋近尾声，修路工人们在往路边填土培实，巩固路面，这一道工程做完，这个路就彻底完工了。

营盘小学这个周五是上完上午的课就放假了，傈僳孩子们在"榕树根"玩了一段时间，看了电影之后，又借了两副羽毛球球拍，然后回家去了，月亮湾的一个大爷见孩子放学后没回家，以为来了"榕树根"，就过来找孩子，我问了其他孩子后得知这个小孩跟着丽娟去了八家寨，于是让大爷赶紧去八家寨找孩子。

下午3点，果布奶奶打电话过来，让我去户拉中学接孩子后直接把果布和木兰（小）送回家里，她们的爷爷快不行了，我照办了。

到下午5时许，崩洞方向响起了鞭炮声，于是，我们确定木壮、果布、木兰（小）的爷爷老董萨唐勒准去世了。

2016年11月5日

今天在唐勒准的葬礼上得知，他的三儿子麻腊苗前段时间因为尿检阳性被带走了。

这段时间崩洞寨不少汉子因为尿检阳性被带走了。

2016年11月6日　晴

今天上午开始，芒市芒海正对岸的（缅甸）奉先，勐古地区的山上，开始响起枪声，是克钦解放军六旅与缅军交上了火，有一名女性平民被弹片炸伤头部，送到了德宏州人民医院。

排丽娟来借走了一套景颇盛装。

2016年11月7日　阴　阵雨

拱引的雷家在雷勒东家里祭祀口舌鬼，雷勒东是雷家他们这一辈的老么，所以按习俗来说他就是掌家的嫡幼子，因此（类似于汉族祖宗牌位的）雷家家堂鬼就供奉在他家里，一般雷家需要做什么祭祀也都放在他家里来做。

奉先一带的战火今天有所减弱。但双方仍在持续交火当中。

2017年11月8日　阴　阵雨

这几天结婚的人很多。

拱引雷勒东的二女儿今天出嫁，但因为来的客人太多，饭菜不够吃，到晚上7点的时候仍有一部分客人坐在饭桌上等着吃饭。

昨天雷勒东家祭祀的口舌鬼就是为今天的婚礼准备的。

在婚礼上遇到雷勒都，他是建档立卡盖房户，问他房子建好后怎么进新房，他说是工作队来说的反对大办，请亲友吃两桌饭就行了，提倡节俭。

2016年11月9日　晴

唐纳德·特朗普当选美国第45任总统。

中午，营盘小学的学生们都穿着景颇服装去上学，说是中央电视台有一个栏目来学校录制节目，整个下午，学校广播的音量都放到最大，播放节奏明快的景颇歌曲。

西山乡最近在邦角村委会所在地新开发了个便民小街，今天是邦角街子的第五个赶街日。

拱引的新水池建设有序进行，埋管工程进展最快，已近尾声。

今天距芒市脱贫摘帽申请验收日仅剩11天。

2016年11月10日　晴

今天距芒市脱贫摘帽申请验收日仅剩10天。

2016年11月11日　晴

云南源生坊民族文化发展中心的公众号发布了"2016年源生坊乡村音乐歌舞艺术节"总节目单。

2015年的艺术节景颇族缺席了，今年大家一起去开了个专场。场次安排在B3场。

时间为11月23日14：30昆明剧院。

本场票价40元，凭学生证购买半价。

所安排表演节目如下：

1. 独诵：《请祖宗神》德宏州盈江县景颇族
2. 独诵：《祭流浪鬼（撒瓦南）》德宏州陇川县景颇族
3. 独诵《叫魂调》德宏州盈江县景颇族
4. 独诵《麻东谱》德宏州盈江县景颇族
5. 独奏乐器"吐良""洞巴""勒荣"德宏州龙川县景颇族
6. 独诵《落统》德宏州盈江县景颇族
7. 独唱《祝福歌》德宏州盈江县景颇族
8. 合唱《勒来》德宏州陇川县景颇族
9. 合唱《新房庆典歌》德宏州盈江县景颇族
10. 独奏《文崩》（勒南、竿箓）德宏州陇川县景颇族
11. 独唱《晚间行路歌》德宏州盈江县景颇族
12. 独唱《舂米歌》德宏州盈江县景颇族
13. 独唱《山歌》德宏州盈江县景颇族
14. 对唱《情歌》德宏州陇川县景颇族
15. 乐器独奏《掌贡》德宏州盈江县景颇族
16. 乐器独奏《竿纵调》德宏州陇川县景颇族

17. 对唱《情歌，相会》德宏州盈江县景颇族
18. 乐器独奏《科瓦与锐估调》德宏州盈江县景颇族
19. 独唱《纵歌哦然》德宏州盈江县景颇族
20. 群舞《目瑙纵歌，瑙双图谱》德宏州陇川县景颇族
21. 群舞《象脚鼓舞》德宏州陇川县景颇族

2016年11月12日　晴

瑞丽市景颇协会在帕色目瑙纵歌场举行2016年度景颇新米节，芒市西山乡有不少人在瑞丽工作生活，因此组了个代表团去参加新米节，并准备了要表演的节目。

帮本、买直的妇女们备了水果饮料去龙江边的沙滩上吃烧烤。龙江上的浮桥在去年的洪水里冲毁了，但从前年开始，在浮桥边吃烧烤已成为风尚，因此遮冒的几户人家将那里改造成了烧烤场所，盖了凉亭，通了电，生意也挺好的。

2016年11月13日　晴

今天下午，西山乡景颇学会召开脱贫攻坚"移风易俗从简节约进新房"工作推进会。芒市景颇学会顾问、领导班子、理事成员，村三委负责人，小组领导、建档立卡户和易地搬迁户代表共80余人参加会议，会议由乡景颇学会副会长排木崩主持。

乡景颇学会要求，西山乡辖区内的所有建档立卡户，在进新房时都需要按照《西山乡景颇学会脱贫攻坚移风易俗节约进新房的实施意见》执行。

意见有六条，主要意思归纳如下：

1. 尊重各族民风民俗。
2. 邀请人员限于寨内老人和直系亲属，人员控制在30人以下。
3. 菜品提供数少量足。只提供水酒米酒，不提供啤酒。

4. 不邀请有偿乐队，提供自娱自乐的民族民间传统娱乐活动。

5. 不送、不受礼金。

6. 违反此规定按相关规定处理。其他建房户鼓励参照本实施意见执行。

2016 年 11 月 14 日　晴

今天距芒市脱贫摘帽申请验收日仅剩六天。

2016 年 11 月 15 日　晴

营盘村各村民小组党支部在今晚开展每月一次的支部党员月会。

村党总支部和各小组支部都有自己的微信群，都会在微信群里交流月会心得。

2016 年 11 月 16 日　晴

多日不见的直升机又在天上盘旋了一下午。

15 日，州政协主席番跃平在市政协党组书记鲁去坚的陪同下到西山乡调研脱贫攻坚工作开展情况。

调研组先去了芒东村查看建档立卡户民房建设情况。之后视查了香料烟育苗基地，调研组实地查看了烟苗的长势情况，仔细听取了技术人员的讲解。最后番主席要求乡党委政府做好产业培育，通过发展多种产业，让老百姓从产业脱贫走向产业致富。

在营盘村拱引小组排勒干养殖基地，番主席向养殖大户排勒干详细询问了肉牛养殖和生猪养殖情况和存在的问题。要求排勒干在自身发展壮大的同时要多带动周边的群众发展，发挥好基层党员的带头致富作用和先锋模范作用，真正做到带领群众发家致富。

后面调查组一行还参观了营盘小学，并到困难户董勒干家进行慰问。

2016 年 11 月 17 日　晴

今天 12 点 10 分大理州漾濞县（东经 99.84 度，北纬 25.74 度）发生 4.2 级地震。芒市有震感。

下午直升机又来飞了一下午。

2016 年 11 月 18 日　晴

排麻东的妻子每天傍晚都来"榕树根"用胶管接水浇烟苗，烟苗这两天就要种到地里去了。

排麻东的妻子说原本她家今年不太愿意种香烟了，但乡政府还是建议去年的种植户都种为好，并保证今年的收益会比去年好。

2016 年 11 月 19 日　晴

这几天是秋作物开始上市的季节，遮放镇各个村寨的傣族农民开始集中出售甜脆玉米，收购商和农民打好招呼后就开始逐村收购，农民们用手扶拖拉机将摘好的玉米棒子从田里倒至村道边，在那儿集中验收包装后再装入大卡车。当天装车当天走，运送往内地。

营盘村的村委会门口新挂了一个牌子，上书"无邪教村委会"。村委会的围墙外最近还被人挂了一条广告横幅："中国移动月费降 50%，每月最低只需 8 块钱。"

排麻东家和雷勒当家今天开始耕田平墒，在做种烟的最后准备，而唐腿莫家则从今早开始就种烟了。

李勒乔的女儿木介从她打工的地方回到了家里。

2016 年 11 月 20 日　晴

昨晚克钦解放军联合果敢民族民主同盟军、德昂解放军、若开解放军（在小视频里还看到了北掸邦军和佤邦联合军的身影，但新闻稿中还没有确认），在勐古、邦赛、木姐同时对缅政府军发动攻击，集结了上万兵力,攻占据点,并围点打援。

到中午时,这三地的平民纷纷外出逃躲避战火,有意思的是,缅族平民往南边缅甸腹地跑,少数民族平民则直接就近进入中国境内避难,到下午4时许传来消息,各民族武装联军已经攻下邦赛,木姐的战火则有所平息,勐古的消息仍不太明确。

2016年11月21日 晴

今天邦赛的局势已趋于平稳,但木姐和勐古的战况仍处于胶着状态。

2016年11月22日 晴

今天木姐地区交战激烈程度突然上升,许多人逃离木姐,涌入瑞丽和姐告。勐古(奉先)和邦赛也处于持续交火状态。畹町的难民营物资充裕,而芒海镇一些偏远地区的难民物资就比较紧缺。畹町的难民营设在团结村的空地上,物资捐赠处设在团结村公房,两个税务系统的工作人员在管理物资的接收。

芒市的一帮年轻人组织了车队运输物资去了芒海难民营。微信上也出现了呼吁大家将物资捐到偏远的难民安置点的声音。

姐告则从今天开始将难民安置点放在姐告广场。

昨天(21日),果敢、德昂、若开及克钦四家联军联合发表关于缅北掸邦战事的公告。

2016年11月23日 晴

一辆轿车在拐上拱引岔路口时加油过大,没打过弯来,一头撞进了路与唐腿莫家之间的水沟。

直升机盘旋了一整天,也有战斗机飞过的轰鸣声。

今晚,民族武装联军打下了勐古。

2016年11月24日　晴

雷木色给在昆明厨师学校上学的儿子孙珈乐打了200块钱。

户拉中学明天召开初一年级家长会，开会通知是用群发短信发到家长的手机里的。

排麻东这几天在趁着天晴翻盖牛棚顶上的茅草。

直升机在头顶盘旋了整整一天，但飞得很高，看不清楚。

保刀南在朋友圈发布了参加基督教会互动的小视频。

2016年11月25日　晴

直升机又盘旋了一天。

村里的几户人家各出现了一个男性帮排麻东家搭牛棚的木架子。

月亮湾在公房与公厕之间划了一个大园子，不知道是干什么用的。

2016年11月27日　晴

拱引新接的水管开始接引入户了。管子先从八家寨铺起，一步一步地往山上的新水池接上去。

排麻东的牛棚今天盖好了铁皮，颜色是绿色的。

2016年11月28日　阴

营盘村委会门口不知什么时候挂出了驻村工作队值班表。

2016年11月29日

下午5时许，拱引寨响起了鞭炮声，打听之下，得知是雷勒东的老母亲，拱引年纪最大的老人跑阳木坤去世了。

2016年11月30日　晴

跑阳木坤今天出殡，但丧事要到12月5日才开始办，今天只是暂时把她装进棺材，抬到墓地，放入她和早已去世的丈夫的合葬墓里，真实的葬礼要等到那个合葬墓重新修葺完毕，大家准备好葬礼所需的一切后才会开始。

景颇族此葬俗古已有之。我曾祖母就是葬三年后，家里准备好了才将她"唤醒"，把她的灵魂送回了北方老家。

2016 年 12 月 1 日　晴

今天整个营盘村停电。停电时间为早 10 点至下午 14 点。

晚上的广播里通知明天拱引跑阳腊家结婚。

2016 年 12 月 2 日　晴

勐古战事呈白热化，国内有关部门开始有计划地撤走勐海镇沿国境线居住的居民。这些居民被安置到了遮放镇。

云南省委书记、省长陈豪昨天（12 月 1 日）在昆明会见了缅甸和平委员会主席丁苗温一行。

2016 年 12 月 3 日　晴

今天在户拉街遇到买直的阳途，她说是给寨里的"党员菜园"来买菜种子的，最近每个村寨的党支部都在建立自己的"党员菜园"，作为党建党员集体生活的一部分。

唐勒当家来了一个叫朱琳的小亲戚，勐海的孩子，读五年级了，因为战事，学校临时放假一个星期，所以想来"榕树根"跟着参加课外活动。

2016 年 12 月 4 日　晴

雷勒东家开始为老母亲办丧事，今天先"唤醒""睡"在坟墓里的母亲的灵魂，明天送老人的灵魂去北方老家，后天宴客。

芒（市）—那（邦）公路五岔路段发生一起严重车祸，一辆卡车违规载货，撞向对向驶来的载客班车，造成 9 人死亡 20 人受伤的重大交通事故。

2016 年 12 月 5 日　晴

雷家人从早上开始，就为老母亲跳起了白天跳的丧葬舞"龙洞戈"，鞭炮声响彻一整天。

准备杀一头黄牛祭祀祖先时，黄牛挣脱缰绳，跑出去了，至晚未归。不得已，只好去杀了另一头牛。

2016 年 12 月 6 日　晴

今天下午，西山乡召开 2016 年岁末年初安全生产工作会。乡领导班子成员，乡安委及派出所成员、交通所、农服中心、中小学等成员单位，各村委会主任，小组长和各企业负责人共 86 人参会，会议由分管安全生产工作领导主持。

目旺友、雷木苗、唐木兰（小）被徐博闻带去芒市打乙肝疫苗，然后让他们赶紧坐客车下去，在三台山他们乘坐的客车被警方临检了，警方给车上的大多数进行了尿检，不少尿检不合格的乘客会直接被警察给带走了，三个孩子因为穿着校服，又是小孩，所以就免于尿检。

2016 年 12 月 7 日　晴

昨天下午，西山乡召开 2016/2017 年度甘蔗生产工作推进会，乡党政主要领导，分管农服工作领导，龙江糖厂领导，保险公司业务员，各村委会主任，各村农务员，各小组负责人，甘蔗种植大户代表共计 80 余人参会，会议由分管农服工作领导主持。

乡党委书记邢美正、乡长目闪么、龙江糖厂副厂长、甘蔗站高师出席会议并讲话。

2016 年 12 月 8 日　晴

今天是户拉街集日，麻庆开着"榕树根"的皮卡去赶集，结果在买直寨子避让对向驶来的货车时将车开进了路边的沟里，是赶集的村民帮忙把车推出来的。

2016 年 12 月 9 日　晴

昨天上午，芒市市委副书记，芒市人民政府代市长毛晓到西山检查脱贫攻坚工作开展情况，西山乡党政领导陪同检查。

毛市长在西山先检查了芒东村民小组和毛讲村拱弄二组查看了群众们的建房情况。

买直目干卷家的房子和崩洞唐勒迈家的房子仍在收尾，问何时进新房时他们说还不知道。

2016 年 12 月 10 日

雷勒当家和排麻东家开始将香料烟苗移栽到地里。今天栽的是排麻东家的烟苗。雷勒当将雷木伴送到"榕树根"，让她在"榕树根"做完作业再回家，雷木伴劳逸结合，做作业做累了就玩一会儿 iPad，然后继续做作业，用了四个小时做完了本周末的作业。

而唐成邦、雷衮坎则是纯粹来玩 iPad 的。

雷勒东家挣脱的那头牛出现在了傈僳寨。

2016 年 12 月 11 日　晴

头顶又有直升机的轰鸣。

排麻东家继续种香料烟。

户拉路边停了一排排的运沙车辆，车上装着满满当当的沙子，因为车上拉的是刚挖出来的沙子，含了许多水分，所以司机把车斗升起几十公分，把沙子里的水从后门沥出去。湿沙和干沙的质量差别很大，把沙沥干以后再运输能省不少油。

雷木苗和保勒办找徐博闻网购东西，将自己的不少零花钱贡献在了网购上。在户拉经营快递服务中心的小韩那儿，今天下午也聚集了不少让小韩代他们网购东西的初中生。

2016年12月12日　晴

邓赛圆今天从芒市回户拉时在三台山单行线中段被临检，我中午路过时则被直接放行了，被临检的多为营运客车。邓赛圆因为紧张，撒不出尿，脱不了身，直到半夜撒了尿检测阴性才被放行。

雷勒东家今天办头七，把老母亲的灵魂送去北方老家。

2016年12月13日　晴

今晚，崩洞开村民大会，主要讲两件事，选乡人大代表，布置甘蔗榨季的事务。

2016年12月14日　晴

龙江水电站下游遮冒寨子边，夏季被洪水冲毁的浮桥正在修复当中，但与去年相比不同的是浮桥边多了许多烧烤的小棚子。

2016年12月15日　晴

芒市农业局给挂钩点轩岗乡芹菜塘村的建档立卡户免费补助商品猪仔。

昨天上午，云南省十二届人大常委会第三十一次会议决定任命阮成发为云南省人民政府副省长，代理省长。

各个村组都在紧张地布置甘蔗榨季的劳动计划。

2016 年 12 月 16 日　晴

最近种烤烟的活已经进入了冲刺阶段，各村各户的劳力都集中在了烟田里。

2016 年 12 月 17 日　晴

网传克钦解放军于今日放弃坚守，撤出吉东高地。

2016 年 12 月 18 日　阴

拱引的村民们抓紧时间往田地里播种烟苗，与砍甘蔗的节令抢时间。前几天的甘蔗动员会龙江糖厂已放出消息，于 28 日开始正式开榨——这个日期相比于去年已经延后不少时间。

唐木壮家的建档立卡安居房已趋于完工，但腿莫（唐木壮爸爸）不打算在年内进新房，因为木壮爷爷刚刚去世，按景颇习俗一年之内不会再办红喜。

2016 年 12 月 19 日　阴

这段时间西山乡人民政府倡导全乡干部群众大力弘扬文明殡葬新风尚。

倡议有五条：

1. 倡导厚养薄葬的孝道理念。
2. 倡导文明节俭办丧事。
3. 倡导社会公德意识。
4. 倡导节地生态安葬。
5. 倡导文明低碳祭扫。

2016 年 12 月 20 日

山上的傈僳寨开始为过圣诞节做准备了，今年他们将去陇川勐约乡过圣诞。

从营盘小学到买直寨尾的水泥路被扫干净了。

今天下午帮本寨举行了以党的十八届六中全会精神为主题的宣讲报告会。宣讲人为德宏职业学院党委委员，州"五用"宣讲团成员杨菊芬教授。帮本寨 100 余名党员、群众参加了宣讲会。

2016 年 12 月 21 日　晴

帮本今晚提前过圣诞节，来了不少缅甸的基督徒，晚上的晚会歌声被音响传得很远。

跌撒傣族寨已经开始砍甘蔗了。

2016 年 12 月 22 日　晴

今天早上龙江糖厂开始试烧锅炉，发出的汽笛声声震十里。烟囱也开始有浓烟冒出。

帕软的排副社长在朋友圈发布了他今年拉进糖厂的第一车甘蔗的小视频。

2016 年 12 月 22 日　晴

三台山上的缉查点还在运行当中，看来一段时间之内不会停止，且今天交警遮放中队也开始出现在公路上检查过往车辆了。

买直组织义务工劳动，将村寨里的各条道路都清理了一遍。

2016 年 12 月 23 日　晴

今天，在州政府党组成员，州脱贫攻坚指挥部常务副指挥长宋雨发带领下，由州直部门组成的州脱贫攻坚工作及贫困县退出考核验收领导小组，对西山乡贫困退出考核验收，市委副书记，市脱贫攻坚指挥部常务副指挥长孙孔龙陪同考核。

今天在"文蚌圣亚新西山"公众号又看到一个倒计时：距第三次全国农业普查入户登记还有 9 天。

2016 年 12 月 24 日　晴

傈僳寨组织队伍去龙川勐约的傈僳寨子过圣诞节去了。

"榕树根"举行了自己的圣诞活动，除了表演歌舞外，有个重头戏是讲解了圣诞节的渊源来历。

2016 年 12 月 25 日　阴

隔壁的瑞丽市举行了首届瑞丽市马拉松大赛。

2016 年 12 月 26 日

德宏州景颇学会第三届三次会议 12 月 26 日在芒市召开。来自各州市的 200 余名代表参加了会议。

2016 年 12 月 27 日　阴

拱引的新水池已经建好了，水哗哗地往外流，但很多人家觉得新水池的水还不够干净，都没用新水池的水，水池溢满后流出的水在水池下的坡上形成了一条小溪。

2016 年 12 月 28 日　阴

拱引的雷书记将家门口的土用挖掘机挖走了一些，他家门口在年初修村道时变窄了一些，影响出入，这次挖土是为了把门口重新拓宽。

营盘小学今天下午有领导视察，所以小孩们都穿上民族服装去了学校。

何胜磊的哥哥何胜超去芒市当协警去了，他 11 月刚从西藏退伍回来。

2016年12月29日　晴

傣族在浮桥举行祈福活动，最快活的却是赶着去做小生意的人们。

2016年12月31日　晴

何胜磊、排昆先、李干内、唐勒迈、孙珈乐、目干卷、毛尚瑞、唐木壮等去昆明参加职业教育计划的小孩呼朋引伴去龙江边的浮桥搞跨年野炊去了。

2017年村民日志
2017年1月1日—2017年12月31日

2017年1月1日　晴

2017年的第一天，何胜磊家和李干内家搞家庭聚餐，别的人家似乎没有过元旦的动静，山上的傈僳族则刚从陇川过了圣诞节回来。

月亮湾的小卖部里开始堆满鞭炮了，店老板还比较小心，放鞭炮的放其他货物的店面是分开的。

芒市市委常务，宣传部部长龙盈惠今天到营盘村调查访问，与西山乡群众共度新年。

2017年1月2日　晴

今天是周一，但因为元旦在周日，所以户拉中学将假期延后一日，于今天收假。

崩洞的唐勒迈家和拱引的唐木兰家都是建档立卡户，家长都选择了在今天进新房，在今天进新房的一个重要原因是明天工作组来验收房子，要求大家入住，景颇族传统里没举行过进新房仪式的房子是不能住人的，所以干脆今天举行了进新房仪式。

在崩洞听说一个消息，拱引的孙勒拽家今天也举行了进新房仪式。

每户建档立卡户都有一个挂在门边的建档立卡牌。唐勒迈家的卡片是这么写的：

帮扶对象	姓名（户主）：目木变
	联系电话：
	坐在村：崩洞
	家庭人口：2
帮扶人：姓名：邢××	
工作单位：市委宣传部	
联系电话：××××××××××	
村联络员：张加方	
联系电话：××××××××××	

> 扶贫：帮扶计划（七个一批）
>
> 计划：
>
> 1. 建设一栋安居房，面积 80 平方米，砖混结构，估算投资 10 万元，其中，争取贷款 6 万元，建档立卡建房补助 4 万元。
>
> 2. 养殖方面：仔猪 6 头，共投入资金 4600 元（其中产业扶贫项目补助 3400 元），雨季收益 6000 元。
>
> 3. 种植方面，甘蔗 5 亩，橡胶 4 亩，共投入资金 2500 元，预计收益 7000 元。
>
> 4. 争取享受农村低保 3 人（X 类）。一年收入 8400 元；争取新农合补助，每人每年 120 元。
>
> 通过以上帮扶措施，2016 年底该户家庭可支配收入预计可达 9000 元，人均可支配收入可达 3000 元。

2017 年 1 月 3 日　阴　中雨

天气预报显示滇西、滇中、滇南地区 1 月 2 日至 5 日有雨，德宏地区于今天（3 日）下了一整天的雨，且天气阴冷，很多人家都放下手中的活计躲在家里。这又是一场换季雨，是印度洋来的暖流与西伯利亚寒流的碰撞，这样的碰撞进行几次以后，就该印度洋孟加拉湾来的暖流重新驻在德宏的气候了。

西山乡十五届人民代表大会第一次会议即将召开，今天下午 51 名与会代表陆续报到。

2017 年 1 月 4 日　阴　中雨

营盘片区的电信网络信号都陆续出现了故障，于是电信攒够一定的故障用户以后于今天开始巡查排除故障。但查来查去发现是自己的信号塔出了问题。

连电信公司自己内部都在传，营盘片区一段时间以后就会改用移动的网络信号。

2017年1月5日　大雨

今天旅居泰国的景颇人在缅甸驻泰领事馆门外举行停战游行。

帕软的排社长今天拉的一车甘蔗超载，达到了13吨，我问他糖厂规定的最高限载吨位是多少，他说是12吨。超过12吨的部分蔗农能拿到蔗款，甘蔗司机是拿不到运费的。而限载吨位每个糖厂的标准是不同的，以前瑞丽糖厂的规定是国内的甘蔗只算到8吨半，而从缅甸运进来的甘蔗因为路太远一天只能运一趟，且运缅甸甘蔗的车辆运输单位都比较大，所以每趟甘蔗运个二三十吨也能结到全额运费，另外，运蔗车辆是能凭票拿到低价柴油的，折下来一升汽油大概也就两三块钱。

2017年1月6日　晴

营盘村代表团在乡人大会议上提出的意见和建议是：积极打造景颇族"龙尚"文化，小组人畜饮水困难，建议乡政府帮助列入人畜饮水工程项目；组内部分道路还是泥土路和砂石路，群众出行困难，安全隐患大，建议列入今年的道路硬化项目；请求帮助解决村内道路亮化建设；修建垃圾池，打造干净宜居环境。

2017年1月7日　晴

帮本的张艳、雷新，拱引的雷木苗三个小姑娘受广生寨同学的邀请去过生日，但回程没人送回家，于是给"榕树根"的李旸老师打电话，由李旸老师安排摩托将她们接了回来。

云南大学的人类学研究生张雪婷第三次来"榕树根"，为她的毕业论文做田野调查，这次与她同行的是同学兼男朋友彭秀祝。

张雪婷的田野调查计划里原本有一站是准备拜访石老师的，但因为石老师已经调离营盘小学校长职位，调到乡中心小学了，因此这一计划就暂时取消了。

2017年1月8日　晴

昨晚的气温下降得很快，所以昨晚附近村子的不少人都冻感冒了，大人小孩都有。

德宏州政协十一届委员会第五次会议将于明天上午（1月9日）揭幕。截至今天下午4时，参加本次政协会议的281位委员中，已有263名委员报到。

2017年1月9日　晴

张雪婷昨天去了营盘小学找新校长，想要了解学校的一些基本情况，但因为校长去别的学校监考去了，因此没能见到校长，也没有拿到资料，只是与几位学生闲聊了一会，并拍了拍课程表之类的东西。

德宏州政协十一届五次会议今早正式开幕。

本次会议执行主席番跃平、毛勒瑞、杨丽云、肖占先、刀晓瑞、管国照、刘新光、朱旗、杨洪先在主席台前排就座。州委书记毛俊强、州长龚敬政、州人大常委会主任余麻约在前排就座。州党政领导及州级退休老领导出席会议。州级各相关部门负责人和特邀人员列席会议。

开幕大会由毛勒瑞主持。

番跃平代表政协、德宏州第十一届委员会常务委员会向大会做工作报告。肖占先做提案工作报告。州委常委，常务副州长孔勒干代表州政府向会议通报了十一届四次会议提案办理情况。与此同时，州十四届人民代表大会第五次会议的出席人员陆续到达驻地报到。

本次会议将于10日在芒市开幕。

2017年1月10日　晴

今天下午3点多，木介突然来邀请大家去她家吃饭，她家也属于建档立卡户，定在了今天进新房。

王尚瑞和木壮去保刀南的"南南新娘妆"勤工俭学，今天帮一对聋哑德昂族夫妇拍婚纱照，但一个不太好的行为是木壮离开家已经三天两夜了，却没有告诉家里自己的行踪。

昨晚的战斗中，克钦解放军5旅3营的营长牺牲，各个景颇微信群里今天都在表达对着这件事的哀伤之情。

2017年1月11日　晴

遮放供电所发来通知，今天整日停电，到晚8点半再恢复供电。

杏欢的李勒都举行婚礼，但因为停电，所以婚宴在无电状态下进行，而很多人也推迟回家时间，在杏欢待到8点半等待来电以后继续婚礼狂欢。

因为李勒都算是小有名气的景颇歌手，因此有一些德宏本地的名人、歌手前来参加婚礼，婚礼办得非常热烈。

李勒都1月14日还在工作的芒市再办一场婚礼宴席。

2017年1月12日　晴

德宏州政协十一届五次会议今天顺利闭幕。

户拉中学于今天上午学生考完试后开始放寒假。放假后学生的一件重要大事就是找老师领结余的生活补助，以初一年级的张木色、唐木兰、李勒南为例，张木色领到了120多块，都来自饭卡上的生活补助余额。唐木兰领到了620多元，120多元也来自饭卡里的生活补助款余额，另外的500元是建档立卡帮扶户家庭的学生特享的补助款；李勒南也领到了500元，这小子也拿到500元不是因为享受建档立卡补贴之类的事情，而是因为他从他外婆和我这里两头拿钱买饭吃，很好刷饭卡，结果饭余额就结余500元。

除了补助余额发放给了学生，学校也把剩余的营养食品（牛奶、苹果、蛋糕）均分给了学生。

2017年1月13日　晴

雷木苗和保自诺代表户拉中学去芒市参加篮球比赛。这个篮球比赛的名称叫"中小学阳光体育运动会"。

2017年1月14日　晴

李勒都在芒市又举行了一场婚礼，许多认识他的人开始在朋友圈刷他婚礼的屏。

云大学生罗金刚跟我说他们16日来"榕树根"，他们此行的任务是直播拍摄营盘村过年的情况。

2017年1月15日　晴

西山乡新开了一家加油站，加油站名为星海石化，隶属于芒市星海石化有限责任公司，加油站地址位于西山乡弄丙村农技站旁。开业初期将开展酬宾活动，对汽油和柴油实行0.16元／升的优惠。

同时，乡安监站对加油站开展了一次全面的安全检查。

孙弄央和目干卷与一群小伙伴围在户拉三岔口的路边，十几个人，七八辆摩托车，其中一辆摩托车翻在了路边的沟里。

2017年1月16日　晴

今天在微信群里流传着一张邀请函，是邀请大家参加前几天牺牲的克钦五旅3营营长约南的追悼会的。邀请函上约南的全名是这么写的："Hpunggan Yaw Nan"，邀请函封面还印了一张约南生前着军便服坐在椅子上的照片。

今天得到个消息，昨天待在户拉岔路口的那群男孩昨天晚上在月亮湾喝酒时被市公安局给弄走了。家长们今天去市公安局探口信，得到的答复是过几天再来,反正现在也见不到人,还在审讯当中。

2017 年 1 月 17 日　晴

今天得到的后续是进了公安局的男孩们曾策划实施了多起持刀拦路抢劫案件。

2017 年 1 月 18 日　晴

公安局来抓捕的抢劫团伙里有两个我认识的孩子,目下卷和孙乔央。

到傍晚,又有一个叫排早迈(月亮湾)的男孩被公安局带走了,这个孩子 14 岁,上初中二年级。

2017 年 1 月 19 日　晴

月亮湾文鑫百货店老板二女儿的平板电脑被人偷走了,丢失平板电脑之前正好雷家宝来商店的机子上取钱。老板的二女儿把平板电脑随手一放,就帮家宝取钱去了,再回头看时,平板电脑已经不见了,老板二女儿以为是与家宝一起来的小伙伴偷走的,正好家宝取钱时在单子上的名字找到了买直的社长,让社长帮忙打听家宝家的住处,并想办法看看能不能追回平板电脑,结果话传来传去就变成了家宝偷了平板电脑。且有人将家宝与拦路抢劫的那伙人联系到了一起。

2017 年 1 月 20 日　晴

今天,买直李弄便的家长带着他去市公安局自首,昨天公安局的人来带排早迈时顺便给李弄便带了话,说名单上有他,所以希望家人配合公安局的工作。

李弄便说,他在 1 月初和人去龙江边,也是被朋友约去了拦路抢劫现场,围观了那次抢劫,他们拦停了两辆挂载货车,跟每辆车的司机收取了 200 元钱的过路费。

云大的李伟华老师今天抵达芒市，调查除夕夜芒市西山乡景颇族的过年风俗。

2017年1月21日　晴

几个男孩子，雷家宝、李干内、唐勒迈、何胜磊专门从芒市的舞蹈训练营下来，找月亮湾文鑫百货店的老板了解他女儿说家宝和朋友们拿了她平板电脑的事情，核实的结果是家宝他们没有拿，为此老板想拿两箱啤酒道歉，被孩子们拒绝了。

2017年1月22日　晴

拱引的妇女们为春节联欢准备了三支舞，我认识的跳舞成员有李木兰、何木锐、雷木色、王加芝，另有六七个人不认识，她们的教练也是村里的妇女，但以前在芒市文工团做过舞蹈演员。妇女们排练舞蹈就在公房的舞台上，偶尔会有汉子们来凑个热闹。

这几天还多了提前拍摄素材的云大师生。

2017年2月23日　晴

西山乡党政领导班子对部分离退休老干部、老党员、生活困难和贫困残疾人家庭进行慰问，向他们送去党和政府的关心和慰问。

此次春节慰问活动共慰问困难党员、老党员15人，乡退休干部及小乡干部28人，困难残疾群众22人。

中国共产党西山乡第九届代表大会第二次会议于23日上午召开。乡党委班子成员、西山乡第九届党代会代表及列席人员共77人参加了会议。

会议召开，全乡广大党员干部和人民群众要更加紧密地团结在以习近平同志为核心的党中央周围，在市委、市政府的坚强领导下，抢抓机遇，开拓奋进、撸起袖子大干、快干，为全面建成小康社会凝聚强大正能量，为西山经济社会发展谱写新篇章。

2017年1月24日　晴

唐勒盖家今天舂粑粑、舂豆豉，云大师生拍了整个过程。

市委常委，市委宣传部部长龙盈惠到西山乡开展十八届六中全会精神"五用"宣讲。

2017年1月25日　晴

德宏州副州长杨世庄率队到昆明，与东方航空、厦门航空、四川航空、祥鹏航空、瑞丽航空等公司对接洽谈拓展芒市航线航班，加快德宏民航业发展相关事宜。

州财政局、州旅发委、芒市机场等有关部门负责人陪同洽谈。

2017年1月26日　晴

唐勒迈家杀年猪，李干内、孙珈乐、保自龙、何胜磊一起来帮忙杀猪。

小韩的快递服务到今天为止，只是他将服务点全设在了他的电器店里，户拉村的快递服务中心几天前就关门了。

2017年1月27日　晴

今年的目瑙日程，

陇川的是1月30日—2月1日，

瑞丽的是2月10日—2月12日，

芒市也是2月10日—2月12日，

今天是年三十。

2017年1月28日　晴

昨晚拱引的男孩们组团拜年开财门，计有雷干先、雷衮坎、孙珈乐、李勒南、唐成邦加一个不认识的小男孩共六人。他们从晚12点多开到清早四五点，清点"战果"后每人分到了120多块钱。

与此同时，拱引的年轻人也组织起来讨红包开财门，聚积了20多人，分成敲鼓组、放鞭炮组、说吉利话开关财门组、背食物组、背酒组，每到一户人家先敲锣打鼓唱歌，放鞭炮并问主人"听到了吗？"如此反复，直到主人说"听见了"。然后再由开财门说吉利话组边说吉利话边开财门，讨到礼物出门时再由说吉利话组断后，轻掩上门，年轻人们把一整个村寨逛下来逛到了早上8点多，云大拍摄组全程跟拍。

2017年1月29日　晴

今天中午拱引小组组织男女团队去芒良小组参加春节联欢活动，同来的还有江对面遮放镇的一个村子。

大家先参加芒良小组的欢迎仪式，然后活动开始，有三个村组的男性篮球比赛、女性景颇传统打子游戏、打弹弓比赛、跳绳比赛。

然后大家同吃晚饭。

晚饭后举行文艺联欢会，但原定8点正式开始的晚会因演员未到齐，到8点40才正式开始，晚会第一项是芒良青年齐唱西山乡乡歌《文邦圣亚》。

晚会结束时有欢送活动。

云南大学拍摄组全程跟拍了活动过程，罗金刚还参加了篮球比赛。

跌撒小组也在各自举行春节联欢晚会。

2017年1月30日　晴

崩洞的小唐勒迈（四年级）和胡洪宝（五年级）用开财门要来的红包在公房合开了一个赌21点的摊子，先赚了不少钱，李干内去输给了他们30块钱。但后来胡洪宝去别的赌钱摊子玩，不但输了之前设摊赢的钱，还倒贴了50块钱，小唐勒迈手上则还攥着300来块钱。

2017年1月31日

今天是陇川目瑙开始的第二天,也是正式开跳的第二天,作为本年度最先开跳的目瑙,它吸引了德宏州所有景颇族的目光,瑞丽、盈江、芒市、梁河等其他县市和境外景颇同胞及各地游客纷纷赶来,陇川县城人满为患。陇川的目瑙也是瑙双祭拜完就独自先行离场,瑙巴带领群众在舞场跳至结束,并不带出场,后来一打听,西山的瑙双瑙巴培训就是陇川人来搞的。

今天还有一个插曲就是县长去陇川广山景颇园吃饭,管理广山景颇园的海外旅游公司老总让员工插旗欢迎县长,结果员工插了缅甸国旗,这下景颇人不干了,境外克钦独立军与缅军正在打仗,陇川正搞目瑙纵歌节,你海外旅游公司在景颇人的土地上插缅甸国旗是几个意思?于是陇川县景颇协会立马派人去交涉,让海外旅游公司撤旗道歉。

2017年2月1日 晴

云南大学的李伟华老师于今天离开"榕树根",与缅甸友人一道前往缅甸做田野调查。

2017年2月2日 晴

芒良寨的年轻人今天聚在一起野炊、娱乐,为忙碌的2017年春节收个好尾。

今天接待了来自云南财经大学的熊新教授及其儿子,带他们逛了芒良和帮本两个有教堂的寨子。

2017年2月3日 阴

瑞丽等地今天早上下了一场春雨,营盘也阴了一早上,但最终又出了太阳。

云南大学来拍摄景颇族新年的三个学生当中,读大二的高松于今天下午离开"榕树根",坐晚 8 点出发开往昆明的长途班车踏上回家路途。

大三的罗金刚和苏香月则会继续留在"榕树根"几天剪片子。

因为天阴,不少人家选在今天烧甘蔗叶,我和罗金刚去补拍了一些烧甘蔗叶的镜头。芒良的丁彩芳则打听能不能来拷一份他们晚会上的视频。

2017 年 2 月 4 日　阴

遮冒村浮桥边的烧烤摊从过年前到现在都人挤人,停车场里,马路边,甘蔗地里全是车子;浮桥上挤满了人,沙滩上挤满了人,香蕉地上也挤满了人。

2017 年 2 月 5 日　晴

今天下午,芒市五用宣讲队成员雷木嫩到西山乡崩强村委会宣讲党的十八届六中全会精神。崩强村委会干部,各小组党员以及不是党员的小组领导班子共 106 人参加了宣讲会。

2017 年 2 月 6 日　晴

李干内、雷刚先、唐勒迈没有去芒市参加目瑙纵歌节的钱,于是哄闹着主动来"榕树根"打工,准备弄点跳目瑙的钱。

2017 年 2 月 7 日　晴

昨天下午,德宏州贸易商会驻缅甸内比都商务代表处,在缅甸首都内比都揭牌。至此,德宏已在缅甸成立了四个代表处,形成了以曼德勒为核心,以内比都为重点,掸邦、克钦邦为"两翼"的德宏与缅甸合作交流的商务、科技、文化、农业、旅游等全方位、宽领域、多渠道的合作奠定了坚实的基础。

德宏州委书记、瑞丽国家重点开发开放实验区工委书记、管委会主任王俊强，州政协副主席朱旗，及州委办，州商务局，州外事办，瑞丽市党政领导，北汽集团负责人，缅甸联邦商务部部长丹敏博士，缅甸酒店和旅游部，缅甸联邦农业畜牧与灌溉部，缅甸联邦教育部，缅甸联邦计划与财政部，内比都市政委员会主席缪昂博士等相关领导，中国驻缅甸大使馆临时代办陈底、李小艳参赞，曼德勒、内比都地区商会代表，社会组织代表，企业代表，媒体代表等100余人参加了揭牌仪式。

西山乡派驻芒良村民小组的联络员、乡宣传干事徐青云，与芒良民众一起在龙江边策划、拍摄了一组宣传照。

2017年2月8日　晴

鉴于去年目瑙纵歌节期间大堵车的经验教训，今年芒良地区及早规划，提前公布了目瑙纵歌节期间的交通管制计划，并安排了目瑙专线公交车，提倡大家都坐公交出行，避免汽车太多造成的拥堵。

目瑙纵歌节期间人们可以在芒市会堂、珠宝小镇正门、芒市客运南站三个站点乘车前往轩岗目瑙纵歌场。

2017年2月9日　晴

缅甸克钦邦和孟邦民众集会反对在这两个地区塑造昂山像的计划。

德宏团结报社"勐傣德宏""景颇人""多彩傈僳""载瓦Ora"四个民族文化公众号正式开通。这四个微信号每周推送一期，开设有新闻、民族文化和科普等栏目。

2017年2月10日　晴

德宏州陇川县朋生，瑞丽市帕色，芒市轩岗的目瑙纵歌节于今天同时开幕。

2017 年 2 月 11 日　晴

云南省政协副主席黄毅今天早上参加了陇川朋生的目瑙纵歌活动，下午在瑞丽帕色目瑙纵歌场的"木代房"会见了参加和组织目瑙纵歌节的各职能代表。

2017 年 2 月 12 日　晴

省政协副主席黄毅今天早上参加芒市轩岗目瑙纵歌场的目瑙纵歌活动。

"榕树根"为崩洞的李干内举行了 18 岁生日成年仪式，仪式上宣读了他专属的成人宣言，并依照景颇族传统礼仪赠予了他一把长刀。

喜欢天文学的排岩去年成立了一个 QQ 群，但他手机坏了以后疏于管理这个群，于是不知是谁放进了一个推销黄色视频的账号，于是排岩解散了这个 QQ 群，排岩现在是户拉中学初三的学生。

2017 年 2 月 13 日　晴

与在龙江糖厂上班的丁桂英同去芒市，向她打听了一些情况，说是今年龙江糖厂的甘蔗压榨量从 40 多万吨升到了 50 多万吨，主要原因是因为勐古一带打仗，所以那一片的甘蔗也全部转归龙江糖厂压榨了，但政府又有一个硬性规定，榨季必须于每年的 5 月 20 日之前结束，不然各个部门都必然严罚糖厂。所以目前只能加紧增加压榨效率来抢时间。

晚上正起风时，买直寨头甘蔗地里火光骤起，一开始大家都以为是烧甘蔗叶，后来一看蔓延太大，知道是甘蔗地被火烧了，就都跑着去救火，我们赶到时火场已聚集了三五十个汉子在灭火。

灭火后发现帮本的甘蔗被烧了不少，何胜磊家的甘蔗地也烧了半边。但找不到纵火者。

2017 年 2 月 14 日　晴

今天早上帮本寨子广播召集村民一起去昨晚过火的甘蔗地里抢砍甘蔗，糖厂也调集了五六辆运蔗车抢运过火的甘蔗。

芒市公安局给"龙江抢劫案"嫌犯的家属们下发了拘留证明，让家属今天去公安局开会。

2017 年 2 月 15 日　晴

云大的两位学生罗金刚和苏香月今天离开"榕树根"，坐上了去昆明的卧铺班车。

各个村寨今晚开始广播召集群众召开西山目瑙纵歌节准备会、动员会，选拔方块队成员，并广播了一项规定，就是西山目瑙期间的 2 月 17 日—20 日，禁止一切焚烧甘蔗叶的行为，因为目瑙期间大家都赶去参加目瑙了，如若再发生之前那样的甘蔗林火灾，就没有足够的人手去帮忙灭火。

2017 年 2 月 16 日　晴

西山目瑙纵歌场已经布置得张灯结彩，商户们开始入驻。
傈僳寨的邓社言已经做好了去昆明学健身教练课程的准备。
李旸今天去傈僳寨与邓社言签了学费捐助计划书。

2017 年 2 月 17 日　晴

西山和勐约的目瑙都定在 17 日开始，19 日结束，所以附近的人们都在相互打听要去勐约目瑙还是西山目瑙，这两个乡都属勐约乡政府，在水库边，所以目瑙场就建在水库边上，西山乡政府在山顶，所以目瑙场也在山顶。

勐约目瑙组委会本次邀请了瑞丽市的瑙双瑙巴组来勐约跳目瑙。

2017年2月18日　晴

省政府副主席黄毅到陇川勐约乡，参加勐约乡因龙江水库搬迁后举行的第一届目瑙纵歌节。

瑞丽的瑙双瑙巴组也应邀参加了勐约目瑙。

2017年2月19日　晴

雷木苗搭了我的车，我问她这个假期为什么没和母亲办什么证明，她说是老家附近正在打仗，外婆一家都躲避战火去了，没法正常回去办理这些事情。

唐木壮家今天举行了进新房仪式。

2017年2月20日　阴，小雨

微博、微信上流传一段德宏解放军审讯，用竹片打一个操汉语的汉子的视频，汉子骑一辆摩托，说是来山里收头发的，但德昂军人认为他有搜集情报之嫌，因此审了他。

大多数人认为德昂军人太过分了，尤其是汉族人，因为被打的人操汉语，激起了他们的民族主义情绪。

结果这时投靠缅军的木姐傈僳民团跳出来给被打的汉子张目了，这一下倒好，很多人开始怀疑被打的汉子真是情报人员了。

今天西南大部分地区都在下雨，晚上在微信群看到一些图片，是鸡蛋大的冰雹，提供图片的人说是密支那地区下的冰雹。

2017年2月21日　阴

拱引的雷木比拿了一叠请柬让马琴帮她写，她准备结婚了。

新郎来自帕软。

参加第三次邦康峰会的缅北各家武装代表陆续抵达佤邦首府邦康。克钦解放军（KIA）作为先期抵达的武装代表，与佤邦首领进行了友好会谈。

参加印度第 33 届新福（景颇）传统目瑙纵歌节的艺术代表团平安回到芒市。

2017 年 2 月 22 日　晴

何万明家的火烧甘蔗共计 8 吨多，但糖厂只算 6 吨多，理由是火烧甘蔗出糖量低，但司机的运费还是按 8 吨多起算。农业保险赔偿也只有 300 多元，这是他们家今年交付的第一车甘蔗，不但拿不到甘蔗款，还差着糖厂 3000 多块的废料款，但他们家今年甘蔗共产有 170 多吨，后面还能入账不少钱，第一车甘蔗单上的甘蔗收购价位 470 元每吨。

这么粗略估算的话，170×470 = 79900 元。他们家今年种甘蔗的毛收入大概就是这个数字。

2017 年 2 月 23 日　晴

"龙江"系列抢劫案的一部分涉案人员陆续被取保候审了。

崩洞的广播里让大家准备去拱引参加张代芝女儿（就是雷木比）的婚礼。

2017 年 2 月 24 日　阴／早上有雨

今天雷木比出嫁，来公房帮忙的大部分是拱引的雷家人。雷干先和雷衮坎借了"榕树根"的帐篷在家门口露营，问干先怎么不去公房帮忙，他说下午再过去。雷木苗和保勒办之前由"榕树根"出资配了眼镜，今天又由"榕树根"工作人员带着去复查眼睛。

邦康峰会的各种图片视频资料开始在微博流传。芒海目瑙纵歌节今天开幕，是今年德宏境内最后一场目瑙纵歌。

2017 年 2 月 25 日　晴

前段时间在户拉经营电器店和快递服务中心的小韩兆耀说要转让店

铺，转行升级；今天才得知他并不是要离开这个行业，而是把业务中心转移到遮放镇去了，而且他以前只代理户拉附近的快递业务，现在开始负责整个遮放镇的快递业务了。

2017年2月26日　晴

跌撒李勒南的父亲从戒毒所出来了，前几天从戒毒所放出来的还有买直李弄便的父亲。

这几天从戒毒所出来的还有拱引的雷勒腊，他是雷木苗的父亲。

2017年2月27日　晴

明天就是户拉中学开学的日子，学校开始给每个学生家长短信通知开学注意事项。

2017年2月28日　晴

今天是各个学校开学的日子。

芒市中学已经于2月12日提前开学了，芒市城郊中学的开学日期是2月19日。

户拉中学的学生报到时间是今天早上8点至12点，但很多学生下午才出现。

前几天我问营盘小学三年级学生雷衮坎："你们几日开学。"得到的回答是不知道，我又问他，那你什么时候去学校？他回答说，等我看到山上的傈僳族学生下山去上学时我就知道开学了，跟着去学校就行了。

2017年3月1日　晴

昨天，市统计局副局长祁宁协同市农普办工作人员一行5人到西山乡督查农普工作开展情况。

雷书记这几天在清理他和崩洞董乐弄社长承包的烤烟房，这几天草烟收获季节就要开始了，采摘的草烟叶子在烤烟房里烘烤晾干，再收到干燥的房间里等着销给烟草公司。

2017年3月2日　晴

何胜磊家门口的地是他妈妈董木桑去年5月份从孙弄央家买过来的，当时孙弄央家卖地是为了给他哥哥孙麻崩结婚凑钱，当时两家的协商是今年地里的甘蔗由孙弄央家砍了以后再将地移交给董木桑，前几天甘蔗已经砍了，所以现在地正式归董木桑所有。

今天拱引的雷勒腊和妻子在院子下角挖了一个深坑，准备建设一个厕所。

昨天是雷木色的生日，她女儿孙珈枫给她买了礼物，今天雷木色又和朋友们一起相约着去月亮湾吃麻辣菜。

2017年3月3日　晴

昨天，西山乡由副乡长雷勒腊带队，组织乡内市、乡人大代表、各村主人和小组组长、香料烟种植大户60余人到畹町镇香料烟种植示范基地进行考察。

2017年3月4日　晴

德宏现在流行一种彩塑瓦，3毫米的厚度，芒市的售价分别是36元和42元，销售点不在一般的建材城，而是在城郊。

瑞丽的价格表则如下：

ASA树脂瓦价格表：

	宽度	
2.5毫米	880毫米	29元／米
3.5毫米	880毫米	55元／米

瓦的颜色为赤色和蓝灰两种颜色。

据销售商介绍他们在德宏接到的第一个大工程，是高速收费站屋顶的铺设工程。

直升机来飞了一个下午。

2017年3月5日　阴

大瑞铁路德宏段正在加紧建设当中，许多桥墩这几天已经屹立在线路上了，前几天瑞丽刚清理了车站区域的违章建筑。

今天是帮本教堂的礼拜日，也是他们一月一度的圣餐日，今天帮本教堂的执事邀请了各地的教友一同来领受圣餐，还请了一位木姐教区的牧师来带领大家做圣餐礼拜。芒良教堂的教友和执事也来帮忙。圣餐除了面包还有泡饵丝，帮本教堂的执事是由瑞丽麻科嫁来帮本的青年妇女，30来岁，布道水平一般，帮本教堂的神职团体共有4人。

2017年3月6日　晴

各地都开始提前过妇女节，瑞丽文蚌团去了高黎贡山；盈江卡场的妇女与苏典的妇女联合开妇女节晚会，县政协主席出席晚会并讲了话；遮放镇户拉村的妇女们聚在公房里举行游园活动，晚上举行晚会表演节目。

前几天果敢同盟军与缅军一直有零星交火，到今天凌晨战火突然加剧，缅北联军对杨龙寨口岸、老街城区、米线沟、洒房、东城、金象城等缅军据点发动攻击，另有克钦军一部和德昂军一部在贵概和帕嘎一带阻击北上增援之缅军。老街城区许多投靠缅军维持经营的赌场昨晚都在攻击之列，场馆被炸，车辆被焚烧，不明身份人员被击毙街头，赌场工作人员集体拥入中国境内避难。

网上流传着双方交火视频，有南伞国门外交火的视频；有火箭弹近距离轰击缅伪头目别墅的视频；有街上丧命人员的视频；有投降的缅军蹲在交火物资后的视频；有赌场人员一筐筐往赌场外抬钱的视频；有赌场人员集体穿过甘蔗地准备进入中国的视频……

直升机在头顶飞了一天。

2017年3月7日　晴

营盘村组织党员和村组干部到遮冒沙滩喝酒吃烧烤、唱歌、庆祝妇女节。

一下午，头顶上一直响着直升机的轰鸣声。

2017年3月8日　阴

今天是妇女节。不少村寨组织妇女去遮冒沙滩进行妇女节活动。沙滩上人潮汹涌，结果一些纯粹驶来喝酒的小伙子们起了冲突，互相斗殴，还破坏了一些设施。

下午，"榕树根"的徐博闻烧垃圾时烧着了唐勒迈家的一小块地，计有七八棵橡胶树破引燃着了火。

直升机在头顶盘旋了一个下午。

微信群里有人转发甘蔗地着火的视频，有一个被烧死在甘蔗地里。

2017年3月9日　阴　阵雨

帮本的早荣今天从看守所取保候审，回家了。

2017年3月10日

营盘村今天早上在拱引小组召开了春甘蔗种植技术现场会。

拱引小组为了迎接上级检查，已经出了两天义务工了，把村里的道路扫了又扫，但仍不够好，于是晚上开会总结，一边准备怎么应对上级检查，一边准备明天出一天义务工。

帮本的张木色约雷木苗、保勒办、唐果布、唐木兰去杏欢吃烧烤，几个小女孩原本以为是纯粹吃烧烤，后来发现张木色是帮帮本的小年轻约她们出来，于是几个女孩就没在杏欢多做逗留就回家了。

2017年3月11日　阴　阵雨

杏欢有一位老人去世了，芒良也有一位老人去世了。

买直的董健医今年上初一，但个子很小，前几天开了一下家里的手扶拖拉机运甘蔗叶，有人看到了，就将他开拖拉机的小视频发到微信上了，今天到处在传这个小视频。

2017年3月12日　阵雨

拱引出现了一辆川A车牌的越野车。

雷勒腊（雷木苗爸爸）杀鸡请寨里的年轻人吃饭，但年轻人喝酒喝多了起了争执，在地里乱滚了好几圈，吵闹了大半个晚上。

先是保代况和李斌打架，再就是李斌和勒闷（小）打架，然后又是勒闷（大）打勒闷（小）和李斌，再然后是李斌满村子的嚷嚷着要砍死勒闷（小）。

木苗的妈妈埋怨是木苗爸爸请人喝酒才出了这样的事。

2017年3月13日　阴

今天水酒乡的生意很好，门外停了十几辆来吃饭的汽车，老板忙了半天做好饭菜。

何胜磊的妈妈董木三作为"榕树根"职业教育优秀学员的家长，接受了《南华早报》记者的采访。

2017年3月14日　阴转晴

遇到一个在遮相开建材店的四川人，同时兼做蔬菜生意。他的建材店开在芒瓦桥边，买地花9万多，连带盖房花了近40万。

他今年的蔬菜生意不太好，他们合作社和农民定的保护价是一块钱一斤，结果今年北方是暖冬，北方的大棚菜大量上市，菜花一斤只卖两三毛钱，前几天他还送去长沙一批菜，到地头只卖一块一、一块二，每斤成本都在五六毛，而他的保护性收购价就一块钱，算下来今年他的蔬菜生意已经亏了十多万。

2017 年 3 月 15 日　晴

今天又一辆拉西瓜的大货车在龙瑞高速瑞丽至芒市方向（上行线）K659 公里处发生自燃。交警一度实行了交通管制，让同一方向的车从遮放出口出高速，从风平入口再驶入高速。

2017 年 3 月 16 日　晴

云南大学的学生罗金刚从陇川回来，借住"榕树根"一晚；他从3月6日去了陇川县景坎镇景恩村拍摄景颇族葬礼过程。准备明天赶早上的第一班车返回昆明。

2017 年 3 月 17 日　晴

3月8日，瑞丽某小学的八个小学生去瑞丽游泳，造成了二人溺亡一人失踪的惨剧，因此现在德宏州各校都以开家长会短信通知的方式让家长看好孩子，担心再出类似事故。

芒市现在初中生每月的助学金国家补助为 125 元，一学期总计 625 元；另有营养餐补助每日 4 元。

微信上在流传缅军的炮弹打入中国境内南伞城区的视频；炸弹飞到了学校，飞到了工业区，飞到了县委党校。

2017 年 3 月 18 日　晴

云南景颇学会组织在昆景颇人在爱伲山庄举行 2017 年度目瑙纵歌节，省政协副主席黄毅参加了活动。

金边时间3月18日下午6：00，由云南景成集团有限公司独家投资组建的JC（柬埔寨）国际航空有限公司于2016年10月正式开始组建，景成集团向云南省商务厅申请办理了企业境外投资证书，向云南省外汇管理局办理了外汇相关手续。公司筹建期间得到了柬埔寨相关政府部门特别是民航局的高度重视和大力支持。

3月14日，JC取得航空运行资格证。

2017年3月19日　晴

今晚拱引开始广播一场婚礼的分工名单，但我却连新郎新娘的名字都还不知道。

2017年3月20日　阴／小雨

村委会门外的厕所贴了一张芒市曙光医院的广告纸，广告词是"看男科，到曙光"，你若愿意的话，也可读成"看到男科曙光"。

2017年3月21日　晴

张主任的侄子结婚，八家寨张之的二儿子。他平时在芒市工作，跟着一位大哥做事，所以他的婚礼来了许多据称是做贷款生意的黑衣纹身人士。带头的大哥都大腹便便，脖子上挂大金链子，有专人帮忙拿包。

排社长帮忙写礼册，写错了不少名字和金额。

2017年3月22日　晴

今天是嘎中街，有一群赶街的人骑三轮摩托往家走，结果把车上的人颠了下来。

拱引的木兰妈妈买了三只小猪，每只600块钱。猪饲料是先赊的，可以等到卖猪以后再还。

2017 年 3 月 23 日　晴

直升机在头顶盘旋了一下午。

在深圳打工的排早坤也收到了市公安局的通知，命令他回来交代情况，谈明参与龙江抢劫案的经过，排早坤的妈妈今天来"榕树根"打听接下来该怎么妥善解决排早坤的问题。

目干卷和一帮小兄弟去芒市玩了。

2017 年 3 月 24 日　晴

周边的西瓜刚上市时卖到过两块钱一斤，现在已经降到了一块钱一个。

2017 年 3 月 25 日　阵雨

雷书记在烤烟房烤烟，他今年的烤烟技术又有进步，烟叶烤出来的品质越来越好。

2017 年 3 月 26 日　阴／晴

张成崩和祁木果今天在帮本举行婚礼。

李桥宝给儿子么批找人算了次命。

2017 年 3 月 27 日　阴

西山乡于今天早上召开 2017 年度廉政工作会议。乡纪委书记任柳青传达市政府廉政工作会议精神。

乡党委副书记、乡长目团么回顾西山乡 2016 年廉政工作取得的成效，并提出下一步工作要求。

2017 年 3 月 28 日　晴

今天取快递回来，在省道 320320 杏欢寨脚段附近看到路边停着一辆考斯特中巴车，车上刷着环境监测四个大字，晚上上网看到一条消息：

省委省政府第三环境保护督察组进驻德宏。

督察组组长为张登亮。

2017年3月29日　阴

今天下午一位学生的家长打电话拜托我们帮她照顾好孩子。后来她就泣不成声了。一位武警接过电话说他是××边防大队的。

这位学生家长是因吸（贩）毒被武警查缉，临进去前打来电话交代一下孩子的事情。

2017年3月30日　阴

西山乡人大组织各村人大代表、养殖大户、乡农业技术服务中心及兽医站技术人员近20人对乡内养殖业进行了深入考察。

考察的养殖点有：

1. 弄丙村坎东小组两家牲畜养殖基地。
2. 弄丙村跌撒小组旱鸭和肉鸡养殖基地。
3. 营盘村拱引小组肉牛和小耳朵猪养殖基地。
4. 营盘村芒良小组番鸭养殖基地。
5. 营盘村芒良小组承包西门塔肉牛养殖基地。

2017年3月31日　阴

之前妈妈被武警带走的学生，在连续给妈妈打了几次电话没人接以后，就认定妈妈出事了，跑回家来找妈妈，听说了妈妈出事的原委以后，去学校请了假。

遮冒浮桥附近的烧烤场为了迎接泼水节和游客潮，做了装修和改造。

2017年4月1日　晴

"榕树根"的创始人李旸接到上级电话通知，省政协副主席黄毅将于泼水节前后莅临"榕树根"视察。

2017年4月2日　阴

缅北掸邦一带遭受飓风暴雨袭击、村庄和公路上的车辆受损严重，降下的冰雹有鸡蛋那么大。

清明小长假开始，休2日、3日、4日三天（4月1日上班）。

买直寨头，月亮湾都出现了新的曙光医院广告贴画。

2017年4月3日　阵雨

腾冲市公安局通报，该局禁毒大队近日在芒市风平镇破获一起跨境贩卖毒品案，抓获犯罪嫌疑人1名，缴获毒品海洛因11.114公斤。

2017年4月4日　阵雨

省第三环保督察组继续在德宏各地检查调研。

2017年4月5日　阴

芒市公安局组织各派出所人员在嘎中桥西岸、东岸临检过往车辆中是否有承载人员，被抽检的人员大多数为成年男性。

2017年4月6日　晴

省政协副主席黄毅带队莅临"榕树根"指导、考察。德宏州副州长俄吞、芒市市委副书记孙孔龙、州侨联主席庆国等领导随队考察。西山乡乡长目团么，人大主席目乐端陪同，接待上级领导。

2017年4月7日　晴

户拉中学开始放泼水节假期、从7日放到12日，然后读13日、14日、15日三天的书，15日下午又正常休息。

营盘小学则从 7 日放到 14 日，15 日开始上课。

2017 年 4 月 8 日　阴

拱引村广播安排赵建浩结婚时各人的干活任务。

排丽娟和赵建浩的女儿赵雪芯分到的任务是迎宾。于是他们找我借了两套景颇服装。

2017 年 4 月 9 日　晴

第二届南传佛教高峰论坛今天在芒市举行。

本次法会是德宏州首次举办帕祜巴升座庆典法会。升座庆典法会依法依规进行，在德宏佛协统筹下，首先在全州南传佛教僧侣中提名，再由信众代表推送考察，最后经过德宏州佛教理事会研究确定帕祜巴晋升名单，然后按照中国佛教协会颁布的《南传佛教教职人员资格认定办法》，确定了爱国爱教、遵守法律、有较高的佛学造诣、德高望重、心中拥戴共产党的原则，选出三位帕祜巴报云南省佛教协会认定，并报云南省民族宗教事务委员会备案。同时，在宗教仪轨上严格按照我国南传佛教的传统一丝不苟地进行。

省政协副主席黄毅，国家宗教事务局外事司肖虹司长，一司裴飚巡视员，云南省委统战部副部长，省工商联党书记马春，省民委副主任陆永耀、德宏州委书记王俊强等领导出席仪式。

中国佛教协驻会副会长，北京广济寺方丈释演觉法师，云南省佛教协会会长刀述人等宗教界人士出席法会。

观礼的还有泰国马哈朱拉隆功大学，缅甸仰光南传上座部佛教大学，缅甸木姐，缅甸僧伽委员会的代表。

本次升座的三位帕祜巴为盈江的召巴地亚长老，芒市的召问地达长老，瑞丽的召等傣长老。

截至 2016 年底，德宏州信仰南传佛教的人数为 41.2 万人。

2017年4月10日 晴

昨天（4月9日），瑞丽航空新引进的波音737-800客机抵达昆明长水国际机场。两机注册号分别为B-1593和B-1595。

目前瑞丽航空机队规模达13架，预计2020年底机队规模能达40架，至2025年达到80架。

芒市地区的每个傣族村寨今天都安排人手去芒市大金塔参加帕祜巴升座庆典，社长广播喊人，早上6点多从家里出发，户拉街的小笼包都被参加庆典的代表队买光了。全州各地的傣族信教群众也自发前往观礼。

2017年4月11日 晴

芒市在三台山举行傣族、德昂族泼水节采花活动，整个国道320三台山段堵塞了整整一天。

2017年4月12日 晴

户拉村弄勐寨的岳二汉说，佛爷升座仪式，芒市各傣族村寨都派了代表队，村长说选上代表队不参与活动要罚款。

岳二汉以贩卖缅甸产的木炭为生，他现在的一麻袋炭卖55元钱。

户拉中学今天收假。

德宏微信圈在转一条小视频，升旗的武警们被围观人群疯狂泼水。

2017年4月13日 晴

泼水节期间泼水节组委会组织了各项传统技能大赛，织布冠军被芒市轩岗选手夺走，象脚鼓舞冠军则花落瑞丽。

北京清华附中国际部九年级师生50人于今天傍晚抵达位于西山乡拱引的"榕树根"。开始为期四天的营会活动。

崩洞今天祭祀水井。

崩洞将村寨分成山下两个部分，每年的祭祀由山下两部分的人家轮流负担祭品。

2017 年 4 月 14 日　阴

盈江泼水节组委会组织了 13591 人共跳嘎兴,申请挑战吉尼斯纪录成功。

今天崩洞寨子封寨休养生息一天。

2017 年 4 月 15 日　阴

芒良新开了一家沙滩烧烤娱乐场所,大草棚收场地费 200 元,小草棚收 180 元。

2017 年 4 月 16 日　阴

为了维护龙江库区水上交通安全网,德宏海事局、芒市海事局、芒市西山乡、五岔路乡、陇川勐约乡、王子树乡组成联合执法组,在龙江库区共同开展联合执法行动。

2017 年 4 月 17 日　大雨

缅甸掸邦第二特区(佤邦)今天举行建军节活动。

2017 年 4 月 18 日　晴

德宏首个傣族历史博物馆在瑞丽开馆,傣族领导,傣族各届(界)知名人士参加了开馆仪式。

2017 年 4 月 19 日　阴

州人大常委会副主任孙春兰带队调研西山乡。市人大常委会副主任文恩贵、市人民政府副市长祁叶弄,市选联工委主任陈颖陪同调研。

副市长祁叶弄为西山乡上任常委书记。

2017年4月20日　暴雨
买直寨子今天祭祀水井。

2017年4月21日　阴／阵雨
前几天崩洞寨子祭祀水井后封寨一天休养生息；买直封寨半天，主要是因为买直地处交通要冲，所以，考虑实际情况，封寨时间减半，且允许上学的学生在封寨期间徒步穿行村寨。

2017年4月22日　阵雨
有人给排社长家的养牛场买了五车甘蔗叶，但排社长仍不放心，又亲自去地里拉了一车甘蔗叶。

2017年4月23日　暴雨
帮本今天祭祀村寨里的水井。但与其他寨子稍有不同的是他们除了祭祀全寨供奉的水井以外，还会提前一天祭祀张莫家族的水井。但祭祀张莫家族的水井由村寨里的张莫家族张罗。

这样的仪式一般铲草立寨家族才会干。

2017年4月24日　晴转阴
帮本的一个妇女前几天被警察带走了，原因是参与骗婚。有外地人来找媳妇，他们就物色了一个姑娘给外地人，收了礼金，然后大家分钱，于是外地人把参与骗婚的人都告了。

这个被带走的妇女的儿子是"榕树根"之前的营员，在芒市读书，妈妈被抓走后暂时停了学业回家操持家务。

2017年4月25日　晴
今天得知，帮本参与婚姻诈骗的妇女是被陕西汉中人给拐走的。

户拉中学这几天在考毕业班的美术和音乐，会折分计入中考分数里，教育局派人下来督导考试过程。

4月24日，芒市卫生和计划生育局发布关于吊销百灵曙光医院《医疗机构执业许可证》的公告，自公告之日起任何单位和个人不得以该医疗机构的名义开展诊疗活动，违者将依法追究法律责任。

网上能查到芒市百灵曙光医院的公众号，功能介绍一栏写着"芒市百灵曙光医院，汇名医，精通前列腺，性功能，生殖整形，生殖感染，不孕不育等男性健康问题，欢迎广大患者咨询服务预约，挂号就诊。"

2017年4月26日　阵雨

最近营盘一带开始流行一种甘蔗上车方式，以前都是全程人工上车，但现在开始把堆在一起的甘蔗先放在装载机的铲斗里，再由装载机举升铲斗将甘蔗送进运输甘蔗的卡车车厢里。

已经活跃在营盘村上甘蔗的装载机是一辆蓝色的小型轮式装载机。

2017年4月27日

村里的广播通知明天拱引祭祀水井，后天全寨封寨休养生息一天。

4月25日至27日，西山乡人大主席木乐端带领"两代表一委员"考察团25人到陇川、芒市就民族文化传承发展、产业发展、新农村建设及村集体经济进行为期三天的考察学习。

2017年4月28日　阴

今天拱引祭祀水源，每户人家集资50元钱，木兰妈妈说"收钱的人收了50块钱后买酒喝去了"。

遮放镇将今年的泼水节放在了今天。

公路管理段开始维修去年8月被泥石流冲毁的国道320三台山路段。

瑞丽至芒市方向三台山单行道右道封闭，两边的车都改走左道。

2017年4月29日　晴

拱引今天封寨子休养生息一天。

守连接崩洞村口那条路的是腿莫和李桥宝。

2017年4月30日　小雨

缅军向木姐方向派出了100余辆军车，此举引起了少数民族武装组织警惕。有分析认为这些军车的到来是缅军准备发动下一轮大规模进攻，也有声音认为这是缅军在换防。

2017年5月1日　晴

五一假期今天结束，各路学生于今天开始返校。

这一周是芒市各中学举行期中考的日子。

2017年5月2日　晴

营盘村各小组村头寨尾村中围墙突然多了一幅蓝底白字的标语："吸毒是一无所有的代表，也是家破人亡的象征。"

2017年5月3日　晴

市人大常委会调查组在市人民政府副市长祁叶弄和市教育局相关领导的陪同下，深入西山乡中小学进行教育教学质量调查。

乡人大主席，分管教育领导陪同调查。

副市长祁叶弄在担任副市长前的职务正是西山乡党委书记。

帮本有一位老人去世了。

2017年5月4日　晴

之前说过我们一个学生的家长涉嫌参与婚姻诈骗案，今天翻微博时无意翻到这个事，但微博上的描述和之前村里传的有些出入。

本条微博来自@陕西网汉中站"17岁缅甸少女被拐汉中作'新娘',城固警方打掉一跨国犯罪团伙"。5月2日,在历时25天,行程1万余公里后,城固警方在云南省抓获李某等9名涉嫌拐卖妇女的犯罪嫌疑人(其中:4人为缅甸景颇族,2人为云南省芒市人,景颇族)并将其全部押解回城,成功侦破了李某佳(女,17岁,景颇族,缅甸人)被拐卖案。目前,受害人李某佳已经被解救并遣送回国,9名犯罪嫌疑人被依法刑事拘留。

2017年5月5日　晴,晚上有雨

前面说到过我们一个学生的家长因贩毒被武警查获带走。今天收到了她寄来的一封信,是请看守代写的,说她在芒市看守所,可能会判刑十年左右,让小孩有大事可以找他二哥。并恳求"榕树根"多照看她的小孩。

2017年5月6日　晴

芒良和崩洞的青年联谊,一起补过青年节,在芒良沙滩烤烧烤,打排球,打羽毛球,吃烧猪,唱歌,游泳。

之前说过的缅甸少女被拐案又有新进展,是姑娘用景颇文写了一张纸条塞给别人,收到纸条的人上微博求助,云南大学的师生看到纸条翻译内容后,斟酌考虑后报警,才将姑娘解救了出来。

2017年5月7日　阵雨

帮本又有一位老人去世了。

我们一个学生说他父亲是户拉派出所的线人,要经常去户拉派出所报到。

2017年5月8日　晴

户拉中学将篮球场摊平了,准备修建面积更大的球场。

2017年5月9日

在芒市街头看到了和营盘村内张贴的同属一类的禁毒标语,芒市翠堤小镇附近的标语是"让泪水远离毒品,让幸福拒接毒品——芒市禁毒委员会办公室,芒市公安局宣"。

2017年5月10日　晴

5月9日,中缅智库高端论坛的与会专家一起考察参观瑞丽。

这次论坛由云南省社会科学院中国(昆明)南亚东南亚研究院、中共德宏州委,德宏州人民政府,缅甸战略与国际问题研究所主办,与会专家共有200余名,会期为2017年5月8日至11日。

2017年5月11日　晴

应中国政府的邀请,缅北的民族武装,克钦解放军,果敢同盟军,德昂民族解放军,若开军及佤联军共同前往中国云南省与中方代表就缅甸和平进程等事务进行讨论。

2017年5月12日　晴

2016年度中国旅游总评榜单在浙江天台揭晓,瑞丽航空荣获年度航空公司品质奖。

2017年5月12日　晴

芒市西山乡营盘村的妇女们最近帮工挣外快的方式是帮别人去地里采香料烟叶,每天的报酬为50元钱。

瑞丽市户育乡户育村芒海德昂社的妇女们最近都在村里的辣椒种植

场摘辣椒，每天的工钱为 80 元钱。但大家普遍反映这里的辣椒打药太多，没有辣度。

2017 年 5 月 13 日　阴

帮本的排副社长开了一辆卡车运输甘蔗，他今天拉了本榨季的最后一车甘蔗到糖厂。

2017 年 5 月 14 日　阵雨

景颇网微信公众号发布了一首新的景颇儿歌。由西双版纳勐海景颇寨的李悦小朋友演唱，是一首歌颂母亲恩情的歌。景颇网趁着今天是母亲节发布了出来。

2017 年 5 月 15 日

最近，德宏州召开了全州无人驾驶航空器管理工作会议。

又是一年征兵季，各县乡武装部又开始了征兵动员大行动。

2017 年 5 月 16 日

今天突然看到一条迟到了 1 天的消息：

5 月 15 日在内比都举行的联邦和谐联合委员会 UPDJC 会议中决定：各省邦有权制定自己的基本法，但是各邦基本法不得与联邦宪法相抵触（缅甸头条）。

户拉中学初一学生唐木兰（小）、雷木苗、目旺友，城郊中学初三学生唐木兰（大）在"榕树根"老师的带领下去芒市疾控中心打了最后一针（第三针）乙肝疫苗。

2017 年 5 月 17 日　阴／小雨

一大清早，拱引的广播就响了，通知建档立卡户清扫门前庭院，说是会有省上的领导来视察，但村民们似乎都不太在意，因为今天正好是户拉街，村民们都赶户拉街去了。

微信上流传今天克钦解放军在帕敢发生交火。

2017年5月18日　阴／晴

今天是瑞丽航空首航暨安全运营三周年，瑞丽航空公司举办了庆祝大会，并发布了用5万元奖金征集的三周年纪念歌曲。

迈扎央教育学院于今天上午举行第二届毕业典礼（第一届毕业典礼在2015年）。学生代表发言和校长致辞除了开头打招呼几句用景颇语之外，全程用英语发言。

营盘小学提前一天放周末，说是老师们这个周末要去旅游，明天早上（周五）就出发，所以就给学生提前放假了。

云南省新培育出来的玫瑰被命名为"昂山素季玫瑰"。刚从北京参加"一带一路"会议回来的缅甸联邦国务资政昂山素季参加了玫瑰命名仪式，云南省省委书记陈豪，省长阮成发共同出席仪式。

人民解放军海军远航编队于缅甸时间18日上午8点30分（北京时间上午10点）抵达缅甸迪洛瓦港码头，进行为期四天的友好访问。这是中国海军舰艇编队第五次访问缅甸。编队指挥员为沈浩少将。

2017年6月19日　晴

广播里说明天崩洞勒弄社长嫁女儿，让大家都去做客。

2017年5月20日　晴

缅军在前几个月攻克的吉东高地上修建了一座佛塔。

2017年5月21日　晴

参加年初"龙江系列抢劫案"并被保释的少年们都接到了通知，说是明天需要到芒市公安局说明情况。

买直寨子修路，把路封了，于是送小孩去营盘小学的家长就从龙江边的田地绕路送学生上学（今天周日）。

2017年5月22日　晴

今天到芒市检察院参加办理保候审的"龙江系列抢劫案"的犯罪嫌疑人有7名，其中两名刚成年，其他的都是未成年小孩。

尚有罪责较重的其他犯罪嫌疑人关在看守所里。

2017年5月23日　晴

参与缅甸第二次21世纪彬龙会议的缅北七家武装（克钦、佤、果敢、德昂、若开、四特、北掸邦军）代表团在中国官员的陪同下，从昆明乘机抵达缅甸内比都。

同时，从中国驻缅甸大使馆发布的消息来看，5月21日中国海军远航访问编队与缅甸海军在莫塔马湾举行联合军事演练。

对于此次海上联合演练，缅甸海军总参谋长莫昂少将表示，此次演练有利于维护地区安全稳定。

中国驻缅甸大使洪亮表示，中缅两军互信进一步发展，又上了一个台阶。

2017年5月24日　晴

缅甸第二次21世纪彬龙会议今天开幕。

缅甸国务资昂山素季举行招待晚宴。

2017年5月26日　晴／阵雨

今天是周五，但因为过几天就是端午节，需要放端午假，所以各所学校都不约而同地选择了这几天先补课，然后再放端午假。

这几天正好是砍草烟杆的季节，大家都忙着把田里的草烟杆砍了准备种稻谷。

2017年5月27日　阴
各个学校开始放端午节假期。

2017年5月28日　阵雨
唐勒盖去山里用水牛犁种玉米的沟。雷勒腊（雷木苗父亲）在插秧。

2017年5月29日　阵雨
龙江水位下降得很快，与一个月前相比，水位下降了将近一米，这几天的连续降雨并没有造成水源的增加。

2017年5月30日　阵雨
营盘村委会的所有外墙都被粉刷一新。看架势是准备画上景颇风格画。

前段时间盈江就一直在推广民族特色墙画，看来在西山乡人大考察团去了趟盈江之后，这股风气也吹到了西山。

今天是端午节，但营盘小学、户拉中学的端午假期今天正好收假。

2017年5月31日　阵雨
雷木苗订了一个手机壳，今天到货，就我统计，这是她今年来定购的第三个手机壳。

2017年6月1日　阵雨
今天是户拉街，但因为昨晚刚下过暴雨，街上的人并不太多。

遮冒浮桥边的烧烤摊（"遮尔代夫"）又重新开业了，生意还是挺好的，与关停之前相比差不了多少。

之前"遮尔代夫"关停的时间正好是省环境监测组到访德宏的日子。

营盘小学组织师生在学校欢度六一儿童节,并邀请家长们参加。孩子们在学校表演完节目且做完游戏吃完饭以后就涌到董木桑的小卖铺买东西吃。

2017年6月2日　阵雨

排麻东把牛群赶上山,已经在山里居住了一段时间,一直没有回家,其间有派出所民警来家里询问过他的消息。

麻勒盖和妻子给甘蔗地打除草药水,打了整整一天才打完。

2017年6月3日　阵雨

芒良沙滩在遮冒浮桥附近的烧烤场地重新开张后萧条了下来。

但芒良寨脚省道320320边的一家饭馆却在换了主人后每天停的车多了起来,一打听之下,发现那些人都是每天开车到饭馆里来赌钱的。

2017年6月4日　晴

雷书记雇了拖拉机来耕田,准备插秧,结果因为水田泡得太软,拖拉机后轮陷在了水田里,大家见干不了活了,就干脆坐在树荫底下聊天吹牛,等待另一辆拖拉机来把陷入泥里的拖拉机拖出来。

2017年6月5日　晴

帕软的排姓中年人(男性)去芒市办事,从芒市回来取了存在户拉的摩托,约了本寨的两名妇女一起去户拉农场喝酒吃烧烤。

唐勒盖家从农村信用社的卡里取了4000元钱作为近期的生活开支。

2017年6月6日 阴

雷木色家里的百香果一个结果季结了上百斤果实,但她没有拿去销售,而是分批送了人。

唐勒盖妻子听说百香果能卖钱,于是自己去放牛,让唐勒盖赶紧把家里那棵百香果旁边的架子搭起来。

帮本的雷勒成么要为儿子筹办婚礼,找人给"榕树根"的乐安东和李旸夫妇分别送了一张请柬。

2017年6月7日 晴

芒市市委书记赵冬梅6月7日上午深入西山乡调研脱贫攻坚工作。市委常委、市委宣传部长陪同调研。

2017年6月8日 晴

州委常委、州委统战部部长黄丽云到西山乡营盘村帮本基督教堂进行调研,并与西山、遮放、中山、芒海等芒市地区的基督教教职人员代表召开了座谈会。

缅军6月7日晚10点发布消息称,6月7日下午1点6分,缅空军一架运-8运输机从缅甸南部德林达依省丹老起飞,在飞往仰光途中于下午1点35分与地面失去联络,缅军广泛媒体随后确认了坠机消息,证实机上有122人,全部失联。

2017年6月9日 晴

高考结束。

高考期间各考场所在学校的其他年级会放假,今天高考结束,芒市地区一二年级学生开始返校复课。

2017年6月10日　晴

帮本雷勒成么的儿子雷勒翁今天举行婚礼,新娘叫云湘香。保自诺当了伴娘。

2017年6月11日　晴

缅军失事飞机的残骸被发现,陆续有死亡人员尸体被找到。

昂山素季出访瑞典。

2017年6月12日

今天得到一个消息,德宏州邮管局依据《中华人民共和国反恐怖主义法》有关规定,对未严格执行寄递安全"三个100%"管理制度的德宏州优速商贸有限公司做出责令改正并处罚款人民币10万元的行政处罚规定。这是《反恐法》实施以来,德宏州开出的首张大额反恐罚单。

事件起因是今年4月24日,州公安局在侦办一起专案时发现,涉案嫌疑人曾到优速商贸公司寄了一个载有违禁物品的包裹快件。结果收货员把包裹放行了,且优速瑞丽分公司运营后并未向邮政部门备案,已经涉嫌违法。

有朋友向我透露,被邮寄的违禁物品为枪支弹药。

2017年6月13日　阴

缅军与KIA(克钦解放军)在德乃的战事持续,到德乃市区教堂避难的民众和到其他场所避难的民众一共746人。

KIO(克钦解放组织)宣传部负责人诺布称,缅军仍在进攻距离KIA14营据点约10英里的英嘎嘎村一带,战事紧张。

2017年6月14日　阴／阵雨

孙朝奇和雷木色这几天热衷于去村道上散步锻炼身体。

2017年6月15日　阵雨

孙朝奇今天过生日，请了一些朋友来家里吃饭。

经德宏州委、州政府同意，决定在法定节假日及双休日期间，免费开放州级和芒市国家机关、企事业单位、人民团体及中央、省驻芒市各单位内部停车场。

但通知里有一个前提"除涉密及重点安保单位外"。

2017年6月16日　阵雨

克缅在德乃的战事仍在持续。

2017年6月17日　阵雨

德宏州图书馆公益文化大讲堂今天诚邀李向前先生为大家做《景颇族历史文化讲座》，但因为时间不够用，李向前老师只讲了景颇族源起部分。金卫能邀请李向前老师午餐，带领一干热爱景颇传统文化的年轻人与李向前老师交流至下午5点。

2017年6月18日　晴/阴

拱引的雷勒南和唐勒当酒后打架，雷勒南咬伤了唐勒当的耳朵。

雷木苗的父母今天找我帮忙去学校请假，说是明天要去缅甸给木苗办身份证。

2017年6月19日　阴

今天一大早，雷木苗就由母亲带着赶回缅甸办理身份证，但今天估计是赶不回缅甸的家里的，要在亲戚家里住上一夜。

2017年6月20日　阵雨

排早地和雷木伴来"榕树根"游戏，各自用颜料写自己喜欢的小朋友的名字，贴在了"榕树根"的墙上。

2017 年 6 月 21 日　阵雨

孙珈枫去了四川的先锋学校游学，孙珈乐在昆明的职业学校学习厨师专业，明天是这对龙凤胎的生日，他们的母亲雷木色托我用微信给珈枫转账 500 元人民币，给珈乐转账 300 元人民币。

2017 年 6 月 22 日　阵雨

瑞丽市农业银行前几日以协助办案为由，封冻了一些缅甸客户的账户，今天得到消息，这些缅甸客户决定明天在木姐国门游行示威，抗议农业银行封冻账户的行为。

农业银行封冻账户是因为这些跨国账户中有部分账户涉嫌参与跨国赌博案件。

2017 年 6 月 23 日　阵雨

今天木姐果然有人游行了。

2017 年 6 月 24 日　阵雨

遮放镇遮冒村的墙上多了两条标语，一条是"芒市孔雀谷公园欢迎您"，另一条是"吸毒自杀，贩毒杀人"。

2017 年 6 月 25 日　晴

排麻东家在地里种了玉米，但因为来地里翻虫子吃的鸡太多，排麻东的妻子专门抽出每天下午的时间来守玉米地。

盈江县强拆了郊区的五户无证房屋，抵抗强拆的住户将政府拆除房屋的视频在微信里传了很多。

2017 年 6 月 26 日　阵雨

"6·26"禁毒日，境内境外各种组织都在焚毁毒品，发禁毒声明，芒市公安局也组织销毁了一批毒品，并在营盘村抓起了几个吸毒人员。

2017 年 6 月 27 日　阵雨

德宏今天集中销毁毒品 5.6 吨。

雷木苗打来电话说她的身份证有点难办下来，因为家里的缅甸户口本丢失了，所以缅甸移民局怀疑她的缅甸公民身份。

2017 年 6 月 28 日　阵雨

中考开始了。

2017 年 6 月 29 日　晴转阴

有一个江西游客（女）在瑞丽摔坏了标价 30 万元的手镯，网上为手镯的真实价值吵翻了天。

拱引寨子因为维修线路停电一天。

2017 年 6 月 30 日　阴／阵雨

中考结束。

一群人在拱引寨子脚的水田边冒雨献鬼祭祀，但仅看祭架看不出是为什么原因祭鬼。

2017 年 7 月 1 日　阵雨

建党节。

美籍景颇拳手恩桑昂拉在缅甸仰光击败 ONE 冠军赛中中量级拳王俄罗斯人维塔利·比达士，夺得金腰带。

景颇微信群里很多人在传比赛视频。

2017年7月2日　阵雨

一夜醒来，发现所有缅甸朋友的微信头像都变成了恩桑昂拉的相片。

2017年7月3日　阵雨

景颇网直播了在云南艺术学院进修的四名景颇学生排当、董建斌、排南东、殿格南的毕业汇报晚会。

云南省政协副主席黄毅、德宏州人大主任余麻约、德宏州政协主席番跃平等领导观看了演出。

2017年7月4日　阵雨

芒市检察院开始就"龙江系列抢劫案"进行家访排查。

营盘村委会今天组织党员和群众过"七一"，庆祝建党96周年。

2017年7月5日　阵雨

德宏州师范专科学校的大一学生这个暑假才开始军训，原因是他们刚入学的2016年9月，和2017年2月的寒假，担负他们学校军训任务的军人都在中缅边境线上执行值守任务。

2017年7月6日　阵雨

买直寨子停着一辆运竹子的车。

之前竹子生意停过一段时间，最近不少新竹长成，还会有源源不断的新笋发出来，所以大家就又开始砍竹子卖了。

2017年7月7日　阴　阵雨

瑞丽市的景颇朋友圈今天在传一则谣言，谣言说户育乡中心小学的宿管逼15个男生舔他们尿在地上的尿。

家长还找学校闹了，但没证据无法证明，于是校长让家长写了保证书就回去了,家长不服气就发了朋友圈。

2017 年 7 月 8 日　阵雨

拱引去昆明高级技工学校学厨师的三个小孩唐勒迈、孙珈乐、排昆先,给村寨里的老人在"榕树根"做了顿饭。

2017 年 7 月 9 日　阵雨

有亲戚来借走了雷勒定的几头黄牛。

2017 年 7 月 10 日　阵雨／阴

有亲戚来借走了排麻东家的几头黄牛,为了借牛,排麻东昨晚把牛从山上赶回了牛圈里。按排麻东妻子的说法是亲戚借回去应付考察,过几天又送回来。

今天下午雨停了,许多人开始上山找菌子。

2017 年 7 月 11 日　晴

今天天终于放晴,拱引寨子里的很多人拿着昨天去山上找的菌子去了户拉街。

户拉街的德优八号大米现在卖 135 元一袋（50 斤）。

以前卖 140 元一袋（50 斤）。

米店旁边新开张一家卖农药化肥的店。

2017 年 7 月 12 日　晴

买直的何胜磊退伍回家后去芒市公安局下属的派出所当了一段时间协警,觉得天天抓人会得罪人,于是辞职回家盖了一个猪圈,准备饲养小耳朵猪并烤猪卖。

这几天正在甘蔗地里盖猪圈。

2017 年 7 月 13 日　阴

拱引孙朝奇的痛风很严重，严重到腿疼得下不了楼，他儿子孙珈乐今年 17 岁，也有左腿痛风的症状，时不时的就需要忌嘴，去打针。

2017 年 7 月 14 日　阴转小雨

今天路过拱引寨子脚的水田，又看到路边的祭架，就向人打听，然后张家全告诉我是拱引张代芝被"直通"（山神）咬了，所以要献祭山神，让它安心离开。

2017 年 7 月 15 日　大雨

晚上 11 点左右，拱引的雷勒当在家里和父亲雷勒定吵了起来，吵了十来分钟，雷勒当的堂叔雷勒卷去劝架了，这场架才平息了下来。

雷勒卷是拱引雷家目前说话算话的人，同时还是拱引村小组党支部的书记。他还有一个堂弟雷衮翁（雷勒乐的儿子）担任村民小组副组长。

2017 年 7 月 16 日　阴／阵雨

龙江水库开始有计划地提升库容。同时上游来水开始增大，每天开闸放水量也在日益增加。

2017 年 7 月 17 日　阵雨

瑞丽市今天下午遭遇了历史最高温和一阵狂风暴雨，有大量街区积水，有不少街区行道木倒伏。

芒市也受到了狂风影响，但风势小了不少。

今天是德宏中考填报志愿的日子，瑞丽一中的招生公告中说招生 900 名，原则上不设最低分数线，招满为止，但瑞丽一中的老师在微信朋友圈说中考 535 分以上的同学可以考虑报考瑞丽一中，因为会被分到快班去。

德宏州民一中计划招生 1000 人，芒市中学计划招生 1000 人。

拱引的唐木兰中考考了 461 分，在芒市地区中考成绩 1200 名左右，有可能被芒市中学录取。她的第二志愿报的是芒市中学，第一志愿是瑞丽一中，瑞丽一中今年招收 20 名市外州内考生。

2017 年 7 月 18 日　阴　小雨

买直的弄便昨天填报志愿后在户拉中学附近与同学狂欢到今天早上。

"榕树根"召集了附近村寨十几个基础知识实在糟糕的孩子，从小学生字开始，为他们补习基础知识。

2017 年 7 月 19 日　阵雨

龙江水量日渐丰沛，每年雨季都需要趁丰水期捕鱼的各色船只开始出现了。

2017 年 7 月 20 日　阵雨

芒市机场大道发生了一起车辆起火事件，于是微信群里有人开始在传车辆起火的小视频和一张被烧焦的尸体的照片，官方辟谣说图片不是此次起火事件的图片，起火事件中并未死人，但有些人将信将疑，仍在转发视频和图片。

2017 年 7 月 21 日　阵雨

最近这段时间总能在路上见到"川"字开头的军车，按车牌来看是武警。今天在从省道 320320 去弄坎的岔路上又见到了一辆这样的轻卡军车，当时车停在路边，一名穿作训服的男青年正在修理雨刮器。

2017 年 7 月 22 日　阴／阵雨

广生寨子的一棵古树被雷劈中，有人认为是天神不高兴才发生这样的事，也有人认为应该讲科学，不能迷信。

2017 年 7 月 23 日　阴

有直升机在遮放镇的边境一带巡逻。

何胜超的猪圈已经完成顶棚建设，这两天开始浇灌地板。

"榕树根"举办的补习班里有一个叫张家全的小孩，性格很好，于是小伙伴们要求他拍了很多搞笑小视频发到了快手里，听说都涨了几十到几百不等的粉丝。

2017 年 7 月 24 日　阵雨

中方为了防止有人偷渡国界，于是在瑞丽姐告国界围栏上安装电网，结果受到了缅方反对，缅方反对的理由是中方没有就安装电网一事与他们沟通过。

2017 年 7 月 25 日　阵雨

拱引新水池的入水口被大量泥沙给埋住了，于是全村人出义务工去挖泥沙。挖了一整天也没有挖好，再检查一下水管，发现水管也有大约 200 米需要更换，于是大家决定再出一天义务工。

2017 年 7 月 26 日　阴／晴

拱引的义务工仍在继续，只是这一天的义务工分成了三个部分，一组精干人马去更换安装新水管，一组人去清理村道，人数最多的部分清理村中排水渠，之前的雨水里，因为排水渠堵塞，造成了水渠里的雨水冲出水渠，冲坏了路面。

2017 年 7 月 27 日　晴

去遮放加油时发现贡米大道的尽头多了一个武警检查站,临近八一,武警战士们检查过往车辆检查得很认真。

其中载货卡车是武警战士们检查最认真的车型。他们查验了我的证件以后,看到皮卡后斗里有一把雨伞,还拿手拨拉了一下看伞内是否有猫腻。

2017 年 7 月 28 日　晴

拱引唐木兰的高中录取书今天发放,她被第一志愿瑞丽一中录取了。她考了461分,加照顾分就是481分,当时预估她考上芒市中学是绰绰有余,而更好的州民中肯定是考不上的,州民中属于第一档志愿,芒市中学属于第二档。这样第二档志愿报了芒市中学,在明知州民中考不上的情况下,第一档志愿就空出来了,于是就试着报了同属第一档志愿的瑞丽一中,结果瑞丽一中今年招20名州内其他县市的考生,比去年的多了五个名额,正好把唐木兰录了进去。

今年几个学校都说不设最低分数线,录满为止。但州民中的隐性分数线是517分,瑞丽一中重点班的分数线是535分。

2017 年 7 月 29 日　晴

武装直升机在中缅边境中方一侧飞行了一整天。

2017 年 7 月 30 日　晴

武装直升机又来飞了一整天。

2017 年 7 月 31 日　晴

朋友圈里都在传朱日和阅兵的视频,还有许多人把自己的头像换成了穿各个年代军装的电脑合成照片。

景颇歌手翁丽丽和张斌的专辑在瑞丽等嘎拍摄。市文工团副团长曾同平协同指导拍摄。

2017年8月1日　阴

8月1日上午9点50分，缅军总司令敏昂来应日本财团会笹川阳平之邀从仰光启程对日本进行非正式友好访问。

敏昂来此行将与日本政府和日本自卫队会谈，并对日本文化和工业进行考察。

敏昂来上次访问日本是2014年，应日本自卫队统合幕僚岩崎之邀出访。

7月31日，德宏州委书记王俊强深入西山乡专题调研脱贫工作。

2017年8月2日　阴

帮本教堂的吉他、电子琴培训班时间已经过半了，但吉他教学老师仍没找到，我问学员是免费的吗？她们回答走读学员交50元钱，住宿学员交200元钱。

帮本寨教堂的女执事是从瑞丽市麻科寨子嫁到帮本的，麻科是瑞丽较早接触基督教的寨子，"大跃进""文革"时又有不少人外出缅甸，因此基督教气息比较浓厚。

2017年8月3日　阴／阵雨

拱引的唐勒盖给三女儿木苗做了一场搭桥仪式，并献祭了口舌鬼、搭桥用的木料是唐勒盖和雷干先去山里拖回来的硬木。

但因为今天雨比较大，所以搭桥仪式举行得比较仓促。很多仪式都是赶着时间做完的。

唐翁宝家有五头黄牛，他最近干的活就是放这五头黄牛。

2017年8月4日　中雨

村委会附近最近印了两条标语，就印在村委会对面何万明家的墙上，一条是社会主义核心价值观，另一条是关于发展"一村一品"农村经济的："一村一品重发展，产业扶持解民忧"。

2017年8月5日　阵雨

8月4日在遮放镇龙溪村的320国道上发生了一起车祸。肇事车辆撞到人后逃逸，被撞人员重伤身亡。目前警方正在悬赏征找车祸目击人员。

拱引的雷勒南见邻居唐勒盖搭桥献鬼，也在家里请菩萨献了"木荣思"（口舌鬼）。

2017年8月6日　阵雨

今天在闷帕又遇到了外地来的武警，大概有七八个人，穿着墨绿色的作训服，戴宽檐帽，腿上全是泥，他们开了一辆后斗蒙帆布的皮卡。

我觉得他们就是我几个月前在瑞丽遇到的那一拨男人。

他们上一次出现在广生的时候，手上拿了长柄工具。当时的猜测是用来制服吸毒人员的工具，现在看来是某种探测器。

2017年8月7日

"榕树根"今年送出去接受职业教育的小孩有8个，从今天开始在拱引接受行前的出行安全培训。

2017年8月8日

四川九寨沟发生7.0级地震，时间为8月8日21时19分。

2017年8月9日　阴／阵雨

四川九寨沟发生7.0级地震后，很多人纷纷在朋友圈、微信群转发为灾区人民祈福的文字、图案。

今天早上（8月9日）7点27分，新疆精河发生6.6级地震。

龙江水利开发公司印发了将于近日开始泄洪的通知。

2017年8月10日　阵雨

省政协副主席黄毅在返昆途中携朋友、同事、家人、随员一道来到芒市西山乡拱引的"榕树根"看望"榕树根"创办人李旸、乐安东及正准备出发前往昆明接受职业教育的景颇山区小孩。

芒市市委书记赵冬梅，西山乡党委书记邢美正，乡长随行视察。

因为龙江电站放水，遮冒沙滩的野外烧烤草棚被冲走了不少。

2017年8月11日　雨

之前遇到的武警们住在G56遮相出口附近的芳微宾馆里。人数不清，但常见车辆就是一辆轻卡、两辆皮卡。

缅政府军与克钦解放军（KIA）11营发生交火，战场附近700多居民连夜逃难，但仍有100余村民不知下落。

龙江水库持续放水，且已经提前发出了放水通告，但仍有不少人选择了去江边烧烤玩耍。遮冒的场地被淹了以后，地势较高的芒良生意好了起来。

"榕树根"今年送出的第一拨职业教育学生今天出发前往昆明。

2017年8月12日　阴

拱引的变压器出了问题，南方电网安排了一辆维修车过来处理。十几分钟就解决了问题。

有一辆被人开去钓鱼的小面包车不知怎么就掉进了龙江水库，幸好没有人员伤亡,蓝天救援队协助水库管理方和车辆主人将车打捞了出来。

2017年8月13日　阴／阵雨

景颇歌手翁丽丽与张斌的专辑来到盈江县铜壁关乡松克取景。在松克社长杨平的房子里拍摄取景,杨平及其家人友情出演MV角色。然后拍摄MV的小视频在微信里传播很广,基本上全德宏的景颇族都知道在松克拍MV的事情了。

2017年8月14日　阴

龙江边新开了一个饭店,是芒良小组的副组长开的,装修风格走中国风,场地面积也较大,名字叫"山水农庄"。他们店里的特色菜有生态江鱼、景颇特色烤鱼、焖土鸡、牛扒呼、撒苤、各种景颇包烧、春菜。

2017年8月15日　阵雨

拱引的唐木兰考取了瑞丽一中,原本昨天就应该去报到,但她看错了日期,于是招生老师专门来电询问。说好了今天一早再直接报到入住宿舍,分班。瑞丽一中第一学期就收取未来三年的教材费,因此木兰报到当天所需缴纳的费用为1990元。其中教材费1000元(多退少补)。

2017年8月16日　晴

台湾暨南大学的老师赵中麒,是在"榕树根"工作的徐博闻的朋友。在徐博闻的介绍之下来德宏做社会学的田野调查。

本次田野调查他主要做跨境民族的访谈。

2017年8月17日　晴

芒市中学的初一新生今天报到,排岩和奶奶一起去报到了。

每天都有武装直升机在头上盘旋,而且飞得越来越靠国境线往里。

2017年8月18日　晴

直升机又飞了一天。

2017年8月19日　晴

拱引寨嫁出去的妇人们回寨相聚，相约着一起去龙江边烧烤、喝酒、唱歌。

前几天在营盘跑来跑去的武警川牌皮卡出现在了瑞丽姐相乡内的G56延长线上。

2017年8月20日　晴

17日到21日，昆明景颇族目瑙纵歌节在云南民族村景颇族寨内举行，此次目瑙的祭祀人员，瑙双瑙巴团队都来自瑞丽。

2017年8月21日　晴

今天又有两个学生去昆明求学，分别是芒良小组去学导游的张况诺和拱引小组去学画画的孙珈枫。

瑞丽市目瑙代表队结束了在昆明云南民族村的目瑙活动，与民族村各族工作人员联欢，准备于明天踏上返程。

2017年8月22日　晴

龙湖水库持续放水，下游水位大幅上涨。

遮放坝子的傣族农民们开始计划着收割稻谷了。

帮本寨子有一个从拱引嫁过去的老妇过世了。

勒南从"榕树根"房顶换下的竹片里拣拾出不好的、比较坚韧的、好烧的，准备拿回家做烧柴。

芒良寨子将公房背后的一片荒地用推土机推平了。

2017年8月23日　晴

户拉附近开始有农民收割田里的谷子。

勒南的外婆今天早上9点左右去世了，勒南找的柴正好能用在葬礼上。

因为天气炎热，后面几天的日子都不太适合出殡，所以当天就将老人送去坟地下葬了，但下葬仪式、送葬仪式会在未来几天再举行。

2017年8月24日　阴／阵雨

盈江弄璋淹死了三个小孩，小视频在整个德宏各族人民的微信圈里传播。

西山乡政府挂钩联系芒良村民小组的徐青云发了一个朋友圈"约建房理事会开会，约7点半，我是来到了，群众说了，才收工，不吃饭呢，叫等9点开，好！我傻傻的在车上一个人守着公房的门等起！龙江到（道）挨着我内（呢）。听说最近泄洪。"

这样看来，芒良小组推平公房后面的荒地与建档立卡建房有关。

2017年8月25日　晴

看到了之前遇到过的武警皮卡，但这一次他们把车牌蒙上了。

省道320311上开始有一些傣族老乡来晒谷子，但人数还比较少、刚在户拉至芒瓦桥段晒，估计未来几天内规模会扩大许多。

2017年8月26日　阴

直升机又飞了一天。今天有一个变化，就是以往直升机都是从西南边的广生寨方向飞过来，今天直升机是从西边龙江电站方向飞过来的。

2017年8月27日　晴

芒良寨在不知不觉间又做完了农尚祭祀仪式，芒良的农尚祭祀不引人注目有两个原因，一是芒良基督徒多，二是省道320321线穿过芒良寨中心。

2017年8月28日　阴
有学生的家长请托"榕树根"帮他们家的孩子说进户拉中学，我们的回复是请家长自己去说，因为"榕树根"去游说也是要欠大人情的，况且今年户拉中学挺好说话的，已经收了许多西山乡的孩子了。

2017年8月29日　阴
又是直升机盘旋的一天，飞得时间越来越长，飞得越来越低，飞得离国境线越来越近。

2017年8月30日　晴
在省道320321线上晒谷子的傣族老乡越来越多，最近已经晒到杏欢了。

2017年8月31日　晴
市委副书记孙孔龙，市委宣传部长龙盈惠及市扶贫办、市农业局、市民宗局、市新农办相关领导到西山乡调研指导脱贫攻坚工作。

领导们视察了帮本小组和芒良小组，龙盈惠部长认为营盘村发展乡村旅游前景较好，民族文化、交通、自然生态等优势明显，下一步需要在合理规划、精准实施、氛围营造上下功夫。

最后，孙副书记指出，乡村旅游是特色产业脱贫的重要内容，市级相关部门要给予大力支持，乡党委政府要进一步统一思想，加快特色打造，使之成为眼睛为之一亮、心灵为之一动、耳朵为之一震，集吃喝玩购于一体的社会主义新农村。

2017 年 9 月 1 日　晴／阴

户拉中学学生昨天报到，今天就又因为周末回家了。

买直寨子今天祭祀农尚。

2017 年 9 月 2 日　阴

崩洞寨子今天祭祀农尚。

2017 年 9 月 3 日　阴

崩洞寨子今天进入祭农尚后的"诺母"仪式——全寨休养生息封锁寨门一天。

2017 年 9 月 4 日　晴

在省道 320321 上晒谷子的人越来越多了。

直升机又来盘旋了一天。

这几天上游来水大增，龙江水库日夜放闸，维持库区水位处于安全线，于是下游水位大幅上涨。

2017 年 9 月 5 日　阴

景颇网刊发了一篇文章，《不关你是谁，在盈江，一定要去一次松克》。是云南大学的学生夏玲写的，文章发表后，在各个景颇微信群里广泛传播，大家一起感叹松克的美景，一边讨论文题中"不关"的"关"到底用对了没有。

2017 年 9 月 6 日　阴雨

缅军发布消息称，恐怖分子有可能会袭击缅甸主要大城市。

下午雨停了一会儿。直升机又来飞了几圈。

2017年9月7日 阴

有一则消息刷爆了微信群和朋友圈"9月9日晚9点，我们一起在CCTV-1《星光大道》观看景颇男儿的精彩表现"。

"景颇男儿"是由五个景颇男性组成的歌唱组合，来自德宏州景颇歌舞团，2011年成立。他们参加星光大道的比赛已经是几周前的事情了，当时已经得知他们获得了周冠军，但节目要到9月9日才能播出。

2017年9月8日 阴

中央电视台的一个栏目组要拍摄德宏风情片，需要拍摄一个景颇族跳目瑙纵歌的片子，于是将地点选在了芒良，村民们聚集起来，换上节日盛装，用音箱放音乐，跳了一场不太正规的目瑙。

2017年9月9日 阴

昨晚买直的一个老大爷去世了，他父亲是创立买直寨子的山官，"文化大革命"时全家逃去了密支那，只留下在芒市民族连当兵的大儿子排早诺（逝者）。

排早诺老人去世后，董萨的卦象显示加上家里的禁忌，要么在今天就出殡，要么要等到六天后再出殡，家属决定六天后出殡，于是去医院要了保存尸体的干冰等材料，决定先在家里停尸六天再说。

2017年9月10日 阴／阵雨

今天是教师节，但各个学校的学生都在今天下午返校，其中营盘小学的学生们返校最早，早上8点半到校，因为有上级领导到学校视察慰问，所以孩子们早上8点半就赶到学校准备表演给领导看的刀舞。

2017年9月11日 阴／阵雨

大家在传一个消息，就是"罗兴亚武装组织"若开罗兴亚救世军

（ARSA）通过推特宣布，从10日起单方面停火一个月，并呼吁缅政府军也放下武器，让救援组织得以运送人道物资。不过这个方面的停火声明尚未获得缅甸政府的回应。

在八家寨、帮本、月亮湾、芒良、杏欢、芒瓦、户拉、南管都看到了同一系列的新标语，都是习近平总书记的各种讲话语录，后面的落款也都是习近平，新标语都是白底红字。

三台山附近发生小型泥石流，高速公路中断通行了十几个小时。

2017年9月12日　晚上阵雨

省道320321线上的花枝都被公路段工人们修剪成了统一高度，大概80厘米的样子，没长花的地方或被牛虐得七零八落的地方也重新挖坑种上了新的花。

陇瑞高速发生小型塌方，但已经抢道。

有直升机在空中盘旋。

2017年9月13日　晚上阵雨

拱引的广播里说请之前报名种植香料烟的农户晚上到公房里确认今年的种植面积和相关情况。

2017年9月14日　阴／阵雨／晚上有雨

省道320321上，农户们刚把谷子晾晒摊开，大雨就落了下来，农户们只好赶紧又把谷子摊成一堆，盖上油布，人手少的人家，就把铲板用绳子连在三轮摩托上，用摩托拖着铲板堆谷子。

遮放坝子的谷子目测约有一半已经收割完毕，而周围山脚景颇人的谷子大都刚刚泛黄。

2017 年 9 月 15 日　阴／晚上有雨

户拉中学今天召开初二年级家长会，没讲太多关于学习的事情，重点放在两点上，一、在校外的安全问题；二、在校内遵守校园纪律的问题。

之前说过遇到过一群开皮卡和轻卡的川牌武警，今天又遇到了，增加了几辆轻卡和几辆越野车，车队在十辆车左右，在西山乡政府附近遇到过一次，在龙江岸边水洒乡附近遇到过一次，在水洒乡附近那次他们还在路边设了个临时展板，看着像是执行可以公开的任务。

2017 年 9 月 16 日　阴

户拉是遮放农场场部所在地。有一个小小的集市，大概每天 11 点左右散市，今天早上 9 点多，就有两位傣族伙子开手扶拖拉机拉着满满两车用麻袋装好的稻谷等着晾晒。他们来得早可能有一个原因就是可能有其他人也想来此晒谷子，他们来得晚了场地就会被别人给占了。

陇川县政府微信公众号"目瑙纵歌之乡陇川"今天发了一篇题为《别去路上晒谷子了，危险不说小心还被罚款》的文章，说对于在公路上晒谷物的行为，将依据《云南省城市管理条例》，"处以 300 元以上 3000 元以下罚款；情节严重的处以 3000 元以上 3 万元以下罚款，并责令立即清除占道晾晒的谷物"。

2017 年 9 月 17 日　阵雨

拱引有两户人家开建简易房是扎班途家和傈僳奶奶家。

听说是政府拨款 10 万盖的，很简单的房子。

2017 年 9 月 18 日　阵雨／晴

从今天开始，省道 320321 线上看不到在路面晒谷子的农户了。顿时觉得路面宽敞了好多。

2017年9月19日　晴

买直的一个老妇人去世了，儿子女儿都不在身边，家里只有一个老伴，丧事只好由村里人先操持着，等着亲人赶来接手，老人的孙子目旺友在户拉中学读初二，于今天中午赶回了家。

2017年9月20日　晴

拱引也有一位老人去世了，是个老头，他们家里盖安居房，于是让老头老太去承包的鱼塘暂住并守鱼塘，结果老太早上起来发现老头淹死在鱼塘里了。那个大爷平时喜欢喝酒，经常喝得烂醉卧倒路边，因为是淹死的，所以大家当天就火化了他，但因为老人已经年过60，且子孙已经齐全，因此，也没有按景颇族处理非正常死亡的方式草草处理，而是把丧葬习俗都过了一遍。

2017年9月21日　晴

拱引去世老人的骨灰装在棺材里，今天抬上山去埋葬，坟地选在本寨唐勒当的地里，旁边已经有唐勒当父亲的坟了，唐勒当说，甘蔗地里经常进牛来吃甘蔗苗，就让老哥俩做伴守牛吧。

参加德宏州委统战部州侨联举办的"华侨少年乐园行"营会活动的40个缅甸华侨少年今天来拱引参观"榕树根"、营盘小学、芒良寨子，并在拱引公房吃了绿叶包饭午餐，我特地询问了一下，40个少年里汉族有二十几个，景颇族十几个，傣族有五六个。

2017年9月22日　晴

今天给拱引去世的老人用水泥砖砌坟，来了十来个壮年男性，结果坟墙砌到一半，填土的时候土把右边的墙给压垮了，于是只好又重砌了一遍。

2017 年 9 月 23 日　晴

跌撒寨子今天祭祀农尚，明天封寨休养生息一天。

拱卡寨子今天祭祀农尚。

2017 年 9 月 24 日　晴

不少曾经授予缅甸国务资政昂山素季荣誉称号的国际组织宣布暂停或取消其荣誉资格。

大社今天祭祀农尚。

2017 年 9 月 25 日　晴

德宏州的各个县市开始为即将到来的"十一"黄金周做宣传预热，盈江准备在多个乡镇内举行各种自然、民俗体验活动；陇川要捉稻花鱼，要在户撒赏向日葵；瑞丽要搞胞波节，要搞柚子王比赛。

2017 年 9 月 26 日　晴

崩强寨子今天祭祀农尚。

营盘小学通知学生家长，要在近期启动一个规则，就是全校学生不管家庭远近，一律必须到校住宿，以便学校管理学生并提高学习成绩。

瑞丽近几年大力推广柚子种植，今天在弄岛举办了中缅柚子节，柚子王拍出了 2.7 万元高价。

2017 年 9 月 27 日　晴

直升机来盘旋了一下午。

2017 年 9 月 28 日　晴

今天下午直升机只来飞了一趟。

2017年9月29日　晴

这几天省道320321上晒谷子的农户已经很少了。前几天则一户都没有，但今天又出现了零星的几户。

2017年9月30日　晴

户拉中学学生段华康、李勤南、目旺友逃课，老师将电话打到了家里。

2017年10月1日　晴

《勐卯土司千秋史话》胞波节期间在瑞丽举行了首发仪式，瑞丽市傣族领导和缅甸木姐傣族名望人士及部分傣族群众出席首发仪式。

2017年10月2日　晴

胞波节办到今年是第十七届，是瑞丽市政府为了促进旅游和经济，找海外旅游公司，找缅甸木姐镇区政府共同举办的双方政府和边民参加的节日。

2017年10月3日　晴

"榕树根"举办了一个活动，为景颇孩子做规划和引荐，指导未来的职业可能性。活动为期三天，今天开营，6日上午结束。

2017年10月4日　晴

帮本寨张木色家今天吃新米饭，所以她这一周都选择了在家帮忙干活，参加吃新米仪式。

她的同学李勒南则直接逃课一星期。

2017年10月5日　晴

19岁的"缅甸小姐"桂冠获得者瑞恩喜因为在自己的脸书上发布了

关于缅政府在若开邦存在虐待罗兴亚人现象的视频,被主办方撤回了"缅甸小姐"的荣誉称号。

赛事主办方表示:瑞恩喜违背了签署的行为准则,没有起到一个模特的模范作用。

这几年外国媒体和一些组织一直在指责缅政府在若开邦对罗兴亚人实行的种族灭绝计划。

2017年10月6日　晴

几个小男孩去龙江游泳,顺便偷了一些香蕉回来,教育他们的时候他们说是因为香蕉价格不好,老板都走掉了,他们才放心大胆地去砍香蕉的,别谈香蕉了,橡胶树都已经被砍走不少了。

2017年10月7日　晴

国庆长假结束,学生们开始返校上学,突然注意到,山上的傈僳寨今年送来营盘小学的学生比去年多了不少,达到10个左右。

2017年10月8日　晴

有消息称缅政府和平委员会将在本月初与佤联军和勐拉军举行会谈。据称此次会谈是为了协商佤邦与勐拉地区的发展事项。

2017年10月9日　晴

拱引的农尚祭祀仪式原本准备今天举行,但又被延迟到了下个月。

来"榕树根"的志愿者张茂从营盘村委会二楼摔下来,摔断了锁骨和一根肋骨。

2017年10月10日　晴

为了有效预防和遏制交通事故的发生,努力实现"四个明显"的目标，警示全市交通安全违法行为，起到震慑作用，芒市公安局交警大队对 9 日严重交通违法行为进行了曝光，有 52 人被扣 12 分或被拘留。

2017 年 10 月 11 日　晴

遮放镇弄坎村委会送弄村有一个初二女生过生日，她的同学都买上啤酒之类的礼物去给她庆祝生日，结果很多人喝醉了，去过生日的时候，不少同学是几个男生分几趟用摩托车接过来的。等生日集会结束的时候，有几个男生喝醉了，想回家的人数又多，就出现了想回回不了的情况。

2017 年 10 月 12 日　晴

芒市傣族今晚在大金塔举行出洼仪式和点灯节。

户拉路口傣族大姐的早点铺里早上 5 点就聚集了很多准备去金塔过节的人们，每个人都是买小笼包、油条就急匆匆地坐车往芒市金塔赶，没人吃面条、饵丝，都说赶时间，没时间吃带汤水的东西。

2017 年 10 月 13 日　晴

最近处于气候变换感冒多发季节，户拉中学推出了一项制度，就是所有人员进校门一律先量体温，体温正常可以进入校园。

今天德宏州委召开常委（扩大）会议，提名卫岗为德宏州人民政府州长人选。

2017 年 10 月 14 日　晴

近日，一组视频登上了十九大新闻中心的大屏幕，其中就有关于专题讲述德宏州景颇族教育的视频，视频名为"景颇族：大教育让更多孩子走出大山"。出镜的是德宏州常委、常务副州长孔勒干（景颇族），他在视频中说小州办大教育，穷州办的教育，德宏州的教育全省排名在近九年从末位升到了第六位，景颇人民也在其中受益不少，孔副州长在视频末尾用景颇语表达了对即将召开的十九大的祝福。

营盘小学师生在视频中有出镜。

2017年10月15日　晴

和一个傣族大哥聊天，说起去芒市金塔过节的事情，大哥说是十几天前就有通知下来，规定好了每个寨子出多少代表队员以村寨为单位集体去出义务工。

2017年10月16日　晴

每个景颇微信群里都有党员在开始预热即将开幕的中国共产党十九届全国代表大会。

2017年10月18日　晴

中国共产党第十九次全国代表大会在京开幕。

拱引村民小组的党员们在社长排干的家里观看了开幕式。

2017年10月19日　晴

芒市广播电视台的微信公众号介绍了三台山乡和西山乡各族党员群众收听收看十九大开幕式盛况的情况。

讲完三台山后讲到了拱引村，讲了大家在西山乡营盘村畜禽养殖产业合作社的办公室（排社长家）里观看了十九大开幕式，还采访了排社长。

公众号的内容昨天晚上应该已经在电视台的节目里播放了。

2017年10月20日　晴

认识了几个开货车的景颇青年，他们没有驾照，开的车也没有过检，工作的地方主要在缅甸，负责帮各行业的老板运输没通过正常渠道出入境的玉米、肥料、茶叶、大米。

2017年10月21日　晴

直升机飞了三趟，前两趟是三机编队，后一趟是两机编队。

2017年10月22日　晴

拱引的唐腊布以前在西山派出所当协警，他说月薪1800元。最近他辞职回家了，说是孩子也越来越大，家里的老人年事已高，是回家里奋斗的时候了。

2017年10月23日　阴

之前割完水稻的稻田，最近都犁开了，有些田准备种植短期作物如玉米、红豆等，有些准备种西番莲。

2017年10月25日　晴

月亮湾去遮冒的道路入口左侧有一幢新房开始开工建设了，原来开摩托车修理铺的平房已被摧毁。

2017年10月26日　阴

在雨季被毁的拱引到上营盘的盘山便道又重新能走车了。但因为是刚修通，很多路段仍很危险。

2017年10月27日　晴

最近再也没有人家在晒谷子了。

景颇微信群里都在传一个景颇老人穿军装的照片，还有大段大段的景颇文。

2017年10月28日　晴

10月27日凌晨5点35分，前克钦独立组织KIO主席兼克钦独立军KIA总司令早迈将军在仰光市亚洲皇家医院逝世，享年82岁。

早迈是 KIO 创建时期的 7 名元老之一。1994 年 Brang Seng（布朗森）主席去世后，早迈接替其位，是 KIO 的第三任主席，直到 2001 年卸任。2001 年 KIO 内部曾发生了一场政变。

2017 年 10 月 29 日　晴

最近拱引和崩洞村民养殖的景颇小耳朵猪长成出售，但行情不好，在到处推销。

2017 年 10 月 31 日　晴

帮本寨今天出义务工，清理了村委会到寨子脚的那一段路边的杂草，顺便垫补了一些塌陷的地方。

2017 年 11 月 1 日　阴

户拉中学宣布两周后召开冬季运动会，景颇学生们说学习不行，那运动项目上还是要碾压其他学生的。

现在在芒市中学读高一的景颇学生排爱坎，之前的三年里是户拉中学的风云人物，遵守纪律，安静，会唱英文歌，会模仿迈克尔·杰克逊，学习不是很好，但老师和学生们都喜欢他。

排爱坎毕业以后，这一届初三没有特别突出的人物，只有一个叫孙弄央的景颇学生打架特狠，景颇学生被别人欺负了都喜欢找他"主持公道"。

2017 年 11 月 2 日　阴

拱引的副社长棍翁成立了蔬菜种植合作社，这几天还在到处动员村民们种植蔬菜。

2017年11月3日　阴

户拉农村信用社的大堂经理好像从一个傣族姑娘换成了另一个傣族姑娘。以前那个不见了。

营盘小学又来了不少领导视察。

2017年11月4日　阴

棍翁动员村民种植的越冬蔬菜有豇豆、辣椒、茄子，因为这几个品种他已经联系好了经销商，可做到保底收购。

昨天来营盘小学视察的领导是芒市人大常委会主任岳麻空。

2017年11月5日　晴

这几天烟草公司一个胖胖的业务员（好像姓赵）也在别处动员村民种植香料烟，香料烟是西山乡大力推广的农副业，说是要发展到3000亩的种植规模。

2017年11月6日　晴

陇川县景颇学会选举产生了新一届理事会。本届是第五届理事会，本次会议共有450人参加会议。

选举产生新一届理事会以后，下午2：00，举行了陇川县2017年度"新米节"庆祝仪式，全县9个乡镇景颇学会和州学会、瑞丽市文化协会、盈江县景颇学会、缅甸迈扎央景颇学会前来祝贺。

2017年11月7日　晴

佤联军腊戍联络站负责人尼严表示：已经收到缅甸政府下发的通知，政府代表将于11月第二周前往佤邦和勐拉地区。代表团将在（佤邦）邦康停留一晚后前往勐拉地区。

上个月曾有消息传出说10月初缅政府和平委员会和佤联军与勐拉

军举行会谈。

2017 年 11 月 8 日　晴
微信上有照片流出，中国外交部亚洲事务特使孙国祥在昆明会见了 FPNCC 组织成员。

克钦独立组织 KIO 在总部拉咱于 11 月 6 日—8 日举行了为期三天的民众见面会，共同商议寻找和平途径。

2017 年 11 月 9 日　阴
拱引的张木楠前几年都在屋外的菜地里种玉米种香料烟，但今年她决定不种烟了，最主要的原因是她对香料烟过敏，每次接触香料烟都会起红色的小脓包，奇痒难耐。

她今年回娘家看了一趟，娘家正在大规模种植西番莲，所以她决定今年也改种西番莲了。

2017 年 11 月 10 日　阴
专门打听了西番莲的收购价，听说品相好的是 5 元／斤。

2017 年 11 月 11 日　阴
户拉农村信用社的大堂经理从一个傣族女孩换成了另一个傣族女孩。

自助服务区的柜员机从三台变成了两台。

云南民族大学于今天举办了目瑙纵歌节，省政协副主席莅临参加。

2017 年 11 月 12 日　阴
大家都在传盈江的观鸟行业一年比一年红火。提到盈江观鸟业的红火。大家都在提两个人，班鼎盈和曾祥乐。

班鼎盈是盈江本地人，大学时期喜欢上观鸟，后来回家乡在电视台学摄像，业余时间观鸟。曾祥乐是江西人，曾为《中国国家地理》工作，来盈江观鸟后留在了这里，后来两人牵头成立了盈江观鸟协会。

2017年11月13日　晴

拱引雷木苗的父母去了缅甸，听说是回去找砍甘蔗的工人。这些工人并不是为了只砍他们家的甘蔗去找的，木苗家的甘蔗并不好，工人们大都会住在木苗家或者分开去住到别人家里，砍甘蔗度过一整个甘蔗榨季（一般是12月到来年4月/5月）。以前大家砍甘蔗按捆论，现在都按吨论，砍出一吨100元人民币。

2017年11月14日　晴

景颇族一个叫"JIWOI HPARAT HKRINGHT OIVG MATUT GROUP"的微信群有400多人，以前刚创立的时候是学习景颇传统文化知识的群，现在已经彻底成了吵架群，很多人在群里为吵而吵。

2017年11月15日　晴

缅甸军方14日公布了内部调查结果，否认其在若开邦有杀害任何罗兴亚人、焚毁罗兴亚村庄、强暴妇女或盗取财物的行为。

缅军方调查的结果是依据若开邦约2800名村民的访谈内容作出的。

2017年11月16日　晴

11月16日，瑞丽国际文体中心开工建设，开启了瑞丽试验区文体事业发展的新征程。瑞丽国际文体中心位于瑞丽市广卯路与勐卯大道之间。总投资11.77亿元，用地面积318.32亩。

项目建成后，将要承担体育项目训练，全民健身，应急避难，举办大型文体活动，比赛等功能。

2017年11月17日　晴

"哈啰单车"在芒市投放了600辆共享单车，还找人拍了一组宣传照。

2017年11月18日　晴

陇川县和芒市西山乡的部分瑙双瑙巴在龙江水库举行了联欢交流活动。

大家乘船游龙江水库，拍视频，交流心得。

人员男女都有，近20人赴会。

2017年11月19日　晴

外交部长王毅在缅甸首都内比都与缅甸国务资政兼外交部长昂山素季一同会见记者，并表示中方支持缅甸国内和平进程。

2017年11月20日　晴

19日，在缅甸访问的中国外交部长王毅向媒体介绍了中方对缅甸若开邦局势的看法。表示中方建议分三个阶段解决有关问题。

第一阶段是先实现停火。

第二阶段是各方及国际社会共同鼓励缅甸和孟加拉国双方保持和加强沟通，通过和平友好协商尽快找到解决问题的可行办法。

第三阶段是，直面问题根源，探讨治本之策，贫困是动荡根源，国际社会应加大对该地区摆脱贫困的支持和投入；以脱贫带动发展，以发展实现稳定。

2017年11月21日　阴

瑞丽市在翻新建设目瑙纵歌场地，工人们为了能在2018年目瑙纵歌按时举办而努力干活，但预估整个工程不会如期完工，于是就开始先建设必需的建筑的场地，其他次要设施准备目瑙结束后继续建设。

2017年11月22日　阵雨

一场阵雨过后，突然发现龙江的水位下降了一些，随着旱季的到来，龙江的水位会越降越低。

2017年11月23日　阴

月亮湾文鑫商店的西边新起了一栋二层小楼，听说是之前在营盘村委会当村官的小×家的房子。

2017年11月24日　阴

芒良寨子在规划新的村容村貌，听说会进行乡村旅游开发。

2017年11月25日　晴

最近微信群里流传着景成集团董事长赌石开出一块几百公斤的玻璃种纯绿大料的视频。视频有两段，一段里工人切开了翡翠原石，里面一片碧绿，董勒成站在一旁吸烟；另一个视频里董勒成拿着几沓白元大钞在给切割原石的工人发钱。

2017年11月26日　晴

今天翻微信才翻到，原来景成集团成立了景成翡翠公司，前几天在朋友圈传来传去的董勒成赌石的视频是中秋节期间就流传出来的。

景成集团宣布成立翡翠公司的公众号发布时间是11月20日。

2017年11月27日　晴

遮冒村下属的龙江边的"遮尔代夫"农家乐的不少竹棚在洪水期间被冲走冲毁，现在雨季过去，龙江水量减少，"遮尔代夫"经营者们又开始重修竹棚了。

但这一年多来，类似"遮尔代夫"，与其同质的江边烧烤农家乐越开越多，分流了不少客源，估计"遮尔代夫"很难再出现一年多来天天人满为患的场面。

2017年11月29日　晴

近日国家有关部门发布《铁路"十三五"发展规划》，大瑞铁路和瑞丽铁路口岸被列进国家十三五规划重点项目。

2017年11月30日　晴

买直人在砍村道边的竹子卖给竹贩子，好让村道显得宽阔一些。

云南省有关部门发布的省管干部任命名单中，有一名与德宏州有关。现任云南国际经济技术交流中心主任，1970年2月出生的白族女干部王宇被提名为德宏州人民政府副州长人选。

2017年12月1日　晴

国家主席习近平会见了前来出席中国共产党与世界政党高层对话会的缅甸国务资政昂山素季。

2017年12月2日　晴

跌撒（傣族）今天组织了党员活动、清扫村中道路。

哈啰单车结束了试运营，正式入驻芒市，并举办了与芒市文体广电旅游局进行战略合作的启动仪式。

入驻仪式是在芒市广场举行的。

2017年12月3日　晴

去芒市顺丰取快递，工作人员说了一个消息，一个月以后顺丰会在遮放镇设一个快递服务点。

2017 年 12 月 4 日　晴

整个西山乡的外籍人员又多了起来,他们都是来打季节工,砍甘蔗的。

2017 年 12 月 5 日　晴

距离芒市脱贫摘帽申请脱出日仅剩 15 天。

2017 年 12 月 6 日　阴

芒市孔雀谷公园将于 2018 年元旦正式开放,园方加大了广告宣传力度。

2017 年 12 月 7 日　阴

哈罗单车进入芒市没有几天,就已经被市民破坏损害了不少,最容易破坏的部位是轮胎,也有人将共享单车停在了只有自己能接触到的地方,"共享"变成了"私有"。

2017 年 12 月 8 日　阴

听景颇语和载瓦语广播,听到了一则广告,说芒市有一个叫"友谊医院"的民资医院快要开业了,说是投资了 8.2 个亿。

2017 年 12 月 9 日　晴

很多人在微信群里转发傣族人在芒市广场唱歌跳舞的视频。

2017 年 12 月 10 日　晴

今天是傣历 2112 年新年。昨晚(9 日),芒市及德宏各个地区的傣族同胞,身穿盛装,在芒市广场迎接新年的到来,州委副书记、州长卫岗(傣族)、芒市市委书记赵冬梅(傣族)及州市各级领导出席迎新庆典活动。

2017年12月11日　晴

哈罗共享单车入驻芒市以后，公司觉得运营状况不错，便将投放量从600辆提高到1500辆车。

哈罗单车城市拓展总监苑晓梦接受德宏交通旅游广播《910早高峰》节目的独家采访时称哈罗单车在芒市运行十日以来，单日最高接单量过一万单，10000除以600等于16.6，说明那一天每一辆自行车至少被骑了16次以上。

2017年12月12日　晴

377名德宏州建档立卡户子女从芒市机场启程，踏上了浙江求学之路，这是德宏州2017年职业教育东西协作行动第一批选生护送行动，该行动将持续到2020年，接下来还会陆续选送几批。

我有一个表弟在瑞丽职业中学学了两年汽修，也加入了这个计划，但他去学的专业是"现代物流"，就是学习怎么送快递，他说是来回车费全免，学费食宿费全免，州、县财政处会给一定的补贴，浙江还给每个学生每年打9000块钱的资助。

2017年12月13日　晴

直升机又来飞了一个下午。

2017年12月14日　晴

KIA总部附近的歪莫、八莫、帕敢、莫宁、曼西等地发生KIA与缅政府军的武装冲突。

前KIA的前线军官说27营驻地受到缅军飞机六次轰炸。

2017年12月15日　晴

景颇人聚集的微信群里传来不少KIA与缅政府军的战斗视频，还有政府军飞机的视频。

有消息称12月14日，KIA总部拉咱附近的歪莫、八莫、帕敢、莫宁、曼西等地都与缅政府军发生了冲突。

2017年12月16日　晴

14日，克钦独立军烧毁了帕敢镇区关塞仰林附近的运土车。

德宏州新任代州长卫岗到西山乡脱贫攻坚，易地搬迁，农危改等工作进行检查指导，芒市委副书记、市长毛晓陪同检查。

2017年12月17日　晴

克钦邦警局副局长说14日被克钦独立军烧毁的运土车有9辆，并抓走了13个人。后来克钦独立军释放了这些人。

克钦独立军宣称他们烧毁运土车辆是因为缅军动用这些民用车辆运输军事物资才这么做的。

遮放镇强制拆除了国道320弄喜段附近的一栋违法建筑。那是村民自盖的钢架结构大棚，卖建材的，我路过时正在拆除，路边有不少围观群众，还停了警车、救护车、公务用车。

据说该栋建筑主人姓朗。

2017年12月18日　晴

克钦邦德乃镇区和曼西镇区有战事发生。

瑞丽航空第15架飞机将于今日晚飞抵昆明长水国际机场。

2017年12月19日　晴

昨晚瑞丽航空引进的第15架飞机抵达昆明长水国际机场。瑞丽航空官方微博特意请两位乘务员（一男一女）在直播平台直播了公司迎接新飞机的仪式。

第15架飞机是波音B737-800型飞机，注册号为B-1596，将执飞"昆明—北海—福州"独飞航线。

2017年12月20日　晴

12月19日，央视《非常传奇》第二季到陇川民族文化广场进行目瑙纵歌体验、学习，本次来了3位体验者，分别是央视主持人阿丘、女演员孙宁和一个叫乐安东尼的外国人。

这个体验拍成节目后会择机在央视播出。有些景颇人批评陇川为了一个节目组就大动阵仗，安排了一场目瑙纵歌，是对传统文化的不尊重，也有景颇人认为传统要传承、要宣扬，就不能死守成规，要创新，这次陇川做得很好。

今天是芒市申请脱贫摘帽的日子。

2017年12月21日　晴

20日上午，州人力资源和社会保障局赵科丁局长在芒市副市长祁叶弄、市人社局局长雷木嫩的陪同下，到西山乡检查指导社保工作。

2017年12月22日　晴

芒瑞大道一期工程正式完工通车。

芒瑞大道是云南省"四个一百"重点工程，是"昆瑞经济带"重要交通干线，是德宏州基础设施建设重点项目。

芒瑞大道一期起点为芒市风平佛塔，终点为遮放贡米厂，大道开通后从遮放去芒市就有了G56高速、国道320（经三台山段）、芒瑞大道三个选择。

芒瑞大道一期由景成路桥建筑工程有限公司负责施工。

2017年12月23日　晴

之前官方一直宣传大瑞铁路有望2020年建成通车，最近看芒市电视台的报道，通车时间又悄然调整到2022年。

我们上高中的时候，就流传过大瑞铁路将于2012年通车的消息，后来时间又改成了2014年，再后来是2019年，现在则是2022年。

2017年12月24日　阴

早上7点的德宏频率傣语广播也播放了"友谊医院"的广告，很多傣语广告词听不懂，但"友谊医院"还是听懂了。

2017年12月25日　阴

市委常委、宣传部部长龙盈惠到西山乡宣讲十九大精神，为奋战在一线的基层干部们带来了一场鼓舞干劲、振奋人心的"精神盛宴"。全乡干部职工，各村领导，第一书记60余人参会。

乡党委书记邢美正做了总结发言。

2017年12月26日　阴

2018年德宏景颇族国际目瑙纵歌节的日期定在了2018年3月1日至3日。

差不多从2010年开始，德宏有意识地开始在单数年主推傣族的泼水节，双数年主推景颇族的目瑙纵歌节。

第十六届中缅边交会在瑞丽市开幕。云南省政府党组成员高树勋和缅甸商务部副部长吴昂图出席开幕式。

2017年12月27日　晴

今天的德宏频率载瓦语播报时间专门听了一下"友谊医院"的广告，友谊医院位于云南省德宏州芒市阔时路120号，将于2018年1月1日正式开业。

2017 年 12 月 28 日　晴

哈罗共享单车进驻瑞丽，投放的共享单车是蓝色的，俗称"小蓝"，但共享单车在瑞丽刚一投放就遭到了破坏。一个叫"瑞丽视点"的公众号还公布了共享单车被市民拿电动车载走的图片。

2017 年 12 月 29 日　晴

德宏州十四届人民代表大会第六次会议胜利闭幕，会议选举番跃平为州人大常委会主任，卫岗为德宏州人民政府州长。

会议应到代表 270 人，实到 254 人，符合法定人数。

2017 年 12 月 31 日　晴

昨天（30 日）芒瑞大道举行了通车典礼。

2018年村民日志
2018年1月1日—2018年10月26日

2018年1月1日

原定于今天（1月1日）开业的友谊医院，由于"阔时路延长线至友谊医院的公路、市政水电管网还在建设中，（所以）原定于2018年1月1日开业的计划需做调整，具体开业日期将另行公告"。

2018年1月2日

由于龙江糖厂开始熔糖，锅炉启用，龙江糖厂东面，东北面（此地吹西南风）的空中飘浮着不少从糖厂飞出来的甘蔗碎渣。

2018年1月4日

龙江糖厂的压榨工作进入了高峰期，每天都有近百辆（次）的运遮卡车排队停在糖厂压榨车间的大门外，去遮冒、弄养的路堵得死死的，有时候车会一直排到弄另寨门口，这个时候糖厂的"甘蔗辅导"们就会发出一点甘蔗票（农民凭票砍甘蔗运到糖厂）。等到门口停的车少了，御遮区堆积的甘蔗少了，再把票慢慢地加回去。

2018年1月5日

由北京万龙飞腾影视文化传媒有限公司拍摄的抗日战争题材电视剧《滇西抗日风云》在芒市勐焕大金塔、银塔取景拍摄。

微信里流传着不少拍摄现场的视频。

2018年1月6日

帮本张弄央家这周砍甘蔗，张弄央请假在家帮忙砍甘蔗。张弄央是户拉中学初二的学生，学习不好，但为人认真热情，别的学生请假回家比较困难，但他请假，只要说明事由，老师一般都会批准。

2018年1月7日
1月6日缅军与南掸邦军在掸邦孟萨县孟宾镇区发生交火。

2018年1月8日
芒市人民医院在党总支书记孙木嫩、院长陈炬锋的带领下组织医疗小组到西山乡芒东村开展"健康扶贫，冬季暖心活动"。

由云南省水利水电工程有限公司承建的先乌水库工程今天举行了开工仪式。

2018年1月9日
拱引寨子出了一次义务工，但义务工范围不在村寨里，而是在从省道320321至村委会的道路上，这条路要全部用竹片围出两侧篱笆。

2018年1月12日
德宏州自然生态保护服务队的郑山河在芒市轩岗乡野拍时意外发现了一群国家一级重点保护野生动物菲氏叶猴，群体数量在200只以上，是目前国内发现的，最大的菲氏叶猴群体。

2018年1月13日
芒市中学成了所有学校里第一个放寒假的学校。
1月13日放假，2月23日收假。

2018年1月14日
德宏本土航空公司，景成集团下属的瑞丽航空，最近从美国迎回了它的第15架飞机。

2018年1月15日

遮放中石化加油站的买散装汽油手续又加了一层，以前只要用身份证登记姓名和身份证号就可以，但最近又增加了一台识别身份证的机子，并且会有摄像头拍下头像与身份证上的头像比对。

2018年1月16日

今日柴油价格7.04元/升。

2018年1月17日

各个学校开始陆续放寒假，问学生们期不期待过年，结果没几个学生想过年，大多数人，尤其是女生都在期盼着目瑙纵歌节早早到来。

2018年1月18日

微信群流传着在日本的克钦族人庆祝克钦邦成立70周年的视频。流传较广的有模特展示克钦服装的视频，跳目瑙的视频，唱诗的视频。

2018年1月19日

景颇网发布了一个征文启事，是为了在芒市目瑙纵歌节期间举办纪念载瓦文创制60年文化研讨会而征文。

2018年1月20日

南掸邦军与德昂民族解放军在掸邦北部皎梅镇区发生武装冲突。今年来西山砍甘蔗务工的缅籍德昂工人比去年少了很多。

2018年1月21日

印度景颇族定于2月中旬，2月10日至15日左右举行目瑙纵歌仪式。向中国景颇族发出邀请，他们向印度政府特意申请了15个特殊赴印名额，可以免去许多手续，方便进入印度景颇族聚居区。

2018 年 1 月 22 日

和一个负责保山中医学院克钦留学生们学习生活的姑娘聊天。她说自己也带那群学生也学习，等这群学生毕业了，她也想继续去其他地方深造。

2018 年 1 月 24 日

有微信上的朋友说，克钦领导人看望保山中医学院的留学生并不是他们此次中国行的主要目的，他们是准备去昆明和大理参加中国主导的民族武装与缅军间的谈判的。

2018 年 1 月 25 日

拱引寨的雷勒当从昆明打工回来，准备在家好好过年，再继续出去打工。雷勒当在昆明的一个景颇饭馆里打工。

2018 年 1 月 26 日

瑞丽市委书记马云峰在州十五届人大第一次会议第三次全体大会上被选为州人民政府副州长。

2018 年 1 月 29 日

克钦解放组织 KIO 传出消息，克钦解放军 KIO 宣布扩军两个旅。新扩充的两个旅为 9 旅和 10 旅。9 旅由帕敢的 6 营和固道基的 26 营组成，10 旅由掸邦的 2 营和 17 营组成。

2018 年 2 月 1 日

今天拱引雷木色家杀年猪。

2018年2月6日

2月6日的德宏州十五届人民代表大会第三次会议选举产生了新一届的州级国家机关领导人。番跃平当选为德宏州十五届人民代表大会常务委员会主任。卫岗当选为州人民政府州长。贺勇当选为州监察委主任。于忠生当选为州人民法院院长，选举出的州人民检察院副检察长李晓红根据地方组织法规定报经省人民检察院检察长提请省人民代表大会常委会批准。赵立新当选为德宏州十五届人民代表大会常委会秘书长。州委书记王俊强向十五届人大常委会主任番跃平颁发当选证书。番跃平为新当选的州长卫岗颁发当选证书。本次会议应到代表277名，实到272名，符合法定人数。

2月6日选出的新一届州级国家机关领导人。当选十五届人大常委会副主任的有王明山、董成宝、杨丽云、宋雨发、俄吞、赵兴倬。当选副州长的有马云峰、杨世庄、李正环、刘咏赞、王宇、李朝伟。

2018年2月8日

今天有官方消息出来了。KIA与缅军在大理举行了和平谈判。

2018年2月11日

崩洞有三户人家今天杀年猪。

2018年2月12日

月亮湾康山巧家今天杀年猪。

2018年2月13日

佤联军腊戌联络站负责人尼严称，缅军从2月份开始禁止佤联军出入景栋市。

芒市宏都金行抢劫案告破。犯罪嫌疑人张某、魏某抢了金行后逃到西安、成都等地销赃，获利 8 万元。

2018 年 2 月 14 日

在昆明工作的何胜磊和邓赛圆回到了家里。邓赛圆在好朋友李开发工作的修理铺里待了一天。何胜磊回家里帮忙杀猪，招待亲朋吃饭。今天是龙江糖厂边上的弄养街，弄养街是个小街子，平常来赶街的人很少，但今天因为临近春节、弄养街上挤满了人。

2018 年 2 月 15 日

早上 8 点钟，拱引的排社长就在广播里通知：1. 大家放鞭炮在家门外的开阔地里放。2. 喝酒后不要开车，避免发生车祸。3. 不要参与赌博，发现外寨人来村里设赌博摊桌要劝离。4. 不许吸毒贩毒，见到吸贩毒人员要报警。

晚上崩洞人在彩排节目。石清爸爸的赌博摊生意火爆。见生意红火，石清爸爸还拿出钱找人买啤酒送给来参与赌博的人喝。

2018 年 2 月 16 日

营盘村的拱引、买直、崩洞寨都在年初一（今天）举行新年联欢晚会。很多表演节目的村民都得在三个寨子之间赶场。其中拱引的雷千失、买直的何胜磊、日千卷、李弄便、雷家宝、孙弄央，崩洞的李千内要在三个寨子的晚会上表演街舞和刀舞。

拱引今天中午还组织了游园活动，打篾弹弓，玩"格强"，蒙眼敲球，还组织了打篮球。

2018 年 2 月 17 日

芒市的孔雀谷公园人满为患，到处都是人头攒动。盈江的花海也重新开放，也是人山人海。

2018年2月18日

帮本举行了村寨春晚。有一辆轿车被堵在拱引寨尾，十几个人围着，不知道发生了什么事情。半夜1点多我送学生回家的时候还停在那里，人也变多了，还围了几个背小孩的妇女。

2018年2月19日

听说芒良23日会跳一场不太正式的目瑙。2月18日下午，木姐县和县内各地的主管部门，医院、警察局、卫生局发布指令，要求各地的医院、私人诊所等各种医疗场所，避免给反政府武装组织人员医治。

2018年2月20日

遮放镇的芒棒温泉是十里八乡闻名的好温泉。以前是免费开放的，最近因为来泡温泉的人太多，村里设了个功德箱，每人收费两元，你可以多给，但不能少给。收取的费用听说是用来维护环境清洁。收费的大姐一看就是缅籍人员，不懂汉语。停车收费一次五元。

2018年2月21日

从十九大召开前夕，G56杭瑞高速拉相服务区就有了武警和公安联合执勤的检查点。十九大结束后，从内地往边境方向的检查点保留了设备，车辆仍需绕道拉相服务区再拐回高速，但没有了检查人员。从边境往内地方向则一直有检查人员执勤检查。主要查验人员身份证尤其是外籍人员的证件，车也在检查范围之内。

春运开始以后，尤其是春节放假的这几天，拉相服务区两边的值勤点都在查验过往人员和车辆。从边境往内地什么都查，从内地往边境方向主要查货车和七座以上客车。

这几天遮相收费站出站口也多了执勤查验的武警。今晚10点多我开车从瑞丽赶往芒市西山，在拉相服务区看到有执勤人员在走动，却没人查车，下遮相收费站则被检查了一番。

2018 年 2 月 22 日
拱引的雷干先在买直寨尾摔了摩托，右半边脸都摔肿了。

2018 年 2 月 23 日
"榕树根"在昆明接受职业教育的一部分学生今天出发前往昆明，开始新的学习。载瓦文学习爱好者在芒良举行学员聚会，并跳了一场不太正式的目瑙。

2018 年 2 月 24 日
瑞丽市景颇协会装修改造帕色目瑙纵歌场，将圆形的舞场设计成了放射的太阳图案。这一图案最先运用在 2016 年落成的芒市轩岗的目瑙纵歌场。

2018 年 2 月 25 日
拱引的雷才志家在建盖二层小楼。一楼已经封顶了，为了防止水泥开裂，每天都要往一楼楼顶浇水。楼顶上有两根接到才志爷爷家去的电线。才志往楼顶浇水的时候触摸到了电线，而电线的胶皮正好老化开裂了，于是才志触电倒地哭了起来。才志的表姐孙珈枫听到声音后，出屋查看，与父亲一起将才志送到了遮放卫生院。医生检查后发现才志并无大碍，于是包扎了手上的创口，输液观察后于当晚回家了。

2018 年 2 月 26 日
瑞丽目瑙今日开跳，进行了微信直播。云南广播电视台民族广播频道对目瑙进行了微信直播。

瑞丽目瑙场上出现了一个叫"国珍"祝贺团的队伍，"国珍"是一种保健品品牌，用加盟连锁的形势扩张商业版图，云南的大街小巷都常能看到"国珍"的门店。

2018 年 2 月 27 日
瑞丽市辖区内高速公路收费站的收费员今天穿上了景颇服装上岗。

2018 年 2 月 28 日
景颇族发展进步研究暨纪念载瓦文创制 60 周年文化研讨会在芒市召开。

省政协副主席黄毅，云南大学特聘教授王文光等领导和学者出席研讨会。

2018 年 3 月 1 日
继去年的《红花》和《目瑙哦然》之后，景颇网又与朱刚工作室一道努力，在芒市国际目瑙纵歌节期间发布了两首新的儿歌，《哦然然》《文蚌孩子》。

2018 年 3 月 2 日
今天在遮相收费站执行检查任务的武警来自木康检查站。

2018 年 3 月 3 日
今天是 2018 年芒市目瑙纵歌节的第二天，目瑙纵歌场还举行了其他活动，有景颇美食大赛、有景颇织锦大赛，织锦大赛上有一个老妇带着一个少妇及两个孩子演示织锦，但她们身上披挂的东西完全不认识，用稻秆编了一些莫名其妙的星星披挂在了身上，下午还有一个景颇礼篮大赛，有来自缅甸仰光、缅甸、密支那、德宏州各个县市的参赛队伍拿了自己制作的礼篮参赛。

2018年3月4日

今天晚上有小雨，但芒市目瑙纵歌节闭幕晚会仍如期举行。对了，每个嘉宾都身披雨衣，在缅甸嘉宾团里有一个中年男子是缅甸的景颇首富——郁早况。他同时是密支那目脑筹备委员会的主席，此次带团前来祝贺芒市目瑙。

2018年3月6日

今天突然出现了一封道歉信，景颇大地交流委员会发了一个文件说是给被要求反穿衣服的芒市青年团道歉。景颇大地交流委员会是瑞丽景颇族玉石商夺石敢漠在昆明注册的民非组织，旨在促进各地景颇人之间的交流，在2011年克缅战争后开始活跃。

2018年3月7日

今天把各方的消息综合了一下，得到了以下信息。芒市目瑙纵歌开始之前，一个有境外背景的教会执事，制作了一批带有十字架和目瑙示栋的绿红T恤，把在芒市打工的缅甸景颇青年和一些本地青年组织起来成立了所谓的"芒市青年团"，准备去目瑙场宣传他们的组织，展示他们的旗帜。组委会在接待正规的缅甸克钦邦代表团时已经与他们商谈好，目脑纵歌场上不出现任何与境外宗教政治相关的图案和标志。这个消息也传达给了所谓的"芒市青年团"，但他们还是一意孤行，穿戴有宗教和政治标志的装扮入场，于是被目瑙场执勤人员拉下，然后"芒市青年团"的人就问我们把衣服反穿入场行不行，执勤人员才说请便。

2018年3月8日

各地妇女组织活动欢庆妇女节，其中很大一部分村寨组织妇女们去遮冒遮尔代夫沙滩举行烧烤活动欢庆妇女节。户拉中学初二年级召开家长会，宣布两个事情，一是从下周不允许学生带手机去学校。如果再有学生带手机去学校，发现一个砸烂一个，绝不姑息。另一件事是从本学期起学校食堂收回学校管理，不再外包。学生补助也统一交给食堂使用，不再发放到学生个人手上。你在食堂吃饭补助就能用上，不在食堂吃饭，你的补助就是其他学生帮你吃了。在家长开会期间初二年级的学生们被校长带到操场跑步去了。本周1年级一名学生整周都在逃课，没在"榕树根"，也不在他家所在的跌撒寨子。

2018年3月9日
央视摄制组今天继续拍摄"榕树根"的生活。预计下午去拍摄孩子们放学后聚在"榕树根"的画面。

2018年3月10日
佤联为掸邦东部孟东镇区佤联军171军区的112队官兵举行了集体婚礼。

2018年3月11日
拱引的妇女们每天夜里在公房集合，排练将要在西山目瑙上演出的舞蹈。除了村里的舞蹈，拱引的雷木色还参演了一个村委会排的舞蹈，她自嘲地表示她是舞队里年纪最大的一个。

2018年3月12日
拱引的社长排干是西山乡的瑙双之一，他已经于一天前赶来弄丙的西山目瑙纵歌场，做目瑙纵歌节的领舞准备。

2018年3月13日
芒市西山乡第十八届目瑙纵歌节于今天盛大开幕。此次西山乡目瑙纵歌节的主题为感党恩，治脱贫，促团结，助发展。

2018 年 3 月 14 日

有两架直升机来飞了一圈。从芒市方向来，往畹町方向飞走了。

2018 年 3 月 15 日

芒市圆梦艺术团的老板排木懒在朋友圈发表了他的团队在云南民族村景颇寨内表演的小视频和图片。他的团队是应邀参加云南景颇学会组织的 2018 年昆明目瑙纵歌节的。

2018 年 3 月 16 日

参加昆明目瑙的瑞丽市代表团于深夜抵达昆明。他们乘坐的大巴上还带了不少竹子和树枝，是因为昆明物资缺乏而特意从家乡带过来编制祭台用的材料。

2018 年 3 月 17 日

十三届全国人大一次会议 17 日 9 时举行第五次全体会议。习近平全票当选为国家主席。栗战书当选为十三届全国人大常委会委员长。

2018 年 3 月 18 日

昆明目瑙纵歌节今天闭幕了。

2018 年 3 月 19 日

德宏很多的地方今年都加大了西番莲种植面积。瑞丽市户育乡户育村委会也多了不少西番莲种植户。

2018 年 3 月 20 日

KBC（克钦浸信会）在克钦邦歪莫镇区举办了一场目瑙。他们跳的舞步是新创的，以示和传统的祭祀天神的目瑙的区别。据缅甸稻米协会中央执委谬督雅诶表示，由于中国商人的青睐，缅甸稻米成交价格比2017年上涨了10个百分点。当前木姐口岸一袋粗米的价格为155元，而2017年的价格为145元至148元。

2018年3月21日

克钦邦玉石商组织（密支那）将于3月26日至30日在克钦邦密支那举行首届翡翠公盘。之前缅甸最著名的翡翠公盘是曼德勒翡翠公盘。

2018年3月22日

拱引的社长排干转发了"一个星球"给自己侄子排昆先拍的视频。"跳街舞的景颇大厨排昆先"。

2018年3月23日

芒市中山乡目瑙纵歌节于昨天举行了开幕式。原州人大常委会主任余麻约。州国土资源局局长董志明，芒市人大常委会主任岳麻空等领导出席开幕式。中山乡目瑙是德宏2018年各州各地目瑙纵歌节的最后一场。

2018年3月24日

今天崩洞村民小组举行了党员活动室落成典礼。活动室有一个舞台和两厢。大家宴了客，党员们、老人们都身着景颇盛装出席。晚上举行了歌舞晚会，大妈们扭得极为风骚。

2018年3月25日

营盘小学的景颇课间操越来越有特色。以前是给领舞者戴帽子披披风拿木刀，最近开始让小学生们回家把自己的景颇服装带来学校，穿景颇服装跳课间操。

2018 年 3 月 26 日

3 月 23 日开始，中国云南政府再次冻结了 250 到 400 个缅甸商人在中国的银行账户。被冻结账户的商人大多是大米、白糖商人。

2018 年 3 月 27 日

买直的董木桑家开始烧甘蔗地里砍完甘蔗后留下的叶子，等新甘蔗苗长出来，再烧损失就大了。烧甘蔗叶一般在清晨和晚上八九点没有风的时候。其他时段风比较大，火势不好控制，容易引起火灾。

2018 年 3 月 28 日

直升机来飞了两趟，早上飞了一趟，下午 5 点又飞了一趟。

2018 年 3 月 29 日

瑞丽市户育乡广蚌寨的瑙双勒排腊，准备跟随瑞丽市景颇民间祝贺团一起，去参加在"贵慨"期间同时举办的目瑙纵歌节。他在景颇网的微信"景颇火塘"里问，有同去的没有。有些人祝福"贵慨"能顺利完满举行，有些人问了勒排腊"贵慨"是指举行基督教祈福仪式，还是会有景颇族传统的祭祀仪式。勒排腊回答，两种仪式都会有。瑞丽市祝贺团也承担了一部分祭祀任务，并将担任几场目瑙纵歌舞蹈的瑙双。

2018 年 3 月 30 日

微信里开始有一些"贵慨"、目瑙筹备期间的照片和小视频流传了。有很多年轻的志愿者身着统一的服装在建设和完善目瑙场的各类设施。

2018 年 3 月 31 日

芒市傈僳族文化馆揭牌仪式在风平镇兴隆寨村民小组举行。州人大常委会副主任、州妇联主席杨丽云，原州人大常委会副主任曹大忠，州政协副主席余正来，芒市市委常委杨兴常等傈僳族领导出席了揭牌仪式。

2018年4月1日
贵慨目瑙仪式，今天开始了，但正式跳目瑙将从3日开始。

2018年4月2日
瑞丽市召开全市领导干部大会宣布龚云尊被任命为德宏州委常委，瑞丽市委书记原书记马云峰已经调任德宏州常务副州长。

2018年4月3日
2日晚，缅甸曼德勒省出现大风大雨天气，树枝被大风吹断，卧在铁轨上造成了铁路中断。到今天下午缅甸仰光也出现了大风大雨天气。

2018年4月4日
草烟收获季节到来了，不少农户都在抓紧往烟田里灌最后一次水。希望烟叶能再发一点，再宽一点。拱引的雷书记负责营盘村的烤烟房，还特意去考了一个烤烟资格证，昨天开始采摘自己种的草烟了。

2018年4月5日
清明节，大家都在上坟祭祖。消防部门和各级政府都在呼吁文明上坟，不要燃放鞭炮。但没什么人听，大家都买了一挂一挂的鞭炮往山里走，纸钱也烧得到处都是。

2018年4月6日
西山乡下了一场大冰雹，冰雹有鸽子蛋那么大。

2018 年 4 月 7 日

因为一场冰雹营盘村范围内不少烟叶被毁，卖不上价钱了。

2018 年 4 月 8 日

克钦独立组织在教堂为军人们举行了集体婚礼，现场的小视频传到了中国景颇人的朋友圈。婚礼现场演奏景颇传统音乐的全是女乐手。

2018 年 4 月 9 日

营盘村的烤烟房今天收购了两卡车约 100 袋的木材刨花燃料，为了即将到来的烟叶烘烤旺季做准备。烤烟房之前也一直在运转，但之前烟叶还没有大量采摘，所以没有满负荷运转。

2018 年 4 月 10 日

贵慨的目瑙 4 月 6 日结束了。此次目瑙由掸邦景颇族文字与传统文化学会牵头组织，参与人员超过了一万人。4 月 3 日按照景颇族传统习俗在目瑙庭奴旁边举行了祭祀仪式，杀了一头黄牛祭祀天神，杀了一头猪祭祀祖宗。在祭祀仪式上，先由牧师祈祷，随后由大董萨兼瑙双木然早都念诵赞词进行祈福。中午进行了目瑙庭奴进新房仪式，晚上进行了祭祀木代神（天神）的传统仪式。4 日开始跳目瑙纵歌舞步，早上第一场目瑙由贵慨市当地的瑙双瑙巴们领舞。下午由瑞丽市的瑙双瑙巴们领舞。5 日上午领舞的则是之前培训了 20 天的上班各地青年组成的瑙双瑙巴团。下午目瑙领舞又是当地贵慨的瑙双瑙巴们。

2018 年 4 月 11 日

今天上午 2018 年度芒市地区傣族德昂族泼水节采花活动正式开始。州长卫岗、州检察院检察长李晓红、州傣学会会长刀晓瑞、芒市市委书记赵冬梅、芒市人大常委会主任岳麻空等领导出席了采花活动。武汉斑马快跑科技有限公司德宏分公司正式获得芒市交通运输局颁发的《网络预约出租汽车经营许可证》，成为德宏首家网约车公司。

2018年4月12日

芒市有一辆家用面包车着火了，小视频在微信里都传疯了，看环境像是机场大道一带。"榕树根"组织的北京清华国际学校和景颇小伙伴共度春季的活动开始了，该活动从2014年开始每年一届。

2018年4月13日

遮冒村委会弄养村小组的玉米种植户这几天正在集中采收玉米卖给外地收购商。营盘村的香料烟采摘则进入了尾声，农民们陆续砍掉了烟秆准备让农田休息一段时间以后开始种植稻谷。

2018年4月14日

遮相村户拉村委会的豆角种植户，这几天正在采摘豆角卖给外地收购商人。

2018年4月15日

耿马泼水舞曲是耿马为了宣传傣乡风情泼水节而拍摄的MV。歌曲明丽活泼，在泼水节期间一经发布便风靡微信朋友圈，不止傣族人在转，全云南的各种官媒各个地区民族的微信群都转疯了。

2018年4月16日

有盈江的朋友在微信群里发小视频，说对面的拉咱受到了缅军的炮击，炮击炮声响了三四十次。

2018年4月17日

营盘村及周边一些村寨的雷姓家族人们举行了一个同姓家族的聚会。他们聚集在遮尔代夫，把酒言欢，互诉亲情，烧烤铺的绿叶燕带了个大音箱，唱歌娱乐。

2018年4月18日

全州动员参加的央视"魅力中国城"节目组举行了启动仪式。各个待选魅力中国城的城市将两两对决。德宏第一轮挑到的对手是重庆南川。

2018年4月19日

缅甸圣德龙芒果开始上市，中国水果商人开始订购。圣德龙芒果主要就是供应中国市场的。

2018年4月20日

瑞丽航空发布了新一季的招聘公示。瑞丽航空2018年春季招聘的岗位有如下十六个。放行工程师、无损探伤人员、维修技术人员、AOC值班经理、签派员、航行情报员、软件工程师、需求工程师、安全工程师、软件文档工程师、机房运维工程师、办公室运维工程师、航医、外语类人才。

2018年4月21日

龙江糖厂榨季接近尾声。一些缅籍工人开始返乡。最近几天来村委会蹭WiFi的工人已经从十几个减少到了三四个。有几户人家今年砍完甘蔗就不再种新的一茬甘蔗了。烧了甘蔗叶后就直接翻种上了西番莲。

2018年4月22日

崩洞的胡红宝约了几个小伙伴去龙江游泳，到天黑才回到家里，被妈妈狠狠地打了一顿。妈妈骂他都六年级了，也不知道好好学习，就知道到处乱逛。但真实原因是最近有传言说芒市孔雀湖又淹死了两个小孩。家长们有些紧张，所以才担心自己的孩子也出事。

2018年4月23日

自3月23日开始，云南政府冻结一部分缅甸商人的账户以后，相关部门与银行的负责人在瑞丽单独会见了被冻结账户的缅甸商人，并在调查后解冻了部分没有问题的账户。

2018年4月24日

营盘村的烤烟房进入了繁忙状态。烤烟房外，许多用三轮车载着青色烟叶来烤烟的农户排满了长队。

2018年4月25日

以"科技创新成就梦想，共建中缅经济走廊"为主题的中缅创新创业大赛在德宏芒市开幕。中缅创新创业大赛，得到了中国科技部国际合作司、中国科技部火炬中心、缅甸教育部研究创新司、缅甸教育部高教司的支持。

2018年4月26日

一大早营盘村的烤烟房外就拥满了赶来烘烤烟叶的农户。

2018年4月27日

这几天是烟叶大量收货的时间。雷书记和董社长的烤烟房外停满了等待烤烟的农户们。他们将烟叶用三轮摩托运过来，烤上两三天后又过来拉走，放在家里干燥阴凉处，等到统一收购烟叶时再卖给烟草公司。今天还召开了2018年芒市烘烤培训烟叶收购工作会议。

2018 年 4 月 28 日

微信群里在传几个"遮尔代夫"的竹棚被风吹倒的视频,但也有人辟谣说不是。

2018 年 4 月 29 日

我们一个女同学开始在微信里卖一个叫袜元素的袜子品牌了,之前在朋友圈里出现的微商多是卖的化妆品和茶叶。

2018 年 4 月 30 日

今年的鸡枞出得特别早,户拉街上已经有弄坎村的景颇人来卖少量鸡枞了。大哥还没将鸡枞摆出来,想买鸡枞的人们已经把他团团围住了,问了一下价格,45 元一斤。

2018 年 5 月 1 日

劳动节,拱引这次没有组织劳动,而是组织了一群妇女、老人去龙江边野炊聚餐。大家在江边先用油布铺地,再铺上树叶,将饭菜盛在树叶上,吃了一顿绿叶宴。大家表示,已经劳动得够多了,劳动节劳动人民就应该休息。

2018 年 5 月 2 日

遮放坝尾的省道 320320 两边开始种稻谷了。

2018 年 5 月 3 日

大家在微信圈里传,一只给盈江带来至少 50 万元经济效益的观赏明星鸟死了。

2018年5月4日

盈江意外死亡的那只明星鸟,是一只鹳嘴翡翠,属国家二级重点保护动物,是该种类鸟中近年来在中国境内唯一一只能稳定观测拍摄到的。这只鸟于4月30日撞到了那邦镇边陲宾馆的玻璃墙后身亡。这只鹳嘴翡翠第一次被拍到是2017年10月16日,经统计,从它出现到意外死亡的197天时间内,吸引了近3000名中外鸟友赶来观测、拍摄,创造连带经济效益约50万元。

2018年5月5日

来芒市打工的缅甸族人之间起了纠纷,互相杀害,死了两个人。杀人犯们躲进了山里,警察和民兵们进山搜捕,四个人都抓获了。

2018年5月6日

营盘小学四年级学生雷滚诺几乎整个童年是在"榕树根"度过,自从几个月前家里装了WiFi就很少来"榕树根"了,大部分空闲时间都在家里玩手机,看有线电视。

2018年5月7日

营盘小学六年级学生唐成邦,自从家里装了WiFi就很少到户外玩了。他们住校生从周五到周日几乎所有的时间都窝在房间里玩手机。

2018年5月8日

遮冒村的田地沟渠边出现了五六十个身着红色T恤的人在清理河沟,清除垃圾,团队里有人扛着党旗。

2018年5月9日

今天下午4点多缅甸进攻位于木姐镇区驸马村附近的KIA9营。

2018年5月10日

今年的香蕉价格又开始回涨，蕉园门口的零售价回到了 2.5 元一公斤。运往内地的批发价，反而在 3 元一公斤。但有一些本地区的蕉农在上一波蕉价大跌的时候抵不住赔钱已经提前退场了。他们原本已经预付了未来两到三年的土地租金，但觉得做越越赔，就丢下土地回家乡去了。

2018年5月11日

由于中国对国际市场的橡胶依赖加重，导致国际市场橡胶价格由每吨 1500 美元，上涨至 1750 美元。据称，缅甸的天然橡胶有 90% 多被出口到中国市场，因此缅甸的橡胶价格也跟着上涨了一些，从每磅 680 缅币上涨至每磅 750 缅币。但国内很多 2003 年到 2007 年间种植了大量橡胶树的农户都闲置了，胶树没有割胶，他们说胶价太低，劳动付出和回报不成比例，不如干脆搁置不割。

2018年5月13日

今天传出的消息，进攻木姐市区赌场的主要是德昂解放军。在外围负责牵制缅军的是克钦独立军和果敢同盟军。守卫赌场的伪军是杨自有的傈僳族民团。德昂解放军还展示了在赌场搜缴到的几大纸箱毒品。

2018年5月14日

克钦独立军 4 旅 9 营在木姐市郊与缅军交火。德昂与缅军在木姐至曼德勒交通主干道南翁村附近路段发生交火。

2018年5月15日

受云南机场集团委托，瑞丽航空使用波音 737-800 型客机顺利完成了芒市机场改扩建飞行程序验证试飞任务，这是瑞丽航空首次承担机场试飞工作。这次试飞由瑞丽航空总飞行师、功勋飞行员郭华带队。

德宏人的微信圈里流传着一条瑞丽航空飞机低空掠过芒市机场的抖音小视频。

2018年5月17日
5月10日至13日，德宏师范高等专科学校派代表参加了在印度加尔各答举行的2018年中国高等教育成就及招生展。

2018年5月19日
缅甸民族武装联邦政治谈判协商委员会与中国亚洲事务特使孙国祥在昆明举行了会谈。

2018年5月20日
户拉中学门口仍然挂了一个校外人员进入需量体温的牌子，但大家都选择了无视这块牌子，自由出入。

2018年5月21日
帮本的保自龙在户拉幼儿园实习了一个学期，但他决定不再学习幼师专业了，想改行学习舞蹈，认为幼师专业没有前途。

2018年5月22日
户拉中学初二学生李勒南和段华康称病逃课回家了。

2018年5月23日
拱引唐勒盖家把还能砍两年的甘蔗砍了，改种上了西番莲。他们的理由是种甘蔗很辛苦，还不赚钱，西番莲效益来得快，管理轻松，还会有人上门收购。我问他们收购价是多少，他们说目前的收购价是5元一斤。

2018年5月24日

有些勤快的坝区，傣族群众已经开始插秧了，按他们这个节奏，刚踏入8月份就能收割稻谷了。最先插上秧的是遮放镇户拉村委会芒瓦村民小组的农民。

2018年5月25日

瑞丽市人大常委会副主席排云祥在一个景颇微信群里转了一个链接，这个链接是一个景颇公众号，发布的是排云祥先生早年出版的诗集《边地情》里的一首诗，诗的名字叫"阿尔的发屋"。

2018年5月26日

"爱景颇"辅导班办到了第十四期。

2018年5月27日

德宏参加央视《魅力中国城》节目的口号叫"德宏德宏一定红"。

2018年5月29日

排木锐建了一个叫myhuipgon wapdoq 的微信群，拉了不少人进去，我也被拉进去了。这个群是聊载瓦文要怎么推广发展的。

2018年5月30日

由于公路养护需要，梁河公路分局将于2018年5月28日至2018年6月28日对省道320234宝瑞线K56-300至K56-380左侧进行高地坡减载。施工时间为每天8点至晚上8点，施工期间车辆需绕行。

2018年5月31日

整个德宏都在为一个叫"魅力中国城"的央视节目忙碌。听说州长卫岗将亲自参与节目，向广大电视观众推介德宏。很多公职人员最近挺长时间以来的工作任务，就是为"魅力中国城"节目的完成服务。

2018 年 6 月 1 日
营盘小学今天过儿童节，而前几年营盘小学的儿童节都是在 6 月 1 日之后几天择期举行的。

2018 年 6 月 2 日
省道 320320 户拉路口至龙江大桥段最近又换植了新的行道树。

2018 年 6 月 3 日
缅甸政府 6 月 2 日就关闭境内难民营举行首次研讨会，但同时缅甸南海岸仍有罗兴亚人因惧怕战争和迫害，逃出海外。克缅间的局部战争，仍在制造新的难民。

2018 年 6 月 4 日
今天，一个学生跟我们说，他爷爷和叔叔两周前因为吸毒贩毒被警察抓走了。此前这个学生的父亲和奶奶已经因为吸毒而死亡，妈妈因为贩毒而被判刑 15 年。

2018 年 6 月 5 日
克钦独立军 2 营在掸邦遭遇缅军突袭，2 名士兵身亡，3 人受伤，受伤人员被送住中缅边境某医院治疗。

2018 年 6 月 6 日
缅甸商务部召开的记者会，商务部管理委员会副书记钦孟伦称："缅甸政府批准从中缅边境进口家用车和工程车，此次批准的进口口岸是木姐。从中国瑞丽进口至木姐，然后再通过150码送往缅甸内地。"如此开放进口的车型中没有轿车，原因很简单，在缅甸轿车市场属于日本进口的二手车，一辆十年车龄以上的日本二手车都比新的国产轿车好用、耐用。

2018年6月7日

拱引唐勒盖家今天种稻谷。

2018年6月8日

第三届中缅胞波友谊日纪念活动在仰光香格里拉酒店举行，中国驻缅大使洪亮出席了会议。

昆明市高级技工学校举行家长开放日，拱引村雷勒卷的儿子雷干先，雷木便的儿子李么皮就读于该校汽修专业，拱引村雷木色的儿子就读于该校烹饪专业，四位家长在"榕树根"的帮助下不远千里从芒市景颇山赶到昆明参加了家长开放日。

2018年6月9日

消息称，昨天6月8日，缅甸总统国家顾问昂山素季，人民院与民族院议长、缅军总司令等国家和军队领导人在总统府召开了紧急会议。

2018年6月10日

拱引唐腊布家今天种稻谷。

2018年6月11日

有新闻媒体报道，由中铁一局四公司承建的大瑞铁路江顶寺隧道顺利贯通。

江顶寺隧道位于大理白族自治州永平县境内，该隧道设计铁路线长约 3.58 千米。报道中还提到大瑞铁路将于 2022 年左右建成通车。

上一次报道中提到的通车时间是 2021 年，我们读高中的时候说的通车时间是 2014 年。

连续几天都下暴雨，拱引至上盘营的山路损毁严重，交通中断，拱引村内尚未铺设混凝土的路面也被山洪冲毁不少。

2018 年 6 月 12 日

营盘小学来了一辆浅蓝色考斯特，后来得知是芒市政协主席鲁杰坚带队视察西山乡义务教育基本均衡发展情况。

2018 年 6 月 13 日

从烤烟房路过，问营盘村的烤烟技术员雷书记——拱引小组党支部书记雷勒卷，还需要烤几天？他说烤烟房烤到 17 日就关闭了。

盈江至梁河公路发生小面积塌方，车辆无法通行，没过多久，微信群里就开始有人在传，并不是盈江塌方现场的视频，视频里大量塌方的土方完全淹没了整条公路，半座山都塌了下来。

2018 年 6 月 14 日

户拉中学对面有一棵大榕树，今天在大榕树下开快餐店的老板找工人锯掉了大榕树的大部分树枝，保留了伸向 320 国道路面上方的几条大树枝。

国珍连锁在户拉的加盟店主王辉，约上村里几个会跳舞的妇女，准备明天上昆明参加国珍连锁云南区的活动，拱引的雷木色准备跟着去。

俄罗斯世界杯开幕，朋友圈里有几个青年男性发了看直播的视频。不多，也就五六个的样子。

2018 年 6 月 15 日

从遮放中学下来了二三十个小孩，说是到户拉中学找人打群架。

营盘村买直寨子的几个壮年汉子也驾驶一辆白色的桑塔纳2000出现在打群架现场附近。

在营盘小学读六年级的排弄坎今天放学后央求我送他回家，说是过两周就毕业了，要回家拿钱给同学买毕业礼物和纪念品。

2016 年 6 月 16 日

"榕树根"的李旸带领12个女生做了端午节假期的一场短途游学，去了腾冲，主要目的是进行女生的青春期心理教育，及对未来的展望教育。

2018 年 6 月 17 日

国道320"史迪威码头"附近公安设立的禁毒验尿检查点，很多过往人员抱怨又被抓去尿检了，但看着查验点不会撤销。

营盘村前段时间又有一批吸毒人员被抓走了。

2018 年 6 月 18 日

今天是端午节，也是各个学校学生收假回校的日子。

拱引李勒拽家今天种稻谷。

2018 年 6 月 19 日

帮本的一个残疾男子在家中因吸毒被抓，他在昆明上学的儿子听后担心不会汉语的母亲（母亲是缅甸人）生活不便，想要放弃学业回家陪伴母亲。今天下午，德昂解放军与缅甸政府军在南坎附近的几处乡村交火。在瑞丽工作生活的排昆先回帕软老家搭桥祈福，希望自己在新的一年里顺顺利利，生活美满。

2018年6月20日

一个叫"景颇光音"的公众号搜集整理了景颇人的微信群里赞颂原省委统战部部长，现政协副主席黄毅的文字，制作成一期公众号内容发布了出来。

2018年6月21日

今天早上，在拱引公房有一个活动，德宏州国贸职业技能培训站为营盘村委做"蔬菜田间管理"技能培训，全村委会对种植蔬菜感兴趣的村民都参加了这个活动参与学习，拱引小组有一些人没有参加，还被社长排干在广播里专门点名喊了过来。

2018年6月22日

省道320320户拉村段，户拉村奘房（小乘佛教寺庙）外发生了一起车祸，有一位驾驶无牌二轮摩托的男性翻倒在道路中间，旁边停了几辆轿车和三轮车，但看不出来摩托是与哪辆车发生了碰撞，车祸现场还停了一辆巡警的皮卡警车，一辆救护车。巡警在维持现场秩序，疏导交通。几名医护人员站在路旁。这个区域是户拉边防派出所管辖区，因此边防派出所的武警由一位少校带队赶到了现场，围观群众有100多名。有好心人给仰面朝天的尸体面部盖了粉色纱巾，10分钟，我再折返经过事发路段时，又有人给尸体全身盖上了绿色纱布。死者对面的路边停着一辆白色皮卡。

2018年6月23日

关于昨天的车祸，今天听到了两个版本。距车祸现场一公里左右，遮放农场门口卖快餐的傣族女老板听到的消息如下：死者骑摩托太快，与前车距离太近，撞在三轮车上。死者超载的两个旅客倒向了右侧路边，一个重伤，一个轻伤。他倒向左侧被对向驶来的皮卡轧到脖子死了。听说是丙坎村村民小组长的儿子，不知是指死者还是驾皮卡车的人。今天几个来"榕树根"玩的女生也在讨论这场车祸说，死者是一个户拉中学初143班的学生叫岩迈，岩迈撞上三轮车的原因是他边开摩托边玩手机，撞到三轮以后被三轮车轧到了脖子。另外两个骑在摩托上的学生一个轻伤，一个重伤。

2018年6月24日

今天是周日。营盘小学六年级学生排弄坎和四年级学生雷衮坎由衮坎爸爸送到了校门口，但晚上查自习的老师给弄坎爸爸打电话说，弄坎没有来上晚自习。芒良村小组公路省道320321两侧都由志愿者和村民一起种上了坚果树。芒市有一位大妈成了网红，原因是她想去昆明看看，于是备齐了被褥食物，扫了一辆共享单车准备沿着杭瑞高速骑到昆明去，结果被交警拦了下来。

2018年6月25日

拱引的雷木色去了营盘小学食堂煮饭。她想请女儿孙珈枫来帮厨，然后工资分给女儿一半，结果女儿在芒市找了一个教网红女主播跳舞的临时活计，没有来帮厨。

2018年6月26日

世界禁毒日德宏州及各县市都在搞禁毒宣传活动。在盈江销毁了许多毒品，按盈江人的说法就是，全城区都是烧毒品烧出来的味道。副州长李朝伟在芒市委常委宣传部部长龙盈惠，芒市副市长祁叶弄的陪同下调研西山乡脱贫攻坚工作。

2018年6月27日

最近景颇网推出了一个新栏目叫"欢歌颂党"，专门推介景颇人民原创、翻唱的爱国颂党歌曲。中考即将开始，户拉中学初一初二年级学生于今天下午放假至6月30日上午，为参加中考的初三学生清考场。

2008年6月28日

在户拉村街道开店做婚礼摄影生意的保刀南为营盘小学今年的应届毕业生拍摄了毕业留念合影。她在自己的朋友圈发布了照片小样。保刀南的店叫南南婚纱摄影。晚上从买直月亮湾方向传来了鞭炮声。

2018年6月29日

今天下午的广播在安排公共活动的做菜洗碗托盘人员，听方向，像是月亮湾的广播。晚上12点买直方向又有鞭炮声。6月28日德宏完成魅力中国城首轮竞演，对手是重庆南川。德宏竞演团队由州长卫岗带队。

2018年6月30日

在一个微信群里接到通知说从明天开始在群里开课，讲授景颇文字。买直的董木兰分享了晚上在村里举办葬礼的家庭跳丧葬舞的视频。

2018年7月1日

"W·P景颇文学习微课班"微信群今天正式开课，由之前义务教授载瓦文的爱景颇团队义务教授。爱景颇团队由在瑞丽从事中缅文翻译工作的阿瑞创建，之前主要是在做载瓦文教学，已经授课，近期应学员要求又创办了景颇文学习班，执行能力很强。网上有很多人天天放嘴炮说应该学习景颇文，但没有一个人站出来付诸行动，教授他人，但爱景颇团队，想到后就马上干起来了。群里朋友圈有不少党员朋友在分享今天过建党节活动的视频，其中瑞丽市举行了全市的歌咏比赛。

2018 年 7 月 2 日

买直的妇女们忙完了村里的葬礼，在张木苗家里小聚，吃零食，喝酒聊天。户拉中学学生李秦岚和段华康于今天晚自习后逃课了。

2018 年 7 月 3 日

省道 320321 户拉至龙江段又开始了新一轮的道路两侧绿化树木种植。

2018 年 7 月 4 日

户拉中学的五个男生，今天下午偷偷翻墙去校外吃撒撇。当时他们寻思着吃撒撇，吃了不少生肉，应该喝点米酒消毒，于是又买了 15 块钱的米酒。等到上晚自习时，学生们就有些控制不住自己的兴奋劲儿了，结果不小心用篮球砸碎了一块玻璃，而碎玻璃又正好弄破了一个小孩的头皮。于是喝酒的 5 个学生都被请了家长。

2018 年 7 月 5 日

关于 6 月 22 日的车祸，又听到一些说法。听说是车祸死亡的学生的家长要求三轮车司机赔偿 5 万元，要求皮卡车司机赔偿 20 万元。但这只是流传的消息，没有被证实过。

2018 年 7 月 6 日

崩洞村的唐腊苗，八年多前因吸毒被缉毒警察抓去戒毒，于今天戒毒期满回家了。

2018 年 7 月 7 日

营盘小学六年级学生于今天考完小升初考试，毕业离校。

2018年7月8日

拱引的雷勒定生病住院。

2018年7月9日

"榕树根"与盈江观鸟协会合作举办了观鸟知识培训营。有唐勒定、排昆先、李么皮、孙珈乐、麻糯善、木旺友、排丽娟七位同学参加。而张弄央、董卫民、雷木苗、保勒办则因为临近考试，请不了假，所以没能参加观鸟活动。孙珈枫是因为忙着当主播挣钱没能参加。雷干先是因为要帮家里放牛，所以没能参加。李勒南逃了课陪雷干先。

2018年7月10日

缅军补给部队在前进果敢的途中，遭到了定时炸弹的袭击。

今天上午联邦政治谈判协商委员会成员勒腊军代表，从掸邦景栋抵达缅甸首都内比都。下午5点半其他成员从中国乘飞机抵达内比都。有消息称，从国内飞抵内比都的民族武装谈判团队，负责其安全护卫的人员来自云南省公安厅。

2018年7月11日

第三届二十一世纪彬龙会议正式召开，克钦解放军KIA一行由衮莫率领，衮莫在抵达内比都后接受记者采访时称，我们出席彬龙会议的主要目的是再次落实已经停止的谈判事宜，还有就是减少战事。如果有机会同敏昂来会谈的话，相处要协商，减少战事一事。这事得等到彬龙会议开幕典礼和晚宴后商谈。

2018年7月12日

帮本教堂在建设一栋新的钢架结构，两层楼，说是用作培训时给教师和学员们住的宿舍。

2018 年 7 月 13 日

新时代景颇语文工作研讨会在芒市召开。本次研讨会由德宏州民宗局组织召开，原州人大常委会主任余麻约领导出席会议。

2018 年 7 月 14 日

各个学校都开始进行期末考试准备放暑假。有些考试早的学校已经开始放假了。但据营盘小学的学生们说他们估计会推迟放假时间。

2018 年 7 月 15 日

芒市轩岗的菲式叶猴群上了央视十三套的新闻。新闻视频里公布了这群菲式叶猴的具体数量有 320 只，分为 5 个种群。

2018 年 7 月 16 日

今天上午 9 点左右缅军十一师某部分 KIA4 旅 9 营在掸邦北部，目前震区南翁村和迪马村之间发生冲突。

2018 年 7 月 17 日

瑞丽航空官方微博运营，小编从我这里要走了一段讲景颇族和山鹰之间关系的文字。瑞丽航空的 logo 主体就是一只山鹰。

2018 年 7 月 18 日

芒市地区德宏傣语文速成培训班在芒市广播电视台开班。老师为芒市电视台傣语文电视节目编辑相小卖和遮放镇中心校音乐教师李岩荣。

2018 年 7 月 19 日

家住帮本的户拉中学初二学生张弄央，最近几天一直在帮助家里干活。上一个假期，他的哥哥还没有外出打工，所以这些活计是兄弟俩一起分担的。但这个假期小侄子的奶粉钱尿布钱营养费都是极大的开支，因此家里决定各个出去打工，嫂子在家里带孩子。很多劳动任务就自然地落在了张弄央头上。

2018年7月20日

芒市机场的跑道从2200米成功切换到了2600米。跑道延长后，芒市机场将可起降B737-800和空客A320等目前航空公司主力机型。机位数也扩增到了25个。

2018年7月21日

张弄央今天在甘蔗地除草。

2018年7月22日

张弄央，今天除玉米地的杂草，他还苦中作乐，微信里发了不少去玉米地的小视频。

2018年7月23日

张弄央病倒了。

2018年7月24日

果敢福利来集团董事长刘正祥今天参观考察了皎漂深水港项目。刘正祥又名刘阿宝，听说是果敢多年来的首富，其名下的福利来集团主业就是开赌场。副业听说还有房地产开发开矿等等。刘正祥的弟弟，刘正奇是缅甸巩固和发展党老街县党部书记。

2018年7月25日

傣族跌下寨，今天出义务工打扫村寨公共卫生。问了一位大爷，他说是村长说会有上面的领导下来参观。

2018 年 7 月 26 日
在户拉村委会的弄勐村民小组看到了一辆投放在芒市市区的哈罗共享单车。

2018 年 7 月 27 日
其他学校都早已放假了，但营盘小学仍在上课，听说是为了配合一群大学生的公益活动。克钦邦八莫政区净隆地区，这两天连降暴雨，引发了大洪水。

2018 年 7 月 28 日
今天在买直村看到了在营盘小学做公益活动的大学生们，他们在参观访问村寨。芒市公安局押解2018年"6·3"赌博案，四名犯罪嫌疑人到赌博活动现场进行指认。

2018 年 7 月 29 日
景颇微信群里有人在转发前德宏州人大常委会主任余麻约去北京开会，全国人大会议时向国务院总理李克强赠送景颇包的照片。今天凌晨4点云南民族出版社编审，省景颇学会副会长沙明宝先生因病去世，享年57岁。

2018 年 7 月 30 日
帮本教堂新的钢架结构宿舍楼完成了钢架的焊接。新楼房的位置，以前是空地。空地上曾经插过一杆旗杆，旗杆上挂了缅甸克钦浸信会kbc的会旗。

2018年8月1日
听到说附近又有几个学生的家长,因为吸毒被公安抓走了。

2018年8月2日
拱引的雷勒定老人生病以后,他家的牛一直由几个子孙轮流放牧。这几天放牛的是老人的孙子雷干先。

2018年8月3日
连续几天降雨造成拱引至上营盘之间路段有小面积山体滑坡。

2018年8月4日
拱引的雷干先在父亲的带领下去应招参加了验兵。

2018年8月5日
芒果快成熟了,能吃的芒果种植量比较大。果农开始往果园跑的频繁了。在芒果地吃住守芒果的果农也多了起来。一方面是防人偷摘芒果,另一方面是防松鼠偷吃芒果。

2018年8月6日
北京首都国际机场流量控制,各地飞往北京的航班都大面积延误。芒市飞经北京的航班由晚7点半延误至凌晨0点起飞。

2018年8月7日
芒市地区傣语培训班,第四期于8月6日在芒市市政委党校三楼会议室开班了。

2018 年 8 月 8 日

缅甸的一些参加过 1988 年 8 月 8 日活动的人士举行了八八活动 30 周年纪念。缅甸密支那报社总编勒排早坤带队的密支那记者团参观了芒市轩岗乡红色脱贫点。

2018 年 8 月 9 日

今天下午飞机又来飞了一圈。

2018 年 8 月 10 日

迈扎央孤儿院,今天迎来了一批爱心人士。他们捐赠了物资并拍摄了一张孤儿院的老院长白发苍苍的照片发到了网上。

2018 年 8 月 11 日

之前因为生病身体虚弱而去遮放住了一段时间医院,然后又在家休养了挺长时间的雷勒定老人,身体康复后重新拿起了放牛鞭。他生病期间主要由大儿子二儿子和大孙子轮流放牧他家里的那群黄牛。

2018 年 8 月 12 日

拱引排麻东家最近又多了两头刚出生的小黄牛。但没有人放牛。于是牛群只好由排麻东最小的弟弟排勒瑞来管理。以前排麻东放牛的时候都是把牛群赶到山里一连两三个月才下一次坝。排勒瑞需要每天照顾妻儿家庭,所以都在寨子附近放牛。

2018 年 8 月 13 日

省人民政府网站发布了一批任免通知。曾任德宏州委副书记的何汝利被任命为云南省人民政府扶贫开发办公室副主任。

2018年8月14日

负责营盘村委会片区烤烟工作的，雷勒卷去银行里提取了草烟经销所得的10万元准备发放给烟农。这10万元应该不是全部烟款。

2018年8月15日

爱景颇辅导班办到了第16期，老师和学生的规模还在迅速扩张。

2018年8月16日

遮放的贡米大道芒瑞大道省道320321上都出现了晒谷子的傣族农民。

2018年8月17日

晒谷子的人更多了。

2018年8月18日

德宏州景颇协会召开年会，听说选出的会长是去年刚卸任州人大常委会主任的余麻约。但还没有正式公布。

2018年8月19日

晒谷子的傣族农民越来越多。芒瑞大道，遮放段，三车道的占了两个道。贡米大道三车道占两个车道。连武警执勤点周围也晒满了谷子。省道320321双方两车道占了一整边车道在晒谷子。村寨道路则全占了。

2018年8月20日

景颇网正式发布消息称余麻约当选州景颇协会第四届理事会会长。第三届州景颇协会理事长是现任德宏师范学校党委书记孔勒干。

2018年8月21日

拱引的唐木兰，希望我们把她弟弟唐成邦推荐去户拉中学读初一。我让他们家人自己先去说说看。因为依据以往的经验来看，学生家长自己去谈的效果比我们找学校去谈效果来得更好。

2018年8月22日

没听说买直记过农尚，也没见他们寨子封路。但今天路过的时候发现他们的寨门已经换新了，每年祭祀农尚会换一次。

2018年8月23日

问了买直人他们祭祀农尚的日期，说是五六天前就祭祀完了。月亮湾最近多了一家卖饵丝的早点铺，加上之前的两家现在月亮湾共有三家早点铺。水果的摊子，前段时间也从一家变成两家。大概半年前小超市也增加到了三家。

2018年8月24日

盈江县东丙村委会老麻撒村，10年前被拐的男孩何正林在盈江警方的努力下回到了家中。2008年2月，8岁的何正林与两个姐姐留在家里，某天突然被人拐走，当时他父亲与母亲正在离家10多公里的地方种甘蔗。今年6月盈江警方在河南省郑州市中某县发现疑似何正林的信息。经过DNA比对确认此人正是失踪十年的何正林。

2018年8月25日

陇川发生了一起入室盗窃伤人案。

2018年8月26日

上千名罗兴亚难民在勐拉境内的难民营举行若开袭击事件一周年纪

念。一名来自印度的景颇族小伙子参加了德宏州景颇族组织的活动。谁并演唱了印度歌曲和印度景颇歌曲。他先是从印度接到缅甸在缅甸拜访了不少景颇人，然后辗转来了德宏。

2018 年 8 月 27 日

拱引村排社长的养殖场三天前有一头牛跌断了左后腿，坚持了三天后，这头牛今天死了。拍排社的侄子排昆先和邻居读初二的小孩儿张家全负责分割牛肉。

2018 年 8 月 28 日

今天赶集的时候跟一个农场的大妈买鸡蛋。买完后大妈问我。那个老外没跟你来吗。我回答没来，他忙其他事。大妈又问，那天飞的直升机是他买来用的吧。我笑着回答，那是国家的飞机呀。大妈又追问那就是国家送给他用的喽。我就说不是啊大妈，那个飞机是解放军的。武装直升机，缅甸打仗的时候巡逻用的。和乐安东老师没有关系。大妈又自言自语："那我们这里都说那个飞机是老外用的。"

2018 年 8 月 29 日

景颇人的微信群里又在吵共同使用景颇文还是也要发展载瓦文的话题。这次吵得还挺凶的，在今天之前这个话题已经沉寂了有一段时间了。克伦族的 KNV5 旅与缅军在克伦邦帕本县发生冲突，目前正在持续对峙中。

2018 年 8 月 30 日

陇川县政府微信公众号"目瑙纵歌之乡陇川"发布公告称，25 日发生的入室盗窃伤人案已于 28 日侦破。犯罪嫌疑人为缅籍男子奥某某。他 25 日零时进入章凤镇龙门村一村民家中行窃。但被这家里的两个小孩发现，于是奥某某将两个小孩子伤后逃离案发现场。案件还在进一步审理中。

2008 年 8 月 31 日
帕软寨子今天祭祀农尚。

2018 年 9 月 1 日
营盘小学今年的六年级毕业生中我认识的，有胡洪宝、排弄坎、唐成邦去了户拉中学。但据小孩们自己说他们班有将近一半人都在户拉中学。唐勒干和排丽娟去了西山中学。

2018 年 9 月 2 日
民族武装与缅政府军的战争还在持续，一直都有零星交火。今天传出了民族武装与缅政府将会在中国举行会谈的消息。

2018 年 9 月 3 日
今天直升机又来飞了几趟，但都飞得比较高，下午 3 点左右飞了几趟就不见了。

2018 年 9 月 4 日
关于会谈的问题，今天的消息里有这么一段。佤联军发言人腊戌联络站负责人尼严在 9 月 2 日称：据我所知就这个月在中国有会谈一事，缅甸政府与联邦政治洽谈。协商委员会 FPNCC 正在协商，确切日期还没有出来，但是应该在中旬。

2018 年 9 月 5 日
有消息说今天缅甸政府和平委员会与克钦独立组织 KIO 在中国昆明

举行了会谈。崩洞寨子的人雇了一辆收割机，集中收割本寨的稻谷。

魅力中国城第二季第二轮竞演，最近正在紧张录制中。德宏本轮的竞演对手是广东省的肇庆市。5日6日两座城市的竞演人员在演播大厅进行了彩排。7日也就是今天将正式录制。州长卫岗仍担任魅力中国城德宏战队的队长。

2018年9月9日

朋友圈里开始有人推销今年的柚子了，有泰国进口的，有在瑞丽亲戚家种的，都是水晶蜜柚。这款柚子每年中秋节前后成熟，是瑞丽人中秋期间的送礼佳品，还畅销外地。

2018年9月10日

户拉中学今日收假。营盘小学明日收假。营盘小学的老师们组织了外出游玩。

2018年9月11日

瑞丽市今天举行了2018年新兵入伍欢送仪式。25名应征入伍青年踏上了保家卫国的光荣征程。

2018年9月12日

芒市山区适合种坚果，适合种西番莲，而且二者可以套种。西番莲的挂果期很长，春夏秋都能收获。坚果的收获，在秋天。这几天已经陆续有人开始收获坚果了。但今年的坚果预购价，说是12元1公斤左右，去年达到了21元1公斤。主要原因是有些老板想炒作抢钱，结果他们收购价格又太高卖不出去，卖多少会亏多少。去年的坚果都压到了现在。老板们抢着吃亏的事情是一个在瑞丽当公务员，但是在老家种了几十亩坚果的景颇朋友说的。

2018年9月13日

今天营盘小学迎来了一个检查团。说是为了加强对校园安全的监管，消除校园安全隐患，保证广大师生的安全而进行的秋季大检查。此次检查主要抓学校食品安全消防安全交通安全的重点。听说被检查的并不只是营盘小学，全乡的所有学校都在这个秋季大检查的计划之内。

2018年9月14日

9月13日瑞丽航空迎来了第17架客机。这驾客机编号为B11868，是波音737-800型。据介绍本架飞机将被投入沈阳－福州－西哈努克港国际新航线的运营。

2018年9月15日

芒良村的董跑腊等人在龙江边推出了一片沙地，准备弄一个叫西山载瓦沙滩的农家乐经营自助烧烤、垂钓儿童娱乐特色美食等。工程进展顺利，沙滩已经推平铺好沙子正在焊接铁皮做顶的量体，在种景观树，听人介绍说这个农家乐的开业日期定在了国庆假期。瑞丽市弄岛镇举办了第三次柚子节，弄岛的柚子已经种植了15年，效益越来越好，种植面积越来越大，全镇种植面积达3000亩，一年产值达到了2100多万元。但芒市引进不了这个东西，原因很简单，天气不够热。

2018年9月16日

省州县市乡镇的各级公众号都在推台风"山竹"即将到来的消息。但德宏完全没有台风要来的迹象。

2018年，9月17日

山里的谷子种的比坝区晚一些，收的也晚一些，这几天营盘村委会下属的景颇寨子也开始陆续有人家在收割稻谷了。

2018年9月18日

有公路局的工作人员在省道320320上向晒谷子的农户发放通知单，估计是关于不能在公路上晒谷子否则会影响交通安全的宣传。

2018年9月19日

拱引寨今天祭祀农尚，杀了一头牛。但参加祭祀的人员，较往年有些减少。我负责收集包饭的叶子。每户凑的份子钱定在了20元。但也有自愿加码，凑50元100元的。晚上12点过后封寨休养生息至明晚12点。

2018年9月20日

来"榕树根"工作了几天的小姑娘说要去帮前老板把失踪的同事找回来。我担心她被老板骗走，跟着去了。果不其然，老板欺负小姑娘脑子不好，想在按摩店里逼小姑娘工作到过年，之前小姑娘骗我们说是饭馆。于是我和同事报警将小姑娘从女老板手里抢过来带回了村子里。本来封寨期间是不能动车的。好在我昨天提前把车停在了邻寨，因此关键时刻才能动用到车子。

今天西山乡第十五届人民代表大会第四次会议顺利召开，并圆满落幕。来自全乡的44名代表和41名列席成员共同参加了会议。

2018年9月21日

省道320320上已经没有人在晒谷子了。但是贡米大道上还是有很多人在晒谷子。今天西山乡龙江库区东线路防火通道举行了开工仪式，听说总投资600万元。

2018年9月22日

今日柴油价格7.7元每升。有消息说缅甸克钦族的传统文学与文化组织中央委员会，向昂山素季及总统，提交关于修正错误定义克钦族人的法律。

2018 年 9 月 23 日

快到中秋节了，户拉的一个快餐店早早地关门准备过中秋节去了。早餐店旁边的饵丝店也关门了。

2018 年 9 月 24 日

在护栏遇到卖麻辣菜的傣族夫妇，问他们中秋节怎么不休息过节去。老板娘说是过不了中秋节，邻居有个老大妈不幸跌倒去世了，他们全家人都去帮忙操持葬礼，没心思过中秋节。今天摆摊是刚放假回来的儿子提议的，说是中秋节生意会好，所以一家人张罗着把摊摆了出来。中通快递则早早地把门关了过节去了。户拉中学今天开学，中秋节各班自己组织在班里过。

2018 年 9 月 25 日

芒市中学此次比其他学校晚放假一天也晚收假一天，今天收假。

2018 年 9 月 26 日

芒市交警大队在风平收费站和芒市收费站检查过往车辆。遮放的边防检查点执勤人员这几天脱下警服，换上了黑色制服。户拉中学，从开学前就一直在修新的校门，在校门往校园里退了 30 米左右。潜在新校门前设置了一大块空场供家长等孩子。修新校门的原因是老校门挨着国道 320，每逢周五周日家长接送孩子时堵在校门口，既影响交通也危及自身安全。因此在任的户拉中学校长周扬，开校务会决定修新校门。

2018 年 9 月 27 日

前几天在"榕树根"上班还带着去了一趟芒市的小姑娘，今天又从家里消失了。她自己走的,家里人不知道。

2018年9月28日

今天德宏网官网微信公众号掌上德宏发了一篇通告。10月1日起在公路上摆摊晒粮将罚款1000元至5000元,省人大新修订的这个案例里还有一个关注点就是本条例也适用于乡道。就是说你即使是没有在国道省道320县道等主要道路上去摆摊晒粮,在乡道和纳入规划的村道上摆摊晒粮也很可能会被罚款。陇川县要在十一假期期间举办目瑙纵歌节,今天晚上先举办了第三届景颇歌手大赛预热。

2018年9月29日

芒良的西山载瓦沙滩在微信发了两张宣传图片,其中有一张配了如下文字:

西山载瓦沙滩,假期旅游好去处,自助烧烤,自由烧烤,儿童娱乐,垂钓,烧猪、竹鼠、撒撒、土鸡等。村里广播通知,有一户从拱引迁到杏欢去的,人家今天嫁姑娘,欢迎全寨人去他家喝喜酒。

2018年10月1日

魅力中国城竞演第二轮,德宏vs肇庆的节目,昨晚7点在中央电视台二套财经频道首播。州政府在芒市广场组织了盛大的观看活动,州长出席观看。陇川盈江等各县市也组织了观看活动。陇川目瑙纵歌节的歌舞晚会,今晚做了实景彩排。

2018年10月2日

户拉村往农场经过农村信用社方向,320国道发生了一起车祸。围了二十几个人,有一名(驾驶云南保山牌照数字被挡住了,看不清)妇女受了一些伤,手上流了一些血,正在打电话。肇事的是一辆白色的两厢小轿车，走到车右侧一看，车门上写着 TOSGI，免费期共享出行。还有二维码，扫码用车等字样。

2018年10月3日

今天陇川目瑙纵歌节开幕，以后陇川的目瑙纵歌节就都定在国庆长假了。陇川人在勇敢地创新。柴油价格上涨到了 7.97 元每升。我跟加油的姑娘说我上次加油的时候油价还是 7.7 元每升，姑娘告诉我前天涨价了。

2018年10月4日

瑞丽第十八届胞波节昨晚举行了开幕式晚会，今天早上举行了开幕式，今晚举行了闭幕式晚会。大部分活动都在开幕式之前安排完了。今天开幕式后的安排，有中缅国际山地自行车比赛，农业局准备的 3.7 抢柚子大赛。闭幕式上陈毅元的《共饮一江水》，用汉语和缅语双语演唱。唱汉语的男女歌手不认识，唱缅语的是景颇歌手进统干与翁丽丽。

2018年10月5日

3日说柴油价格 7.97 元每升的是在陇川，今天在瑞丽中石的加油，油价是 7.90 元每升。爱景颇的学员统计出来了，有 500 余名。这 500 多名学员中能独立开班教学的已经有 315 名。印度向缅甸移交了 7 名罗兴亚难民。

2018年10月6日

排麻东的牛棚外停了一辆后传动拖拉机。车上拉着三头牛。

2018年10月7日

国庆假期结束各校学生陆续返校。拱引雷勒南家昨天晚上来了给他二女儿雷木便提亲的客人。

2018年10月9日

昨晚听到买直月亮湾方向传来一阵阵的鞭炮声。下午看到一群披麻戴孝的人从帮本寨脚往月亮湾走。看来是月亮湾汉族社的人们送葬以后往家里走。月亮湾的汉族从曲靖昭通迁来，先是安排在龙江边上。后来建设龙江电站就又移到了现在的龙江移民新村的。因为有月亮湾老寨的人迁移至此，所以习惯上被称为月亮湾。汉族社的人在帮本寨子脚集体买了一块他们认为风水好的地块，用作集体坟地。这几年已经起了十儿座坟。

2018年10月10日

爱景颇第19期第20期载瓦文学习班同时开班了。

2018年10月11日

营盘村委会范围内的建档立卡户房屋有过两个式样，一开始贷六补六，贷款6万补助6万。贷六补四，贷款6万补助4万的房子都是砖墙塑料瓦，钢架，四间房，大概90平方米。后面几批就是只有补助的4万了，建档立卡贫困户也凑不出钱，于是就都给了40平方米左右的钢架塑料瓦铁皮墙的三间小屋。最近40平方米的这行房子全部给扒了铁皮墙，说是上头整改了，要全部给改垒砖墙。

2018年10月12日

最近一直有工队往拱引寨子的后山运送线缆，一开始用车运，后来下了几天雨以后就改用马驮了，这两天雨有点大，就停工了。拱引寨子脚还停了一辆红色的没有牌照的东风翻斗卡车。

2018年10月13日

遮放镇有一个新教堂落成了，附近的基督徒们都赶去参加了落成庆祝仪式。

2018年10月14日

拱引的雷××，前几天尿检呈阳性被警察带走了。这次尿检呈阳性，距他上一次被放出来大约一年左右吧。现在他家里留下的除了妻子和小女儿以外，还有前几天从缅甸赶来探亲的雷××大姐。

2018年10月15日

户拉中学的唐勒迈和母亲要了70块钱，想网购东西给女朋友。他把70块钱给了我让我从微信里转账70块给他，他再网购，他女朋友叫张国荣，是月亮湾的汉族小姑娘。他们是初一好上的，现在初三了。

2018年10月16日

瑞丽市农场的许多橡胶树树龄太大，不产胶了。于是农场正在大规模砍伐老树种植新树。

2018年10月17日

爱景颇的景颇文学班又要开班了。

2018年10月18日

今天有人在微信里让芒市西山乡的群友统计一下西山籍的爱景颇第21期学员有几个。我才知道爱景颇19期、20期刚开班没几天，21期就已经又开班了。

2018 年 10 月 19 日

今天在高速上看到了青紫色面包车，后窗上写着用"微笑传递文明，让和谐温暖城市"。德宏"斑马快跑"网约车后车门上有一个大的二维码，二维码后有几个字，扫描二维码下载斑马 APP。面包车是上汽集团生产的 MAXUS。最近在拉相服务站负责安全检查的已经全部是特警了，以前都是武警。

2018 年 10 月 21 日

从户拉到陇川的省道 320321 又在修补路面。路政部门的人带着机械和临时工，一天在路上破损处挖几个方阵的深 40 厘米左右的洞，然后在当天就浇筑压实当天能走，下一天又重新破洞，重新修出一块一块的从户拉方向往陇川方向补修。营盘村有一个七岁的小孩跟着妈妈去菜地时穿着拖鞋，结果被竹叶青咬了一口。婶婶和妈妈背着他来到月亮湾营盘村警务室问这里收不收治，不收治，可能准备赶去遮放或芒市。番成刚村医问了是什么样的蛇，然后就说可以治。这种蛇毒性不大。把创口清理一下，挤出清血，打两针抗毒针就好了。最近正是换季的时间，营盘村医务室人挤人，村医夫妇到下午 2 点都还没吃上午饭。

2018 年 10 月 22 日

今天在村医务室听到一段对话，一个身穿地摊迷彩服、头戴红色网球帽的瘦削中年汉子来求医。他说番医生，我骨头如百爪挠心般难受啊，头也疼死了。番成刚村医说你才出来几天啊，又吸上了吧，不然怎么会难受呢。红帽男说怎么可能，就是没吸过才难受的呀，你快给我打两针舒缓舒缓。番成刚说，前几天有警察还来问我统卷（红帽男名字）家在哪里了。我跟他们说了在拱引寨球场边上。说完番成刚就笑了。统卷说你怎么不告诉他们我家在山上啊，不要告诉他们我家详细地址啊。番成刚说我以前早就跟你说来领美沙酮，来领美沙酮，你就是不来，我在家里，后来可好，被警察抓去吃饭了吧。统卷说不是我不想来啊，是我那媳妇不让来呀，说是美沙酮不好。番成刚说，这么说，你媳妇就是个好人了，就我们劝你服用美沙酮的医生是坏人了吗？统卷说我那个缅甸媳妇不让我来嘛，我有什么办法。番成刚说怕老婆，听老婆话，结果你自己进去了，老婆也跑了，现在她可不是你老婆了吧，你这次进去了多长时间。统卷说两年差着16天，进去这么久，老婆自然跟人跑了。还有番成刚忙着去给昨天被蛇咬的小孩挤血，对话就停了，今天打听了一下，被蛇咬伤的小孩不是营盘村的，是隔壁崩强村的。

2018年10月23日

傣族地区开始出洼，也称点灯节，是佛教恭迎释迦牟尼讲经归来的节日。

2018年10月24日

今天是户拉集日，从早上6点多就有交警和公路局的人，在户拉街两旁驱赶在路旁占道停放的车辆占道经营的小贩。小贩和车辆只要不占据路面，随便停放到哪儿都可以。有商户认为交警部门从今天开始就要大力整治占用公路乱象了。也有商户说得到消息，有领导巡查路过，所以要保持市容好看，保持道路畅通。今天柴油价格7.9元一升。

2018年10月25日

这两天的朋友圈里全是在芒市金塔和瑞丽傣王宫傣族群众点灯点蜡烛过点灯节的照片和小视频。拱引八家寨的榕树旁，最近空开了一块地，准备盖一个新的公厕。跌撒有一个老人昨天凌晨去世，中午就下葬了，原因是卜卦后卦相显示，昨天是好日子，适合下葬。今天不适合下葬，而明天则是担心尸体摆长了会有味道。所以老人昨天就埋了。但修坟和宴客则是在今天。

2018年10月26日

有媒体报道,省委书记陈豪10月23日到24日率调研组在德宏州的陇川县瑞丽市芒市调研。所以户拉街24日赶集时交管人员禁止占道经营,占道停车,是为了保证省委书记的车队顺利通过该路段。中午听到了战斗机发动机的轰鸣声。